Das polnische Telekommunikationsrecht

STUDIEN DES INSTITUTS FÜR OSTRECHT MÜNCHEN

IOR

Begründet von Professor Dr. Reinhart Maurach
Herausgegeben von Professor Dr. Friedrich-Christian Schroeder, Dr. h.c. (Breslau), Regensburg

Band 49

PETER LANG
Frankfurt am Main · Berlin · Bern · Bruxelles · New York · Oxford · Wien

Agnes Balawejder

Das polnische Telekommunikationsrecht

Umsetzungsbemühungen und -stand
des telekommunikationsrechtlichen
acquis communautaire im polnischen TK-Recht
vor dem Unionsbeitritt Polens

PETER LANG
Europäischer Verlag der Wissenschaften

Bibliografische Information Der Deutschen Bibliothek
Die Deutsche Bibliothek verzeichnet diese Publikation in der Deutschen Nationalbibliografie; detaillierte bibliografische Daten sind im Internet über <http://dnb.ddb.de> abrufbar.

Zugl.: Regensburg, Univ., Diss., 2003

D 355
ISSN 0073-8492
ISBN 3-631-51978-8

www.peterlang.de

Vorwort

Die vorliegende Arbeit wurde im Sommersemester 2003 an der Universität Regensburg als Dissertation angenommen. Literatur, Rechtsprechung und Gesetzgebung konnten bis zum 1. 7. 2003 berücksichtigt werden. Der in der Arbeit ergänzend dargestellte Gesetzesentwurf zur Novellierung des Telekommunikationsrechtsgesetzes wurde inzwischen vom polnischen Parlament verabschiedet und im Gesetzesblatt unter Dz. U. 2003, Nr. 113, Pos. 1070 veröffentlicht. Das Novellierungsgesetz tritt im Oktober 2003 in Kraft.

Herzlich danken möchte ich Herrn Prof. Dr. Gerrit Manssen für die Betreuung meiner Dissertation und für das mir entgegengesetzte Vertrauen sowie Herrn Prof. Dr. Rainer Arnold für die rasche Erstellung des Zweitgutachtens.

Zu Dank verpflichtet bin ich darüber hinaus Herrn Prof. Dr. Dr. h.c. Friedrich-Christian Schroeder sowie Frau Dr. Stefanie Solotych für die Aufnahme dieser Arbeit in die Schriftenreihe des Instituts für Ostrecht.

Mein besonderer Dank gilt schließlich meinen Eltern sowie Herrn Klaus Busch für seine umfangreiche EDV-technische Unterstützung.

München, im September 2003 Agnes Balawejder

Inhaltsübersicht

Inhaltsverzeichnis 9

Abkürzungsverzeichnis 17

Glossar 21

A. Einführung 23

I. Thema 23

II. Europäisches Telekommunikationsrecht im Überblick 25

III. Deutsches Telekommunikationsrecht – Deregulierungsstufen und Rechtsquellen 35

B. Entwicklung des polnischen Telekommunikationsrechts und -marktes 41

I. Von den Anfängen des 19. Jahrhunderts bis zum Zweiten Weltkrieg 41

II. Die ersten Liberalisierungsschritte 47

C. Grundlagen des polnischen Telekommunikationsrechts 55

I. Telekommunikationsrechtsgesetz (TKRG) 55

II. Telekommunikationsrechtliche Verordnungen im Überblick 72

III. Institutioneller Rahmen des Telekommunikationsrechts 79

IV. Besonderes Wettbewerbsrecht 96

V. Vorschriften für „Situationen besonderer Gefahren" 116

D. Einzelprobleme der Regulierung 123

I. Genehmigungsregime 123

II. Kundenschutz 142

III. Universaldienstleistungsregime 156

IV. Datenschutz und Fernmeldegeheimnis 166

V. Offener Netzzugang und Zusammenschaltungen 186

VI. Anforderungen an Endeinrichtungen und an die Telekommunikationsinfrastruktur 196

VII.Gemeinsame Nutzung der Telekommunikationsinfrasturktur 202

VIII.Nummernverwaltung 212

IX. Frequenzverwaltung 221

E. Entwicklung des polnischen Telekommunikationssektors am Beispiel der Festnetztelefonie 237

F. Zusammenfassung der Ergebnisse der Arbeit 241

Anhang 247

Literaturverzeichnis 299

Inhaltsverzeichnis

Abkürzungsverzeichnis 17

Glossar 21

A. Einführung 23

I. Thema 23

II. Europäisches Telekommunikationsrecht im Überblick 25

1. Entwicklung des aktuellen Rechtsrahmens 25
   a) Einführung 25
   b) Liberalisierungsmaßnahmen 26
   c) Harmonisierungsmaßnahmen 27
   d) Wettbewerbsregeln 28
2. Neuer Rechtsrahmen 28
   a) Notwendigkeit und Ausgestaltung des neuen Rechtsrahmens 28
   b) Regelungen des neuen Rechtsrahmens im Einzelnen 30
   c) Eigenschaften des neuen Rechtsrahmens 33

III. Deutsches Telekommunikationsrecht – Deregulierungsstufen und Rechtsquellen 35

1. Entmonopolisierungs- und Deregulierungsentwicklung 35
2. Rechtsquellen 37

B. Entwicklung des polnischen Telekommunikationsrechts und -marktes 41

I. Von den Anfängen des 19. Jahrhunderts bis zum Zweiten Weltkrieg 41

1. Die Geburt der Telekommunikation in Polen 41
2. II. Republik – Wiedergeborenes Polen (1918 – 1939) 42
3. Nachkriegsphase (1944 – 1990) 44

II. Die ersten Liberalisierungsschritte 47

1. Fernmeldegesetz [Ustawa o Łączności] 1990 47
2. Gesetzesnovellierung 1995 49
3. Privatisierung der TP S.A. 50
4. Entwicklung des teilliberalisierten Marktes 51

C. Grundlagen des polnischen Telekommunikationsrechts 55

I. Telekommunikationsrechtsgesetz (TKRG) 55

1. Gesetzgebungsverfahren 55
2. Weiterentwicklung des neuen Telekommunikationsrechts – Gesetzesänderungen 56
3. Gegenstand und Ziele des Telekommunikationsrechtsgesetzes 59
   a) Gegenstand des Telekommunikationsrechtsgesetzes 59
      aa) Ausführung und Kontrolle der Telekommunikationstätigkeit 59
      bb) Nutzung und Nutzungskontrolle von Funkanlagen 60

cc) Funktionsfähigkeit von Regulierungsorganen 61
dd) Nummern- und Frequenzverwaltung 61
ee) Übrige Gegenstandsbereiche 61
ff) Zweck des deutschen Telekommunikationsgesetzes im Vergleich 61
b) Ziele des Telekommunikationsrechtsgesetzes 62
aa) Einführung 62
bb) Allgemeiner Zugang zu Telekommunikationsdiensten 63
cc) Interessenschutz der Telekommunikationsnutzer 64
dd) Unterstützung einer gleichberechtigten und effektiven Konkurrenz 64
ee) Entwicklung einer modernen Telekommunikationsinfrastruktur 65
ff) Sicherung der Ordnung in der Verwaltung der Nummern-, Funkwellenfrequenzspektrums- und Umlaufbahnbestände 65
gg) Schutz des Staatsinteresses 65
hh) Ziele des deutschen Telekommunikationsgesetzes im Vergleich 65
4. Aufbau und Grundbegriffe 66
a) Gesetzesaufbau 66
b) Telekommunikationsrechtliche Grundbegriffe 67
5. Überblick über telekommunikationsrechtliche Regulierungsinstrumente 67
a) Lizenzierung 67
b) Universaldienst 68
c) Entgeltregulierung 69
d) Datenschutz und Fernmeldegeheimnis 69
e) Zusammenschaltungen und offener Netzzugang 69
f) Telekommunikationsinfrastruktur und Endgeräte 70
g) Nummernverwaltung 70
h) Frequenzverwaltung 70
II. Telekommunikationsrechtliche Verordnungen im Überblick 72
III. Institutioneller Rahmen des Telekommunikationsrechts 79
1. Zuständiger Minister in Fernmeldeangelegenheiten 79
2. Regulierungs- und Kontrollorgane 80
a) Gemeinschaftsrechtliche Vorgaben 80
b) Regulierungsbehörde für Telekommunikation und Post 81
aa) Errichtung 81
bb) Rechtsstellung und Organisation 83
c) Präsident RegTuP 84
aa) Allgemeines 84
bb) Aufgaben und Kompetenzen 85
cc) Verfahrensrechtliches 89
d) Telekommunikationsrat 91
3. Landesmedienrat 93
4. Verbraucher- und Wettbewerbsschutzbehörde 94

IV. Besonderes Wettbewerbsrecht 96
1. Einführung 96
2. Europäischer Rechtsrahmen 96
3. Verhältnis des bereichsspezifischen zum allgemeinen Wettbewerbsrecht 97
4. Arten der Marktbeherrschung nach polnischem Recht 98
a) Marktbeherrschende Stellung 98
b) Beträchtliche Marktstellung 99
5. Relevanter Markt 100
a) Einführung 100
b) Sachlich-gegenständliche Abgrenzung 101
c) Räumliche Abgrenzung 101
d) Märkte nach dem TKRG 102
6. Ausführungsvorschriften 103
7. Stellung des Nationalbetreibers TP SA und der Mobilfunkbetreiber 103
8. Spezielle Wettbewerbsregeln 104
a) Strukturelle Separierung 105
b) Universaldienstleistungspflicht bei Betreiberwechsel 105
c) Vorlagepflichten 106
d) Preisregulierung 107
aa) Preisregulierende Vorschriften des TKRG 107
bb) Preisregulatorische Eingriffe des Präsidenten RegTuP 111
e) Offener Netzzugang und Zusammenschaltungen 111
9. Ausblick 114
V. Vorschriften für „Situationen besonderer Gefahren“ 116
1. Einführung 116
2. Allgemeine Pflicht 118
3. Besondere Pflicht öffentlicher Betreiber 118
a) Handlungspläne nach Art. 64 Abs. 2 TKRG – Aufstellung und Inhalt 118
b) Planausführung 119
4. Kompetenzen des zuständigen Ministers in Fernmeldeangelegenheiten 121
D. Einzelprobleme der Regulierung 123
I. Genehmigungsregime 123
1. Gemeinschaftsrechtliche Vorgaben 123
2. Polnisches Genehmigungssystem im Überblick 125
a) Telekommunikationserlaubnis, Funkgenehmigung, Anzeige 125
b) Ausnahmen 125
3. Erlaubnispflicht 127
a) Lizenzpflichtige Tatbestände 127
b) Erlaubniserteilung, Rücknahme oder Beschränkung 129
aa) Antrag und Erteilung 129
bb) Rücknahme und Beschränkung 130

c) Bestandsschutz fernmeldegesetzlicher Konzessionen und Erlaubnisse 131
d) Telekommunikationserlaubnis für TP S.A. 132
e) Internet-Telefonie 132
4. Genehmigungspflicht 134
a) Lizenzpflichtiger Tatbestand 134
b) Erteilung, Rücknahme oder Änderung 135
aa) Erteilungsvoraussetzungen 135
bb) Inhalt 135
cc) Rücknahme oder Änderung 136
c) Funkanlagenbetreiberzertifikate 136
5. Anzeigepflicht 137
a) Umfang und Inhalt 137
b) Wirksamkeit 137
6. Gebühren 138
a) Erlaubnisse 138
b) Nummern 139
c) Frequenzen 139
d) Funkanlagenbetreiberzertifikate 140
II. Kundenschutz 142
1. Einführung 142
2. Allgemeine kundenschutzrechtliche Pflichten 143
a) Telekommunikationsdienstleistungsverträge 143
aa) Allgemeines 143
bb) Unzulässige Klauseln 143
cc) Betreiberwechsel 143
dd) Ausführungsvorschriften 144
b) Dienstleistungspreise 144
c) Abrechnung 144
aa) Einzelverbindungsnachweis 144
bb) Abrechnungen bei Zusammenschaltungen 145
d) Zugangsschutz 146
e) Allgemeiner Zugang 146
aa) Nummernänderung 147
bb) Nummernportabilität 147
cc) Betreiberwahl 148
f) Rufnummernanzeige 148
g) Haftung 149
aa) Zivilrechtliche Haftung 149
bb) Telekommunikationsrechtliche Haftung 149
h) Netzzugangsdienste 150
aa) Besonderer Netzzugang 151
bb) Umfang der Netzzugangsdienste 151

cc) Diskriminierungsverbot 152
3. Besondere kundenschutzrechtliche Pflichten 153
a) Recht auf Universaldienstleistungen 153
b) Veröffentlichungspflicht bei den Allgemeinen Geschäftsbedingungen 153
c) Leistungseinstellung und -beschränkung 153
aa) Betreibersphäre 154
bb) Teilnehmersphäre 154
d) Teilnehmerverzeichnis und Nummernauskunft 154
e) Netzzugang 155
III. Universaldienstleistungsregime 156
1. Ziele des Universaldienstes 156
2. Europarechtliche Vorgaben 156
3. Polnisches Universaldienstleistungsregime 158
a) Umfang 159
b) Erschwinglichkeit 160
c) Qualität 161
d) Allgemeine Geschäftsbedingungen und Vertragsschluss 162
e) Pflicht zur Universaldienstleistung 163
f) Kontinuität der Universaldienstleistung 163
g) Finanzierung 164
4. Ausblick 165
IV. Datenschutz und Fernmeldegeheimnis 166
1. Einführung 166
a) Verfassungsrechtliche Grundlagen 166
b) Telekommunikationsrechtliche Systematik 167
c) Adressatenkreis 167
d) Verhältnis zum allgemeinen Datenschutzrecht 167
2. Gemeinschaftsrechtliche Vorgaben 168
a) Allgemeines 168
b) Anwendungsbereich 168
c) Vertraulichkeit der Kommunikation 169
d) Einzelne datenschutzrechtliche Bestimmungen 169
aa) Verkehrs- und Abrechnungsdaten 169
bb) Einzelgebührennachweis 170
cc) Rufnummernanzeige 170
dd) Teilnehmerverzeichnisse 170
ee) Unerbetene Anrufe 171
ff) Anrufweiterschaltung 171
3. Fernmeldegeheimnis 171
a) Schutzumfang 171
b) Eingriffsbefugnisse 173

c) Wahrung des Fernmeldegeheimnisses und das Abhören mittels Funkanlagen 173
4. Datenschutz 174
a) Grundsätze des Datenschutzes 174
aa) Verbot mit Erlaubnisvorbehalt 174
bb) Zweckbindung 175
cc) Einwilligung 176
dd) Informationspflicht 176
b) Datenerhebung, -speicherung und -übermittlung 177
c) Konkretisierung der Datenverarbeitungsgrundsätze 177
aa) Teilnehmerverzeichnisse 178
bb) Teilnehmeridentifikation 179
cc) Belästigende Anrufe 180
dd) Anrufweiterschaltung 180
ee) Unerbetene Anrufe 180
5. Sicherung 180
6. Überwachung der Telekommunikation 181
a) Übersicht 181
b) Polizeirechtliche Überwachungsvorschriften 182
c) Staatssicherheitsrechtliche Überwachungsvorschriften 183
d) Strafprozessrechtliche Überwachungsvorschriften 184
V. Offener Netzzugang und Zusammenschaltungen 186
1. Einführung 186
2. Gemeinschaftsrechtliche Vorgaben 187
a) Formen des Netzzugangs 187
b) Rechte und Pflichten der Betreiber 188
c) Nichtdiskriminierung und Transparenz 188
d) Preis- und Kostenrechnungsgrundsätze 188
3. Regulierung nach dem TKRG 189
a) Zusammenschaltungspflicht 189
b) Zusammenschaltungsvoraussetzungen und -vertrag 190
aa) Voraussetzungen 191
bb) Vertragsinhalt und Vertragsschluss 191
cc) Vertragsänderung oder Vertragsauflösung 191
c) Kostenrechnungsgrundsätze beim Netzzugang 192
d) Zusammenschaltungsbescheid 192
e) Entbündelter Zugang 193
4. Ausführungsvorschriften 194
5. Ausblick 194
VI. Anforderungen an Endeinrichtungen und an die Telekommunikationsinfrastruktur 196
1. Gemeinschaftsrechtliche Vorgaben 196

2. Überblick über die polnischen Regelungen 197
3. Grundlegende Anforderungen 198
4. Konformitätsbewertungsverfahren 199
a) Gegenstand und Umfang des Konformitätsbewertungsverfahrens 199
b) Kennzeichnungspflicht 200
c) Prüfstellen 201
5. Ausblick 201
VII. Gemeinsame Nutzung der Telekommunikationsinfrasturktur 202
1. Notwendigkeit und europarechtliche Ausgestaltung der Infrastrukturmitbenutzung 202
2. Systematik der polnischen Nutzungsrechtvorschriften 203
3. Gewährleistung der Mitbenutzung eigener Infrastruktur 204
a) Persönlicher Anwendungsbereich 204
b) Voraussetzungen und Umfang der Gewährleistungspflicht 205
c) Befreiung von der Gewährleistungspflicht 206
d) Rechtliche Ausgestaltung der gemeinsamen Infrastrukturnutzung 206
aa) Mitbenutzungsvertrag 206
bb) Durchsetzungsmöglichkeiten 206
e) Problem: Unentgeltlichkeit 207
4. Nutzungsrechte an fremden Immobilien 208
a) Adressatenkreis 208
b) Umfang und Voraussetzungen der Duldungspflicht 208
c) Rechtliche Ausgestaltung der gemeinsamen Immobiliennutzung 209
aa) Immobiliennutzungsvertrag 209
bb) Rechtsfolgen des Immobiliennutzungsverhältnisses 209
cc) Durchsetzungsmöglichkeiten 210
d) Infrastrukturnutzung 210
VIII. Nummernverwaltung 212
1. Gemeinschaftsrechtliche und internationale Vorgaben 212
2. Polnische Nummernverwaltung im Überblick 213
3. Landesnummerierungspläne 214
a) Öffentliches Telefonnetz 214
b) Sonstige öffentliche Netze 215
c) Europäische Notfallnummer und Auslandsvorwahl 216
d) Veröffentlichungspflicht 216
4. Nummernzuteilung 216
a) Originäre Zuteilung 216
aa) Erlaubnis bzw. Bescheid 216
bb) Besonderes Vergabeverfahren 217
cc) Zuteilungsversagung und Rücknahme 217
dd) Gebühren 218
b) Abgeleitete Zuteilung 218

5. Rechte und Pflichten der Teilnehmer und Betreiber 220
a) Nummernänderung 220
b) Nummernportabilität und Betreiberauswahl 220
IX. Frequenzverwaltung 221
1. Internationale, europäische und gemeinschaftsrechtliche Vorgaben 221
2. Polnische Frequenzverwaltung im Überblick 223
3. Landesfrequenzbestimmungstafel 223
4. Frequenzverwaltungsplan 225
5. Frequenzausnutzungsbedingungen 226
6. Frequenzreservierung 227
a) Reguläres Reservierungsverfahren 227
aa) Reservierungsorgan 227
bb) Reservierungsvoraussetzungen 227
cc) Inhalt und Wirkung der Reservierung 228
dd) Frequenzreservierung für Staatsorgane 228
b) Frequenzreservierung in Knappheitssituationen 229
aa) Arten des Vergabeverfahrens 230
bb) Verlauf der Ausschreibung/Versteigerung 230
c) Gebühren 232
d) Polnischer GSM-Mobiltelefonmarkt 232
e) UMTS-Frequenzvergabe 233
aa) Verlauf des UMTS-Vergabeverfahrens 233
bb) Kritikpunkte am UMTS-Vergabeverfahren 234
cc) Ausblick 236
E. Entwicklung des polnischen Telekommunikationssektors am Beispiel der Festnetztelefonie 237
F. Zusammenfassung der Ergebnisse der Arbeit 241
Anhang 247
Literaturverzeichnis 299

Abkürzungsverzeichnis

a.E.	am Ende
a.F.	alte Fassung
Abl.	Amtsblatt der Europäischen Gemeinschaft
Abs.	Absatz
AG	Aktiengesellschaft
AGB	Allgemeine Geschäftsbedingungen
AMonG	Antimonopolgesetz
AMopG	Antimonopolgericht
Änderungsgesetz-E	Entwurfs des Änderungsgesetzes zum Telekommunikationsrechtsgesetz
ArchivPT	Archiv für Post und Telekommunikation
Art.	Artikel
Bd.	Band
BDSG	Bundesdatenschutzgesetz
BeschwerdeVO	Beschwerdeverordnung
BGB	Bürgerliches Gesetzbuch
BGBl.	Bundesgesetzblatt
BMWA	Bundesministerium für Wirtschaft und Arbeit
CR	Computer und Recht
d.h.	das heißt
DatenRL	Datenschutzrichtlinie (neuer Rechtsrahmen)
DBP	Deutsche Bundespost
DCS	Digital Cellular System
DECT	Digital European Cordless Telecommunications
DPJZ	Deutsch-Polnische Juristen-Zeitschrift
ders.	derselbe
dies.	dieselbe
DÖV	Die öffentliche Verwaltung
Dz. U.	Dziennik Ustaw
Dz. Urz.	Dziennik Urzędowy
EG	Europäische Gemeinschaft; Europäische Gemeinschaften
EGV	Vertrag über die europäischen Gemeinschaften
ERC	European Radiocommunication Committee
ERMES	European Radio Messaging System
EU	Europäische Union
EWG	Europäische Wirtschaftsgemeinschaft
FAG	Gesetz über Fernmeldeanlagen
FernmeldeG	Fernmeldegesetz 1990

Fn. .... Fußnote
FreqGebVO .... Frequenzgebührenverordnung
FreqGebVO .... Frequenzgebührenverordnung
FreqTafelVO................. Frequenzbestimmungstafelverordnung
FS................................. Festschrift
GeRL .... Genehmigungsrichtlinie (neuer Rechtsrahmen)
GG .... Grundgesetz
GSM .... Global System for Mobile Communication
GWB............................. Gesetz gegen Wettbewerbsbeschränkungen
HVGG. .... Hauptverwaltungsgerichtsgesetz
ImmoVerwG................. Gesetz über die Verwaltung von Immobilien
ISDN............................ Integrated Services Digital Network
ISP .... Internet Service Provider
KC .... Kodeks cywilny
kHz .... Kilohertz
KOM............................. Dokumente der Kommission der EG
KonfSysG .... Gesetz über das Konformitätsbewertungssystem
KRP .... Konstytucja Rzeczpospolitej Polski
Lfg. .... Lieferung
LNP .... Landesnummerierungsplan
LNP-VO .... Landesnummerierungsplanverordnung
M.P. .... Monitor Polski
m.w.N. .... mit weiteren Nachweisen
MedienG .... Gesetz über Rundfunk und Fernsehen, Mediengesetz
MHz............................. Megahertz
MMR .... MulitMedia und Recht
MPiT............................ Ministerstwo Poczty i Telegrafów
net .... Zeitschrift für angewandte Telekommunikation
NIP............................... numer identyfikacji podatkowej
NJW .... Neue Juristische Wochenschrift
NJW-CoR .... NJW-Computerreport
NOM............................ Niezależny Operator Międzystrefowy
NPPC .... Narodowy Program Przygotowania do Członkostwa w UE
Nr. .... Nummer
NRB............................. nationale Regulierungsbehörde
NVwZ.......................... Neue Zeitschrift für Verwaltungsrecht
OECD .... Organisation for Economic Cooperation and Development [Organisation für wirtschaftliche Zusammenarbeit und Entwicklung]
ONP .... Open Network Provision
PAR .... Państwowa Agencja Radiokomunikacyjna

PersDatenSchG .... Gesetz über den Schutz personenbezogener Daten
PITiP .... Państwowa Inspekcja Telekomunikacyjna i Pocztowa
PolG .... Polizeigesetz
Pos. .... Position
PTSG .... Post- und Telekommunikationssicherstellungsgesetz
PTTiT .... Polska Poczta Telegraf i Telefon
RaRL .... Rahmenrichtlinie (neuer Rechtsrahmen)
RegTP .... deutsche Regulierungsbehörde für Telekommunikation und Post
RegTuP .... polnische Regulierungsbehörde für Telekommunikation und Post
RL .... Richtlinie
RP .... Rzeczpospolita Polska
RTkom .... Zeitschrift für das gesamte Recht der Telekommunikation
S. .... Seite, Satz
s. .... strona
S.A. .... Spółka Akcyjna
SAMop .... Sąd Antymonopolowy
SejmDrs. .... Drucksache des Polnischen Parlaments
SFA .... Staatliche Funkkommunikationsagentur
SicherAgG .... Gesetz über die Agentur für innere Sicherheit sowie Nachrichtendienstagentur
SN .... Sąd Najwyższy
sog. .... sogennante/r
Sp z o.o. .... Spółka z ograniczoną odpowiedzialnością
S-PCS .... Satellite Personal Communications Services
StPG .... Strafprozessgesetzbuch
StraßenG .... Straßengesetz
TAL .... Teilnehmeranschlussleitung
TDG .... Teledienstegesetz
TDSV .... Telekommunikations-Datenschutzverordnung
TiTI .... Telekomunikacja i Techniki Informacyjne
TK .... Telekommunikation/Telekommunikations-
TKG .... Telekommunikationsgesetz
TKM .... Telekommunikations- und Multimediarecht (Kommentar)
TKMR .... TeleKommunikations- & MedienRecht
TKRG .... Telekommunikationsrechtsgesetz
TKRG-E .... Entwurfs des Gesetzes Telekommunikationsrecht
TP S.A. .... Telewizja Polska Spółka Akcyjna
TWG .... Telegraphenwegegesetz

u.a. .... unter anderem, und andere
UAbs. .... Unterabsatz
UE.................................. Unia Europejska
UMTS .... Universal Mobile Telecommunications System
UnivDienstAnfordVO... Verordnung über die Universaldienstanforderungen
UOKiK .... Urząd Ochrony Konsumenta i Konkurencji
URL.............................. Universaldienstrichtlinie (neuer Rechtsrahmen)
URT .... Urząd Regulacji Telekomunikacji
URTiP........................... Urząd Regulacji Telekomunikacji i Poczty
v.H. .... von Hundert
VerfRepP .... Verfassung der Republik Polen
VergabeVO.................. Verordnung über die Vergabedurchführungsbedingungen bei Frequenzreservierung
VerwArch .... Verwaltungsarchiv
vgl. .... vergleiche
VO Funk....................... Vollzugsordnung Funk
VO .... Verordnung
VOen............................ Verordnungen
VoIP............................. Voice over Internet Protocol
VSO .... Verfassungs- und Verwaltungsrecht der Staaten Osteuropas
VVG .... Verwaltungsverfahrensgesetzbuch
WettRL .... Wettbewerbsrichtlinie (neuer Rechtsrahmen)
WIK .... Wissenschaftliches Institut für Kommunikationsdienste
WiRO........................... Wirtschaft und Recht in Osteuropa
ZGB .... Zivilgesetzbuch
ZUM .... Zeitschrift für Urheber- und Medienrecht
ZuRL............................ Zugangsrichtlinie (neuer Rechtsrahmen)
ZVG .... Zivilverfahrensgesetzbuch

Glossar

Biuletyn	Bulletin
Dziennik Urzędowy	Amtsblatt
Dziennik Ustaw	Gesetzesblatt (offizielle polnische Gesetzessammlung)
*e*Polska	*e*Polen
gmina	Gemeinde
Kodeks cywilny	Zivilgesetzbuch
łączność telekomunikacyjna	Telekommunikationsfernmeldewesen
Ministerstwo Poczty i Telegrafów	Post- und Telegraphenministerium
Monitor Polski	Polnischer Monitor (offizielles polnisches Amtsblatt)
Narodowy Fundusz Inwestycyjny	Nationaler Investitionsfond
numer identyfikacji podatkowej	Steueridentifikationsnummer
numeracja krajowa	Landesnummerierung
numeracja strefowa	Zonennummerierung
Państwowa Agencja Radiokomunikacyjna	Staatliche Funkkommunikationsagentur
Państwowa Inspekcja Telekomunikacyjna i Pocztowa	Staatliche Telekommunikations- und Postinspektion
Polska Poczta	Polnische Post
powiat	Kreis
Rada Informatyzacji Wsi	Rat zur Einführung der Informatisierung in Dorfgebieten
Rzeczpospolita Polska	Republik Polen
Sąd Antymonopolowy	Antimonopolgericht
Sąd Najwyższy	Oberstes Gericht
Sejm	Sejm, erste Kammer des polnischen Parlaments
Senat	Senat, zweite Kammer des polnischen Parlaments
Spółka Akcyjna	Aktiengesellschaft
Spółka z ograniczoną odpowiedzialnością	Gesellschaft mit beschränkter Haftung
stany nadzwyczajne	Notstände
strona	Seite

Telewizja Polska Spółka Akcyjna .... Polnische Telekom Aktiengesellschaft
Unia Europejska .... Europäische Union
Urząd Ochrony Konsumenta i Konkurencji ..... Verbraucher- und Wettbewerbsschutzbehörde
Urząd Regulacji Telekomunikacji i Poczty ...... Regulierungsbehörde für Telekommunikation und Post
Urząd Regulacji Telekomunikacji .... Regulierungsbehörde für Telekommunikation
ustawa Prawo telekomunikacyjne...................... Telekommunikationsrechtsgesetz
użytkownik końcowy... Endnutzer
użytkownik .... Nutzuer
województwo.. Wojewodschaft
wokanda.. Verhandlungssache

A. Einführung

I. THEMA

Polen stellte am 5. April 1994 seinen Beitrittsantrag in die Europäische Union. Vier Jahre später, am 30. März 1998 begannen die Beitrittsverhandlungen. Seitdem bemüht sich die Republik Polen um eine schnelle Anpassung des Rechtssystems an gemeinschaftsrechtliche Vorgaben. Dieser langwierige und schwierige Prozess, der schon bald mit der Aufnahme Polens in die EU „gekrönt" sein wird[1] – die polnische Bevölkerung entschied sich in dem Referendum vom 7.-8. Juni 2003 mit 77,45% eindeutig für die Unionsmitgliedschaft bei einer unerwartet hohen Abstimmungsbeteiligung von fast 59%[2] – soll in der vorliegenden Arbeit am Beispiel des Telekommunikationsrechts dargestellt werden. Im Mittelpunkt steht die Gewährung eines umfassenden Einblicks in die aktuellen polnischen Regelungen auf dem Telekommunikationssektor sowie ihre Entwicklung. Der zweite Schwerpunkt der Darstellung, die mit Anmerkungen zum deutschen Telekommunikationsrecht ergänzt wird, liegt in der Analyse des Umsetzungsstands des geltenden gemeinschaftlichen Rechtsrahmens für den Telekommunikationssektor durch das polnische Telekommunikationsrecht. Um einer rechtsvergleichenden Arbeit gerecht zu werden, findet die notwendige Sprachvergleichung[3] vorliegend besondere Berücksichtigung.

Für die Lektüre dieser Arbeit wird eine fundierte Kenntnis des deutschen Telekommunikationsrechts vorausgesetzt – die Ursache der gewählten Vorgehensweise liegt im begrenzten Umfang der vorliegenden Arbeit, dessen Rahmen im Falle einer ausführlichen Rechtsvergleichung zum deutschen Recht neben dem Gemeinschaftsrecht gesprengt werden würde. Dem Leser bleibt auf diese Weise vorbehalten, angeregt durch die folgende Darstellung, zu eigenen rechtsvergleichenden Schlussfolgerungen zu gelangen. Das Telekommunikationsrechtsgesetz als Grundlage des polnischen TK-Rechts bildet die Basis der vorliegenden Arbeit. Bisher gibt es keine offizielle oder sonst veröffentlichte Übersetzung des polnischen Gesetzestextes ins Deutsche. Um dennoch eine Gesetzeslektüre zu

---

1 In dem Strategiepapier „Auf dem Weg zur erweiterten Union" der Kommission vom 9.10.2002 (KOM (2002) 700 endg.) wurde die Bereitschaft Polens und neun weiterer Beitrittskandidaten zur Aufnahme in die Europäische Union zum 1. Januar 2004 erstmals endgültig festgestellt (siehe S. 24 des Strategiepapiers). Die im Dezember 2002 abgeschlossenen Beitrittsverhandlungen führten am 16. April 2003 zur Unterzeichung der Beitrittsverträge zwischen den zehn Kandidaten und der EU.

2 Vgl. *Rzeczpospolita* vom 10.6.2003. Zum Beitritt Polens zur Eurozone siehe, *Krause-Junk*, Der Euro und die Osterweiterung, DPJZ 1/2002, 5 ff.; *Breitenstein*, Der schnelle Beitritt Polens zur Eurozone: Wunsch und Wirklichkeit?, DPJZ 2/2002, 4 ff.

3 Vgl. *Daig*, in: FS für Konrad Zweigert, 395 (397).

ermöglichen, wird im Anhang eine selbstverfasste Übersetzung des TKRG abgedruckt.

Die in fünf Kapitel gegliederte Arbeit gibt zunächst einen Überblick über den Status quo und den neuen Rechtsrahmen des europäischen Telekommunikationsrechts. Der zweite Teil der Einführung leistet einen knappen Umriss der Entwicklung der deutschen Telekommunikationsrechtsliberalisierung bis hin zu den aktuellen rechtlichen Grundlagen.

Das zweite Kapitel dieser Arbeit beschäftigt sich mit der Entwicklung des polnischen Telekommunikationsrechts. Es wird dargelegt, dass der polnische Gesetzgeber den Telekommunikationssektor zumindest rein rechtlich bereits sehr früh liberalisierte. Sodann wird auf die tatsächlichen Erfolge dieser Demonopolisierungspolitik eingegangen.

Die Grundlagen des geltenden polnischen Telekommunikationsrechts werden ausführlich im folgenden dritten Kapitel beschrieben. Zunächst gibt es einige Informationen zur Entstehung und Entwicklung des neuen Gesetzes Telekommunikationsrecht sowie zu seinen Zielen und zum Gegenstand. Es folgt ein Umriss des Aufbaus und der Regulierungsinstrumente. In einem weiteren Abschnitt befindet sich eine tabellarische Übersicht über telekommunikationsrechtliche Ausführungsvorschriften und ihre Umsetzung. Weiterhin gibt die Arbeit einen Überblick über den institutionellen Rahmen im Telekommunikationssektor. Anschließend wird detailliert auf das besondere Wettbewerbsrecht und die Vorschriften in „Situationen besonderer Gefahren“ eingegangen.

Das nächste Kapitel befasst sich ausführlich mit den einzelnen telekommunikationsrechtlichen Regulierungsinstrumenten. Es wird besonders auf die europäischen Vorgaben eingegangen, um den Stand und die Qualität der Umsetzung der einschlägigen Richtlinien darzustellen. Ergänzend vergleicht die Arbeit an ausgewählten Stellen die Lösungen und Entwicklungen des deutschen Telekommunikationsrechts. Eine knappe Darstellung der tatsächlichen Entwicklung des polnischen Telekommunikationssektors gibt das letzte Kapitel am Beispiel der Festnetztelefonie, gefolgt von einer summarischen Aufzählung der Ergebnisse der Arbeit.

II. EUROPÄISCHES TELEKOMMUNIKATIONSRECHT IM ÜBERBLICK

1. Entwicklung des aktuellen Rechtsrahmens

a) Einführung

Der europäische Gesetzgeber bemerkte bereits Anfang der 80er Jahre die Wichtigkeit und Notwendigkeit eines liberalisierten Telekommunikationssektors. So setzte die Europäische Gemeinschaft den Anfangspunkt ihrer Liberalisierungspolitik im Jahre 1984 mit einer Empfehlung des Rates betreffend die Durchführung der Harmonisierung auf dem Gebiet des Fernmeldewesens[4] und betreffend die erste Phase der Öffnung der öffentlichen Fernmeldemärkte[5]. Dort wird die Einführung der neuen diensteintegrierenden digitalen Netze (ISDN[6]) und neuer Breitbandkommunikationsdienste als besonders günstige Gelegenheit zur Harmonisierung und zur Sicherstellung der Wirtschaftsentwicklung der Gemeinschaft durch die Nutzung des vollen Potentials des Fernmeldewesens bezeichnet.[7] Mit diesen Empfehlungen wurde die erste Phase der europäischen Telekommunikationsregulierung eingeleitet.

Das im Jahre 1987 veröffentlichte „Grünbuch über die Entwicklung des gemeinsamen Marktes für Telekommunikationsdienstleistungen und Telekommunikationsgeräte"[8] stellte den maßgeblichen Liberalisierungsschritt der Gemeinschaft dar mit dem Ziel der schrittweisen Auflösung der staatlichen Telekommunikationsmonopole in den Mitgliedstaaten.[9] Der Telekommunikationsmarkt wird dort in drei Bereiche, nämlich Endgeräte, Dienste und Netze aufgeteilt, die vollständig liberalisiert werden sollen[10]. Dies soll durch die auf Art. 95 EGV (früher Art. 100a EGV) gestützte Harmonisierung der rechtlichen Rahmenbedingungen für die Errichtung von Telekommunikationsnetzen und die Erbringung von Telekommunikationsdienstleistungen einschließlich des Sprachtelefondienstes, durch Liberalisierung anhand von schrittweiser Aufhebung besonderer und ausschließlicher Rechte im Telekommunikationsbereich aufgrund des Art. 86 Abs. 3 EGV[11]

---

4 Empfehlung 84/549/EWG des Rates vom 12.11.1984 zur Umsetzung von Harmonisierungsmaßnahmen auf dem Gebiet der Telekommunikation, Abl. EG L 298/49 vom 16.11.1984.

5 Empfehlung 84/550/EWG des Rates vom 12.11.1984 bestreffend die erste Phase der Öffnung der öffentlichen Fernmeldemärkte, Abl. EG L 298/51 vom 16.11.1984.

6 Integrated Services Digital Network.

7 Empfehlung des Rates vom 12.11.1984 zur Umsetzung von Harmonisierungsmaßnahmen auf dem Gebiet der Telekommunikation, Abl. EG L 298/49 vom 16.11.1984.

8 KOM (87) 290 endg., vom 30.6.1987.

9 Vgl. dazu umfassend *Rosenbusch*, S. 45-52; *Scherer*, Telekommunikationsrecht im Umbruch, CR 1987, 743 (745).

10 Die Sprachtelefonie wurde hiervon im Grünbuch allerdings noch ausdrücklich ausgenommen.

11 Zum Streit über die Ermächtigungsgrundlage für Liberalisierungsrichtlinien der Kommission vgl. *Rosenbusch*, S. 242-251.

(früher Art. 90 EGV) sowie durch die Gewährleistung eines fairen und chancengleichen Wettbewerbs mittels Anwendung gemeinschaftsrechtlicher Wettbewerbsregeln, erreicht werden.[12]

b) Liberalisierungsmaßnahmen

In Konkretisierung dieses im Grünbuch umrissenen Liberalisierungsprogramms wurde zunächst mit der Verabschiedung der Endgeräterichtlinie im Juli 1988[13] der Endgerätemarkt durch Aufhebung der Monopolrechte für den Verkauf und den Betrieb von Telekommunikationsendgeräten liberalisiert.

Einen weiteren Meilenstein in Richtung eines liberalisierten Telekommunikationsmarktes bildete die Kommissionsrichtlinie 90/388/EWG vom 28.6.1990 über den Wettbewerb auf dem Markt für Telekommunikationsdienste.[14] Diese in den Jahren 1990 bis 1997 ständig erweiterte und umgestaltete Richtlinie verpflichtete die Mitgliedstaaten zur sukzessiven Liberalisierung aller Telekommunikationsmärkte.[15] In diesem Zusammenhang ist insbesondere die „Kabelrichtlinie" aus dem Jahr 1995[16] hervorzuheben, auf deren Grundlage die Fernsehkabelnetze für sämtliche Telekommunikationsdienste mit Ausnahme des Sprachtelefondienstes geöffnet wurden. Im Februar 1996 wurde den Betreibern von Mobilfunknetzen aufgrund der „Mobilfunkrichtlinie"[17] gestattet, eigene Übertragungswege zu errichten und von Dritten errichtete Übertragungswege freizügig zu nutzen. Im Juli 1998 kam die schrittweise Marktöffnung durch die Einführung des vollständigen Wettbewerbs[18] auf den Telekommunikationsmärkten einschließlich der Erbringung des Sprachtelefondienstes durch die „Full Competition"-

---

12 Manche Autoren sprechen hier von einem „dualen Regulierungsansatz" indem sie den Wettbewerb nicht explizit nennen, vgl. *Scherer*, Entwicklungslinien des Telekommunikationsrechts, CR 2000, 35 (37).

13 Richtlinie der Kommission vom 16.5.1988 über den Wettbewerb auf dem Markt für Telekommunikations-Endgeräte, 88/301/EWG, Abl. EG L 131/73 vom 27.5.1988; ergänzt wurde die Endgeräterichtlinie durch die Richtlinie 91/263/EWG des Rates vom 29.4.1991 zur Angleichung der Rechtsvorschriften der Mitgliedstaaten über Telekommunikationseinrichtungen einschließlich der gegenseitigen Anerkennung ihrer Konformität, Abl. EG L 128/1 vom 23.5.1991 (im Folgenden: RL 88/301/EWG).

14 „Diensterichtlinie", Abl. EG L 192/10 vom 24.7.1990 (im Folgenden: RL 90/388/EWG).

15 *Scherer*, Entwicklungslinien des Telekommunikationsrechts, CR 2000, 35 (37).

16 Richtlinie 95/51/EG der Kommission vom 18.10.1995 zur Änderung der Richtlinie 90/388/EWG hinsichtlich der Aufhebung der Einschränkungen bei der Nutzung von Kabelfernsehnetzen für die Erbringung bereits liberalisierter Telekommunikationsdienste, Abl. EG L 256/49 vom 26.10.1995.

17 Richtlinie 96/2/EG der Kommission vom 16.1.1996 zur Änderung der Richtlinie 90/388/EWG, Abl. EG L 20/59 vom 26.1.1996 (im Folgenden: RL 96/2/EG).

18 Einigen Mitgliedstaaten wurde eine längere Übergangsfrist eingeräumt; so wurden die Telekommunikationsmärkte in Luxemburg und Spanien am 1.7.1998 bzw. 1.12.1998 liberalisiert. Irland öffnete seinen Markt trotz einer Frist bis zum 1.1.2000 bereits zum 1.12.1998. In Portugal und Griechenland vollzog sich die Liberalisierung zum 1.1.2000 bzw. 31.12.2000.

Richtlinie[19] zu einem vorläufigen Abschluss. Die jüngste Änderung der Diensterichtlinie gründet in der Richtlinie zur rechtlichen Separierung des breitbandigen Kabelnetzes.[20]

c) Harmonisierungsmaßnahmen

Neben diesen entscheidenden Liberalisierungsrichtlinien wurde von der Europäischen Union parallel die gemeinschaftsweite Angleichung der rechtlichen Rahmenbedingungen für die Telekommunikationsmärkte durch entsprechende Harmonisierungsrichtlinien vorangetrieben. Von zentraler Bedeutung für die Harmonisierung der mitgliedstaatlichen Vorschriften für den Telekommunikationssektor sind die gemeinschaftsrechtlichen Normen zum offenen Netzzugang (sog. „Open Network Provision-ONP“). Insbesondere handelt es sich hierbei um die ONP-Rahmenrichtlinie[21], die auf ihrer Grundlage erlassene ONP-Mietleitungsrichtlinie[22] und die ONP-Sprachtelefondienstrichtlinie23 sowie die Genehmigungsrichtlinie[24] und die Zusammenschaltungsrichtlinie[25].

Durch die ONP-Rahmenrichtlinie soll der offene und effiziente Zugang zu den öffentlichen Telekommunikationsnetzen und -diensten gemeinschaftsweit gewährleistet und vereinheitlicht werden. Die aus dieser Richtlinie hervorgegangenen dienstleistungsspezifischen Richtlinien (ONP-Mietleitungsrichtlinie und

---

19 Richtlinie 96/19/EG der Kommission vom 13.3.1996 zur Änderung der Richtlinie 90/388/EWG hinsichtlich der Einführung des vollständigen Wettbewerbs auf den Telekommunikationsmärkten, Abl. EG L 74/13 vom 22.3.1996; „Wettbewerbsrichtlinie“ (im Folgenden: RL 96/19/EG).

20 Richtlinie 1999/64/EG der Kommission vom 23.6.1999 zur Änderung der Richtlinie 90/388/EWG im Hinblick auf die Organisation ein- und demselben Betreiber gehörender Telekommunikations- und Kabelfernsehnetze in rechtlich getrennten Einheiten, Abl. EG L 175/39 vom 10.7.1999.

21 Richtlinie 90/387/EWG des Rates vom 28.6.1990 zur Verwirklichung des Binnenmarktes für Telekommunikationsdienste durch Einführung eines offenen Netzzuganges (Open Network Provision-ONP), Abl. EG L 192/1 vom 24.7.1990 (im Folgenden: RL 90/387/EWG), geändert durch die Richtlinie 97/51/EG vom 6.10.1997, Abl. EG L 295/23 vom 29.10.1997 (im Folgenden: RL 97/51/EG).

22 Richtlinie 92/44/EWG des europäischen Parlaments und des Rates vom 5.6.1992, Abl. EG 165/27 vom 19.6.1992 i.F.d Richtlinie 97/51/EG vom 6.10.1997, Abl. EG L 295/23 vom 29.10.1997.

23 Richtlinie 98/10/EG des Europäischen Parlaments und des Rates vom 26.2.1998 über die Anwendung des offenen Netzzugangs (ONP) beim Sprachtelefondienst und den Universaldienst im Telekommunikationsbereich in einem wettbewerbsorientierten Umfeld, Abl. EG L 101/24 vom 1.4.1998 (im Folgenden: RL 98/10/EG).

24 Richtlinie 97/13/EG des Europäischen Parlaments und des Rates vom 10.4.1997 über einen gemeinsamen Rahmen für Allgemein- und Einzelgenehmigungen für Telekommunikationsdienste, Abl. EG L 117/15 vom 7.5.1997 (im Folgenden: RL 97/13/EG).

25 Richtlinie 97/33/EG des Europäischen Parlaments und des Rates vom 30.6.1997 über die Zusammenschaltung in der Telekommunikation im Hinblick auf die Sicherstellung eines Universaldienstes und der Interoperabilität durch Anwendung der Grundsätze für einen offenen Netzzugang (ONP), Abl. EG L 199/32 vom 26.7.1997 (im Folgenden: RL 97/33/EG).

ONP-Sprachtelefondienstrichtlinie) harmonisieren gemeinschaftsweit die Voraussetzungen für die Bereitstellung von Mietleitungen und Sprachtelefondienstleistungen und bestimmen ein gemeinschaftsweites Grundangebot. Die Genehmigungsrichtlinie verfolgt das Ziel der Harmonisierung der mitgliedstaatlichen Genehmigungsverfahren für die Erbringung von Telekommunikationsdienstleistungen und enthält Vorgaben für das Genehmigungsverfahren sowie die Genehmigungsnebenbestimmungen.

Gemeinschaftsweit gültige Rahmenbedingungen für die Zusammenschaltung von und den Zugang zu Telekommunikationsnetzen werden in der Zusammenschaltungsrichtlinie festgelegt. Darüber hinaus bestimmt sie im Zusammenhang mit der Sprachtelefondienst-Richtlinie die Grundregeln für die Sicherstellung des Universaldienstes, also eines vordefinierten Mindestangebots an Telekommunikationsdiensten bestimmter Qualität, das allen Benutzern unabhängig von ihrem Standort und gemessen an den landesspezifischen Bedingungen zu einem erschwinglichen Preis bereitgestellt werden muss[26].

d) Wettbewerbsregeln

Die Gewährleistung eines fairen und chancengleichen Wettbewerbs durch die Anwendung der Wettbewerbsregeln der Artikel 81, 82 EGV (früher Art. 85 und 86 EGV) als dem dritten Kernpunkt der europäischen Telekommunikationsmarktöffnung soll durch die Veröffentlichung von zwei Mitteilungen mit den Leitlinien zur uneingeschränkten Anwendung der EG-Wettbewerbsregeln auf dem stufenweise liberalisierten Telekommunikationsmarkt der Gemeinschaft[27] sichergestellt werden.[28]

2. Neuer Rechtsrahmen

a) Notwendigkeit und Ausgestaltung des neuen Rechtsrahmens

Die insgesamt 20 Telekommunikationsrichtlinien stellen die erste Phase der Re-Regulierung29 des Telekommunikationssektors dar, die von der Kommission in den Umsetzungsberichten ständig überwacht wird[30]. Aufgrund der Konvergenz

---

26 Vgl. Art. 2 I g) RL 97/33/EG; Art. 2 I f) Richtlinie 98/10/EG.

27 Mitteilung der Kommission zur Anwendung der EG-Wettbewerbsregeln im Telekommunikationssektor, Abl. EG C 233/2 vom 6.9.1991; Mitteilung der Kommission zur Anwendung der EG-Wettbewerbsregeln im Telekommunikationssektor, Abl. EG C 265/2 vom 22.8.1998.

28 Vgl. dazu Holznagel/Enaux/Nienhaus, S. 230-232.

29 Zum Begriff siehe *Wegmann*, S. 50 ff.

30 Inzwischen sind acht dieser Berichte erschienen. Vgl. dazu Mitteilung der Kommission an den Rat, das europäische Parlament, den Wirtschafts- und Sozialausschuss und den Ausschuss der Regionen vom 3.12.2002: Achter Bericht über die Umsetzung des Reformpakets für den Telekommunikationssektor, KOM (2002) 695 endg.

der Branchen Telekommunikation, Medien und Informationstechnologie soll dieser Rechtsrahmen in eine neue zweite Phase übergehen.[31]

Die Ergebnisse der Konsultationen zum Konvergenz-Grünbuch dienten als Startschuss für die Entwicklung von Vorschlägen für eine regulative Reform des bestehenden Rechtsrahmens, da die nach Ansicht der Kommission eingetretene technische Konvergenz[32] es erforderlich macht, dass alle Übertragungsnetze und die zugehörigen Dienste vom gleichen Rechtsrahmen erfasst werden, damit das mit der Informationsgesellschaft („information society") verbundene Potential für Wachstum, Wettbewerbsfähigkeit und Schaffung von Arbeitsplätzen bestmöglich ausgeschöpft wird.[33] Die ersten Vorschläge wurden von der Kommission bereits in ihrem Kommunikationsbericht 1999 („Review 1999") veröffentlicht.[34] Der neue Rechtsrahmen besteht danach aus einem Paket von fünf Richtlinien zur Harmonisierung der Rechtsvorschriften, das vom Europäischen Parlament und vom Rat anzunehmen war und eine Rahmenrichtlinie (gemeinsamer Rechtsrahmen für elektronische Kommunikationsnetze und -dienste) und vier Einzelrichtlinien (Genehmigung elektronischer Kommunikationsnetze und -dienste, Zugang und Zusammenschaltung, Universaldienst und Datenschutz) beinhaltet, einer Verordnung des Europäischen Parlaments und des Rates über den entbündelten Zugang zum Teilnehmeranschluss und einer Entscheidung des Europäischen Parlaments und des Rates über einen Rechtsrahmen für die Frequenzpolitik in der Europäischen Gemeinschaft. Daneben gibt es eine die verschiedenen Liberalisierungsrichtlinien der Kommission konsolidierende und vereinfachende Wettbewerbsrichtlinie[35]. Die Kommission verfolgt auch bei dem neuen Rechtsrahmen einen auf Liberalisierung, Harmonisierung und Wettbewerb gerichteten Regulierungsansatz. Ziele des neuen Rechtsrahmens sind die Erweiterung des Regulierungsumfelds auf sämtliche Formen elektronischer Kommunikation (Telekom-

---

31 Vgl. Grünbuch der Kommission zur Konvergenz der Branchen Telekommunikation, Medien und Informationsgesellschaft und ihre ordnungspolitischen Auswirkungen – Ein schritt in Richtung Informationsgesellschaft vom 3.12.1997, KOM (97) 623 endg.; Die Ergebnisse der Konsultation zum Konvergenz-Grünbuch wurden von der Kommission 1999 in der Mitteilung KOM (1999) 108 endg. vom 10.3.1999 veröffentlicht.

32 Technische Konvergenz bedeutet das Zusammenwachsen unterschiedlicher Netzplattformen das mittels digitaler Technologie ermöglicht, sowohl traditionelle als auch neue Kommunikationsdienste – sei es in Form von Daten, Tönen oder Bildern – über zahlreiche verschiedene Netze anzubieten. Vgl. Grünbuch der Kommission zur Konvergenz S. 2.

33 Vgl. Mitteilung KOM (1999) 539 der Kommission vom 10.11.1999 zur Entwicklung neuer Rahmenbedingungen für elektronische Kommunikationsinfrastrukturen und zugehörige Dienste, Kommunikationsbericht 1999, S. 1.

34 Mitteilung KOM (1999) 539 der Kommission vom 10.11.1999 zur Entwicklung neuer Rahmenbedingungen für elektronische Kommunikationsinfrastrukturen und zugehörige Dienste, Kommunikationsbericht 1999 (im Folgenden: Kommunikationsbericht 1999).

35 Vgl. Übersicht im Kommunikationsbericht 1999, S. 20.

munikations-, Satelliten-, Kabelfernseh- oder Rundfunknetze) und die Flexibilisierung und Dynamisierung der Regulierungsinstrumentarien.[36]

Der Verordnung über den entbündelten Zugang zum Teilnehmeranschluss[37], die den Betreibern mit beträchtlicher Marktmacht bis zum 31.12.2001 die vollständige Entbündelung des Teilnehmeranschlusses vorschreibt, wurde besondere Priorität zuerkannt. Deswegen wurde sie aus dem neuen Rechtsrahmenpaket herausgenommen und trat bereits Anfang Januar 2001 in Kraft.

Ein großer Teil des Harmonisierungspaketes wurde am 14. Februar 2002 vom Rat angenommen und am 7. März 2002 vom europäischen Parlament und vom Rat der europäischen Union erlassen. Darunter fallen die Rahmenrichtlinie, die Zugangsrichtlinie, die Genehmigungsrichtlinie, die Universaldienstrichtlinie sowie die Frequenzentscheidung. Die Mitgliedstaaten haben nun die verabschiedeten neuen Richtlinien bis zum 25. Juli 2003 in nationales Recht umzusetzen.[38] Bei der etwas später verabschiedeten Datenschutzrichtlinie für elektronische Kommunikation vom 12. Juli 2002 wurde den Mitgliedstaaten eine entsprechende Umsetzungsfrist bis zum 31. Oktober 2003 eingeräumt. Auch die Richtlinie über den Wettbewerb auf den Märkten für elektronische Kommunikationsnetze und -dienste wurde inzwischen verabschiedet und legt den Mitgliedstaaten bis spätestens 24. Juli 2003 eine Pflicht zur Übermittlung von Informationen, die es bezeugen, dass die Bestimmungen dieser Richtlinie eingehalten wurden.

b) Regelungen des neuen Rechtsrahmens im Einzelnen

Die Rahmenrichtlinie[39] zielt darauf ab, die Grundsätze für die nationalen Regulierungsbehörden (NRB) festzulegen. Insbesondere werden deren Aufgaben im Zusammenhang mit der Zuweisung und Zuteilung von Funkfrequenzen und Nummern sowie mit der Erteilung von Wegerechten bestimmt. Ferner zieht sie Bestimmungen, die den Einzelrichtlinien gemeinsam sind, vor die Klammer, wie zum Beispiel den Marktmachtbegriff, das Streitbeilegungsverfahren und die Komitologieverfahren. Es wird ein „Kommunikationsausschuss" (COCOM)[40] gebildet. Die von der Kommission vorgeschlagene „Hochrangige Kommunikationsgruppe" als ein Beratungsorgan bestehend aus Vertretern der nationalen Regulie-

---

36 Vgl. Kommunikationsbericht 1999, S. 4, S. 12, S. 15.

37 Verordnung EG 2887/2000 des Europäischen Parlaments und des Rates vom 18. Dezember 2000 über den entbündelten Zugang zum Teilnehmeranschluss, Abl. EG L 336/4 vom 30.12.2000 (im Folgenden: VO 2887/2000).

38 Vgl. die Umsetzungsvorschriften der einzelnen Richtlinien.

39 Richtlinie 2002/21/EG des Europäischen Parlaments und des Rates vom 7. März 2002 über einen gemeinsamen Rechtsrahmen für elektronische Kommunikationsnetze und –dienste, Abl. EG L 108/33 vom 24.4.2002 (im Folgenden: RaRL).

40 Gem. Art. 22 Abs. 1 RaRL wird der Genehmigungsausschuss und der ONP-Ausschuss mit der Einsetzung eines Kommunikationsausschusses aufgelöst.

rungsbehörden und der Kommission, wurde vom Parlament zunächst in eine „Beratende Kommunikationsgruppe" geändert[41] und schließlich in die endgültige Fassung der Rahmenrichtlinie nicht mehr aufgenommen. Jedoch heißt es in Erwägungsgrund 36 RaRL, dass die Kommission die Einrichtung einer europäischen Gruppe der Regulierungsbehörden für elektronische Kommunikationsnetze und -dienste beabsichtige. Diese Gruppe entspricht der erstmals vorgeschlagenen Hochrangigen Kommunikationsgruppe, die

> „einen geeigneten Mechanismus zur Stärkung der Zusammenarbeit und der Koordinierung der nationalen Regulierungsbehörden darstellen" soll, „um die Entwicklung des Binnenmarktes für elektronische Kommunikationsnetze und -dienste zu fördern und eine konsistente Anwendung der [...] festgelegten Bestimmungen in allen Mitgliedstaaten zu erreichen, insbesondere in Bereichen, in denen einzelstaatliche Rechtsvorschriften den einzelstaatlichen Regulierungsbehörden beträchtliche Ermessensspielräume bei der Anwendung der betreffenden Bestimmungen geben".[42]

Durch diese Richtlinie werden sechs Richtlinien und zwei Entscheidungen des geltenden Rechtsrahmens zum Zeitpunkt des Anwendungsbeginns aufgehoben.[43]

Die Genehmigungsrichtlinie[44] ersetzt die derzeit geltende Richtlinie 97/13/EG über Allgemein- und Einzelgenehmigungen. Sie führt außer bei der Zuteilung von Funkfrequenzen und Nummern die Allgemeingenehmigung ein und verringert die Zahl der Bedingungen, die Diensteanbietern auferlegt werden können. Ziel dieser Richtlinie ist die Errichtung eines Binnenmarktes für elektronische Kommunikationsnetze und -dienste durch Harmonisierung und Vereinfachung der Genehmigungsvorschriften und -bedingungen.[45]

Das Ziel der Zugangsrichtlinie[46] ist die Betonung der Vorrangstellung der Aushandlung von Zugangs- und Zusammenschaltungsbedingungen zwischen den Beteiligten und die Bestimmung eines festen Rahmens für eine notwendige Intervention der nationalen Regulierungsbehörden. Folglich soll ein Rechtsrahmen zur Gewährleistung eines nachhaltigen Wettbewerbs und der Interoperabilität der

---

41 Siehe die Gegenüberstellung des Kommissionsvorschlags und der Parlamentsabänderungen in Abl. EG C 277/91(113) vom 1.10.2001.

42 Erwägungsgrund 36 RaRL.

43 Siehe Art. 26 RaRL.

44 Richtlinie 2002/20/EG des Europäischen Parlaments und des Rates vom 7. März 2002 über die Genehmigung elektronischer Kommunikationsnetze und -dienste, Abl. EG L 108/21 vom 24.4.2002 (im Folgenden: GeRL).

45 Siehe Art. 1 Abs. 1 GeRL.

46 Richtlinie 2002/19/EG des Europäischen Parlaments und des Rates vom 7. März 2002 über den Zugang zu elektronischen Kommunikationsnetzen und zugehörigen Einrichtungen sowie deren Zusammenschaltung, Abl. EG L 108/7 vom 24.4.2002 (im Folgenden: ZuRL).

elektronischen Kommunikationsdienste sowie zur Förderung der Verbraucherinteressen geschaffen werden.[47]

Die Universaldienstrichtlinie[48] fasst die geltenden Gemeinschaftsvorschriften im Bereich des Universaldienstes und der Nutzerrechte zusammen[49], ohne den Anwendungsbereich des Universaldienstes auszudehnen. Ferner schreibt sie Nutzerrechte sowie Maßnahmen zur Entschädigung der Anbieter des Universaldienstes fest. Besonders wichtig für den europäischen Gesetzgeber ist die Gewährleistung von Anschlüssen an das öffentliche Telefonnetz an einem festen Standort, die neben der Sprachkommunikation auch eine funktionale Datenkommunikation ermöglichen. Die Übertragungsraten sollen geeignet sein, den Zugang zu Online-Diensten wie dem Internet möglich zu machen. Jedoch wird eine bestimmte Übertragungsrate europaweit nicht vorgeschrieben.[50] Es sollen auch die Möglichkeiten der Drahtlostechnologien einschließlich zellularer Mobilfunknetze genutzt werden. Es wird angenommen, dass gerade diese neuen Technologien für die Beitrittsländer wie Polen, in denen die Telefondichte mit herkömmlichen Anschlüssen immer noch deutlich unter dem europäischen Durchschnitt liegt, von besonderer Bedeutung sein können. [51] Diese Universaldienstrichtlinie enthält als Novum die Möglichkeit der Einführung der Betreiberauswahl[52] und Betreibervorauswahl[53] auch in Mobilfunknetzen, die von Mobilfunkbetreibern mit beträchtlicher Marktstellung betrieben werden.[54] Neues Merkmal der Betreibervorauswahl ist allerdings, dass die Möglichkeit bestehen muss, die festgelegte Vorauswahl durch Wählen einer Betreiberkennzahl zu übergehen (Art. 19 Abs. 1 b) URL).

Durch die Entscheidung betreffend die Frequenzpolitik (im Folgenden: Entscheidung 676/2002/EG)[55] wurde der Kommission eine Befugnis zum Vorschlagen von Maßnahmen zur Harmonisierung der Nutzung des Funkfrequenzspektrums übertragen und die Annahme gemeinsamer Standpunkte im Hinblick auf in-

---

47 Siehe Art. 1 Abs. 1 a.E. ZuRL.

48 Richtlinie 2002/22/EG des Europäischen Parlaments und des Rates vom 7. März 2002 über den Universaldienst und Nutzerrechte bei elektronischen Kommunikationsnetzen und –diensten, Abl. EG L 108/51 vom 24.4.2002 (im Folgenden: URL).

49 Das sind die Zusammenschaltungsrichtlinie 97/33/EG sowie die Sprachtelefondienstrichtlinie 98/10/EG (siehe o. Fn. 25 sowie Fn. 23).

50 Siehe Art. 4 Abs. 2 URL.

51 Siehe Erwägungsgrund 8 URL.

52 Wahl des Verbindungsnetzbetreibers im Einzelfall durch wählen einer Kennzahl, aus dem Englischen auch Call-by-Call genannt.

53 Auswahl von Verbindungsnetzbetreibern für Gespräche durch dauerhafte Voreinstellung, aus dem Englischen auch Preselection genannt.

54 Vgl. Erwägungsgrund 29 und Art. 19 Abs. 2 URL.

55 Entscheidung Nr. 676/2002/EG des Europäischen Parlaments und des Rates vom 7. März 2002 über einen Rechtrahmen für die Funkfrequenzpolitik in der Europäischen Gemeinschaft, Abl. EG L 108/1 vom 24.4.2002.

ternationale Verhandlungen über das Funkfrequenzspektrum erleichtert. Die in Art. 1 Abs. 2 dieser Entscheidung enthaltenen Aufgaben der Kommission werden durch einen Funkfrequenzausschuss[56] unterstützt, dem nach Art. 4 Entscheidung 676/2002/EG geeignete technische Umsetzungsmaßnahmen unterbreitet werden und der in allen vom Artikel 1 abgedeckten Fragen der gemeinschaftlichen Frequenzpolitik regelmäßig zu konsultieren ist.

Die neue Datenschutzrichtlinie[57] aktualisiert die Richtlinie 97/66/EG, die sich lediglich auf die Sprachtelefonie und die Nutzung des Internets bezog, und weitet ihren Anwendungsbereich durch technologieneutrale Vorschriften auf sämtliche Formen elektronischer Kommunikation aus.[58] Zugleich wird die alte Datenschutzrichtlinie 97/66/EG mit Wirkung ab dem 31. Oktober 2003 aufgehoben.[59]

Die zuletzt veröffentlichte neue Wettbewerbsrichtlinie[60] bündelt und konsolidiert die Bestimmungen der ursprünglichen Wettbewerbsrichtlinie 90/388/EWG sowie der sie ergänzenden und modifizierenden sonstigen Liberalisierungsrichtlinien in einem einheitlichen, übersichtlichen Rechtsakt.[61] Jedoch werden auch einige Bestimmungen gestrichen, die seit der Liberalisierung der Telekommunikationsbranche als veraltet und überholt angesehen werden.[62]

c) Eigenschaften des neuen Rechtsrahmens

Die Unterschiede des neuen zum geltenden Rechtsrahmen lassen sich in zwei Bereichen herausfiltern: zum einen in Betracht der eingesetzten Handlungsinstrumente und zum anderen in Anbetracht der organisatorischen und verfahrensrechtlichen Mechanismen zur Sicherstellung von Koordination und Kooperation der NRB.[63] Dem so genannten „soft law“[64] kommt nach dem neuen Rechtsrahmen eine verstärkte Bedeutung zu, indem vordringlich rechtlich nicht verbindli-

---

56 Art. 3 Abs. 1 Entscheidung Nr. 676/2002/EG.

57 Richtlinie 2002/58/EG des Europäischen Parlaments und des Rates über die Verarbeitung personenbezogener Daten und den Schutz der Privatsphäre in der elektronischen Kommunikation, Abl. EG L 201/37 vom 31.7.2002 (im Folgenden: DatenRL).

58 Siehe Erwägungsgrund 4 DatenRL, vgl. auch Kommunikationsbericht 1999, S. 49.

59 Art. 19 DatenRL.

60 Richtlinie 2002/77/EG der Kommission vom 16. September 2002 über den Wettbewerb auf den Märkten für elektronische Kommunikationsnetze und -dienste, Abl. EG L 249/21 vom 17.9.2002 (im Folgenden: WettRL).

61 Vgl. Erwägungsgrund 1 WettRL; Kommunikationsbericht 1999, S. 17; ausführlicher zur neuen Wettbewerbsrichtlinie *Ladeur*, K&R 2003, 153 (154 f.).

62 Siehe dazu Erwägungsgrund 6 WettRL.

63 *Scherer*, Entwicklungslinien des Telekommunikationsrechts, CR 2000, 35 (43 f.).

64 Darunter versteht man solche Regelungen, die lediglich eine Art politische Verhaltenserwartung begründen und nicht verbindliches Recht darstellen. Diesen Absichtserklärungen ist einerseits das Fehlen juristischer Verbindlichkeit und andererseits der faktische Konsensus, sich in bestimmter Weise gemeinsam zu verhalten, gemeinsam. Vgl. *Oppermann*, Rdnr. 144, 481.

che Leitlinien, Empfehlungen und Absichtserklärungen veröffentlicht werden.[65] Mit der Verabschiedung der neuen Rahmenrichtlinie[66] ist über die Gründung des Kommunikationsausschusses bereits entschieden worden und die Einrichtung einer Gruppe der nationalen Regulierungsbehörden beabsichtigt. Mit diesen institutionellen Neuerungen sollen die Koordination, Kooperation und Konsensbildung unter den nationalen Regulierungsbehörden gefördert werden.[67] Ein liberalisierter Markt, auf dem ein funktionierender Wettbewerb herrscht, sollte sich selbst regulieren. In Heranziehung dieses Ansatzes verringerte der europäische Gesetzgeber den Umfang der Regulierung und der Regulierungsmaßnahmen. Diese sollen erst dann angewendet werden, wenn das gemäß Art. 16 RaRL durchgeführte Marktanalyseverfahren auf einem bestimmten Markt ergibt, dass dort noch kein wirksamer Wettbewerb herrscht.

---

65 Siehe Kommunikationsbericht 1999, S. 21.

66 Siehe Fn. 39.

67 *Scherer*, Entwicklungslinien des Telekommunikationsrechts, CR 2000, 35 (44); *Holznagel/Enaux/Nienhaus*, S.237.

III. Deutsches Telekommunikationsrecht – Deregulierungsstufen und Rechtsquellen

1. Entmonopolisierungs- und Deregulierungsentwicklung

Wie in den meisten europäischen Staaten zählte das Post- und Fernmeldewesen auch in Deutschland zu den Bestandteilen der Daseinsvorsorge und wurde damit zwangsläufig vom staatlichen Monopol umfasst.[68] Verfassungsrechtlich wurde dies in Art. 87 Abs. 1 GG a. F. festgeschrieben, der erklärte, dass sämtliche Postdienste (darunter das Post-, Fernmelde- und Postbankwesen) in bundeseigener Verwaltung zu führen waren.[69] Einfachgesetzlich übertrug man dem damaligen Monopolanbieter Deutsche Bundespost (DBP) durch das Gesetz über Fernmeldeanlagen die ausschließlichen Rechte zur Errichtung und zum Betrieb von Telekommunikationsnetzen und durch das Telegraphenwegegesetz (TWG) die notwenigen Wegerechte. Bis zu den folgenden Postreformen, die das Monopol der DBP stufenweise aufhoben, war der Bund somit gleichzeitig Regulierer und Anbieter von Telekommunikationsdienstleistungen.

Die im Jahre 1989 stattfindende sog. Postreform I war der erste Schritt auf dem Weg zu einem liberalisierten Telekommunikationsumfeld.[70] Hierbei wurden durch die Trennung zwischen den politisch hoheitlichen Aufgaben, mit denen damals der Bundesminister für Post und Telekommunikation betraut war, und den betrieblich unternehmerischen Aufgaben der Deutschen Bundespost nahezu sämtliche im Rahmen der Verfassung zur Verfügung stehenden Möglichkeiten der Kommerzialisierung und der Zuerkennung von Autonomiezonen ausgeschöpft.[71] Die DBP wurde in drei selbständige öffentliche Unternehmen DBP Postbank, DBP Postdienst und DBP Telekom unterteilt, die aber weiterhin unter dem Dach der Deutschen Bundespost agierten.[72] Neben den Änderungen des institutionellen und organisatorischen Rahmens, öffnete man erste Märkte wie im Bereich der Endgeräte und der Firmennetze (sog. corporate networks) sowie im begrenzten Umfang im Bereich des Satelliten- und Mobilfunks dem freien Wettbewerb. Die Monopolrechte wurden nur noch bezüglich der Netz- und Funkanlagen sowie beim Sprachtelefondienst aufrechterhalten.[73]

---

68 Insgesamt zur Entmonopolisierung des Telekommunikationssektors in Deutschland siehe *Holznagel/Enaux/Nienhaus*, S. 7-16 mit einer umfangreichen Literaturliste auf Seite 7; *Gramlich*, VerwArch Bd. 88 (1997), 598 ff.; *Wegmann*, S. 33 ff.

69 Vgl. *Uerpmann*, in: *Münch/Kunig* (Hrsg.), GG-Komm., Art. 87 f Rdnr. 1.

70 Der Begriff der Liberalisierung wird oft zusammen mit dem Begriff der Deregulierung und der sog. „regulierten Selbstregulierung" genannt. Zu den letzten zwei Begriffen siehe *Wegmann*, S. 50-53 m.w.N.

71 *Lerche*, in: *Maunz/Dürig* (Hrsg.), GG-Komm., Art. 87 f Rdnr. 22.

72 Siehe Holznagel/Enaux/Nienhaus, S. 9.

73 Siehe § 1 Abs. II Satz 2, Abs. IV Satz 4 FAG a.F.

Die Postreform II vollzog sich 1994 im Zuge der Verfassungsreform[74] und des Erlasses eines Gesetzes zur Neuordnung des Postwesens und der Telekommunikation[75]. Der ins Grundgesetz neu eingeführte Artikel 87 f ist die verfassungsrechtliche Grundlage für die Liberalisierung des Telekommunikationsmarktes.[76] Die Unternehmen der DBP wurden allmählich privatisiert[77] und es entstand die Deutsche Post AG, die Deutsche Postbank AG und die Deutsche Telekom AG. Gründe für diese Neuordnung waren neben den europäischen Grundentscheidungen zugunsten einer Liberalisierung und des Abbaus von Monopolstellungen vor allem die Einsicht, dass eine verwaltungsmäßige Erbringung von Telekommunikationsdienstleistungen weder die erhofften Wachstumseffekte in der Branche zu generieren noch den Anforderungen des internationalen Telekommunikationsmarktes zu entsprechen vermag.[78] Im Unterschied zur Postreform I wurden die bestehenden Monopolrechte durch diese zweite Reform nicht angetastet.

Entscheidender und letzter Schritt zur vollständigen Liberalisierung des Telekommunikationssektors wurde mit dem Inkrafttreten des Telekommunikationsgesetzes (TKG)[79] („Postreform III“[80]) am 1. August 1996 getan. Damit wurde zunächst das bis dato geltende Monopol der Deutschen Telekom AG für das Betreiben von Übertragungswegen beseitigt.[81] Zum 1. Januar 1998 folgte dann die vom Gemeinschaftsrecht vorgeschriebene Auflösung des Sprachtelefondienstmonopols[82] und die Errichtung der Regulierungsbehörde für Telekommunikation und Post (RegTP) mit Sitz in Bonn, die von da an die Funktionen des alten Bundesministeriums für Post und Telekommunikation übernahm. Sie wurde dem Geschäftsbereich des Bundesministeriums für Wirtschaft und Technik zugeteilt. Damit ist der gesamte Telekommunikationsbereich erst ab diesem Zeitpunkt vollständig liberalisiert.[83]

---

74 Durch Gesetz vom 30. August 1994 (BGBl. I S. 2245), vgl. *Uerpmann*, in: *Münch/Kunig* (Hrsg.), GG-Komm., Art. 87 f Rdnr. 1.

75 Postneuordnungsgesetz (PTNeuOG) vom 27.6.1994, (BGBl. I S. 2325).

76 *Lerche*, in: *Maunz/Dürig* (Hrsg.), GG-Komm., Art. 87 f Rdnr. 85.

77 Zum Börsengang der Deutschen Telekom AG siehe *Holznagel/Enaux/Nienhaus*, S. 12.

78 Siehe *Gramlich*, VerwArch Bd. 88 (1997), 598 (628).

79 Vom 25. Juli 1996 (BGBl. I S. 1120), zuletzt geändert durch Gesetz vom 21.10.2002 (BGBl. I S. 4186).

80 *Manssen* spricht hier von einer „Postteilreform“, da nur ein Teil des alten Post- und Fernmeldewesens, der Telekommunikationsmarkt, liberalisiert wurde. Siehe *ders.*, „Das Telekommunikationsgesetz (TKG) als Herausforderung für die Verfassungs- und Verwaltungsrechtsdogmatik“, ArchivPT 1998, 236 (236).

81 Vgl. Art. 100 Abs. 1 Satz 2 TKG.

82 Vgl. Art. 100 Abs. 1 Satz 3 TKG.

83 *Gramlich*, VerwArch Bd. 88 (1997), 598 (629).

2. Rechtsquellen

Neben der rechtsgeschichtlichen Entwicklung des Telekommunikationsrechts in der Bundesrepublik Deutschland seien hier die wichtigsten einfachgesetzlichen Rechtsquellen für diesen Bereich dargestellt. Dazu zählt das Telekommunikationsgesetz (TKG) als wichtigste Rechtsgrundlage für diesen Sektor, das Gesetz gegen Wettbewerbsbeschränkungen (GWB)[84] mit seinem allgemeinen Wettbewerbsrecht, das Amateurfunkgesetz (AFuG)[85], das Gesetz über Funkanlagen und Telekommunikationsendeinrichtungen (FTEG)[86], das Gesetz über die elektromagnetische Verträglichkeit von Geräten (EMVG)[87], das Personalrechtliche Begleitgesetz zum TKG (PersBG)[88] und die aufgrund dieser Gesetze ergangenen Verordnungen[89] [90].

---

84 Vom 27. Juli 1957 (BGBl. I S. 1081), in der Neufassung vom 26. August 1998 (BGBl. S. 2546) mit zahlreichen Änderungen.

85 Vom 23. Juni 1997 (BGBl. I S. 1494), zuletzt geändert durch Gesetz vom 31. Januar 2001 (BGBl. I S. 170).

86 Vom 31. Januar 2001 (BGBl. I S. 170).

87 Vom 18. September 1998 (BGBl. I S. 2882).

88 Vom 17. Dezember 1997 (BGBl. I S. 3108).

89 Zu den telekommunikationsrechtlichen Verordnungen zählen, in alfabetischer Reihenfolge, die Amateurfunkverordnung (AFuV) vom 23. Dezember 1997 (BGBl. 1998 I S. 42), zuletzt geändert durch Verordnung vom 13. Dezember 2001 (BGBl. I S.3630); Frequenzbereichszuweisungsplanverordnung (FreqBZPV) vom 26. April 2001 (BGBl. I S. 778); Frequenzgebührenverordnung (FGebV) vom 21. Mai 1997 (BGBl. I S. 1226.), zuletzt geändert durch Verordnung vom 13. Dezember 2001 (BGBl. I S. 3624); Frequenznutzungsbeitragsverordnung (FBeitrV) vom 19. November 1996 (BGBl. I S. 1790), zuletzt geändert durch Verordnung vom 24. Juni 2002 (BGBl. I S. 2226); Frequenznutzungsplanaufstellungsverordnung (FreqNPAV) vom 26. April 2001 (BGBl. I S. 827); Frequenzzuteilungsverordnung (FreqZutV) vom 26. April 2001 (BGBl. I S. 829); Grundlegende Anforderungen- und Schnittstellen-Verordnung (GASV) vom 8. Januar 2002 (BGBl. I S. 398); Netzzugangsverordnung (NZV) vom 23. Oktober 1996 (BGBl. I S. 1568); Telekommunikations-Datenschutzverordnung (TDSV) vom 18. Dezember 2000 (BGBl. I S. 1740); Telekommunikations-Entgeltregulierungsverordnung (TEntgV) vom 1. Oktober 1996 (BGBl. I S. 1492); Telekommunikations-Kundenschutzverordnung (TKV) vom 11. Dezember 1997 (BGBl. I S. 2910), zuletzt geändert durch Verordnung vom 20.August 2002 (BGBl. I S. 3365); Telekommunikations-Lizenzgebührenverordnung (TKLGebV) vom 28. Juli 1997 (BGBl. I S. 1936). Diese Verordnung wurde durch Urteil des BVerwG (Az. 6 C 13/00, Fundstelle NVwZ 2002, 858-862) vom 19.9.2001 für nichtig erklärt, weil sie gemäß § 16 TKG, der nur zu einer Gebührenverordnung, welche den mit der Lizenzerteilung selbst verbundenen Verwaltungsaufwand finanziert, ermächtigt und nicht zur Festsetzung von Lizenzgebühren zur Finanzierung einer Vielzahl von überwiegend auch in der Zukunft liegenden Amtshandlungen der Regulierungsbehörde für Post und Telekommunikation dienen kann. Neufassung der TKLGebV vom 13.9.2002 (BGBl. I S. 3542); Telekommunikationsnummerngebührenverordnung (TNGebV) vom 16. August 1999 (BGBl. I S. 1887); Telekommunikations-Überwachungsverordnung (TKÜV) vom 22. Januar 2002 (BGBl. I S. 458), geändert durch Verordnung vom 16. August 2002 (BGBl. I S. 3317); Telekommunikations-Universaldienstleistungsverordnung (TUDLV) vom 30. Januar 1997 (BGBl. I S. 141); Verordnung über Beiträge nach dem Gesetz über die elektromagnetische Verträglichkeit von Geräten (EMVBeitrV) vom 12. August 2002 (BGBl. I S. 3359); Verordnung über das Nachweisverfahren zur Begrenzung elektromagneti-

Das geltende TKG wurde aufgrund laufender Vertragsverletzungsverfahren mangels Umsetzung europäischer Anforderungen des geltenden Rechts (wie zum Beispiel bei der Gewährleistung der Betreiberauswahl oder -vorauswahl im Ortsnetzbereich[91]) und als Folge des Urteils des Bundesverwaltungsgerichts betreffend die Telekommunikations-Lizenzgebührenverordnung[92] im geringen Umfang durch das Gesetz zur Änderung des Telekommunikationsgesetzes vom 21.10.200293 geändert und an die entsprechenden gemeinschaftsrechtlichen Vorgaben angepasst. Der Startschuss für mehr Wettbewerb im Ortsnetz fällt jetzt endgültig auf den 25. April 2003. Den eigentlichen Einführungszeitpunkt (1. Dezember 2002) hatte die Regulierungsbehörde verschoben und die Entbündelungsverpflichtung des Quasi-Monopolisten DT AG wegen dessen technischer Schwierigkeiten ausgesetzt.[94] Die durch dieses Änderungsgesetz bezweckte Anpassung bezieht sich allerdings auf den aktuellen Stand des acquis communautaire[95] auf dem Gebiet der Telekommunikation. Eine umfangreiche Umsetzung des

---

scher Felder (BEMFV) vom 27. August 2002 (BGBl. I S. 3366); Verordnung über das Nachweisverfahren zur Begrenzung elektromagnetischer Felder (BEMFV) vom 27. August 2002 (BGBl. I S. 3366); Verordnung über Kosten für Amtshandlungen nach dem Gesetz über die elektromagnetische Verträglichkeit von Geräten und nach dem Gesetz über Funkanlagen und Telekommunikationsendeinrichtungen (EMV-FTEKostV) vom 16. August 2002 (BGBl. I S. 2647). Der aktuelle Stand der Durchführungsvorschriften zum TKG kann auf der Internetseite des Bundesministeriums für Wirtschaft und Arbeit abgerufen werden unter: http://www.bmwi.de.

90 Insgesamt zu den Verordnungen siehe auch *Scherer*, Die Entwicklung des Telekommunikationsrechts in den Jahren 1996 und 1997, NJW 1998, 1607 (1608) sowie die Darstellung der Verordnungsermächtigungen des TKG bei *Kerkhoff*, in: Beck'scher TKG-Komm., Anhang zu § 71.

91 Siehe Pressebericht des Presseraums der EU-Kommission vom 20. März 2002, IP/02/445, abrufbar unter: http://www.europa.eu.int/rapid/start/cgi/guesten.ksh?p_action.gettxt=gt&doc=IP/02/445|0|RAPID&lg=DE&display.

92 Siehe o. Fn. 89 (Urteil des BVerwG vom 19. September 2001, Az. 6C 13/00.) Zur Finanzierung des Verwaltungsaufwandes der RegTP sollte ursprünglich ein sog. „Telekommunikationsbeitrag" eingeführt werden (vgl. § 72a TKG neu), was jedoch im Gesetzgebungsverfahren nicht durchgesetzt wurde (vgl. die geltende Fassung des Änderungsgesetzes vom 21.10.2002, BGBl. I S. 4186).

93 BGBl. I S. 4186.

94 Siehe zum Ganzen *RegTP*, Pressebericht vom 21. Februar 2003: „Klare Bedingungen für Netzbetreiberauswahl im Ortsnetz".

95 Allgemein wird dieser Begriff als „gemeinschaftlicher/gemeinsamer Besitzstand" übersetzt. Nach *Pfaff* handelt es sich dabei um ein „untrennbares Gemisch von formaler Rechtswahrung und ethischen Überzeugungen", vgl. *ders.*, in: FS für Georg Brunner, 539 (545). Nach der Definition der EU-Kommission umfasst dieser Terminus das gesamte primäre und sekundäre Recht der Europäischen Gemeinschaften sowie den sonstigen Bestand an rechtlich nicht oder nicht so intensiv verfestigten Erklärungen, Beschlüssen, Übungen und ungeschriebenen Grundsätzen („Integrationsverträge und ihr Folgerecht"), vgl. *Oppermann*, Rdnr. 1847 ff.

neuen Rechtsrahmens in nationales Recht erfolgt im Laufe des Jahres 2003[96] durch eine grundlegende Überarbeitung und Novellierung des TKG.[97]

---

96 Siehe Begründung zum Entwurf des Ersten Gesetzes zur Änderung des Telekommunikationsgesetzes, Stand 17. April 2002, abrufbar unter http://www.bmwi.de. Einen umfassenden Überblick über die zur Anpassung des TKG an den zukünftigen Gemeinschaftsrechtsrahmen notwendigen Schritte liefern folgende Aufsätze: *Schütz/Attendorn*, Das neue Kommunikationsrecht der Europäischen Union – Was muss Deutschland ändern?, MMR Beilage 4/2002, insbes. S. 24-45; *Scherer*, Die Umgestaltung des europäischen und deutschen Telekommunikationsrechts durch das EU-Richtlinienpaket – Teil I und II, K&R 2002, S. 273 ff. und S. 329 ff. sowie *Immenga/Kirchner*, Zur Neugestaltung des deutschen Telekommunikationsrechts, TKMR 2002, S. 340 ff. Siehe auch die Veröffentlichung zur Fachkonferenz des Münchner Kreises, *Picot* (Hrsg.), Das Telekommunikationsgesetz auf dem Prüfstand, S. 5 ff.

97 Seit Ende Februar 2003 liegt beim BMWA ein Arbeitsentwurf der Abteilung VII des Bundesministeriums für Wirtschaft und Arbeit zur sog. „großen TKG-Novelle" vor, siehe dazu auch *Koenig/Neumann*, Der Arbeitsentwurf zur Novellierung des TKG und die regulatorischen Herausforderungen des Internet-Zeitalters, K&R 2003, S. 217 ff. Ein Referentenentwurf zur Umsetzung europäischen Rechts in das nationale Telekommunikationsgesetz mit Begründung vom 30. April 2003 sowie vier Verordnungsentwürfe standen bis zum 28. Mai 2003 zur öffentlichen Kommentierung bereit (im Internet abrufbar unter: http://www.bmwi.de).

B. Entwicklung des polnischen Telekommunikationsrechts und -marktes

Der Begriff des Telekommunikationsrechts wird in der polnischen Rechtssprache erst seit einigen Jahren verwendet.[98] Bisher wurden das Telekommunikationswesen und das Postwesen gemeinsam mit dem Begriff des Fernmeldewesens überschrieben.[99] Die diesen Bereich regelnden Gesetze hießen Fernmeldegesetze. Erst mit dem neuen Gesetz vom Juli 2000 wurde die Regulierung der Post und der Telekommunikation getrennt. Die Angelegenheiten des Postwesens werden jetzt vom geänderten Fernmeldegesetz geregelt, das jedoch mit Verabschiedung des neuen Postrechtsgesetzes aufgehoben werden soll.[100] Die Regulierung des Telekommunikationssektors regelt das neue Telekommunikationsrechtsgesetz. In diesem Abschnitt soll die Entwicklung des polnischen Telekommunikationsrechts genauer dargestellt werden und der auf dem polnischen Telekommunikationsmarkt bereits im Jahre 1990 initiierte Liberalisierungsprozess aufgezeigt werden.

I. Von den Anfängen des 19. Jahrhunderts bis zum Zweiten Weltkrieg

1. Die Geburt der Telekommunikation in Polen

Die Anfänge der Telekommunikation lassen sich auf den Zeitpunkt der Telegraphenerfindung rück datieren. 1794 errichtete C. Chappe zwischen Paris und Lille die erste Semaphor-Telegraphenlinie (optische Signalgebung durch schwenkbare hölzerne Arme auf Türmen). In Polen wurde die erste optische Telegraphenlinie im Jahre 1830 errichtet. In den Jahren 1835-1839 folgte dann der Aufbau einer Linie zwischen Warschau und Petersburg mit 149 Türmen, die bis 1856 ausschließlich zu Regierungszwecken verwendet wurde.[101]

Versuche mit elektrischer Telegraphie erfolgten seit Mitte des 18. Jahrhunderts. Die erste praktisch verwendbare Verbindung wurde 1833 von C. F. Gauß

---

[98] Dieser sprachbegriffliche Trend ist auf den international üblich gewordenen Sprachgebrauch zurückzuführen – in Deutschland tauchte er bereits 1994 im Rahmen einer Grundgesetzänderung auf, auf deren Grundlage der Begriff „Fernmeldewesen" durch den Begriff „Telekommunikation" in Art. 73 Nr. 7 GG ausgetauscht wurde. Siehe *Uerpmann*, in: *Münch/Kunig* (Hrsg.), GG-Komm., Art. 87 f Rdnr. 5.

[99] Zu dieser Schlussfolgerung gelangt man durch eine vergleichende Betrachtung der telekommunikationsrechtlichen polnischen Literatur der letzten 10 Jahre.

[100] Das neue Postrechtsgesetz, das ursprünglich im Laufe des Jahres 2002 verabschiedet werden und zum 1. Januar 2003 in Kraft treten sollte (vgl. Entwurf zum Gesetz über Postdienste, abrufbar unter: http://www.mi.gov.pl/teksty/doc/ustpocz.doc), wurde am 8. Mai 2003 beschlossen, jedoch noch nicht im polnischen Gesetzesblatt veröffentlicht. Es tritt, mit einigen Ausnahmen, 30 Tage nach Veröffentlichung in Kraft.

[101] *Mielcarek*, S. 123.

und W. Weber eingerichtet. Dem allgemeinen Gebrauch zugänglich wurde die Telegraphie durch die Erfindung des Morseapparats im Jahre 1837.[102] Auf dem Gebiet Polens wurde die erste Telegraphenleitung gut zehn Jahre später, im Jahre 1849, errichtet.[103]

Die ersten Versuche mit telefonischer Kommunikation wurden in Polen am 7. Dezember 1877 mit Hilfe der Telegraphenverbindung zwischen Warschau und Skierniewice durchgeführt. Nur kurze Zeit später, nämlich im Jahre 1881 wurde die erste Lizenz zur Errichtung und zum Betrieb eines Telefonnetzes in Warschau an die amerikanische Firma International Bell Telephone Co. erteilt.[104] Dieses erste Telefonnetz umfasste 106 Teilnehmer und begann seine Tätigkeit am 13. Juni 1882. Nachdem die Lizenz im Jahre 1900 auslief, wurde die nächste an die schwedische Gesellschaft Telephoneaktienbolabet H.T. Cedergrenn erteilt. 1913 betrug die Telefondichte in Warschau 3,7 Telefone auf 100 Einwohner mit einer Dichte von nur 3,5 in London und 3,2 in Paris.[105]

2. II. Republik – Wiedergeborenes Polen (1918 – 1939)

Nach der Wiedererlangung der Unabhängigkeit nach dem ersten Weltkrieg im Jahre 1918 wurden die Postämter und -institutionen vom Innenministerium übernommen[106] und befanden sich in der allgemeinen Struktur der Verwaltungsorganisation. Als Argument hierfür führte man die Notwendigkeit der Gewährleistung des Post-, Brief- sowie Telekommunikationsgeheimnisses an.[107] In dieser Zeit wurde die Posttätigkeit schon häufig mit der Telekommunikationstätigkeit verbunden, was sich in den damaligen rechtlichen Regulierungen widerspiegelt.

Aufgrund des Dekrets vom 5. Februar 1919 wurde das Ministerium für Post und Telegraphen errichtet; das folgende Dekret vom 7. Februar desselben Jahres über die Übergangsvorschriften für die Post umfasste die Post, Telegraphe und Telefone mit einem umfangreichen staatlichen Ausschließlichkeitsrecht.[108] Diese

---

[102] Microsoft® Encarta® Online-Enzyklopädie 2002, „Telekommunikation", abrufbar unter: http://encarta.msn.de.

[103] *Kubasik*, Mobile Telecommunications in Poland, in: *Schenk/Müller/Schnöring* (Hrsg.), Mobile Telecommunications: Emerging European Markets, 119 (119), *Kontkiewicz-Chachulska/Kubasik*, Przemiany w sektorze telekomunikacyjnym w Polsce po roku 1989, in: *Jasiński/Skoczny* (Hrsg.), Telekomunikacja, 235 (235).

[104] *Mielcarek*, S. 124.

[105] *Kontkiewicz-Chachulska/Kubasik*, Przemiany w sektorze telekomunikacyjnym w Polsce po roku 1989, in: *Jasiński/Skoczny* (Hrsg.), Telekomunikacja, 235 (235).

[106] *Kontkiewicz-Chachulska/Kubasik*, Przemiany w sektorze telekomunikacyjnym w Polsce po roku 1989, in: Jasiński,/Skoczny (Hrsg.), Telekomunikacja, 235 (235).

[107] *Giera*, in: *Panasiuk* (Hrsg.), Sektor turystyczny w społeczeństwie informacyjnym. Turystyka – poczta – telekomunikacja, 149 (151).

[108] *Gospodarek*, Prawo pocztowe i telekomunikacyjne, S. 22.

Bestimmungen wurden im Mai 1919 in einem Gesetz[109], das das staatliche Monopol auf dem Gebiet der Anbringung, Unterhaltung und des Betriebes von Post-, Telegraphen- und Telefoneinrichtungen bestimmte, nochmals niedergelegt.[110] Allerdings sah dieses Gesetz die Möglichkeit der Erteilung von Konzessionen für den Bau von Telefongeräten und für die Führung von Telefongesellschaften vor.[111]

Das oben genannte Ministerium für Post und Telegraphen wurde Ende des Jahres 1923 vorübergehend aufgelöst und das Fernmeldewesen dem Gewerbe- und Handelsministerium unterstellt und von der Generaldirektion für Post und Telegraphen verwaltet, die mit der Zeit zum Fernmeldeministerium überging. Dieser Sachstand dauerte jedoch nur bis Januar 1927, da zu diesem Zeitpunkt das Ministerium für Post und Telegraphen wiedererrichtet wurde.[112] In der Zwischenzeit wurde das Gesetz vom 3. Juni 1924 über die Post, den Telegraphen und das Telefon[113] verabschiedet, das mit Änderungen und einer Pause in der Zeit der deutschen Besetzung bis zum Jahr 1955 galt.[114] Auf dem Gebiet der Telekommunikation ergaben sich durch dieses Gesetz jedoch keine nennenswerten Änderungen zu den vorangegangenen Vorschriften.

Die Situation auf dem Telekommunikationssektor änderte sich erheblich, als Post, Telegraph und Telefon aus der Staatsverwaltung ausgegliedert wurden und ein staatliches Unternehmen „Polska Poczta, Telegraf i Telefon"[115], abgekürzt PPTiT, errichtet wurde. Diese so genannte Kommerzialisierung erfolgte aufgrund einer Verordnung des Präsidenten der Republik Polen vom 22. März 1928[116] über die Errichtung des staatlichen Unternehmens „Polska Poczta, Telegraf i Telefon".[117] Das ab dem 1. Juli 1928 funktionierende PPTiT übernahm damit das Recht der Ausübung der dem Staat vorbehaltenen Ausschließlichkeit des Anbringens, Unterhaltens und des Betriebes von Post-, Telegraphen- und Telefoneinrichtungen. Die durch dieses Unternehmen geleisteten Dienste mussten auf Grundlage von Ordnungen des Ministers für Post und Telegraphen erbracht werden (darunter fiel die Post-, Telegraphen- und Telefonordnung), die ab 1931 in der Form von Verordnungen verabschiedet wurden.[118] Das PPTiT sollte aufgrund

---

109 Gesetz vom 27.5.1919 über „Die staatliche Ausschließlichkeit der Post, des Telegraphen und Telefons", Dz. Urz. MPiT 1919, Nr. 3.

110 *Mielcarek*, S. 161.

111 *Gospodarek*, Prawo pocztowe i telekomunikacyjne, S. 22.

112 *Gospodarek*, Prawo pocztowe i telekomunikacyjne, S. 23; *Mielcarek*, S. 162.

113 Dz. U. Nr. 58, Pos. 584.

114 *Gospodarek*, Prawo pocztowe i telekomunikacyjne, S. 23.

115 Deutsch: Polnische Post, Telegraph und Telefon.

116 Dz. U. Nr. 38. Pos. 379.

117 *Giera*, in: *Panasiuk* (Hrsg.), Sektor turystyczny w społeczeństwie informacyjnym. Turystyka – poczta – telekomunikacja, 149 (152).

118 *Gospodarek*, Prawo pocztowe i telekomunikacyjne, S. 23.

von allgemeinen Handelsregeln mit Berücksichtigung der Bedürfnisse des Staates und der Interessen der nationalen Wirtschaft geführt werden. Es durfte Mobiliar- und Immobiliarvermögen erwerben sowie Darlehen bis zu einer bestimmten Höhe aufnehmen. Alle Ausgaben mussten durch die eigenen Einnahmen gedeckt werden, und bei Erzielung eines reinen Gewinns musste dieser an die Staatskasse weitergeleitet werden.[119] Leider konnte das Unternehmen erst im Jahre 1937 vollständig nach diesen Prinzipien handeln, da erst fast zehn Jahre nach seiner Errichtung eine Inventur durchgeführt und eine Eröffnungsbilanz aufgestellt wurde. So wurde das PPTiT erst kurz vor dem Zweiten Weltkrieg komplett kommerzialisiert.[120]

Dies waren die wichtigsten Eckpunkte der Entwicklung der Telekommunikation in Polen bis zum Zeiten Weltkrieg. Hier ist anzumerken, dass durch diesen Krieg etwa 50% der Lokalnetze und sogar ca. 80% der Telefonzentralen in Polen zerstört wurden.[121]

3. Nachkriegsphase (1944 – 1990)

Aufgrund der immensen Zerstörung des nationalen Telekommunikationsnetzes konzentrierte man sich in den ersten Nachkriegsjahren auf den Wiederaufbau der Netze, die Reaktivierung des Unternehmens PPTiT und die Wiedererrichtung von Fernmeldeniederlassungen. Der erste bedeutende Versuch zur Neuordnung der Post- und Telekommunikationsvorschriften wurde durch den Erlass des Dekrets über das Fernmeldewesen[122] unternommen. Dieses Dekret vom 11. März 1955 wandelte das ehemalige Ministerium für Post und Telegraphen in ein neu gegründetes Fernmeldeministerium um.[123] Dem Fernmeldeminister wurde zugleich die Aufgabe der unmittelbaren Leitung des größten Unternehmens im Fernmeldewesenressort – des PPTiT – übertragen.[124] Gemäß dieses Dekrets, das tautologisch von Telekommunikationsfernmeldewesen [łączność telekomunikacyjna] sprach, wurde jegliches Anbringen und Benutzen von Telekommunikationsgeräten dem staatlichen Monopol unterstellt, ohne einer Möglichkeit der Lizenzerteilung für Telekommunikationsdienstleistungen.[125]

---

119 *Mielcarek*, S. 162.

120 *Mielcarek*, S. 163.

121 *Kontkiewicz-Chachulska/Kubasik*, Przemiany w sektorze telekomunikacyjnym w Polsce po roku 1989, in: *Jasiński/Skoczny* (Hrsg.), Telekomunikacja, 235 (236).

122 Dz. U. (PRL 1955) Nr. 12, Pos. 71.

123 *Giera*, in: *Panasiuk* (Hrsg.), Sektor turystyczny w społeczeństwie informacyjnym. Turystyka – poczta – telekomunikacja, 149 (153).

124 *Bedronek*, S. 16 f.

125 *Gospodarek*, Prawo pocztowe i telekomunikacyjne, S. 24.

Diese restriktiven Vorschriften wurden beim Erlass eines neuen Gesetzes vom 31. Januar 1961 über das Fernmeldewesen[126] bezüglich der Telekommunikation beibehalten.[127] Neuerungen erhielt dieser Akt im Bereich der Grundlagen der Tätigkeit des staatlichen Unternehmens PPTiT sowie bezüglich der Vorschriften über Nicht- oder Schlechterfüllung der Universaldienste durch dieses Unternehmen.[128] Somit wurden die diesbezüglichen Vorkriegsvorschriften aufgehoben.

Ein erster Schritt in Richtung einer fortschrittlichen Telekommunikationsregulierung wurde durch das Gesetz vom 15. November 1984 über das Fernmeldewesen[129] unternommen, das das staatliche Monopol etwas einschränkte, indem es die Möglichkeit der Lizenzerteilung für das Anbringen und Nutzen von leitungsgebundenen Telekommunikationsnetzen sowie von Funkanlagen und Funkkommunikationsnetzen vorsah.[130] Polen unternahm also im Vergleich zu Deutschland bereits sehr früh erste Schritte zu einem liberalen Telekommunikationsumfeld. Wieder wurden die Vorschriften über die Grundlagen der Tätigkeit des PPTiT modifiziert und die Rechte der Nutzer bei Nicht- oder Schlechterfüllung durch dieses Unternehmen verbessert.

In den Jahren 1987 bis 1988 wurden einige Gesetze erlassen, die zwar den Telekommunikationssektor nicht unmittelbar betrafen, aber für die weitere Entwicklung dennoch wichtig waren. Nennenswert sind hier zwei von diesen Gesetzen: das Gesetz über Gegenmaßnahmen monopolistischer Praktiken in der Nationalwirtschaft[131] und das Gesetz über die wirtschaftliche Tätigkeit.[132] Diese Gesetze bezweckten die Beschränkung der staatlichen Interventionen auf ein Minimum, was durch die Erteilung von Konzessionen für Investitions- und Produktionsunternehmen oder Gesellschaften realisiert werden sollte.[133] Durch den in Gang gesetzten Entstaatlichungsprozess und die damit einhergehende Wirtschaftsreform der bis dahin planwirtschaftlich organisierten polnischen Wirtschaft musste die Regierung die Rolle der Telekommunikation neu definieren, der bis dato keine Priorität für die Wirtschaftsentwicklung eingeräumt wurde.[134]

---

126 Dz. U. Nr. 8, Pos. 48.

127 *Giera*, in: *Panasiuk* (Hrsg.), Sektor turystyczny w społeczeństwie informacyjnym. Turystyka – poczta – telekomunikacja, 149 (153).

128 *Gospodarek*, Prawo pocztowe i telekomunikacyjne, S. 24.

129 Dz. U. Nr. 54, Pos. 275.

130 *Gospodarek*, Prawo pocztowe i telekomunikacyjne, S. 24.

131 Vom 28. November 1987.

132 Vom 23. Dezember 1988.

133 *Giera*, in: *Panasiuk* (Hrsg.), Sektor turystyczny w społeczeństwie informacyjnym. Turystyka – poczta – telekomunikacja, 149 (154).

134 *Kontkiewicz-Chachulska*, Ewolucja operatorów telekomunikacyjnych w perspektywie wyłaniającego się globalnego rynku, in: *Szablewski* (Hrsg), Liberalizacja sektora energetycznego i telekomunikacyjnego, 119 (120).

Dies spiegelt sich in der Telefondichte wider: sie erreichte im Jahr 1980 einen Wert von nur 5,44.[135] Wie in anderen Ressorts, so wurde auch im Fernmeldewesen über eine Korrektur der bestehenden Telekommunikationsvorschriften nachgedacht, vor allem weil das Gesetz von 1984 wegen Lebensfremdheit einiger enthaltener Formulierungen scharfer Kritik ausgesetzt war.[136] Bereits zu diesem Zeitpunkt wurde von manchen die Aufhebung des staatlichen Monopols auf dem Gebiet der Telekommunikation und teilweise sogar der Post vorgeschlagen, um durch eine Lizenzerteilung für Fernmeldedienstleistungen die Entstehung des Wettbewerbs ermöglichen zu können.[137] So weit war der polnische Gesetzgeber zu diesem Zeitpunkt jedoch noch nicht.

Zunächst wurde das Fernmeldegesetz von 1984 durch das Gesetz vom 23. Oktober 1987 über Änderungen im Tätigkeitsumfang ausgewählter Haupt- und Zentralorgane der Staatsverwaltung dahin gehend entscheidend geändert, dass die Verwaltungs- und wirtschaftlichen Aufgaben getrennt wurden, deren Ausführung bisher der Fernmeldeminister als Leiter des PPTiT in einer Person vereinigte.[138] Das Fernmeldeministerium wurde aufgehoben und das Fernmeldewesen dem neu gegründeten Ministerium für Transport, Seefahrt und Fernmeldewesen zugeteilt.[139] Das PPTiT wurde als eine eigenständige Einheit ausgesondert, die durch eine Generaldirektion geleitet wurde.[140] Dieser Sachstand dauerte jedoch nicht lange, denn schon aufgrund eines Gesetzes vom 1. Dezember 1989 über die Errichtung des Amtes des Fernmeldeministers der alte Zustand wieder hergestellt wurde.[141] Den nächsten wichtigen Meilenstein in der Geschichte des polnischen Telekommunikationsrechts stellt die Verabschiedung des nachfolgend dargestellten Fernmeldegesetzes von 1990 dar.

---

135 *Bedronek*, S. 12.

136 *Giera*, in: *Panasiuk* (Hrsg.), Sektor turystyczny w społeczeństwie informacyjnym. Turystyka – poczta – telekomunikacja, 149 (154).

137 *Giera*, in: *Panasiuk* (Hrsg.), Sektor turystyczny w społeczeństwie informacyjnym. Turystyka – poczta – telekomunikacja, 149 (154 f.); vgl. *Jasiński/Skoczny*, Liberalizacja łączności międzystrefowej w Polsce, in: *Szablewski* (Hrsg.), Liberalizacja sektora energetycznego i telekomunikacyjnego, 147 (151).

138 *Gospodarek*, Prawo pocztowe i telekomunikacyjne, S. 24.

139 Siehe *Schenk/Lüngen/Prößdorf*, Telekommunikation in der Transformation, S. 118.

140 *Mielcarek*, S. 213.

141 *Gospodarek*, Prawo pocztowe i telekomunikacyjne, S. 24.

II. Die ersten Liberalisierungsschritte

1. Fernmeldegesetz [Ustawa o Łączności] 1990

Die Liberalisierungstendenzen in anderen Ländern und ihre positiven Auswirkungen auf die Marktentwicklung sowie die bereits im Jahre 1989 beginnende Transformation der polnischen Wirtschaft von der Planwirtschaft hin zur Marktwirtschaft waren die Ursachen für die Einführung deregulierender und demonopolisierender Elemente in der polnischen Gesetzgebung.[142] So wurden diese neuen Tendenzen bereits in das Fernmeldegesetz vom 23. November 1990 (im Folgenden: FernmeldeG 1990)[143] einbezogen, das am 15. Januar 1991 in Kraft trat und das alte Fernmeldegesetz von 1984 aufhob.[144] Das durch dieses Gesetz gesetzte Hauptziel war die Demonopolisierung des polnischen Telekommunikationsmarktes und die Abkehr von der Ausschließlichkeit des Staates auf diesem Sektor.[145] Formal war der Umfang dieser Liberalisierung groß – lediglich das Erbringen von internationalen Telekommunikationsdiensten in der Form von Universaldiensten unterlag einem strengen Lizenzierungsverbot[146], das lokale Ortsnetz wurde dagegen rechtlich vollständig liberalisiert[147]. Im Vergleich zu Deutschland begann die rechtliche Demonopolisierung des polnischen Telekommunikationssektors sehr früh. In Wirklichkeit dauerte das faktische Monopol des nationalen Betreibers länger. Unglücklicherweise hat sich in den letzten zwei Jahren an diesem Zustand immer noch nicht ausreichend geändert.[148]

Ein weiterer wichtiger Liberalisierungsschritt und zugleich Ziel des Fernmeldegesetzes war die Trennung der Post und der Telekommunikation;[149] auch hier nahm sich die polnische Regierung ein Beispiel an den Transformationsprozessen, die in dieser Zeit in anderen Ländern stattfanden und positive Entwick-

---

142 *Włodarczyk*, in: *Jasiński/Skoczny* (Hrsg.), Telekomunikacja, 331 (334); insgesamt zum Reformverlauf in Polen siehe auch *Schenk/Lüngen/Prößdorf*, Telekommunikation in der Transformation, S. 118-155.

143 Dz. U. Nr. 86, Pos. 504.

144 *Bialik*, in: *Scherer* (Hrsg.), Telecommunication Laws in Europe, 383 (384) (Punkt 20.7).

145 *Gospodarek*, Prawo pocztowe i telekomunikacyjne, S. 25; *ders.*, Ustawa o łączności z 1990 roku i jej zmiany na drodze Polski do Unii Europejskiej, in: *Jasiński/Skoczny* (Hrsg.), Telekomunikacja, 287 (287).

146 *Gospodarek*, Ustawa o łączności z 1990 roku i jej zmiany na drodze Polski do Unii Europejskiej, in: *Jasiński/Skoczny* (Hrsg.), Telekomunikacja, 287 (287).

147 Siehe *Schenk/Lüngen/Prößdorf*, Telekommunikation in der Transformation, S. 119f.

148 Diese Behauptung wird im Verlauf der vorliegenden Arbeit begründet und bestätigt.

149 *Włodarczyk*, in: *Jasiński/Skoczny* (Hrsg.), Telekomunikacja, 331 (335); *Kubasik*, Mobile Telecommunications in Poland, in: *Schenk/Müller/Schnöring* (Hrsg.), Mobile Telecommunications: Emerging European Markets, 119 (121).

lungen versprachen.[150] Gemäß Art. 76 FernmeldeG 1990 wurde die Realisierung des Umbildungsprozesses dem Fernmeldeminister übertragen. Der Ablauf wurde in dem Ministerratsbeschluss Nr. 22 vom 18. Februar 1991 bestimmt.[151] Diese neuen rechtlichen Vorschriften erlaubten somit eine Umbildung der staatlichen Organisationseinheit „Polska Poczta, Telegraf i Telefon" (PPTiT) in zwei abgesonderte Subjekte: die Aktiengesellschaft Telekomunikacja Polska S.A. (im Folgenden: TP S.A.)[152] sowie das staatliche öffentliche Unternehmen Poczta Polska[153].[154] Ab diesem Zeitpunkt konnte der nationale Telekommunikationsanbieter TP S.A. im Einklang mit allgemeinen Marktregeln handeln und Handelsverträge auf der Basis zivilrechtlicher Verträge abschließen.[155]

Mit der Änderung der Gesetzgebung ging die erste Umbaumaßnahme der polnischen Telekommunikation einher. Es wurde angenommen, dass der Neuaufbau bzw. die Modernisierung des polnischen Telekommunikationsnetzes „von oben her" vorgenommen werden sollte, angefangen beim Aufbau eines modernen Netzsystems für internationale und Fernverbindungen.[156] Als Grund für diese dem Großteil der Bevölkerung wenig verständliche Vorgehensweise (die Durchschnittswartezeit für einen privaten Telefonanschluss betrug zu dieser Zeit mehrere Jahre)[157] nannte man eine schnelle Öffnung Polens für die Welt und die Schaffung einer neuen Netzstruktur, die in naher Zukunft auch auf die Lokalebene ausgedehnt werden sollte.[158]

---

150 Vgl. *Gospodarek*, Ustawa o łączności z 1990 roku i jej zmiany na drodze Polski do Unii Europejskiej, in: *Jasiński/Skoczny* (Hrsg.), Telekomunikacja, 287 (288). In Deutschland wurde dieser Umbildungsprozess mit der Postreform I im Jahre 1989 eingeführt, vgl. oben.

151 Vgl. *Gospodarek*, Komentarz do ustawy o łączności i ordynacji pocztowej, S. 86 f.

152 Deutsch: Polnische Telekom A.G.; die Umbildung in eine Einmann-Gesellschaft der Staatskasse fand am 4. Dezember 1991 statt und damit vor Ablauf des gesetzlich bestimmten Termins bis Ende Dezember 1991, vgl. *Gospodarek*, Ustawa o łączności z 1990 roku i jej zmiany na drodze Polski do Unii Europejskiej, in: *Jasiński/Skoczny* (Hrsg.), Telekomunikacja, 287 (289).

153 Deutsch: Polnische Post.

154 *Mielcarek*, S. 219; *Gospodarek*, Ustawa o łączności z 1990 roku i jej zmiany na drodze Polski do Unii Europejskiej, in: *Jasiński/Skoczny* (Hrsg.), Telekomunikacja, 287 (288 f.).

155 *Włodarczyk*, in: *Jasiński/Skoczny* (Hrsg.), Telekomunikacja, 331 (335).

156 *Kontkiewicz-Chachulska/Kubasik*, Przemiany w sektorze telekomunikacyjnym w Polsce po roku 1989, in: *Jasiński/Skoczny* (Hrsg.), Telekomunikacja, 235 (236).

157 Polen verzeichnete im Jahre 1989 immer noch die geringste Telefondichte im OECD-Länder Vergleich, siehe Tabelle bei *Kubasik*, Liberalization of Telecommunications in Central Europe, in: *Welfens/Yarrow/Grinberg/Graack* (Hrsg.), Towards Competition in Network Industries, 171 (175).

158 *Kubasik*, Poland: Problems of opening and regulating the public network, in: *Schenk/Kruse/Müller* (Hrsg.), Telecommunications Take-Off in Transition Countries, 94 (98); *Kontkiewicz -Chachulska/Kubasik*, Przemiany w sektorze telekomunikacyjnym w Polsce po roku 1989, in: *Jasiński/Skoczny* (Hrsg.), Telekomunikacja, 235 (237).

2. Gesetzesnovellierung 1995

Schon bald wurde deutlich, dass das polnische Telekommunikationsrecht in der Fassung von 1990, obwohl rechtlich liberalisiert, der schnellen Entwicklung auf diesem Sektor nicht Stand halten kann. Das Fernmeldegesetz 1990 wurde schon zu Anfang vielfach wegen Ungenauigkeiten, terminologischer Fehler (so sprach das Gesetz in Art. 31 Nr. 1 z.B. von Erdumlaufbahnen in der Mehrzahl[159]), Rechtslücken, Fehlens wesentlicher Gesetzesverweisungen, aber vor allem wegen der sehr umstrittenen Regulierung der Telekommunikationserlaubniserteilung scharf kritisiert.[160] Dem wurde durch das Gesetz vom 12. Mai 1995 über die Änderung des Fernmeldegesetzes sowie anderer Gesetze[161] Rechnung getragen. Über die Hälfte der bisherigen Regelungen des Fernmeldegesetzes 1990 unterlagen einer Änderung, so dass man behaupten kann, dass es sich nicht mehr um das alte Gesetz handelt,[162] weswegen auch bald nach der Veröffentlichung eine konsolidierte Fassung des Fernmeldegesetzes aufgrund einer Bekanntmachung des Fernmeldeministers vom 30. August 1995 im polnischen Gesetzesblatt abgedruckt wurde.[163]

Ein Ziel dieser Novelle war die Anpassung der Rechtsvorschriften an die technische Entwicklung in der Telekommunikation. Im Ursprungsgesetz war zum Beispiel trotz des Vorhandenseins der neuen Technologien und ihrer Anwendung in manchen Ländern noch keine Rede von der Mobiltelefonie. Auch die Problematik der Satellitenkommunikation wurde nur sehr oberflächlich und unnötig restriktiv geregelt. Das neue Gesetz berücksichtigte in seinen Vorschriften neue Übertragungstechniken, darunter solche, die künstliche Erdsatelliten nutzen.[164] So war das Änderungsgesetz bereits Rechtsgrundlage für die Ausrufung einer Ausschreibung für zwei GSM[165]-Lizenzen (900 Mhz) im Jahre 1995 und Anfang 1997 für DCS[166]-Lizenzen (1800 Mhz).[167]

Ein weiterer wichtiger Grund für die Novellierung des Fernmeldegesetzes war die allmähliche Anpassung des polnischen Telekommunikationsrechts an die europäischen Vorgaben und die Beseitigung von Unübereinstimmungen mit dem

---

159 Vgl. *Gospodarek*, Ustawa o łączności z 1990 roku i jej zmiany na drodze Polski do Unii Europejskiej, in: *Jasiński/Skoczny* (Hrsg.), Telekomunikacja, 287 (289).

160 *Gospodarek*, Prawo pocztowe i telekomunikacyjne, S. 25.

161 Dz. U. Nr. 60, Pos. 310.

162 *Gospodarek*, Prawo pocztowe i telekomunikacyjne, S. 26.

163 Siehe Dz. U. Nr. 117, Pos. 564.

164 *Gospodarek*, Ustawa o łączności z 1990 roku i jej zmiany na drodze Polski do Unii Europejskiej, in: *Jasiński/Skoczny* (Hrsg.), Telekomunikacja, 287 (289).

165 Global System for Mobile Communication, Globales System für mobile Kommunikation.

166 Digital Cellular System on 1 800 MHz, Digitales zellulares System über 1 800 MegaHertz.

167 *Gospodarek*, Ustawa o łączności z 1990 roku i jej zmiany na drodze Polski do Unii Europejskiej, in: *Jasiński/Skoczny* (Hrsg.), Telekomunikacja, 287 (289).

Recht der Europäischen Union.[168] Dies wurde seit dem Unterzeichnen des Europa-Abkommens[169] im Dezember 1991, in dem die Rechtsangleichung als eine wesentliche Bedingung für die wirtschaftliche Integration Polens mit den Europäischen Gemeinschaften genannt wurde, umso wichtiger.[170]

Das Änderungsgesetz enthielt daneben die rechtlichen Grundlagen für den Fernmeldeminister zur Bestimmung der für einen liberalisierten Markt sehr wichtigen Bedingungen und Voraussetzungen der Zusammenarbeit zwischen den Betreibern und der gegenseitigen Abrechnung der Zusammenschaltungen.[171]

3. Privatisierung der TP S.A.

Der nächste bedeutende Schritt auf dem Weg zur Liberalisierung des Telekommunikationssektors war die Privatisierung des ehemaligen nationalen Monopolisten TP S.A. Die Vornahme der diesbezüglichen Entscheidung durch die polnische Regierung wurde durch die vollständige Öffnung des europäischen Telekommunikationsmarktes zum 1. Januar 1998 beschleunigt.[172] Jedoch wurde die Entstaatlichung mit einer deutlichen Verspätung bezüglich des ursprünglich vorausgesetzten allgemeinen Privatisierungsplans für polnische Betriebe durchgeführt – die erste Massenprivatisierung begann im Juli 1996 durch die Einteilung von 514 staatlichen Unternehmen in 15 sog. Nationale Investitionsfonds [Narodowy Fundusz Inwestycyjny], wobei man allerdings manche „strategische" Betriebe wie die TP S.A. aus diesem Plan ausgliederte.[173]

Die genauen Privatisierungspläne für den ehemaligen Monopolisten im Telekommunikationsbereich wurden erst im Jahre 1997 vorgestellt. Die erste Phase der Privatisierung erfolgte dann im September 1998 durch die Emission von 1.400 Mio. Aktien der TP S.A., wovon 210 Mio., die 15% des Gesellschaftskapitals widerspiegelten, verkauft wurden. Das im April 1999 durch das polnische Parlament beschlossene Änderungsgesetz zum Fernmeldegesetz hob das Erfordernis des Besitzes von 51% des Aktienpaketes der TP S.A. durch den Fiskus

---

168 *Gospodarek*, Ustawa o łączności z 1990 roku i jej zmiany na drodze Polski do Unii Europejskiej, in: *Jasiński/Skoczny* (Hrsg.), Telekomunikacja, 287 (290).

169 Europa-Abkommen zur Gründung einer Assoziation zwischen den Europäischen Gemeinschaften und ihren Mitgliedstaaten einerseits und der Republik Polen andererseits, in Kraft getreten am 1.2.1994 und unterzeichnet am 16.12.1991, BGBl. 1993 Teil II S. 1317.

170 Vgl. Art. 68 des Europa-Abkommens; *Bialik*, in: *Scherer* (Hrsg.), Telecommunication Laws in Europe, 383 (384) (Punkt 20.11).

171 *Gospodarek*, Prawo pocztowe i telekomunikacyjne, S. 26.

172 *Włodarczyk*, in: *Jasiński/Skoczny* (Hrsg.), Telekomunikacja, 331 (348).

173 *Kontkiewicz-Chachulska*, Ewolucja operatorów telekomunikacyjnych w perspektywie wyłaniającego się globalnego rynku, in: *Szablewski* (Hrsg), Liberalizacja sektora energetycznego i telekomunikacyjnego, 119 (126 f.).

auf.[174] Damit konnte die zweite Privatisierungsphase eingeleitet werden. Diese endete am 25. Juli 2000 nach erfolgreichen Verhandlungen mit der Unterzeichnung des Vertrages zwischen dem Finanzminister und dem Konsortium France Telecom - Kulczyk Holding über den Verkauf von 35% der TP S.A.-Aktien. Das letzte Paket der Gesellschaftsaktien (insgesamt weitere 35%) wurde außerverhandlungsmäßig an zwei weitere Gesellschaften verkauft, die jeweils zu 100% von der France Telecom und dem Kulczyk Holding abhängig sind.[175] Mit diesem letzten Aktienverkauf wurde der Privatisierungsprozess des nationalen Betreibers Telekomunikacja Polska S.A. abgeschlossen und ein großer Schritt in Richtung eines liberalisierten, auf Wettbewerb basierenden Telekommunikationsmarktes in Polen unternommen. Die Privatisierung der DT AG begann hingegen im November 1996 durch den Börsengang des Unternehmens, also etwas früher als die des polnischen Nationalbetreibers. Jedoch erstreckte sich der gesamte Prozess in beiden Ländern bis zum Jahr 2000.[176]

4. Entwicklung des teilliberalisierten Marktes

Mit dem äußerst liberalen Fernmeldegesetz von 1990 wurde der polnische Telekommunikationsmarkt für den Wettbewerb rein rechtlich erstaunlich schnell geöffnet, wenn man bedenkt, dass das Land sich gerade erst im Umbruch zwischen Plan- und Marktwirtschaft befand. Jedes Subjekt, das eine Erlaubnis erhielt, durfte auf dem polnischen Markt Telekommunikationsdienste, ausgenommen der internationalen Sprachtelefondienste, anbieten. Die Realität sah jedoch ganz anders aus. Es fehlte an einer deutlichen juristischen und wirtschaftlichen Auslegung der Privatisierungsvorschriften für die Telekommunikationsdienste, an einem effektiven Mechanismus zur Absprache von Zusammenschaltungsvereinbarungen[177], an einem echten Regulierungs- oder Schiedsorgan[178] und vor allem an einem starken Willen der neuen Betreiber und der Regierung zur Zerschlagung des Monopols der TP S.A[179].[180] Bis zum Zeitpunkt des Inkrafttretens

174 Vgl. zum Ganzen *Telekomunikacja Polska S.A.*, Raport Roczny 1999, S. 11, abrufbar unter http://www.tpsa.pl/koporocja/o_firmie/raport99pl/raport_roczny_1999.pdf.

175 *Telekomunikacja Polska S.A.*, Raport Roczny 2000, S. 9, abrufbar unter http://www.tpsa.pl/koporcja/o_firmie/raport00pl/acro20x1.pdf.

176 Zur Privatisierung der DT AG siehe *Holznagel/Enaux/Nienhaus*, S. 12.

177 Die negative Haltung des Nationalbetreibers wurde als eines der größten Hindernisse für neue Betreiber gesehen, vgl. *Kubasik*, Integration objectives, current status and abilities of the Central European telecommunications networks, in: *Schenk/Schmidtchen/Streit* (Hrsg.), Jahrbuch für Neue Politische Ökonomie, 16. Band 1997, 271 (276).

178 Die fehlende Einrichtung eines unabhängigen Regulierungsorgans wurde vor allem vom Ausland vielfach als eines der wichtigsten Gründe für den sich schleppend entwickelnden Wettbewerb in Polen angesehen, vgl. *Choi*, S. 12.

179 Dieses letztgenannte Hindernis für eine freie Entwicklung des Sektors wurde dadurch beeinflusst, dass für den ehemaligen Monopolisten bis zu seiner Privatisierung günstige Bedingungen für Investitions- sowie Restrukturierungsprogramme geschaffen werden sollten. Darüber hinaus

der Gesetzesnovellierung am 6. Juli 1995 wurden insgesamt 160 Telekommunikationserlaubnisse erteilt. Der überwiegende Teil betraf die Erbringung von Telefondiensten (141 Erlaubnisse), nur 19 davon waren Erlaubnisse für die Leistung von anderen Diensten wie Datenfernübertragung.[181] Für die Erbringung von Universaldiensten wurden 68 Erlaubnisse erteilt, allerdings nahmen lediglich 11 Betreiber ihre Wirtschaftstätigkeit auf, was darauf zurückzuführen ist, dass die übrigen über keine ausreichenden Finanzmittel für den Aufbau eines eigenen Telekommunikationsnetzes besaßen oder bei dem Versuch des Vertragsabschlusses mit der TP S.A. über Zusammenschaltungen, Zusammenarbeit und gegenseitige Abrechnungen auf erhebliche Schwierigkeiten stießen.[182] Die wenigen neuen Betreiber[183] (wie Polpager, der Paging-Dienste anbot sowie Polska Telewizja Kablowa und Aster City als Kabelfernsehbetreiber und Netia Telekom S.A. als einzige bedeutende Telefongesellschaft neben dem nationalen Anbieter[184]) stellten keine richtige Konkurrenz für die TP S.A. dar. Auf diese Weise konnte sich kein wirklicher Wettbewerb entwickeln.

Hinzu kam, dass die Öffnung des Telefondienstsektors in Polen genau entgegengesetzt zu dessen Öffnung im übrigen europäischen Ausland erfolgte, denn es wurde zuerst der Markt für Lokal- und nicht der für Fern- oder internationale Universaldienste liberalisiert. Diese Entwicklung wurde durch die Lizenzierungspraxis des Fernmeldeministers gesteuert, der aus Rücksicht auf den ehemaligen Monopolisten zunächst den weniger profitablen Lokalmarkt dem Wettbewerb aussetzte.[185] Dies wurde durch das 1995 vom Ministerrat angenommene Dokument unter dem Titel „Die Richtungen der Strukturänderung in der polnischen Telekommunikation“[186] deutlich manifestiert. Dort bestätigte man zwar das

---

sollte seine Marktposition gefestigt werden, um bei der folgenden Privatisierung höchstmögliche Einnahmen für den Fiskus erzielen zu können. Vgl. hierzu *Okrągły*, Świat Telekomunikacji 12/2000, 18 (19).

180 Vgl. *Włodarczyk*, in: *Jasiński/Skoczny* (Hrsg.), Telekomunikacja, 331 (351); *Kontkiewicz-Chachulska*, Ewolucja operatorów telekomunikacyjnych w perspektywie wyłaniającego się globalnego rynku, in: *Szablewski* (Hrsg), Liberalizacja sektora energetycznego i telekomunikacyjnego, 119 (139 f.); *Kubasik*, Mobile Telecommunications in Poland, in: *Schenk/Müller/Schnöring* (Hrsg.), Mobile Telecommunications: Emerging European Markets, 119 (141).

181 *Kontkiewicz-Chachulska/Kubasik*, Przemiany w sektorze telekomunikacyjnym w Polsce po roku 1989, in: *Jasiński/Skoczny* (Hrsg.), Telekomunikacja, 235 (270).

182 *Gospodarek*, Prawo pocztowe i telekomunikacyjne, S. 60.

183 Eine übersichtliche Tabelle über alle Telekommunikationsdienstbetreiber in Polen und ihre Marktstellung Mitte der neunziger Jahre findet man bei *Kubasik*, Poland: Problems of opening and regulating the public network, in: *Schenk/Kruse/Müller* (Hrsg.), Telecommunications Take-Off in Transition Countries, 94 (124).

184 *Bialik*, in: *Scherer* (Hrsg.), Telecommunication Laws in Europe, 383 (383) (Punkt 20.3).

185 Vgl. dazu *Włodarczyk*, in: *Jasiński/Skoczny* (Hrsg.), Telekomunikacja, 331 (344).

186 Siehe die Mitteilung des Ministerrates, abrufbar unter http://www.kprm.gov.pl/cir/komunikaty-95/rm1808.html.

Erfordernis der Beschleunigung der Entwicklung auf dem besagten Sektor, verlegte jedoch den bisherigen Schwerpunkt der Demonopolisierung und der Wettbewerbsimplementierung auf die Stärkung des nationalen Betreibers und die Aufrechterhaltung der strategischen staatlichen Kontrolle über die durchgeführten Änderungen.[187] Wie bereits oben erläutert, wurde diese Politik stark von der bevorstehenden Privatisierung der TP S.A. beeinflusst, die dem Staat größtmögliche Einnahmen beim Verkauf des Aktienpaketes sichern sollte. Es gab aber noch einen anderen, gerechtfertigten Grund für die eingeschlagene Politik der Lizenzerteilung für lokale, meist ländliche Märkte – eine überaus notwendige „Telefonisierung" der Dörfer und ländlicher Gebiete, wo es immer noch Gemeinden ohne einen einzigen Telefonanschluss gab[188]. Mit der Vergabe von örtlichen Telekommunikationserlaubnissen wollte man einen Ausbau des Telekommunikationsnetzes vor allem in den weniger entwickelten Gebieten erreichen. Das Problem an dieser Annahme war jedoch, dass der Aufbau eines neuen lokalen Netzes sehr kostspielig ist und die Telekommunikationsgesellschaften gerade am Anfang ihrer Tätigkeit nicht über ausreichende Investitionsmittel verfügten. Darüber hinaus sind diese Investitionen im Allgemeinen wegen der geringen Gewinnspanne nicht sehr profitabel.

Abschließend lässt sich zusammenfassen, dass der für einen ehemaligen Ostblockstaat früh initiierte Liberalisierungsprozess nicht im geplanten Umfang umgesetzt werden konnte. Hierfür gibt es einige Gründe, angefangen bei der gehaltenen Regierungspolitik auf dem Telekommunikationssektor[189] bis hin zu der defensiven Haltung der neuen alternativen Anbieter, die sich ohnmächtig stellten und um ihr Recht nicht kämpften. Von dem neuen Telekommunikationsrecht und der daraus resultierenden endgültigen Öffnung des Telekommunikationsmarktes erhoffen sich die meisten Telekommunikationsmarktakteure die Schaffung eines wahren und funktionierenden Wettbewerbs auf diesem Sektor.

---

187 *Kontkiewicz-Chachulska,* Ewolucja operatorów telekomunikacyjnych w perspektywie wyłaniającego się globalnego rynku, in: *Szablewski* (Hrsg), Liberalizacja sektora energetycznego i telekomunikacyjnego, 119 (135).

188 Im Jahre 1989 fiel ein Telefonanschluss auf 40 Bewohner in Dorfgebieten, siehe *Kontkiewicz-Chachulska/Kubasik,* Przemiany w sektorze telekomunikacyjnym w Polsce po roku 1989, in: *Jasiński/Skoczny* (Hrsg.), Telekomunikacja, 235 (239); 1990 gab es 7.500 Dörfer ohne einen Telefonanschluss, siehe *Schenk/Lüngen/Prößdorf,* Telekommunikation in der Transformation, S. 125.

189 Vgl. *Bialik,* in: *Scherer* (Hrsg.), Telecommunication Laws in Europe, 383 (391) (Punkt 20.53).

C. Grundlagen des polnischen Telekommunikationsrechts

I. Telekommunikationsrechtsgesetz (TKRG)

1. Gesetzgebungsverfahren

Die Verabschiedung des Gesetzes Telekommunikationsrecht[190] vom 21. Juli 2000, im polnischen Gesetzesblatt (Dziennik Ustaw, im Folgenden: Dz. U.) am 6. September 2000 unter der Nummer 73, Position 852 veröffentlicht, wurde in Polen lange erwartet. Der Sejm[191] verabschiedete bereits am 21. April 1995 eine Resolution bezüglich der Entwicklung des Telekommunikationsdienstmarktes, in der es unter anderem hieß:

> „Von dem Telekommunikationssektor in Polen sollten Änderungen erwartet werden, die es erlauben, die Politik der Telekommunikationsentwicklung klar zu bestimmen und ihren Mehrwert zu berücksichtigen und ein stabiles Regulierungssystem aufzustellen, das mit den Vorgaben der Europäischen Union vereinbar ist. Der Sejm der Republik Polen ruft die Regierung zur Vorstellung einer Politik zur Telekommunikationsentwicklung bis zum Ablauf des ersten Quartals des Jahres 1996 auf. Sie sollte die Stellung des entstehenden Telekommunikationsdienstmarktes im gesellschaftlichen Leben und in der nationalen Wirtschaft sowie die Arten der Liberalisierung und der Privatisierung dieser Dienste spezifizieren."[192]

Weiterhin rief der Sejm die Regierung zur unbedingten Vorlage von entsprechenden Gesetzesentwürfen noch im Laufe des Jahres 1997 auf, die sich an gemeinschaftsrechtlichen Vorgaben ausrichten sollten.[193]

Im Februar 1997 hat ein Expertengremium zwei Varianten des Gesetzesentwurfs vorgestellt. Die weiteren Arbeiten wurden von der parlamentarischen Kommission für Transport und Fernmeldewesen geführt. Nach der Durchführung einer umfangreichen Konsultation mit interessierten Organisationen, Betreibern und Produzenten von Telekommunikationsgeräten[194] wurde ein Gesetzesentwurf vorgestellt, der im Februar 1999 vom Ministerrat angenommen und an den Sejm

---

190 Polnisch: Ustawa Prawo Telekomunikacyjne.

191 Sejm, erste Kammer des polnischen Parlaments, siehe *Kilian*, „Sejm".

192 M.P. (Monitor Polski – Polnischer Monitor – offizielles Amtsblatt der Republik Polen) Nr. 23, Pos. 272; siehe auch *Piątek*, Nowe prawo telekomunikacyjne, in: *Jasiński/Skoczny* (Hrsg.), Telekomunikacja, 353 (353).

193 *Piątek*, Nowe prawo telekomunikacyjne, in: *Jasiński/Skoczny* (Hrsg.), Telekomunikacja, 353 (354).

194 Siehe Uzasadnienie projektu ustawy Prawo telekomunikacyjne, Sejm Rzeczypospolitej Polskiej, III kadencja, Druk nr 943, 23 lutego 1999 r., S. 97 [Begründung zum TKRG-Entwurf, Parlament der Republik Polen, III Legislaturperiode, Drucksache Nr. 943 vom 23. Februar 1999, S. 97] (im Folgenden: Begründung zum TKRG-E, SejmDrs. Nr. 943).

weitergeleitet wurde.[195] Dieser nahm das Gesetz am 12. Mai 2000 an, der Senat[196] hat über 90 Verbesserungen vorgeschlagen, die am 21. Juli 2000 vom Sejm größtenteils angenommen wurden. Das Gesetz Telekommunikationsrecht hebt auf dem Gebiet des Fernmeldewesens das Gesetz über das Fernmeldewesen vom 23.11.1990 auf. Das TKRG ist grundsätzlich am 1. Januar 2001 in Kraft getreten, allerdings mit Ausnahmen zu dieser Regel, die zu einem fünfstufigen Inkrafttreten des Gesetzes führen. Die ersten Vorschriften traten bereits am Verkündungstag des Gesetzes in Kraft, zweite Stufe begann 30 Tage nach der Verkündung, nächster Ausnahmezeitpunkt war der 1.1.2002 als Startschuss für die Liberalisierung nationaler Telefondienste (Ferngespräche), gefolgt von der Liberalisierung internationaler Gespräche ab dem 1.1.2003, die letzte Stufe fällt auf den 1.1.2004.[197] Erst ab diesem Tag wird das TKRG in seiner Gesamtheit und ohne Ausnahmen anwendbar sein. Das Gesetz enthält zwar Ausführungsermächtigungen an den Ministerrat oder den zuständigen Minister in Fernmeldeangelegenheiten[198], die unter Umständen eine frühere Liberalisierung des polnischen Telefonmarktes und damit zugleich eine elastische Telekommunikationspolitik in diesem Bereich[199] ermöglichen sollen, jedoch wurde von ihnen kein Gebrauch gemacht.

Eines der grundsätzlichen Ziele bei den Arbeiten zum Gesetzesentwurf war seine Anpassung an den zu diesem Zeitpunkt geltenden acquis communautaire im Bereich des Telekommunikationsrechts.[200] Dies erforderte eine Modifikation des Entwurfes im Zuge der Verabschiedung neuer gemeinschaftsrechtlicher Richtlinien. Das letzte im Gesetzgebungsverfahren berücksichtigte Dokument der Europäischen Gemeinschaft war die Richtlinie 1999/5/EG vom 9.3.1999 betreffend Funkanlagen und Telekommunikationsendeinrichtungen[201].

2. Weiterentwicklung des neuen Telekommunikationsrechts – Gesetzesänderungen

Seit seinem Inkrafttreten hat das polnische Telekommunikationsrechtsgesetz bereits einige Änderungen erfahren. Die ersten, eingeführt durch das Gesetz über

195 Vgl. TKRG-E, SejmDrs. Nr. 943; *Izdebski*, Nowa ustawa – Prawo komunikacyjne, TELECOMforum 9/2000, abrufbar unter http://www.telecomforum.pl/0009/21.htm.

196 Senat, neben dem Sejm das zweite gesetzgeberische Organ in der Republik Polen (zweite Kammer des polnischen Parlaments, siehe *Kilian*, „Senat“); seine Kompetenzen liegen vor allem in der Annahme der durch den Sejm beschlossenen Gesetze und im Gesetzesinitiativrecht. Vgl. Encyklopedia Prawa, „Senat RP“, S. 926.

197 *Izdebski*, Przepisy wchodzą w życie, TELECOMforum 10/2000, abrufbar unter: http://www.telecomforum.pl/n0010/28.htm.

198 Siehe dazu Art. 135 Abs. 4 sowie Art. 11 Abs. 2 TKRG.

199 Begründung zum TKRG-E, SejmDrs. Nr. 943, S. 99.

200 Siehe Begründung zum TKRG-E, SejmDrs. Nr. 943, S. 96.

201 Abl. EG Vom 7.4.1999, Nr. L 91/10 (im Folgenden: RL 99/5/EG).

die Änderung des Gesetzes Telekommunikationsrecht vom 24. August 2001[202], räumten dem Präsidenten der Regulierungsbehörde hauptsächlich weitergehende Eingriffsbefugnisse ein und stärkten somit seine Stellung.

Die zweite Änderung erfuhr das Telekommunikationsrechtsgesetz durch das Gesetz vom 21. Dezember 2001 über die Änderung des Gesetzes über die Organisation und den Arbeitsgang des Ministerrates sowie den Tätigkeitsumfang der Minister, des Gesetzes über Regierungsverwaltungsabteilungen sowie über die Änderung mancher Gesetze[203]. Nach dem neu eingeführten Art. 16 Abs. 2 des Gesetzes über die Organisation und den Arbeitsgang des Ministerrates und über den Tätigkeitsumfang der Minister wurde die Kontrolle über den Präsidenten der Regulierungsbehörde für Telekommunikation und Post dem zuständigen Minister für Fernmeldeangelegenheiten übertragen. Bisher war dieser Präsident unmittelbar dem Ministerpräsidenten untergeordnet. Damit gehen jetzt manche Kompetenzen des Ministerpräsidenten, wie zum Beispiel das Recht zur Satzungsverleihung für die Regulierungsbehörde für Telekommunikation und Post[204] gemäß Art. 112 Abs. 9 TKRG, auf den zuständigen Minister in Fernmeldeangelegenheiten über.

Am gleichen Tag, dem 21. Dezember 2001, wurde noch ein Gesetz über die Änderung von Gesetzen[205] erlassen[206]. Artikel 6 dieses Gesetzes führt einige kleinere Änderungen in den Bestimmungen des Telekommunikationsrechts bezüglich der Prämien für die Mitarbeiter der RegTuP ein und verschiebt den Zeitpunkt des Inkrafttretens der von den Änderungen umfassten Vorschriften auf den 1. Januar 2004, also den Zeitpunkt der uneingeschränkten Geltung des polnischen Telekommunikationsgesetzes.

Mit dem Gesetz vom 1. März 2002 über Änderungen der Organisation und Funktion von Zentralorganen der Regierungsverwaltung und den ihnen untergeordneten Einheiten sowie über Änderung mancher Gesetze[207] wurde zum 1. April 2002 die Regulierungsbehörde für Telekommunikation aufgelöst und an ihre Stelle eine neue Regulierungsbehörde für Telekommunikation und Post eingeführt. Der neue Präsident der Regulierungsbehörde für Telekommunikation und Post[208] übernahm damit neben den Aufgaben auf dem Gebiet der Telekommunikationsregulierung zusätzlich die Aufgaben der Postregulierung.[209] Die polnische

---

202 Dz. U. Nr. 122. Pos. 1321.
203 Dz. U. Nr. 154, Pos. 1800.
204 Im Folgenden: RegTuP.
205 Von der Aufzählung der zahlreichen Gesetze wird hier abgesehen, anzumerken ist, dass hierunter auch das Telekommunikationsrechtsgesetz fällt.
206 Dz. U. Nr. 154 , Pos. 1802.
207 Dz. U. Nr. 25, Pos. 253.
208 Im Folgenden: Präsident RegTuP.
209 Vgl. Art. 110 TKRG.

Regulierungsbehörde hat damit eine mit der deutschen Regulierungsbehörde für Post und Telekommunikation vergleichbare Aufgabenzuständigkeit.

Weitere Änderungen folgten aufgrund des Gesetzes über die Agentur für innere Sicherheit sowie Nachrichtendienstagentur vom 24. Mai 2002[210], durch das die Staatsschutzbehörde aufgelöst wurde. Im TKRG zog dies einige Änderungen in den Verordnungsermächtigungsvorschriften nach sich, die zunächst von der Kompetenz des Präsidenten der Staatsschutzbehörde ausgingen und nun angepasst werden mussten.

Nennenswert ist schließlich das neue Gesetz über das Konformitätsbewertungsverfahren vom 30. August 2002[211], das zum 1. Januar 2003 in Kraft trat und das gleichnamige Gesetz aus dem Jahr 2000 ersetzte. Aufgrund dieses neuen Konformitätsbewertungsgesetzes wurde die im TKRG bis dahin existierende, schwer nachvollziehbare Unterscheidung zwischen „Zubehör“ und „Apparatur“ aufgehoben – nun stellt Apparatur den Oberbegriff dar und umfasst sowohl Telekommunikationsgeräte als auch Zubehör.

Mitte des Jahres 2002 wurde beim polnischen Parlament ein umfangreicher Gesetzesentwurf zur Änderung des Telekommunikationsrechtsgesetzes eingereicht.[212] Als wichtigstes Ziel dieses Novellierungsgesetzes wird die vollständige Anpassung des polnischen Telekommunikationsrechts an geltende europarechtliche Vorgaben, insbesondere bezüglich der Definition der Universaldienste und ihrer Ausführungsvoraussetzungen, der Nummernübertragbarkeit, der Betreiberwahl sowie bezüglich der noch einzuführenden Entbündelung der Teilnehmeranschlussleitung (in Folgenden: TAL) genannt.[213] Die Gesetzgebungsarbeiten und -konsultationen dauern derzeit noch an, es wird vermutet, dass mit einer Verabschiedung des Gesetzes nicht vor Mitte 2003 zu rechnen sei. Im Verlauf dieser Arbeit wird in den entsprechenden Abschnitten auf die wichtigsten geplanten Änderungen hingewiesen. Das vorliegende Novellierungsgesetz setzt lediglich den gemeinschaftsweit noch geltenden Telekommunikationsrechtsrahmen um – eine weitere Anpassung des TKRG an den neuen Rechtsrahmen ist damit spätestens zum Zeitpunkt der EU-Mitgliedschaft Polens vorprogrammiert.

---

210 Dz. U. 2002 Nr. 74, Pos. 676.

211 Dz. U. 2002 Nr. 166, Pos. 1360.

212 Projekt ustawy Prawo telekomunikacyjne, Sejm Rzeczypospolitej Polskiej, IV kadencja, Druk nr 779, 26 lipca 2002 r. [Entwurf des Änderungsgesetzes zum Gesetz - Telekommunikationsrecht, Parlament der Republik Polen, IV Legislaturperiode, Drucksache Nr. 779 vom 26.7.2002] (im Folgenden: Änderungsgesetz-E TKRG, SejmDrs. Nr. 779).

213 Siehe Begründung zum Änderungsgesetz-E TKRG, SejmDrs. Nr. 779, S. 19; *Czarnecka*, Co nowego w prawie telekomunikacyjnym, tele.net.forum 7/2002, 57 f.

3. Gegenstand und Ziele des Telekommunikationsrechtsgesetzes

a) Gegenstand des Telekommunikationsrechtsgesetzes

aa) Ausführung und Kontrolle der Telekommunikationstätigkeit

Der sachliche Gegenstand des Gesetzes wird in Art. 1 Abs. 1 und 2 TKRG genannt. Als Erstes erwähnt es die Bestimmung der Ausführung und der Kontrolle der Telekommunikationstätigkeit.[214] Unter „Kontrolle" ist jedes staatliche Ausführungshandeln bezüglich der Führung der Telekommunikationstätigkeit zu verstehen, der Begriff ist extensiv auszulegen und gilt als ein Äquivalent des Begriffes „Regulierung", der im Gesetzestext ebenso auftaucht[215]. Der Begriff der Telekommunikationstätigkeit wird sogleich in Art. 1 Abs. 1 Nr. 1 TKRG als eine Tätigkeit, die auf Leistung oder Zugänglichmachung von Telekommunikationsdiensten sowie auf dem Betrieb von Telekommunikationsnetzen beruht, legaldefiniert. Das deutsche TKG spricht in diesem Zusammenhang vom „geschäftsmäßigen Erbringen von Telekommunikationsdiensten", das wie das polnische Recht das Angebot der Telekommunikation und das Angebot von Übertragungswegen mitumfasst.[216] Unter Telekommunikation ist das Senden, Empfangen oder die Übermittlung von Informationen jeglicher Natur, insbesondere von Signalen, Zeichen, Schrift, Bildern oder Tönen mit Hilfe von Leitungen, Funk- oder Audiowellen oder anderen Mitteln, die elektromagnetische Energie nutzen, zu verstehen.[217] Die Technologie- und Inhaltsneutralität des polnischen Telekommunikations-Begriffes entspricht auch hier dem deutschen Verständnis und dessen nahezu wortgleicher[218] telekommunikationsgesetzlicher Legaldefinition.[219] Telekommunikationsdienste werden als eine auf der Übermittlung oder Weiterleitung von Signalen in Telekommunikationsnetzen beruhende wirtschaftliche Tätigkeit bestimmt (Art. 2 Nr. 31 TKRG). Ein Telekommunikationsnetz ist nach Art. 2 Nr. 20 TKRG die Zusammenstellung und Verbindung von Telekommunikationsgeräten und Telekommunikationsleitungen auf eine Art, die die Signalübertragung zwischen bestimmten Netzabschlusspunkten mit Hilfe von Leitungen, Funk- oder Audiowellen oder anderen Mitteln, die elektromagnetische Energie nutzen, ermöglicht. Der Begriff der Telekommunikationstätigkeit besitzt eine Schlüssel-

---

214 Siehe Art. 1 Abs. 1 Nr. 1 TKRG.

215 *Piątek*, PrTelekom, Art. 1 Rdnr. 1.

216 Vgl. § 3 Nr. 5 TKG.

217 Siehe Art. 2 Nr. 23 TKRG.

218 Telekommunikation ist gem. § 3 Nr. 16 TKG „der technische Vorgang des Aussendens, Übermittelns und Empfangens von Nachrichten jeglicher Art in der Form von Zeichen, Sprache, Bildern oder Tönen mittels Telekommunikationsanlagen".

219 Siehe zum Umfang des Telekommunikations-Begriffes im deutschen Recht *Spoerr* in: *Trute/Spoerr/Bosch*, TKG-Kommentar, § 3 Rdnr. 6, 78 f.

stellung im Gesetz, denn er ist von zentraler Bedeutung für die Bestimmung des Regelungsbereiches auf dem Gebiet der Telekommunikation.[220]

Das Erbringen von Telekommunikationsdiensten als das erste Merkmal der Telekommunikationstätigkeit wurde nicht legaldefiniert. Aus der Definition der Telekommunikationsdienste im Zusammenhang mit dem Ausdruck „Erbringen" ergibt sich aber, dass darunter die Vornahme der Übermittlung oder Weiterleitung von Signalen in Telekommunikationsnetzen im Rahmen wirtschaftlicher Tätigkeit durch Betreiber, also Subjekte die über Telekommunikationsnetze oder zumindest über den Zugang zu diesen verfügen, zu verstehen ist.[221]

Der zweite Teilaspekt der Telekommunikationstätigkeit, das Zurverfügungstellen (Zugänglichmachen) von Telekommunikationsdiensten wurde in Art. 2 Nr. 24 TKRG als eine auf der Gewährleistung des Zugangs zu Telekommunikationsdiensten eines Betreibers beruhende wirtschaftliche Tätigkeit legaldefiniert. Darunter fällt die Handelstätigkeit der sog. Provider, also der Verkauf von Dienstleistungen eines Telekommunikationsbetreibers. Auch wenn das Erbringen von Diensten in manchen Fällen einer Erlaubnis bedarf, so unterliegt das Zugänglichmachen der Dienste grundsätzlich lediglich einer Anzeigepflicht.[222]

Das letzte Definitionsmerkmal, der Betrieb von Telekommunikationsnetzen, wurde ebenso gesetzlich entsprechend dem im TKG genannten Funktionsherrschaftsprinzip[223] als die faktische und unmittelbare Verfügungsmacht über die Gesamtheit der Funktionen der die Telekommunikation sicherstellenden Geräte und Netze definiert.[224] Faktische Verfügungsgewalt verlangt aber nicht, dass der Netzbetreiber auch Eigentümer des Netzes sein muss, er braucht jedoch einen entsprechenden Rechtstitel.[225]

bb) Nutzung und Nutzungskontrolle von Funkanlagen

Art. 1 Abs. 1 Nr. 2 TKRG nennt die Nutzung und Nutzungskontrolle von Funkanlagen als einen weiteren Gegenstand des Telekommunikationsgesetzes. Sie wird hauptsächlich in Art. 3 Abs. 4, Art. 6 und Art. 17 - 21 TKRG geregelt. Die Kontrolle der Nutzung von Funkanlagen regeln die Art. 117 - 122 TKRG.

---

220 *Piątek*, PrTelekom, Art. 1 Rdnr. 3.

221 *Piątek*, PrTelekom, Art. 1 Rdnr. 4.

222 *Piątek*, PrTelekom, Art. 1 Rdnr. 5.

223 Vgl. § 3 Nr. 2 TKG. Zum Begriff der Funktionsherrschaft siehe *Geppert/Ruhle/Schuster*, Handbuch, Rdnr. 778 a.E.

224 Art. 2 Nr. 4 TKRG.

225 *Piątek*, PrTelekom, Art. 1 Rdnr. 6; So auch im deutschen Recht, siehe *Spoerr* in: *Trute/Spoerr/Bosch*, TKG-Kommentar, § 3 Rdnr. 23 a.E.

cc) Funktionsfähigkeit von Regulierungsorganen

Die Funktionsfähigkeit von Regulierungsorganen wird in Art. 109 - 116 TKRG geregelt. Das Gesetz spricht hier von Regulierungsorganen in der Mehrzahl, obwohl der siebte Teil des Gesetzes über Regulierungs- und Kontrollorgane lediglich ein Organ, nämlich den Präsidenten der Regulierungsbehörde für Telekommunikation und Post, nennt. Zu erklären ist das damit, dass Regulierungsorgane im Sinne des Art. 1 Abs. 1 TKRG im weiten Sinne zu verstehen sind. Darunter ist auch der Minister in Fernmeldeangelegenheiten sowie andere Organe, die rechtliche Vorschriften erlassen dürfen und zur Vornahme von Individualentscheidungen in Telekommunikationsangelegenheiten berechtigt sind, wie zum Beispiel die Verbraucher- und Wettbewerbs-schutzbehörde[226], zu zählen.

dd) Nummern- und Frequenzverwaltung

Die letzten beiden Gegenstandsbereiche gemäß Art. 1 Abs. 1 TKRG sind in Art. 99 - 104 TKRG für die Nummernverwaltung und in Art. 17 - 25 sowie Art. 105 - 107 TKRG für die Funkwellenfrequenzspektrums- und Umlaufbahnbeständeverwaltung. Ersteres umfasst die Nummerierungsplanung, Vornahme der primären Nummernvergabe, Zurverfügungstellen der Nummerierung durch die Betreiber und die abgeleitete Nummernvergabe für die Nutzer der Nummerierung. Die Frequenzverwaltung setzt sich aus der Frequenzbereichszuordnung, der Frequenznutzungsplanung, der Frequenzreservierung sowie der Bestimmung der Frequenznutzungsbedingungen in Funkgenehmigungen oder anderen Verwaltungsakten zusammen.

ee) Übrige Gegenstandsbereiche

Darüber hinaus bestimmt das Gesetz auch Anforderungen, die Telekommunikationsgeräte und Geräte oder Sachen im Bereich der elektromagnetischen Kompatibilität erfüllen müssen sowie die Regeln des Inverkehrbringens dieser Geräte (Art. 1 Abs. 2 TKRG). Damit umfasst der zweite Absatz die Bestimmungen zur elektromagnetischen Kompatibilität sowie Konformität der Telekommunikationsgeräte.[227]

ff) Zweck des deutschen Telekommunikationsgesetzes im Vergleich

Im Gegensatz zu der ausführlichen Aufzählung des Gesetzesgegenstands im polnischen Recht fasst das TKG seinen Zweck in nur einem Satz zusammen und nennt insgesamt drei Zwecke: die Förderung des Wettbewerbs, die Gewährleistung flächendeckender angemessener und ausreichender Dienstleistungen sowie

---

226 Polnisch: Urząd Ochrony Konsumenta i Konkurencji, UOKiK.

227 *Ura*, Art. 1 Punkt 4 (S. 11).

schließlich die Festlegung einer Frequenzordnung.[228] Die genannten Zwecke sind jedoch keine anderen oder weitergehenden als die im TKRG aufgeführten Gegenstandsbereiche. Die Detailliertheit der polnischen Zweckvorschriften ist gleich zu setzen mit einer Konkretisierung der im TKG enthaltenen Regelung.

b) Ziele des Telekommunikationsrechtsgesetzes

aa) Einführung

Ziele des Gesetzes sind gemäß Art. 1 Abs. 3 TKRG die Sicherung des allgemeinen Zugangs zu Telekommunikationsdiensten, der Schutz von Interessen der Telekommunikationsnutzer, Unterstützung einer gleichberechtigten und effektiven Konkurrenz im Telekommunikationssektor, Entwicklung einer modernen Telekommunikationsinfrastruktur, Ordnungssicherung in der Nummern-, Funkwellenfrequenzspektrums- und Umlaufbahnbeständeverwaltung sowie der Schutz des Staatsinteresses im Bereich der Verteidigungsfähigkeit, der Staatssicherheit und der öffentlichen Sicherheit und Ordnung. Die Reihenfolge der genannten Ziele soll auf ihren Stellenwert keinen Einfluss haben, sie ergänzen sich überwiegend gegenseitig, können aber auch widersprüchlich sein.[229]

In der polnischen Rechtstheorie wird angenommen, dass die Ziele eines Rechtsaktes die Grundlage für die Formulierung der Vorschriften darstellen und nicht Gegenstand der Regulierung sind. In der Regel werden sie in der Begründung des Rechtsaktes oder in der Präambel aufgenommen.[230] Die Zielsetzungen des dritten Absatzes erfüllen eine der Präambel angenäherte Funktion, ihre Stellung im Gesetzestext deutet jedoch auf einen ausschließlich normativen Charakter der enthaltenen Richtlinien hin.[231] Anders als in der deutschen, vor allem neueren öffentlich-rechtlichen Gesetzgebung[232], werden in Polen die Zielbestimmungen eines Rechtsaktes selten, wie vorliegend, in dessen normativen Teil einbezogen.[233] Der Grund für diese Gesetzestechnik gerade bei dem neuen Telekommunikationsrecht liegt an der Heranziehung des deutschen Telekommunikationsgesetzes bei den Arbeiten an den Entwürfen des neuen ustawa Prawo Telekomunikacyjne [Gesetz Telekommunikationsrecht].[234]

---

228 Siehe § 1 TKG. Zu den einzelnen Gesetzeszwecken siehe *Trute* in: *Trute/Spoerr/Bosch*, TKG-Kommentar, § 1 Rdnr. 23 ff.

229 *Piątek*, PrTelekom, Art. 1 Rdnr. 14 a.E.

230 *Piątek*, PrTelekom, Art. 1 Rdnr. 14.

231 *Piątek*, PrTelekom, Art. 1 Rdnr. 14.

232 Vgl. dazu *Reinke*, S. 7 (Zweckbestimmung als Gesetzestechnik).

233 Vgl. *Piątek*, PrTelekom, Art. 1 Rdnr. 14.

234 Hierfür veröffentlichte die Staatliche Funkkommunikationsagentur eine Übersetzung des deutschen TKG-Entwurfs vom 9.2.1996 zum dienstinternen Gebrauch. Siehe *PAR*, Projekt Ustawy Telekomunikacyjnej Republiki Federalniej Niemiec z dnia 9.2.1996 wraz z komentarzem [SFA, Entwurf des Telekommunikationsgesetzes der Bundesrepublik Deutschland vom 9.2.1996 mit Begründung].

Der normative Charakter der Gesetzesziele des dritten Absatzes manifestiert sich darin, dass sie insbesondere bei Vornahme von Verwaltungshandlungen sowie beim Erlass von Verwaltungsakten berücksichtigt werden müssen und sie vor allem durch die regulierende und kontrollierende Tätigkeit von für das Funktionieren der Telekommunikation verantwortlichen Verwaltungsorganen erreicht werden sollen. Dies gilt gleichermaßen für das polnische wie das deutsche Recht.[235]

bb) Allgemeiner Zugang zu Telekommunikationsdiensten

Das erste genannte Ziel des allgemeinen Zugangs zu Telekommunikationsdiensten auf dem gesamten Gebiet der Republik Polen unterstreicht den Allgemeinzugangs- und Territorialaspekt. Aus dem Erfordernis des allgemeinen Zugangs folgt ein Jedermann-Ausschlussverbot aus dem Kreis der Telekommunikationsnutzer.[236] Diese Intention des Gesetzgebers wird durch die Legaldefinitionen der Begriffe „Nutzer"[237] und „Endnutzer"[238] deutlich, denn es werden nicht nur Subjekte umfasst, die Telekommunikationsdienste in Anspruch nehmen, sondern auch solche, die den Zugang zu diesen oder das Erbringen von diesen nachfragen,[239] der Begriff des Nutzers ist also weit zu verstehen. Das Ziel der Allgemeinheit wird mit der Überzeugung begründet, dass der Zugang zur Telekommunikation und damit zu Informationen und Diensten, die über das Telekommunikationsnetz erlangt werden, eines der wichtigsten Faktoren des gesellschaftlichen und wirtschaftlichen Fortschritts ist.[240] Der Territorialaspekt des allgemeinen Zugangs ist gerade in Polen äußerst wichtig, wo die Telefondichte in Ballungszentren und in ländlichen Gebieten sehr stark auseinander klafft. In dem Dokument „*e*Polska – Plan działań na rzecz rozwoju społeczeństwa informacyjnego w Polsce na lata 2001-2006" (im Folgenden: *e*Polska)[241], das von der europäischen Initiative „*e*Europe 2002 – Eine Informationsgesellschaft für alle"[242] bereits Mitte des Jahres 2000[243] inspiriert wurde, legt die polnische Regierung eines der fünf Ziele auf die Entwicklung und Verbreitung der Telekommunikation und

---

[235] *Reinke*, S. 8 (Zweckbestimmungen als Leitprogramm); *Piątek*, PrTelekom, Art. 1 Rdnr. 14.

[236] *Piątek*, PrTelekom, Art. 1 Rdnr. 16

[237] Polnisch: użytkownik; siehe Art. 2 Nr. 32 TKRG.

[238] Polnisch: użytkownik końcowy; siehe Art. 2 Nr. 33 TKRG.

[239] *Piątek*, PrTelekom, Art. 1 Rdnr. 16.

[240] *Piątek*, PrTelekom, Art. 1 Rdnr. 16 a.E.

[241] „*e*Polen – Aktionsplan zur Entwicklung der Informationsgesellschaft in Polen für die Jahre 2001-2006", veröffentlicht vom Wirtschaftsminister, abrufbar unter: http://www.mi.gov.pl. Auf der genannten Seite ist dieses Dokument auch auf Englisch abrufbar.

[242] KOM (99) 687 endg.

[243] Vgl. *Czarnecka*, *e*Europa i *e*Polska, TELECOMforum 9/2000, abrufbar unter: http://www.telecomforum.pl/0009/14.html.

des Zugangs zum Internet in ländlichen, wenig urbanisierten Gebieten fest.[244] Zur schnellstmöglichen Verwirklichung des gesetzten Zieles wurde ein Rat zur Einführung der Informatisierung in Dorfgebieten[245], dessen Aufgabe es war, ein „Programm zur Informatisierung in ländlichen Gebieten"[246] zu erarbeiten,[247] eingerichtet. Im Mai 2001 wurde das entsprechende Dokument unter dem Titel „Strategia Rozwoju Telekomunikacji na Wsi na lata 2001-2004"[248] veröffentlicht, das einen Status quo der Telekommunikation in ländlichen Gebieten abgibt und die Ziele und Richtungen der Entwicklung sowie Verbesserungsvorschläge aufzeigt.[249]

cc) Interessenschutz der Telekommunikationsnutzer

Das nächste Ziel dient dem Interessenschutz der Telekommunikationsnutzer (Art. 1 Abs. 3 Nr. 2 TKRG) und damit wegen der weiten Auslegung des Nutzerbegriffes (vgl. oben) nicht nur zum Schutz des Endnutzers sondern gleichzeitig zum Schutz der Betreiberkonkurrenten als Nutzer. Dieses zentrale Ziel des Gesetzes wird vom folgenden Ziel, der Unterstützung einer gleichberechtigten und effektiven Konkurrenz, ergänzt.

dd) Unterstützung einer gleichberechtigten und effektiven Konkurrenz

Die Unterstützung eines gleichberechtigten und effektiven Wettbewerbs (Art. 1 Abs. 3 Nr. 3 TKRG) wurde aufgrund von Erfahrungen anderer europäischer Länder beim Liberalisierungsprozess explizit aufgenommen, denn man stellte fest, dass es nicht ausreiche, das rechtliche Monopol des nationalen Betreibers aufzuheben, um den Wettbewerb zu wecken. Grund hierfür ist, dass alle anderen Betreiber am Anfang ihrer Tätigkeit von dem Ex-Monopolisten abhängig und auf seine Dienste angewiesen sind.[250] Die Unterstützung des Wettbewerbs sollte jedoch als Folge die sektorspezifische Regulierung der Telekommunikationsmärkte allmählich durch allgemeine Wettbewerbsregeln ablösen.[251]

---

244 „*e*Polska – Plan działań na rzecz rozwoju społeczeństwa informacyjnego w Polsce na lata 2001-2006", S. 55.

245 Polnisch: Rada Informatyzacji Wsi.

246 Polnisch: Program Informatyzacji Obszarów Wiejskich.

247 *e*Polska, S. 54, 56.

248 „Die Strategie der Entwicklung der Telekommunikation in ländlichen Gebieten", abrufbar unter: http://www.mi.gov.pl/lacznosc/polski/telnawsi/index.pl.

249 Vgl. Strategia Rozwoju Telekomunikacji na Wsi na lata 2001-2004, S. 3 f.; *Budziewicz*, in: *Panasiuk* (Hrsg.), Sektor turystyczny w społeczeństwie informacyjnym. Turystyka – poczta – telekomunikacja, 125 (125).

250 *Piątek*, PrTelekom, Art. 1 Rdnr. 20.

251 *Piątek*, PrTelekom, Art. 1 Rdnr. 22.

ee) Entwicklung einer modernen Telekommunikationsinfrastruktur

Die Zielsetzung der Entwicklung einer modernen Telekommunikationsinfrastruktur bedeutet ein Gebot der ständigen Anpassung der Infrastruktur an neue technische Möglichkeiten sowie an die Erfordernisse neuer Dienste und der Übertragung neuer Inhalte. Unter die Entwicklung der Infrastruktur fällt auch die Vermehrung der Telekommunikationsinfrastruktur, die mitunter zur Wettbewerbsfähigkeit der alternativen Anbieter führt.[252] Im Zuge der Konvergenz der Dienste sollen Telekommunikations-, Informations- sowie audiovisuelle Dienste in der modernen Telekommunikationsinfrastruktur integriert werden.[253]

ff) Sicherung der Ordnung in der Verwaltung der Nummern-, Funkwellenfrequenzspektrums- und Umlaufbahnbestände

Die Sicherung der Ordnung in der Verwaltung der Nummern-, Funkwellenfrequenzspektrums- und Umlaufbahnbestände (Art. 1 Abs. 3 Nr. 5 TKRG) betrifft sowohl Organe, die diese knappen Güter zuteilen und verwalten, als auch Subjekte, die diese Bestände nutzen. Dieses Ziel kann nun nach dem neuen Telekommunikationsrecht nur durch eindeutige Handlungen der dafür berufenen Organe erreicht werden. Die Vergabe- und Ordnungssysteme für die genannten Ressourcen wurden durch das TKRG transparent gemacht, weil ihre Verwaltung in der Vergangenheit wenig öffentlich erfolgte.[254]

gg) Schutz des Staatsinteresses

Das letzte Ziel betrifft den Schutz des Staatsinteresses im Bereich der Verteidigungsfähigkeit, der Staatssicherheit und der öffentlichen Sicherheit und Ordnung (Art. 1 Abs. 3 Nr. 6 TKRG). Dieses Ziel wurde aufgenommen, um dem Staat in bestimmten Gefährdungssituationen Eingriffsmöglichkeiten zu geben. Gesetzlich niedergeschlagen ist dieses Ziel im Abschnitt über „Situationen besonderer Gefahren“[255].

hh) Ziele des deutschen Telekommunikationsgesetzes im Vergleich

Das TKG nennt in seinem § 2 Abs. 2 anders als das polnische TKRG keine Ziele des Gesetzes sondern Ziele der Regulierung. Diese Unterscheidung ist jedoch unerheblich. Der Zweck des Gesetzes soll mittels der Regulierung erreicht werden und somit handelt es sich bei den Regulierungszielen ergo um Gesetzesziele. Bis auf das vierte Ziel des TKRG – die Entwicklung einer modernen Telekommunikationsinfrastruktur – decken sich die Regelungsbereiche der polnischen und deutschen Vorschriften nahezu vollkommen. Den deutschen „Außenseiter“ stellt ebenso das vierte der sowohl im TKG als auch TKRG insgesamt

---

252 *Piątek*, PrTelekom, Art. 1 Rdnr. 23.
253 Insgesamt hierzu siehe das Konvergenz-Grünbuch, o. Fn. 31.
254 *Piątek*, PrTelekom, Art. 1 Rdnr. 27.
255 Polnisch: Sytuacje szczególnych zagrożeń.

sechs Gesetzesziele dar – die Förderung von Telekommunikationsdiensten bei öffentlichen Einrichtungen. Mit Aufnahme dieser Vorschrift in den Zielkatalog sollte dem Anliegen der Länder, öffentliche Einrichtungen (z.B. Schulen) besonders zu fördern, Rechnung getragen werden.[256]

4. *Aufbau und Grundbegriffe*

a) Gesetzesaufbau

Das Gesetz besteht aus acht Teilen, die jeweils in Abschnitte unterteilt sind, und insgesamt 151 Artikel zählen und ist somit um ein Drittel „länger" als das deutsche TKG mit seinen 100 Paragraphen. Zunächst werden allgemeine Vorschriften wie Umfang und Zweck des Gesetzes sowie Begriffsbestimmungen geregelt. Der zweite Teil befasst sich mit den zur Telekommunikationstätigkeit sowie zur Nutzung von Funkanlagen nötigen Berechtigungen wie der Telekommunikationserlaubnis, Funkgenehmigung und Anzeige. Vorschriften bezüglich des Erbringens und der Zugänglichmachung von Telekommunikationsdiensten[257] regelt der dritte Teil, der sich in sechs Abschnitte aufgliedert und Grundsätze der Telekommunikationsdienstleistungen und des Zugangs zu Telekommunikationsdiensten sowie Vorschriften zu Universaldiensten, Subjekten mit beherrschender und beträchtlicher Marktstellung, besonderen Gefährdungssituationen und zur Verantwortung für Nicht- oder Schlechtleistung beinhaltet. Vierter Teil befasst sich mit der Zusammenschaltung und der Zusammenarbeit der Netzbetreiber, gefolgt von einem Gesetzesteil über die Telekommunikationsinfrastruktur und die Endeinrichtungen, darunter über Anforderungen an Telekommunikationsnetze und -geräte, die Grundsätze der Konformitätsbewertung und schließlich die Regelungen der Mitbenutzung der Telekommunikationsinfrastruktur. Teil sechs stellt Regeln für die Nummern- und Frequenzverwaltung auf, gefolgt von einem Teil über Regulierungs- und Kontrollorgane sowie ihre Kontroll- und Nachkontrollbefugnisse. Abschließend sind im letzten Teil in drei Abschnitten Strafvorschriften, Änderungen in geltenden Vorschriften sowie Übergangs- und Schlussvorschriften nachzulesen.

Bei einer ersten Lektüre dieses neuen polnischen Gesetzes erkennt man schon auf den ersten Blick die Ähnlichkeit des Aufbaus mit dem deutschen Telekommunikationsgesetz, auch wenn das deutsche Gesetz in 13 Teile und nicht in 8, wie das polnische, gegliedert ist. Ausschlaggebend für die Ähnlichkeit sind die in beiden Normakten gewählten Überschriften der einzelnen Gesetzesteile, wobei

---

[256] *Trute* in: *Trute/Spoerr/Bosch*, TKG-Kommentar, § 2 Rdnr. 23.

[257] Polnisch: Świadczenie i udostępnianie usług telekomunikacyjnych.

sie teilweise im Gesetz eine andere Stellung einnehmen[258], so dass man doch nicht vom gleichen Aufbau sprechen kann.[259]

b) Telekommunikationsrechtliche Grundbegriffe

Die wichtigsten Begriffe des Telekommunikationsrechts werden, alphabetisch geordnet, im Katalog des Art. 2 TKRG legaldefiniert. Jedoch finden sich auch in weiteren Vorschriften wichtige Definitionen, wie die der Telekommunikationstätigkeit in Art. 1 Abs. 1 Nr. 1 TKRG oder die des Universaldienstes in Art. 49 Abs. 1 TKRG. Auf diese wesentlichen Begriffsbestimmungen ist bei der Auslegung und Anwendung der weiteren Vorschriften des TKRG zurückzugreifen. Auch das deutsche Gesetz enthält einen Paragraphen mit einem alphabetisch geordneten Definitionenkatalog.[260]

5. Überblick über telekommunikationsrechtliche Regulierungsinstrumente

Um die oben genannten gesetzlichen Ziele des Telekommunikationsrechts zu erreichen, wurden im Telekommunikationsrechtsgesetz mehrere Regulierungsinstrumente aufgenommen. Diese sollen hier in einer ersten kurzen Darstellung genannt werden. Ausführliche Erläuterungen und Einzelprobleme der aufgeführten Regulierungsinstrumente bleiben den nachfolgenden Kapiteln vorbehalten. Die Regulierungsinstrumente des polnischen TKRG entsprechen vollständig denen des deutschen Telekommunikationsrechts.[261]

a) Lizenzierung

Das polnische Telekommunikationsrechtsgesetz unterscheidet bei den Lizenzierungsarten zwischen einer Telekommunikationserlaubnis (im Folgenden: Erlaubnis) und einer Funkgenehmigung (im Folgenden: Genehmigung)[262]. Darüber hinaus gibt es eine Anzeigepflicht für alle Telekommunikationstätigkeiten in einem öffentlichen Netz, die keiner Erlaubnis bedürfen (Art. 3 Abs. 3 TKRG).

---

258 Der Universaldienst wird im TKG zum Beispiel im Zweiten Teil über die Regulierung von Telekommunikationsdienstleistungen im zweiten Abschnitt unmittelbar nach den Vorschriften zu den Lizenzen geregelt, im TKRG sind die Universaldienstvorschriften im zweiten Abschnitt des dritten Teils (Erbringen und Zugänglichmachung von Telekommunikationsdiensten) zu finden, die Regulierung der Lizenzvergabe (Erlaubnisvergabe) erfolgt in einem anderen Teil, nämlich dem zweiten mit der Überschrift „Berechtigung zur Telekommunikationstätigkeit sowie zur Nutzung von Funkanlagen".

259 Die Feststellung der Ähnlichkeit des polnischen TKRG mit dem deutschen TKG kann mit der Tatsache, dass die Staatliche Funkkommunikationsagentur zum dienstinternen Gebrauch eine Übersetzung des deutschen TKG-Entwurfs vom 9.2.1996 veröffentlichte, untermauert werden. Siehe o. Fn. 234.

260 Vgl. § 3 TKG.

261 Zur Regulierung durch Lizenzen, Universaldienste, offenen Netzzugang sowie Entgelte in Deutschland siehe *Wegmann*, S. 55-332.

262 Art. 3 Abs. 1, 2 und 4 TKRG.

Das zuständige Organ für die Erlaubnis- und Genehmigungsvergabe ist der Präsident RegTuP.[263] Der Antragsteller hat bei Erfüllung der geforderten Voraussetzungen einen Anspruch auf Erteilung der Erlaubnis oder Genehmigung (vgl. Art. 8 Abs. 1 sowie Art. 18 Abs. 1 TKRG). Für die Ausstellung oder den Besitz von Berechtigungen (Erlaubnissen und Genehmigungen) ist gemäß Art. 29 ff. TKRG eine Gebühr zu entrichten.

b) Universaldienst

Als erstes Ziel des Telekommunikationsrechtsgesetzes wird die Sicherung eines allgemeinen Zugangs zu Telekommunikationsdiensten auf dem gesamten Gebiet der Republik Polen genannt.[264] Diese flächendeckende Grundversorgung mit Telekommunikationsdienstleistungen, wie es der deutsche Gesetzgeber in § 2 Abs. 2 Nr. 3 TKG nennt, soll durch die Universaldienstvorschriften erreicht werden. Der diesen Diensten gewidmete Abschnitt umfasst Artikel 49 bis 56 des Telekommunikationsrechtsgesetzes. Unter die Universaldienste sind nach polnischem Recht gemäß Art. 49 Abs. 1 TKRG Telefondienste zu zählen, die jedem Nutzer bei gleicher Qualität und zu einem erschwinglichen Preis auf dem gesamten Landesgebiet zugänglich sind, sowie Faxdienste oder Datenübertragungsdienste. Darunter fallen darüber hinaus die Nummernauskunft, Erleichterungen für Behinderte, Einzelverbindungsnachweise und Teilnehmerverzeichnisse. Netzzugangsdienste zählen dagegen nicht zu den Universaldiensten.

Bei der Definition der Universaldienste orientierte sich der polnische Gesetzgeber an europäischen Vorgaben[265] und zählte den Telegraphendienst nicht mehr, wie noch im Fernmeldegesetz 1990[266], zu den Universaldiensten mit der Begründung, dass dieser am Verschwinden sei und darüber hinaus inzwischen in keinen europäischen telekommunikationsrechtlichen Vorschriften als Universaldienst definiert sein würde[267]. Universaldienste sollen, entgegen der sich aus dem Begriff aufzwingenden Annahme, keine umfassenden Dienste, sondern lediglich einen vordefinierten Mindestumfang von Telekommunikationsdiensten gewährleisten. Sowohl im deutschen als auch im polnischen Telekommunikationsrecht orientierte man sich beim Namen an dem amerikanischen Begriff der „universal servises“.[268]

263 Siehe Art. 7 ff., 17 ff. TKRG.
264 Vgl. oben C.I.3.b)bb).
265 *Michoński*, Prawo telekomunikacyjne, Świat Telekomunikacji 3/1999, 34.
266 Vgl. Definition des Universaldienstes in Art. 2 Nr. 18 FernmeldeG 1990.
267 Krupa/Kuźnicki, S. 97.
268 Siehe *Manssen*, „Das Telekommunikationsgesetz (TKG) als Herausforderung für die Verfassungs- und Verwaltungsrechtsdogmatik“, ArchivPT 1998, 236 (238).

c) Entgeltregulierung

Das polnische Gesetz beinhaltet keinen eigenen Abschnitt über die Entgeltregulierung, jedoch finden sich einige diesbezügliche Vorschriften im dritten Teil des Gesetzes unter dem Titel „Subjekte mit beherrschender und beträchtlicher Marktstellung". Um einen wahren und chancengleichen Wettbewerb entstehen lassen zu können, müssen die Rechte mancher Subjekte, die über besonders viel Marktmacht verfügen, wie vor allem der ehemalige Monopolist Telekomunikacja Polska S.A., beschnitten werden. Dies kann durch die Regulierung der Dienstleistungspreise geschehen. Je nach Ausmaß der Marktmacht unterliegen Betreiber mit beherrschender oder beträchtlicher Marktmacht unterschiedlichen Vorlagepflichten[269]. Ihre Preislisten unterliegen der Kontrolle des Präsidenten RegTuP, der in bestimmten Fällen Einspruch gegen die mit dem Gesetz nicht zu vereinbarenden Preislisten erheben kann.[270]

d) Datenschutz und Fernmeldegeheimnis

Der fünfte Abschnitt des dritten Teiles des Telekommunikationsrechtsgesetzes (Art. 67 - 71 TKRG) enthält Vorschriften über das Fernmeldegeheimnis und den Datenschutz. Alle Personen, die wegen ihrer Telekommunikationstätigkeit Zugang zu vom Fernmeldegeheimnis umfassten Informationen und Daten erlangen, sind zur unbedingten Wahrung des Fernmeldegeheimnisses verpflichtet. Die Betreiber unterliegen darüber hinaus bestimmten Auskunftspflichten, z.B. über den Sicherheitsstandard[271] oder die Teilnehmeridentifikation[272].

e) Zusammenschaltungen und offener Netzzugang

Vorschriften zur Zusammenschaltung und Zusammenarbeit der Netzbetreiber finden sich im vierten Teil des Gesetzes (Art. 76 - 87 TKRG). An der verhältnismäßig großen Anzahl der diesen Bereich regelnden Artikel lässt sich die Wichtigkeit dieser Vorschriften erkennen. Dem Gesetzgeber war anhand von Erfahrungen anderer Länder sowie Erfahrungen im eigenen Land bewusst, dass fairer Wettbewerb nicht alleine mit der Liberalisierung des Sprachtelefondienstes und des Netzbetriebes erreicht werden kann.[273] So führte er in Art. 76 Abs. 1 TKRG eine Zusammenschaltungspflicht für öffentliche Betreiber mit beträchtlicher Marktstellung ein, die unter bestimmten Voraussetzungen vom Regulierer durchgesetzt werden kann.

---

269 Vgl. Art. 58 Abs. 1, Art. 60 Abs. 1, Art. 61 Abs. 6 i.V.m 60 Abs. 1 TKRG.

270 Vgl. Art. 60 Abs. 2, Art. 61 Abs. 6 i.V.m 60 Abs. 2 TKRG.

271 Art. 67 Abs. 6 TKRG.

272 Art. 71 Abs. 4 TKRG.

273 Vgl. dazu die Ausführungen unter B.II.4.

f) Telekommunikationsinfrastruktur und Endgeräte

Die Instrumente zur Regelung der Anforderungen an Telekommunikationsnetze und -geräte, deren Konformitätsbewertung und gemeinsame Nutzung sind in Art. Art. 88 - 98 TKRG enthalten. Darüber hinaus beinhaltet das Gesetz einen Abschnitt über Funkanlagenbetreiberzertifikate. Die in den genannten Vorschriften aufgestellten subjektiven und objektiven Zulassungsvoraussetzungen dienen vor allem der Sicherheit der Nutzer und der Einhaltung von technischen Standards.

g) Nummernverwaltung

Die Nummernzuteilung erfolgt durch den Präsidenten RegTuP in der Erlaubnis oder durch Bescheid aufgrund des Landesnummerierungsplanes für öffentliche Netze[274], da die Nummern nur in Übereinstimmung mit diesem Plan vergeben werden dürfen[275]. Art. 43 TKRG ermöglicht den Teilnehmern der öffentlichen Netze die Nummernmitnahme (Abs. 2) sowie die Wahl eines Betreibers für internationale und Ferngespräche (Abs. 3). Gerade das letztgenannte Recht der Teilnehmer soll den Wettbewerb auf dem polnischen Telefondienstmarkt hervorrufen.[276]

h) Frequenzverwaltung

Die Zuordnung der Frequenzen oder Frequenzspektren für bestimmte Funkkommunikationsdienste erfolgt durch Festsetzung in der Landesfrequenzbestimmungstafel, die vom Ministerrat auf dem Wege der Verordnung erlassen [277] und durch die Staatspolitik auf dem Gebiet der Frequenzverwaltung, der Anforderungserfüllung bezüglich elektromagnetischer Kompatibilität und unter Berücksichtigung bestimmter internationaler Funkkommunikationsvorschriften realisiert wird.[278] Darüber hinaus bestimmt der Präsident RegTuP einen Frequenznutzungsplan, auf dessen Grundlage er die Frequenzreservierung in der Erlaubnis oder aufgrund anderer Bescheide vornimmt. Hierbei gibt es jedoch Ausnahmen bei Frequenzreservierungen zur Verbreitung von Rundfunk- und Fernsehprogrammen, die im Einvernehmen mit dem Präsidenten RegTuP vom Vorsitzenden

---

274 Bis September 2002 galt wegen der Fortgeltungsvorschrift des Art. 150 Abs. 1 TKRG die Verordnung über den Landesnummerierungsplan für das öffentliche Telekommunikationsnetz vom 7. Juni 2000 (Dz. U. Nr. 53, Pos. 644), die noch auf Grundlage des Fernmeldegesetzes 1990 erlassen wurde. Zur aktuellen Lage siehe weiter unten.

275 Vgl. Art. 99 Abs. 1 Nr. 1 TKRG.

276 Siehe *Piątek*, PrTelekom, Art. 99 Rdnr. 3.

277 Dies ist bereits geschehen durch die Verordnung vom 25. September 2001 (Dz. U. Nr. 137, Pos. 1533), aufgehoben durch eine neue Verordnung vom 16. Januar 2003 (Dz. U. Nr. 22, Pos. 187).

278 Art. 105 Abs. 1 und 2 TKRG.

des Landesmedienrates vorgenommen werden,[279] sowie bei Frequenzreservierung für die digitale Programmverbreitung und -verteilung (Art. 22 Abs. 4 TKRG).

[279] Vgl. Art. 22 Abs. 2 Nr. 2 TKRG und Art. 33 i.V.m Art. 37 Abs. 3a Mediengesetz (im Folgenden: MedienG).

II. TELEKOMMUNIKATIONSRECHTLICHE VERORDNUNGEN IM ÜBERBLICK

Das polnische Telekommunikationsrechtsgesetz enthält 46 Verordnungsermächtigungen, deren Erlass zum Großteil obligatorisch ist (29 Verordnungen). Jedoch lässt sich der Gesetzgeber viel Zeit, um diesen gesetzlichen Auftrag zu erfüllen – so wurde beispielsweise bis Juli 2002 erst ein Drittel der Ausführungsvorschriften erlassen (zehn obligatorische und eine fakultative Verordnung). Die Situation hat sich in der Folgezeit nicht erheblich verbessert – im März 2003 lagen insgesamt erst 22 Verordnungen vor (19 obligatorische und 3 fakultative). Bemerkenswert ist, dass acht von diesen „hinzugekommenen" Verordnungen erst Ende 2002/Anfang 2003 erlassen wurden. Dies hängt mit dem Ablauf der Fortgeltungsfrist der alten fernmelderechtlichen Ausführungsvorschriften zum 31. Dezember 2002 zusammen (vgl. Art. 150 Abs. 1 TKRG). Überaus unerfreulich für den polnischen Telekommunikationssektor erscheint die Tatsache, dass einige, wichtige Regulierungsbereiche betreffende Durchführungsbestimmungen, wie z.B. bezüglich der Kostenkalkulation oder der Zusammenschaltungen, immer noch nicht gesetzlich festgelegt wurden.

Die nachfolgende Tabelle soll einen Überblick über alle Ermächtigungsgrundlagen und deren Umsetzungsstand geben. Fettgedruckte Artikel bedeuten, dass aufgrund dieser Ermächtigung bereits eine Verordnung erlassen wurde. In Klammern steht das zuständige bzw. das Erlassorgan. Die Kursivschrift gibt die genauen Daten des Erlasses und des Inkrafttretens sowie die Fundstelle der Verordnung im polnischen Gesetzesblatt wieder.

Soll-Verordnungen (obligatorisch)	**Kann-Verordnungen (fakultativ)**
Art. 4 Abs. 2: Art und Voraussetzungen der Telekommunikationstätigkeit sowie der Benutzung von Funkanlagen durch die in Art. 4 Abs. 1 Nr. 1-6 genannten Subjekte (Zuständiger Minister in Fernmeldeangelegenheiten im Einvernehmen mit Außenminister)	**Art. 4 Abs. 3:** **Voraussetzungen der in Art. 4 Abs. 1 Nr. 1-3 genannten Telekommunikationstätigkeit** (Verteidigungsminister/ Innenminister/ Zuständiger Minister in Fernmeldeangelegenheiten) *Vom 13.6.2002 (Dz. U. Nr. 98, Pos. 886), in Kraft getreten am 18.7.2002*

Art. 7 Abs. 3:
Erlaubniserteilung und Ablauf der Antragstellung
(Fernmeldeminister)
Vom 22.12.2000 (Dz. U. Nr. 121, Pos. 1307), in Kraft getreten am 1.1.2001

Art. 4 Abs. 4:
genaue Prinzipien der in Art. 4 Abs. 1 Nr. 4 genannten Telekommunikationstätigkeit sowie Benutzung von Funkanlagen durch Organisationseinheiten der Agentur für innere Sicherheit und Nachrichtendienstagentur

Art. 25 Abs. 9:
Ausführliche Ausschreibungsdurchführungsbedingungen
(Infrastrukturminister)
Vom 20.12.2002 (Dz. U. Nr. 234, Pos. 1973), in Kraft getreten am 12.1.2003

Art. 5 Abs. 2:
Arten der erlaubnisfreien Telekommunikationstätigkeiten
(Zuständiger Minister in Fernmeldeangelegenheiten)

Art. 27 Abs. 4:
Funkanlagenbetreiberzertifikate
(Zuständiger Minister in Fernmeldeangelegenheiten/ Transportminister/ Seewirtschaftsminister)

Art. 6 Abs. 4:
Erweiterung des Bereiches der genehmigungsfreien Sende- und Sende-Empfangsfunkgeräte
(Infrastrukturminister)
Vom 6.8.2002 (Dz. U. Nr. 138. Pos. 1162), in Kraft getreten am 14.9.2002

Art. 29 Abs. 2:
Höhe und Zahlungstermine der Erlaubnisgebühren
(Zuständiger Minister in Fernmeldeangelegenheiten/ Finanzminister)
Vom 22.12.2000 (Dz. U. Nr. 121, Pos. 1306), in Kraft getreten am 1.1.2001

Art. 11 Abs. 2:
Grundsätze zur Änderung der Erlaubnisbedingungen durch Aufhebung bestimmter Beschränkungen oder Erweiterung des Umfangs der erteilten Erlaubnisse
(Zuständiger Minister in Fernmeldeangelegenheiten)

Art. 30 Abs. 4:
Höhe, Termine und Art der Gebührenentrichtung nach Art. 30 Abs. 1 und Abs. 2
(Fernmeldeminister)
Vom 18.6.2001 (Dz. U. Nr. 66, Pos. 668), in Kraft getreten am 1.7.2001

Art. 17 Abs. 4:
Genehmigungserteilung und Ablauf der Antragstellung
(Zuständiger Minister in Fernmeldeangelegenheiten)

Art. 31 Abs. 3:
Frequenzzuteilungsgebühren
(Infrastrukturminister)
Zwei Verordnungen vom 20.12.2002 (Dz. U. Nr. 237, Pos. 2008 sowie 2009), in Kraft getreten am 1.1.2003

Art. 34 Abs. 7:
Telekommunikationsdienstleistungsbedingungen
(Zuständiger Minister in Fernmeldeangelegenheiten)

Art. 39 Abs. 2:
Vorgehensweise bei Dienstleistungen für diplomatische Dienste
(Zuständiger Minister in Fernmeldeangelegenheiten/ Außenminister)

Art. 52 Abs. 2:
Umfang der Pflichtenverwirklichung hinsichtlich der Gewährleistung des Zugangs zu Universaldiensten durch behinderte Personen
(Infrastrukturminister)
Vom 23.12. 2002 (Dz. U. Nr. 237, Pos. 2010), in Kraft getreten am 1.1.2003

Art. 40 Abs. 3:
Betreiberpflichten für die Verteidigung
(Infrastrukturminister)
Vom 24.1.2003 (Dz. U. Nr. 19, Pos. 166), in Kraft getreten am 22.2.2003

Art. 88 Abs. 2:
Grundsätzliche Anforderungen
(Zuständiger Minister in Fernmeldeangelegenheiten)

Art. 43 Abs. 4:
Inanspruchnahme der Teilnehmerrechte
(Infrastrukturminister)
Vom 29.10.2002 (Dz. U. Nr. 188, Pos. 1578), in Kraft getreten am 20.12.2002 bzw. 1.1.2003

Art. 91 Abs. 5:
Arten von Geräten, die keiner Pflichtübereinstimmungsprüfung mit den Grundanforderungen unterliegen
(Zuständiger Minister in Fernmeldeangelegenheiten)

Art. 49 Abs. 2:
Voraussetzungen der Universaldienstleistungen
(Infrastrukturminister)
Vom 19.12. 2002 (Dz. U. Nr. 234, Pos. 1972), in Kraft getreten am 1.1.2003

Art. 99 Abs. 8:
Landesnummernpläne für öffentliche Netze andere als öffentliche Telefonnetze sowie Teilnehmeridentifizierungszeichen
(Zuständiger Minister in Fernmeldeangelegenheiten)

Art. 57 Abs. 9:
Bestimmung des Marktanteils
(Fernmeldeminister)
Vom 4.4.2001 (Dz. U. Nr. 31, Pos. 358), in Kraft getreten am 11.4.2001

Art. 59 Abs. 3:
Arten der Kostenkalkulation
(Finanzminister/ Zuständiger Minister in Fernmeldeangelegenheiten)

Art. 61 Abs. 8:
Zusammenschaltungsarten bei Leitungsmiete
(Infrastrukturminister)
Vom 31.12.2002 (Dz. U. 2003 Nr. 6, Pos. 74), in Kraft getreten am 6.2.2003

Art. 64 Abs. 3:
Erstellung der Handlungspläne bei besonderen Gefährdungssituationen
(Zuständiger Minister in Fernmeldeangelegenheiten)
Vom 7.6.2001 (Dz. U. Nr. 66, Pos. 667), in Kraft getreten am 13.7.2001

Art. 74 Abs. 1:
Beschwerdebedingungen
(Wirtschaftsminister)
Vom 28.9.2001 (Dz. U. Nr. 115, Pos. 1230), in Kraft getreten am 26.10.2001

Art. 81:
Netzzusammenschaltungen
(Zuständiger Minister in Fernmeldeangelegenheiten)

Art. 107 Abs. 1:
Ausführung bestimmter Funkkommunikationsdienste
(Zuständiger Minister in Fernmeldeangelegenheiten)

Art. 107 Abs. 2:
Anforderungen der Frequenzbereichsnutzung für die im Gewerbe, in der Medizin und Wissenschaft verwendeten Geräte
(Zuständiger Minister in Fernmeldeangelegenheiten)

Art. 108 Abs. 2:
Technische und Nutzungsanforderungen des Zubehörs
(Zuständiger Minister in Fernmeldeangelegenheiten oder Wirtschaftsminister)

Art. 135 Abs. 4:
Aufhebung der in Art. 135 Abs. 1 genannten Beschränkungen
(Ministerrat)

Art. 87:
Zusammenarbeit der in Art. 4 Abs. 1 genannten Organisationsstellen und -einheiten mit öffentlichen Betreibern bezüglich der Netzzusammenschaltungen
(Ministerpräsident)

Art. 88 Abs. 3:
Technische und Nutzungsanforderungen für Telekommunikationsnetze und -geräte zur Pflichterfüllung nach Art. 40 Abs. 2
(Zuständiger Minister in Fernmeldeangelegenheiten/ Verteidigungsminister/ Justizminister/ Finanzminister/ Innenminister/ Präsident der Agentur für innere Sicherheit und Nachrichtendienstagentur)

Art. 89 Abs. 1:
Bau und Mitbenutzung der Telekommunikationsinfrastruktur
(Zuständiger Minister in Fernmeldeangelegenheiten/ Wirtschaftsminister/ Seewirtschaftsminister/ Transportminister)

Art. 89 Abs. 2:
Anforderungen an die Telekommunikationsinfrastruktur
(Zuständiger Minister in Fernmeldeangelegenheiten/ Wirtschaftsminister/ Seewirtschaftsminister/ Transportminister)

Art. 94 Abs. 3:
Bezeichnungsweise der Geräte mit einem Homologisierungszeugnis (Fernmeldeminister)
Vom 19.12.2000 (Dz. U. Nr. 122, Pos. 1340), in Kraft getreten am 1.1.2001

Art. 99 Abs. 7 Nr. 2:
Landesnummerierungsplan für öffentliche Telefonnetze (Infrastrukturminister)
Vom 5.9.2002 (Dz. U. Nr. 145, Pos. 1223), in Kraft getreten am 18.9.2002

Art. 105 Abs. 2:
Landesfrequenzbestimmungstafel (Ministerrat)
Vom 25.9.2001 (Dz. U. Nr. 137, Pos. 1533), in Kraft getreten am 15.12.2001; aufgehoben durch VO vom 16.1.2003 (Dz. U. Nr. 22, Pos. 187), die am 31.1.2003 in Kraft trat

Art. 112 Abs. 8:
Grundsätze der Vergütung der in Art. 112 Abs. 4 genannten Personen (Ministerpräsident)
Vom 27.12.2000 (Dz. U. Nr. 120 Pos. 1291), in Kraft getreten am 29.12.2000

Art. 112 Abs. 9:
Satzung RegT
(Ministerpräsident)
Vom 27.12.2000 (Dz. U. Nr. 120, Pos. 1290), in Kraft getreten am 1.1.2001; geändert durch Verordnung vom 31.8.2001 (Dz. U. Nr. 94, Pos. 1034), in Kraft getreten am 21.9.2001

Art. 115 Abs. 5:
Höhe der Vergütung für die Teilnahme an Sitzungen des Telekommunikationsrates
(Ministerpräsident)
Vom 31.1.2001 (Dz. U. Nr. 8, Pos. 65), in Kraft getreten am 17.2.2001, aufgehoben durch den Neuerlass der Verordnung durch den Infrastrukturminister vom 14.6.2002 (Dz. U. Nr. 86, Pos. 779), in Kraft getreten am 1.7.2002 aufgrund des Änderungsgesetzes zum Gesetz über die Organisation und den Arbeitsgang des Ministerrates sowie weiterer Gesetze

Art. 122 Abs. 2:
Verfahrensweise bei Feststellung, dass das elektromagnetische Felder erzeugende, von den in Art. 4 Abs. 1 Nr. 1-6 genannten Organisationsstellen und -einheiten genutzte Zubehör eine Arbeitsstörung anderes Zubehörs, das die Anforderungen elektromagnetischer Kompatibilität erfüllt, verursacht
(Ministerpräsident)

Art. 122 Abs. 3:
Realisierungsarten der Vorschriften der Art. 118 - 121 in Bezug auf die Organisationseinheiten des Gefängnisdienstes
(Infrastrukturminister)
Vom 16.1.2003 (Dz. U. Nr. 17, Pos. 159), in Kraft getreten am 19.2.2003

Quelle: Eigendarstellung

III. Institutioneller Rahmen des Telekommunikationsrechts

Der folgende Abschnitt des Grundlagenkapitels soll einen Einblick in den institutionellen Rahmen des polnischen Telekommunikationsrechts geben. Zu erwähnen sind hier mehrere wichtige Institutionen, die den polnischen Telekommunikationsmarkt entweder eigenständig oder gemeinsam gestalten. Es wird somit ausführlich auf den Präsidenten der Regulierungsbehörde für Telekommunikation und Post und seine Behörde eingegangen sowie ihr Verhältnis zu anderen Behörden aufgezeigt. Zunächst jedoch zur Rolle des Fernmeldeministers im liberalisierten Telekommunikationsumfeld nach dem neuen Telekommunikationsrechtsgesetz.

1. Zuständiger Minister in Fernmeldeangelegenheiten

Im neuen Telekommunikationsrechtsgesetz wird für den Fernmeldeminister anders als im Fernmeldegesetz 1990 die universelle Bezeichnung „zuständiger Minister in Fernmeldeangelegenheiten“ verwendet. Der Grund hierfür ist, dass der Gesetzgeber sich mit dieser allgemeinen Formel vor eventuellen Änderungen in der Organisation von Zentralorganen der Staatsverwaltung absichern wollte.[280] Dies war auch gerechtfertigt, denn das Fernmeldewesen unterliegt nun, nachdem das alte Fernmeldeministerium aufgelöst wurde, dem Infrastrukturministerium.[281] Begründen lässt sich diese Entwicklung mit der durch die Einführung eines Regulierers in Gestalt des Präsidenten der Regulierungsbehörde für Telekommunikation und Post schwindenden Bedeutung des Fernmelderessorts. Der Aufgaben- und Pflichtenbereich des zuständigen Ministers in Fernmeldeangelegenheiten wurde, im Gegensatz zum Präsidenten RegTuP, der für alle Regulierungsangelegenheiten zuständig ist, also für die Verwirklichung des in Polen geltenden Telekommunikationsrechts, auf strategisch-legislative Aufgaben reduziert.[282]

Die Zuständigkeiten des Ministers für Fernmeldeangelegenheiten werden im Gesetz nicht explizit geregelt, jedoch legt ihm dieses zahlreiche Verpflichtungen zum Verordnungserlass[283] bezüglich wichtiger Regulierungsbereiche wie Lizenzierung, Universaldienst oder Nummernverwaltung auf. Darüber hinaus besitzt der zuständige Minister umfangreiche Kompetenzen im Falle der Einführung eines der drei Sonderzustände.[284]

---

280 Siehe *Rakowski*, Świat Telekomunikacji, 7/2000, 36 (36); *Kulisiewicz*, tele.net.forum 1/2001, 65 (66).

281 Somit ist derzeit der Infrastrukturminister der zuständige Minister in Fernmeldeangelegenheiten.

282 *Czarnecka*, URT a Ministerstwo Łączności, tele.net.forum 1/2001, 63 (64).

283 Vgl. die Verordnungsübersichtstabelle unter C.II.

284 Siehe dazu weiter unten Kapitel C.V.4.

Durch das Gesetz vom 21. Dezember 2001 über die Änderung des Gesetzes über die Organisation und den Arbeitsgang des Ministerrates sowie den Tätigkeitsumfang der Minister, des Gesetzes über Regierungsverwaltungsabteilungen sowie über die Änderung mancher Gesetze[285] wurden dem zuständigen Minister in Fernmeldeangelegenheiten einige Kompetenzen übertragen, die nach der ursprünglichen Fassung des Gesetzes dem Ministerpräsidenten zustanden. Vor allem übertrug man die Kontrolle des Präsidenten RegTuP nun auf den zuständigen Minister in Fernmeldeangelegenheiten, was unter anderem zur Folge hatte, dass vom zuständigen Minister eine neue Satzung für die RegTuP erlassen werden musste[286]. Die Behörde und seine Bediensteten unterliegen seitdem nicht mehr der Kontrolle des Ministerpräsidenten und haben somit eine niedrigere Stellung in der Organisation der Regierungsverwaltungsorgane. Die deutsche RegTP ist als Bundesoberbehörde eine dem Bundesministerium für Wirtschaft und Arbeit nachgeordnete Behörde.[287]

2. Regulierungs- und Kontrollorgane

a) Gemeinschaftsrechtliche Vorgaben

Die Aufhebung der Monopolrechte und der staatlichen Unternehmen in bestimmten Wirtschaftsbereichen wie dem Telekommunikationssektor führte bereits sehr früh zu einer Forderung zur Trennung öffentlicher Reglementierungsaufgaben von wirtschaftlichen Aufgaben. Art. 6 RL 88/301/EWG[288] verpflichtete die Mitgliedstaaten zur Übergabe der Bestimmung technischer Anforderungen für Telekommunikationsgeräte und der Kontrolle ihrer Einhaltung sowie der Konformitätsbestimmung an ein von öffentlichen und privaten Unternehmen im Telekommunikationssektor unabhängiges Organ. In den folgenden Richtlinien wurde die Forderung zu dieser Trennung auf weitere Bereiche ausgeweitet. Die für den Wettbewerb auf den Telekommunikationsmärkten ausschlaggebende Richtlinie 90/388/EWG[289] verlangte, dass die Lizenzerteilung, die Konformitätskontrolle, die Frequenzzuteilung sowie die Überwachung der Nutzungsbedingungen zum Aufgabenbereich einer von Telekommunikationsorganisationen unabhängigen Einrichtung gehören müssen.[290]

---

285 Dz. U. Nr. 154, Pos. 1800.

286 Die neue Satzung wurde am 11. April 2002 nicht mehr als Verordnung sondern als Anordnung Nr. 7 des Infrastrukturministers erlassen, veröffentlicht im Amtsblatt Nr. 5 des Infrastrukturministers vom 12.4.2002.

287 Siehe dazu *Ulmen/Gump*, CR 1997, 396 (401 f.).

288 Siehe o. Fn. 13.

289 Siehe o. Fn. 14.

290 Siehe Art. 7 Abs. 1 RL 90/388/EWG.

b) Regulierungsbehörde für Telekommunikation und Post

aa) Errichtung

Der polnische Gesetzgeber hat somit im Zuge der „Europäisierung" des Telekommunikationsrechts die Regulierungsbehörde für Telekommunikation und Post errichtet[291]. Jedoch war dies nicht der einzige Grund, einen solchen Regulierer für den geöffneten Telekommunikationsmarkt einzusetzen. Die schlechten Erfahrungen, die in den vergangen Jahren trotz eines bereits teilweise liberalisierten Fernmelderechts[292] in diesem Bereich gemacht wurden, wie die durch die Politik des Fernmeldeministeriums aufrecht gehaltene tatsächliche Monopolstellung der TP S.A. und die damit verbundenen Schwierigkeiten der neuen Anbieter, bewegten den Gesetzgeber dazu, ein von der Politik unabhängiges Organ einzusetzen.[293] Aber auch ein Blick über den Ozean zu den Vereinigten Staaten von Amerika war ein Grund hierfür, denn dort ist das Konzept der Regulierungsorgane bereits seit langem ein wichtiger Teil der Wirtschaftsordnung.[294] Darüber hinaus tauchte der Begriff des Regulierungsorgans bereits im neuen Gesetz zum Energierecht vom 10. April 1997[295] auf. Aufgrund dieses Gesetzes wurde eine Regulierungsbehörde für Energie eingerichtet. Allerdings bezeichnete man den Präsidenten der Regulierungsbehörde für Energie nicht als ein Regulierungsorgan sondern schrieb ihm bestimmte Aufgaben aus dem Bereich der Regulierung der Energiewirtschaft zu. Dennoch orientierte man sich nach Angaben der Gesetzesentwurfsbegründung bei der formell-rechtlichen Konstruktion der RegTuP an der Regulierungsbehörde für Energie.[296]

Im Telekommunikationsrecht bezeichnet Art. 109 Abs. 1 TKRG den Präsidenten RegTuP, anders als im Energierecht, explizit als ein Regulierungsorgan auf dem Gebiet der Telekommunikationstätigkeit und der Frequenzverwaltung. Hervorzuheben ist, dass der polnische im Unterschied zum deutschen Gesetzgeber (vgl. § 66 Abs. 1 TKG)[297] eine personifizierte Auffassung verwendet, denn er setzt den Präsidenten der Regulierungsbehörde und nicht die Behörde als solche als Regulierungsorgan fest. Konsequenterweise stehen alle Regulierungs- und Kontrollbefugnisse nicht der Behörde, sondern dem Präsidenten zu, der sich ge-

---

291 Siehe Art. 136 Abs. 1 TKRG.

292 Nach *Theobald* galt und gilt das am 1. Januar 1991 in Kraft getretene Gesetz als eines der liberalsten Telekommunikationsgesetze der Welt, *ders.*, net 1992, 454 (456).

293 Vgl. *Krupa/Kuźnicki*, S. 127.

294 Siehe dazu *Piątek*, PrTelekom, Art. 109 Rdnr. 1. Zum Vergleich der amerikanischen Federal Communications Commission (FCC) und der deutschen Regulierungsbehörde siehe *Ulmen/Gump*, CR 1997, 396 (398 ff.).

295 Dz. U. Nr. 158, Pos. 1042.

296 Begründung zum TKRG-E, SejmDrs. Nr. 943, S. 100.

297 Vgl. zum Aufbau der deutschen RegTP *Ulmen*, in: *Scheurle/Mayen*, TKG-Komm., § 66 Rdnr. 19 ff.

mäß Art. 112 Abs. 1 TKRG zur Ausführung seiner Aufgaben der Regulierungsbehörde für Telekommunikation und Post bedienen kann.

Anzumerken ist hier nochmals, dass es ursprünglich eine Regulierungsbehörde für Telekommunikation gab und die Posttätigkeit nicht dem Kompetenzumfang des Präsidenten dieser Regulierungsbehörde unterfiel. Dies wurde durch das Gesetz vom 1. März 2002 über Änderungen der Organisation und Funktion von Zentralorganen der Regierungsverwaltung und den ihnen untergeordneten Einheiten sowie über Änderung mancher Gesetze[298] geändert und eine übergreifende Regulierungsbehörde für Telekommunikation und Post eingerichtet.[299] Mit dieser Entwicklung geht die Liberalisierung des polnischen Postrechts einher.[300]

Aufgrund der Errichtung der Regulierungsbehörde, die ihre Tätigkeit zum 1. Januar 2001 aufnahm, wurden die ehemaligen, auf dem Gebiet des Fernmeldewesens tätigen Kontrollorgane abgeschafft[301]. Darunter fiel die Staatliche Telekommunikations- und Postinspektion [Państwowa Inspekcja Telekomunikacyjna i Pocztowa – PITiP][302] und die Staatliche Funkkommunikationsagentur [Państwowa Agencja Radiokomunikacyjna – PAR][303]. Beide Institutionen waren Organe des Fernmeldeministers, die als eigentümliche Regierungsverwaltungsorgane und nicht als solche der zentralen Regierungsverwaltung eingestuft wurden.[304] Die STPI diente der Kontrolle und Aufsicht von kabelbasierten Telekommunikationsnetzen- und Geräten sowie der Tätigkeit auf dem Gebiet der Post. Zu den Aufgaben der SFA gehörte insbesondere die Kontrolle von funkbasierten Netzen, Verbindungswegen und Geräten sowie der Frequenznutzung.[305] Der sachliche Zuständigkeitsbereich dieser beiden Organe wurde somit aufgrund des Kriteriums der Netz-, Leitungs- und Geräteart eingegrenzt – auf der einen Seite leitungsgebundene Netze und an diese angeschlossene Geräte und auf der anderen Seite funkbasierte Netze, Leitungen und Geräte.[306] Mit Errichtung der neuen Regulierungsbehörde wurden die Mitarbeiter und das Vermögen der STPI und der SFA in die RegTuP eingegliedert.[307] Es entstand eine riesige Organisati-

---

298 Siehe Fn. 207.

299 Böse Zungen behaupten, dass man durch die Auflösung der alten Regulierungsbehörde mitunter das Ziel verfolgte, den damaligen Präsidenten der Behörde vor Ablauf der 5-jährigen Kadenzzeit abzulösen, was sonst wegen der strikten Abberufungsgründe nach dem Telekommunikationsrechtsgesetz faktisch unmöglich gewesen wäre.

300 Siehe Fn. 100.

301 Siehe Art. 137 f. TKRG.

302 Im Folgenden: STPI.

303 Im Folgenden: SFA.

304 Siehe *Gospodarek*, Prawo pocztowe i telekomunikacyjne, S. 33 f., 38.

305 Art. 30 Abs. 1 FernmeldeG 1990; siehe dazu auch *Schenk/Lüngen/Prößdorf*, Telekommunikation in der Transformation, S. 122.

306 *Piątek* , in: *Stępniak/Piątek*, Komentarz do ustawy o łączności, Art. 30 Punkt 2, S. 128.

307 Gemäß Art. 137 Abs. 2 und 3 sowie Art. 138 Abs. 2 und 3 TKRG.

on mit insgesamt 800 Personen.[308] Die Errichtung der polnischen Regulierungsbehörde wurde finanziell von der Europäischen Union erheblich unterstützt. Im Jahre 2001 stammten 74% der Mittel aus den unterschiedlichen PHARE-Programmen[309] wie PHARE 99 „Approximation of Polish Telecommunications and postal market regulation to the requirements of the EU internal market", PHARE 99 „Certification and Standards" und PHARE 2000 „Enhancement of technical competence of institutions engaged in the alignment of the national conformity assessment system to the EU membership requirements".[310]

bb) Rechtsstellung und Organisation

Die Rechtsstellung und der Aufbau der Regulierungsbehörde werden durch ihre Satzung geregelt, die vom Infrastrukturminister am 11.4.2002 neu erlassen wurde. Sie unterscheidet sich jedoch kaum von der ursprünglichen Fassung der Verordnung des Ministerpräsidenten vom 27.12.2000 (im Folgenden: Satzung RegTuP)[311].

Danach handelt es sich bei der Regulierungsbehörde für Telekommunikation und Post um eine Behörde der Regierungsverwaltung zur Bedienung des Präsidenten RegTuP, die unmittelbar von diesem Präsidenten geleitet wird (§ 1 Satzung RegTuP). Neben dem Präsidenten gibt es Vizepräsidenten, einen Generaldirektor, Leiter der Organisationsstellen und -einheiten sowie Direktoren der Bezirksabteilungen. Es gibt 13 Organisationsstellen und -einheiten, die für die verschiedenen Bereiche wie „Telekommunikationsmarkt", „Postmarkt", „Technik" usw. (siehe § 3 Abs. 1 Satzung RegTuP) zuständig sind, sowie 16 Bezirke, die jeweils von einem Direktor der Bezirksabteilung geleitet werden (siehe § 3 Abs. 2 Satzung RegTuP). Die grundsätzliche Zusammensetzung der Regulierungsbehörde für Post und Telekommunikation aus der Zentrale in Warschau und den

---

308 *Czarnecka*, URT a Ministerstwo Łączności, tele.net.forum 1/2001, 63 (63).

309 PHARE steht für „Poland and Hungry: Action for Restructuring the Economy", Die PHARE – Programme sind Hilfsprogramme der EU, die zunächst nur auf Ungarn und Polen beschränkt waren und seit 1991 auf alle mittel- und osteuropäischen Staaten ausgedehnt wurden. Sie dienen zur Erleichterung der Beitrittsfähigkeit der Kandidaten. Siehe *Bieber* in: *Beutler/Bieber/Pipkorn/Streil* (Hrsg.), Die Europäische Union, Rdnr. 1285.

310 Siehe NPPC 2000 vom 26.4.2000, 19. Telekomunikacja i technologie informacyjne, S. 19-9, abrufbar unter: http://www.ukie.gov.pl/dokumenty/nppc2000.zip sowie NPPC 2001 vom 12.6.2001, 19. Telekomunikacja i technologie informacyjne, S. 19-12, abrufbar unter: http://www.ukie.gov.pl/dokumenty/nppc2001_19.pdf. Das NPPC ist das Nationale Programm zur Vorbereitung der EU-Mitgliedschaft [Narodowy Program Przygotowania do Członkostwa w Unii Europejskiej] der polnischen Regierung, das seit 1998 als grundlegendes Instrument zur Programmierung der Anpassungen an gemeinschaftsrechtliche Vorgaben dient. Die Realisierung des im NPPC gesetzten Zeitdiagramms wird vom Komitee der europäischen Integration [Komitet Integracji Europejskiej – KIE] regelmäßig überwacht. Die Ergebnisse dieses Monitorings werden jährlich in einem Bericht der Realisierung des Nationalen Programms zur Vorbereitung der EU-Mitgliedschaft zusammengefasst.

311 Dz. U. Nr. 120, Pos. 1290.

Bezirksabteilungen ergibt sich aus Art. 113 Abs. 1 TKRG. Die sachliche und örtliche Zuständigkeit der Letztgenannten wird durch die Satzung RegTuP bestimmt. Gemäß § 4 Satzung RegTuP führen die Bezirksabteilungen unter anderem die Aufgaben aus dem Bereich der Anzeigenannahme der erlaubnisfreien Telekommunikationstätigkeiten, der Einspruchserklärungen gegen bestimmte Telekommunikationstätigkeit, der Erteilung, Änderung sowie Rücknahme von bestimmten Genehmigungen, der Durchführung der Kontrolle über die Einhaltung der telekommunikations- und postrechtlichen Vorschriften oder der Zusammenarbeit mit Vertretungen der Verbraucher- und Wettbewerbsschutzbehörde im Namen des Präsidenten RegTuP aus.

c) Präsident RegTuP

aa) Allgemeines

Der Präsident RegTuP ist ein zentrales Organ der Regierungsverwaltung, das vom Ministerpräsidenten auf Antrag des zuständigen Ministers in Fernmeldeangelegenheiten für 5 Jahre ernannt wird. Die Kategorie eines zentralen Organs der Regierungsverwaltung wurde in der polnischen Verfassung nicht geregelt, obwohl sie in Zeiten ständig wachsender Spezialisierung der Verwaltungsaufgaben eine immer wichtigere Rolle erlangt. Die Gemeinsamkeit aller in verschiedenen Rechtsakten verstreut geregelten Vorschriften bezüglich dieser Art der Regierungsverwaltung ist, dass die Leiter dieser Organe grundsätzlich keine Mitglieder des Ministerrates sind und sich ihre örtliche Zuständigkeit auf das gesamte Landesterritorium erstreckt.[312]

Art. 109 Abs. 5 TKRG stellt einige subjektiv-formale Voraussetzungen an den Kandidaten für die Stellung des Präsidenten RegTuP auf, die erfüllt werden müssen, um das Amt bekleiden zu können. Darunter fällt das Erfordernis der polnischen Staatsangehörigkeit[313], des dauerhaften Wohnsitzes in Polen, einer Hochschulausbildung[314] sowie das Erfordernis der Erfahrung auf dem Gebiet der Telekommunikations- und Posttätigkeit.

Der Ministerpräsident kann den Präsidenten RegTuP ausschließlich in den fünf in Art. 109 Abs. 6 TKRG enumerativ genannten Fällen abberufen. Die Gründe für eine solche vorzeitige Abberufung sind eine grobe Gesetzesverletzung, eine das Verbot der Besetzung von Führungspositionen oder der Ausführung von Funktionen mit besonderer Verantwortung in Staatsorganen festset-

---

312 Siehe *Piątek*, PrTelekom, Art. 109 Rdnr. 8.

313 Die Frage der Staatsangehörigkeit entscheidet das Gesetz vom 15.2.1962 über die polnische Staatsangehörigkeit (Dz. U. 2000 Nr. 28, Pos. 353).

314 Nach dem Beschluss des Obersten Gerichtes [Sąd Najwyższy – SN] vom 6.12.1995 besitzt eine Person eine Hochschulausbildung, wenn sie ein Diplom der Beendigung der Hochschulstudien erlangt hat (III SW 353/95, OSNAPiUS 1996/2, Pos. 13).

zende Gerichtsentscheidung, die Begehung eines durch rechtskräftige Entscheidung bestätigten vorsätzlichen Verbrechens, eine dauerhafte, die Aufgabenerfüllung hindernde Krankheit und schließlich ein Rücktritt. Wegen der strengen Ausschließlichkeit der aufgezählten Gründe kann der Präsident RegTuP nur in diesen Fällen seines Amtes behoben werden.

Der Präsident RegTuP besitzt das Antragsrecht und zugleich die Antragspflicht für seine Vizepräsidenten, die vom zuständigen Minister in Fernmeldeangelegenheiten ernannt und abberufen werden. Die Vizepräsidenten unterliegen nicht dem Prinzip der fünfjährigen Amtsperiode. Die Anzahl der Vizepräsidenten wurde ursprünglich nicht gesetzlich geregelt. Dies änderte sich durch die Novellierung des Art. 109 TKRG. Nach dem neuen Wortlaut des achten Absatzes ergibt sich nunmehr, dass zwei Vizepräsidenten RegTuP zu ernennen sind, jeweils für die Angelegenheiten des Telekommunikationsmarktes und die des Postdienstmarktes.

bb) Aufgaben und Kompetenzen

(1) Überblick

Wie das Gesetz schon selbst formuliert, ist der Präsident RegTuP das „Regulierungsorgan auf dem Gebiet der Telekommunikationstätigkeit und der Frequenzverwaltung sowie das Kontrollorgan bezüglich der Anforderungserfüllung der elektromagnetischen Kompatibilität."[315] Aus dieser Vorschrift ergibt sich der allgemeine Tätigkeitsumfang des Präsidenten. Dieser wird durch die Vorschriften des Art. 110 TKRG konkretisiert und präzisiert. Sie dienen aber nicht als eine ausreichende Kompetenzgrundlage zur Vornahme von Handlungen mit Verfügungscharakter sondern als Grundlage für innerorganisatorische Aufgaben, Zusammenarbeit mit anderen Staatsorganen, Handlungen ohne Verfügungscharakter sowie solche mit Informations- oder Initiierungscharakter.[316] Denn Art. 110 Abs. 1 Nr. 1 TKRG verlangt ausdrücklich eine besondere gesetzliche Grundlage für Regulierungs- und Kontrolltätigkeiten des Präsidenten.

Die deutsche Regulierungsbehörde für Post und Telekommunikation nimmt im Ganzen drei Aufgabenbereiche wahr: die Gestaltungsaufgabe in Form der Regulierung, die Schlichtungsaufgabe sowie die Überwachungsaufgabe.[317] Die Streitschlichtungsfunktion wird im polnischen Gesetz nicht explizit genannt, jedoch besitzt der Präsident RegTuP zahlreiche Befugnisse zur Regelung der rechtlichen Beziehungen zwischen Betreibern, die sich vertraglich nicht einigen kön-

315 Art. 109 Abs. 1 TKRG.

316 *Piątek*, PrTelekom, Art. 110 Rdnr. 1.

317 Vgl. *Ulmen/Gump*, CR 1997, 396 f. Siehe auch *Leo/Schellenberg*, Die Regulierungsbehörde für Telekommunikation und Post, ZUM 1997, 188 ff.

nen, wie zum Beispiel im Rahmen der Zusammenschalungen[318]. Die Aufgabenbereiche der beiden Regulierungsbehörden decken sich somit vollständig.

(2) Regulierung

Die beispielhafte Aufzählung der Tätigkeiten des Präsidenten RegTuP umfasst u.a. die Aufgabenerfüllung bei der Regulierung der Telekommunikationstätigkeit und der Frequenzverwaltung sowie die Kontrolle der Anforderungen der elektromagnetischen Kompatibilität und ihrer Erfüllung (dies ist eine Wiederholung des bereits in Art. 109 Abs. 1 TKRG genannten Aufgabenumfangs) sowie die Regulierung der Posttätigkeit, Bearbeitung von bestimmten, vom zuständigen Minister in Fernmeldeangelegenheiten vorgegebenen Rechtsakten, Beurteilung der Telekommunikations-, Postdienstleistungs- sowie Telekommunikationsgerätemärkte, erforderliche Interventionshandlungen auf den entsprechenden Märkten, Unterstützung der Entwicklung von Landesfunkkommunikationsdiensten in Polen sowie der Wissenschaftsforschung, Wahrnehmung von Staatsverteidigungs- und Staatssicherheitsverpflichtungen, Zusammenarbeit mit internationalen Telekommunikations- und Postorganisationen, zuständigen Organen anderer Staaten sowie mit dem Präsidenten der polnischen Verbraucher- und Wettbewerbsschutzbehörde. Die genannten Aufgabengebiete gehören zum Bereich der Regulierung und werden durch zahlreiche ausdrückliche gesetzliche Ermächtigungen konkretisiert.

(3) Kontrolle

Dem Präsidenten RegTuP stehen nach dem Gesetz darüber hinaus zahlreiche Kontrollbefugnisse zu. Der allgemeine Kontrollumfang umfasst die Überprüfung der Einhaltung von Vorschriften, Beschlüssen und Bescheiden aus dem Bereich der Telekommunikation, der Frequenzbestandswirtschaft und der Erfüllung der Anforderungen elektromagnetischer Kompatibilität.[319] Diese Kontrolle führt der Präsident RegTuP nicht persönlich durch, sondern übergibt seine Befugnisse mittels einer schriftlichen Ermächtigung an die Angestellten der Regulierungsbehörde, die bestimmte, in Art. 118 Abs. 1 TKRG aufgezählte Kontrolltätigkeiten vornehmen dürfen. Die Kontrolleure haben danach das Recht auf Zugang zu Materialien, Dokumenten und anderen notwendigen Daten. Dieses Zugangsrecht umfasst ein Vervielfältigungsrecht der zu kontrollierenden Dokumente in Form der Ablichtungserstellung. Weiterhin besitzen sie ein Zutrittsrecht zu allen Objekten, Immobilien und Räumen der kontrollierten Einheit und ergänzend ein Recht auf Besichtigung der Telekommunikationsnetze und -geräte. Die Kontrolleure haben darüber hinaus das Recht zur Sicherung oder Sicherungsverwahrung unrechtmäßig genutzter oder betriebener Funkanlagen sowie zur zeitlichen Übernahme von

---

[318] Ausführlich dazu unter V.3.d).

[319] Siehe Art. 117 TKRG.

elektromagnetische Störungen verursachender Apparatur zu Untersuchungszwecken.[320] Letzter Punkt erlaubt den Angestellten der RegTuP die Durchführung von Kontroll- und Messtätigkeiten, Untersuchungen der Telekommunikationsnetze oder -geräte sowie schließlich die Qualitätskontrolle der Telekommunikationsdienstleistungen.

Wie die Abschnittsüberschrift bereits indiziert, gibt es neben dem Kontrollverfahren zusätzlich ein Nachkontrollverfahren, das die Kompetenzen des Präsidenten RegTuP bei Feststellung von Regelwidrigkeiten festlegt. Zunächst ist der Präsident RegTuP im Falle der Feststellung eines Verstoßes gegen Vorschriften, Bescheide oder Beschlüsse auf dem vom Kontrollumfang des Art. 117 TKRG umfassten Gebiet zum Erlass einer Beseitigungsanordnung durch Bescheid verpflichtet, die den Verletzungsumfang sowie den Termin zur Beseitigung des festgestellten Verstoßes festlegt[321]. Das Gesetz räumt dem Präsidenten RegTuP darüber hinaus besondere Handlungsrechte ein, wenn eine Funkanlage unrechtmäßig benutzt oder betrieben wird oder die Apparatur elektromagnetische Störungen und damit Arbeitsstörungen anderer Apparatur verursacht. Im erstgenannten Fall kann der Präsident RegTuP die Aussetzung der Nutzung oder Bedienung der Funkanlage (Art. 120 Abs. 1 TKRG) oder ihre Sicherung vor weiterem Gebrauch (Art. 120 Abs. 2 TKRG) durch Bescheid vorschreiben. Im zweiten Fall kann die zeitliche Aussetzung der Nutzung der die Störungen verursachender Apparatur, die Änderung der Nutzungsart oder die Beseitigung der Störungen durch Bescheid auferlegt werden (Art. 121 Abs. 1 TKRG). Alle aufgrund der Art. 120 und 121 TKRG ergangenen Bescheide unterliegen der sofortigen Vollstreckung.[322]

Eine Besonderheit gilt nach Art. 122 TKRG bei der Kontrolle der Verwaltung. Gemeint sind die in Art. 4 Abs. 1 Nr. 1-6 TKRG genannten Organisationsstellen und -einheiten[323], die bestimmte Aufgaben in eigener Zuständigkeit ausführen. Auf diese Verwaltungsorgane werden die Kontrollvorschriften (Art. 118 - 121 TKRG) nicht angewendet. Sollte jedoch das von diesen Organen verwendete Zubehör elektromagnetische Störungen verursachen, ist die entsprechende Verfahrensweise in einer vom Ministerpräsidenten noch zu erlassenden Verordnung nach Art. 122 Abs. 2 TKRG zu bestimmen. Die Organisationseinheiten der Gefängnisdienste (Art. 4 Abs. 1 Nr. 7 TKRG) fallen nicht in den Anwendungsbereich der ersten beiden Absätze. Für diese hat der zuständige Minister in Fernmeldeangelegenheiten im Einvernehmen mit dem Justizminister eine Verordnung

---

320 Dieses Kontrollrecht und sein genauer Umfang sind in Art. 121 TKRG ausführlich geregelt.

321 Siehe Art. 119 TKRG.

322 Vgl. Art. 120 Abs. 1 S. 2 sowie Art. 121 Abs. 1 S. 2 TKRG.

323 Dazu zählen Organisationsstellen und -einheiten des Verteidigungsministers, des zuständigen Innenministers und des zuständigen Außenministers, zeitweise auf dem Gebiet der Republik Polen verbleibende ausländische Streitkräfte und Organisationseinheiten sowie diplomatische Vertretungen, Konsulate und Sondermissionen.

zu erlassen, die die ausführlichen Realisierungsarten der Kontrollvorschriften bezüglich dieser Organisationseinheiten regelt. Eine solche Beschränkung des Anwendungsbereichs des Gesetzes auf bestimmte Verwaltungsorgane betrifft nicht ausschließlich die Kontrollvorschriften. Weitere Ausnahmen für die Verwaltung werden in den entsprechenden Kapiteln besprochen.

(4) Jahrestätigkeitsbericht

Im Rahmen der Aufsicht durch den zuständigen Minister in Fernmeldeangelegenheiten ist der Präsident RegTuP zur Vorlage eines Jahrestätigkeitsberichtes bis spätestens Ende April sowie zur Übermittlung der geforderten Informationen verpflichtet.[324] Nach der Erstfassung des Gesetzes musste der Jahresbericht dem Ministerpräsidenten als dem zuständigen Aufsichtsorgan zugeleitet werden.

(5) Bulletin RegTuP

Zu den Pflichten des Präsidenten RegTuP gehört schließlich die Veröffentlichung des Bulletin RegTuP [Biuletyn Urzędu Regulacji Telekomunikacji i Poczty].[325] Bei diesem Bulletin handelt es sich um eine besondere Veröffentlichungsart mit amtlichem Charakter, die jedoch grundsätzlich im Gegensatz zu einem Amtsblatt keine Normativakte enthält und den Fluss der amtlichen Informationen an interessierte Unternehmensgruppen, regierungsfremde Organisationen oder andere Subjekte gewährleisten soll.[326] Außer dem Bulletin für den Telekommunikationssektor gibt es noch ein solches für den Energiesektor (Bulletin der Regulierungsbehörde für Energie) und für den Sektor der öffentlichen Aufträge (Bulletin der öffentlichen Aufträge).

Der Umfang der zu veröffentlichenden Materialien wird auf dreifache Weise bestimmt. Auf der einen Seite bestimmt das Telekommunikationsrechtsgesetz selbst, was vom Präsidenten RegTuP veröffentlicht werden muss. Hierzu zählt beispielsweise die Veröffentlichung einer Aufstellung der erteilten Erlaubnisse (vgl. Art. 10 Abs. 7 TKRG), einer Aufstellung der Betreiber mit beherrschender oder beträchtlicher Marktstellung (Art. 57 Abs. 5 TKRG) oder die Veröffentlichung der genehmigten Preislisten der Betreiber mit beherrschender oder beträchtlicher Marktstellung (Art. 60 Abs. 4 TKRG). Auf der anderen Seite enthält Art. 116 Abs. 2 TKRG zusätzlich einen Veröffentlichungskatalog. Dieser umfasst Anwendungsempfehlungen für Normen oder technische Anforderungen, jährliche Berichte über die Universaldienstleistungsqualität, Informationen über die anwendbare Kostenkalkulation der Betreiber mit besonderer Marktstellung auf dem Gebiet der Dienstleistungen in öffentlichen Telefonnetzen oder der Leitungsmiete, Informationen und Bekanntmachungen über die Frequenznutzung

---

324 Art. 110 Abs. 2 TKRG.

325 Siehe Art. 116 Abs. 1 TKRG.

326 *Piątek*, PrTelekom, Art. 116 Rdnr. 1, 8.

oder die elektromagnetische Kompatibilität. Letztendlich kann der Präsident RegTuP andere Informationen veröffentlichen, die er für zweckdienlich hält.

cc) Verfahrensrechtliches

Ein wichtiger Aspekt des Handelns des Präsidenten RegTuP ist die Frage nach den anzuwendenden Verfahrensvorschriften. Das Gesetz selbst gibt dazu einige Anhaltspunkte in Art. 111 TKRG. Danach sind in den entsprechenden Verfahren grundsätzlich die Vorschriften des Verwaltungsverfahrensgesetzbuches (im Folgenden: VVG)[327] unter Berücksichtigung der sich aus dem TKRG ergebenden Verfahrensmodifizierungen anzuwenden. Jedoch stellt Art. 111 Abs. 1 TKRG lediglich eine Bestätigung der Anwendung des Verwaltungsverfahrensgesetzbuches dar. Die grundsätzliche Anwendung der Verwaltungsverfahrensvorschriften beim Verfahren vor Organen der öffentlichen Verwaltung ergibt sich bereits aus Art. 1 und Art. 2 VVG. Der Präsident RegTuP ist im Sinne des Art. 5 § 2 Nr. 3 und 4 VVG ein Minister und damit ein Organ der öffentlichen Verwaltung. Somit ist das VVG hier regelmäßig anzuwenden. Nachfolgend wird ein Überblick über die nach dem VVG und dem TKRG möglichen verwaltungsverfahrensrechtlichen Handlungen des Präsidenten RegTuP gegeben, gegen die im Rahmen ihrer Kontrolle vorgegangen werden kann.

Das VVG wird bei individuellen Entscheidungen durch Verwaltungsakte, Bescheinigungsausstellungen sowie bei Beschwerden und Anträgen herangezogen.[328] Im Rahmen der individuellen Entscheidungen verwendet das TKRG sog. Bescheide [decyzja] und Beschlüsse [postanowienie]. Die Wahl der entsprechenden Übersetzung dieser beiden Formen des Verwaltungshandelns erwies sich als schwierig, denn beide Begriffe könnten jeweils auch mit dem gleichen Wort übersetzt werden (Entschluss, Entschließung, Entscheidung, Beschluss, Bescheid, Entscheid, Bestimmung[329]). Deswegen war hier insbesondere die Rechtsnatur dieser beiden Arten des Verwaltungshandelns zu berücksichtigen. Die „decyzja" wird definiert als ein äußerer Verwaltungsakt, der eine konkrete Sache einer individuell bestimmten Person entsprechend dem Verfahren nach dem Verwaltungsverfahrensgesetzbuch regelt.[330] Wichtigstes Merkmal und zugleich Abgrenzungskriterium der „decyzja" ist, dass sie die Sache im Grunde entscheidet oder sie in der jeweiligen Instanz beendet.[331] Nach *Köbler*[332] und *Kilian*[333] handelt es

---

327 Gesetz vom 14.6.1960 Verwaltungsverfahrensgesetzbuch [Kodeks postępowania administracyjnego – KPA], konsolidierte Fassung in Dz. U. 2000 Nr. 98, Pos. 1071. Eine Übersetzung dieses Gesetzes von *Klaus-Jürgen Kuss* (Stand Juni 1998) ist abgedruckt in: *Brunner* (Hrsg.), VSO, Nr. 3.3.

328 *Piątek*, PrTelekom, Art. 111 Rdnr. 1; siehe auch Art. 1 und Art. 2 VVG.

329 Die Übersetzungen variieren in den unterschiedlichen Wörterbüchern.

330 Das Verfahren bei der „decyzja" ist in Art. 104 ff. VVG geregelt.

331 Siehe Art. 104 § 2 VVG sowie Encyklopedia Prawa, „decyzja administracyjna", S.135 f.

332 *Köbler*, „decyzja".

sich um eine Unterart des Verwaltungsaktes. *Kuss*[334] übersetzt die „decyzja“ mit dem Begriff „Entscheidung“. Das „postanowienie“[335] als die zweite verwaltungsverfahrensrechtliche Entscheidungsmöglichkeit des Präsidenten RegTuP ist kein Verwaltungsakt. Wesentlich ist, dass es die Sache im Grunde nicht entscheidet und in der jeweiligen Instanz nicht beendet sondern nur einzelne, im Laufe des Verfahrens auftauchende Fragen betrifft und klärt.[336] Damit ist es eine Art „Zwischenentscheidungsverfahren“. Aus einer Zusammenschau der oben genannten Übersetzungsmöglichkeiten und der Berücksichtigung der Bedeutung dieser Begriffe nach dem polnischen VVG wird im Folgenden die oben gewählte Übersetzung herangezogen und bei der „decyzja“ entgegen der Übersetzung von *Kuss*[337] der Begriff des Bescheides verwendet.

Das Verwaltungsverfahrensgesetzbuch bietet grundsätzlich eine Überprüfungsmöglichkeit der vom Präsidenten RegTuP verabschiedeten Bescheide und Beschlüsse. Gemäß Art. 127 § 3 VVG kann der Adressat des Bescheides eine erneute Entscheidung in der Sache verlangen, wenn er mit dem Inhalt des Erstbescheides nicht zufrieden ist. Ihm steht jedoch kein Widerspruchsrecht nach Art. 127 § 1 VVG zu, denn der Präsident RegTuP ist im Sinne des VVG ein Minister (vgl. Art. 5 § 2 Nr. 3 und 4 VVG). Gegen den Bescheid, der aufgrund der erneuten Entscheidung in der Sache erfolgt ist, steht der Partei ein Recht zur Klageeinreichung beim Hauptverwaltungsgericht gemäß Art. 16 § 2 VVG i.V.m Art. 16 Abs. 1 HVGG[338] zu. Beim Verfahren vor dem Hauptverwaltungsgericht wird nur die Gesetzmäßigkeit der Bescheide überprüft.

Von diesem Regelfall statuiert das Telekommunikationsrechtsgesetz in Art. 111 Abs. 2 TKRG für Bescheide in bestimmten Fällen, wie etwa beim Bescheid bezüglich der Feststellung der besonderen Marktstellung eines Betreibers nach Art. 57 Abs. 1-3 TKRG, beim Netzzusammenschaltungsbescheid gem. Art. 84 Abs. 1 TKRG und in den Fällen der Bußgeldbescheide gem. Art. 124 Abs. 2 und Art. 125 Abs. 1 TKRG, eine Ausnahme. In diesen Fällen kann innerhalb von 14 Tagen ab Bescheidzustellung das Bezirksgericht – das Antimonopolgericht in Warschau – angerufen werden. Der Gesetzgeber führte die erweiterte Kontrolle dieser wichtigen Entscheidungen ein, da er das Verfahren vor dem Hauptverwal-

---

333 *Kilian*, „decyzja“.

334 *Kuss*, in: *Brunner* (Hrsg.), VSO, Nr. 3.3., Art. 104 ff.

335 In der Übersetzung von *Kuss* wird dieser Begriff wie vorliegend mit dem Wort „Beschluss“ übersetzt, vgl. *ders.*, in: *Brunner* (Hrsg.), VSO, Nr. 3.3., Art. 123 ff.

336 Siehe Art. 123 § 2 VVG sowie Encyklopedia Prawa, „postanowienie“, S. 715.

337 Siehe o. Fn. 327.

338 Gesetz vom 11.5.1995 über das Hauptverwaltungsgericht, Dz. U. Nr. 74, Pos. 368 mit Änderungen. Eine Übersetzung dieses Gesetzes von *Diemer-Bededict* (Stand November 1996) wurde abgedruckt bei *Brunner* (Hrsg.), VSO, Nr. 3.4.

tungsgericht für unzureichend einstufte.[339] Beim Verfahren vor dem Antimonopolgericht wird die Sache im Ganzen neu entschieden, daher besteht auch die Möglichkeit einer Änderung des Bescheides durch das Gericht. Dies war der Hauptgedanke des Gesetzgebers bei der Einführung der speziellen Widerrufsvorschriften des Telekommunikationsrechtsgesetzes.[340] Die Urteile des Antimonopolgerichts können vom Obersten Gericht [Sąd Najwyższy – SN] annulliert werden.[341]

Die vom Präsidenten RegTuP erlassenen Beschlüsse können grundsätzlich nur dann im Wege eines Einspruchs überprüft werden, wenn dies gesetzlich, und zwar im Verwaltungsverfahrensgesetzbuch, geregelt ist.[342] Andernfalls kann nach den allgemeinen Regeln nur gegen den endgültigen Bescheid vorgegangen werden. In Ausnahme dieses Grundsatzes bestimmt Art. 111 Abs. 4 TKRG, dass auf die Beschlüsse des Präsidenten RegTuP, gegen die ein Einspruch nach Art. 141 § 1 VVG eingelegt werden kann, die Vorschriften des Art. 111 Abs. 2 und 3 TKRG entsprechend anwendbar sind. Damit kann in den bereits genannten Fällen auch im Falle eines Beschlusses das Antimonopolgericht angerufen werden. Diese Anordnung hebt nochmals die Bemühung des Gesetzgebers hervor, in den ausgewählten Fällen des Art. 111 Abs. 2 TKRG größtmögliche Rechtssicherheit und Gerechtigkeit zu gewährleisten. Der einzige Unterschied beim Verfahren bezüglich der Beschlüsse ist die Dauer der Widerrufseinlegungsfrist, die lediglich 7 Tage beträgt.[343]

d) Telekommunikationsrat

Das neue Telekommunikationsrechtsgesetz hat neben dem Präsidenten RegTuP einen Telekommunikationsrat eingesetzt.[344] Dieser Rat fungiert, ähnlich wie der Beirat der deutschen RegTP[345], als ein Auskunfts- und Beratungsorgan des Präsidenten in Angelegenheiten der Telekommunikationstätigkeit, der Frequenzverwaltung und der Erfüllung der Grundanforderungen an die elektromagnetische Kompatibilität, ohne jedoch ein personelles Vorschlagsrecht hinsichtlich der Besetzung der RegTuP zu besitzen[346]. Es ist ein fünfzehnköpfiges Gremium, dessen Mitglieder vom zuständigen Minister in Fernmeldeangelegenheiten auf Antrag

---

339 *Piątek*, PrTelekom, Art. 111 Rdnr. 5.

340 Siehe *Piątek*, PrTelekom, Art. 111 Rdnr. 5 a.E.

341 Art. 479^{35} Zivilverfahrensgesetzbuch (im Folgenden: ZVG).

342 Siehe Art. 141 § 1 VVG.

343 Vgl. Art. 141 § 2 VVG.

344 Siehe Art. 114 f. TKRG.

345 Zur Errichtung des Beirates siehe *Manssen*, in: TKM-Komm., C § 67, Rdnr. 4 ff; *Ulmen/Gump*, CR 1997, 396 (402).

346 Dieses Recht wird gem. § 69 Nr. 1 TKG dem Beirat der RegTP zugesprochen, siehe zum Umfang *Manssen*, in: TKM-Komm., C § 69 Rdnr. 3.

des Präsidenten RegTuP ernannt werden. In den Rat beruft man gemäß Art. 114 Abs. 5 TKRG insgesamt sechs Vertreter von bestimmten Organen der öffentlichen Verwaltung mit Ministerrang[347] sowie Personen, die sich durch Wissen und Erfahrungen in Telekommunikationsangelegenheiten auszeichnen und von Verbands-, Betreiber- oder Nutzerorganisationen oder ähnlichen Subjekten vorgeschlagen werden. Die Ratsmitglieder müssen für die Zeit der Teilnahme an Ratssitzungen von der Arbeit freigestellt werden (Art. 115 Abs. 4 TKRG) und erhalten hierfür eine Vergütung sowie eine Kostenrückerstattung. Die Höhe der zu entrichtenden Vergütung richtet sich nach der Verordnung des Infrastrukturministers vom 14.6.2002[348]. Als Grundlage dient die vom Präsidenten des Statistischen Hauptamtes im „Monitor Polski"[349] veröffentlichte durchschnittliche Monatsvergütung im Unternehmenssektor, die mit einem entsprechenden Multiplikator berechnet wird und so die monatliche Höhe der Vergütung ergibt. Die Amtszeit des Rates richtet sich nach der des Präsidenten RegTuP.

Aufgabe des Rates ist die Beratung des Präsidenten RegTuP in allen von ihm oder dem zuständigen Minister in Fernmeldeangelegenheiten eingebrachten Angelegenheiten. Er ist ein internes Organ der RegTuP ohne eigene Verfügungsgewalt; seine Anschauungen sind für den Präsidenten RegTuP nicht bindend.[350] Aus eigener Initiative kann er ausschließlich Ansichten in Angelegenheiten äußern, die zum Aufgabenbereich des Präsidenten RegTuP gehören mit Ausnahme der Angelegenheiten der Staatssicherheit (siehe Art. 114 Abs. 2 TKRG). Art. 114 Abs. 3 TKRG nennt drei Arten von Angelegenheiten, in denen der Präsident RegTuP eine Meinung des Telekommunikationsrates einholt. Problematisch ist hier, ob der Gesetzeswortlaut der Vorschrift eine Pflicht zur Meinungseinholung in den genannten Angelegenheiten (die wären: Gewährleistung des Zugangs zu Universaldiensten, Qualität der Universaldienste und Bestimmung der Grundsätze der Zusammenschaltungen und der Zusammenarbeit der Betreiber) festschreibt. Dagegen spricht die Beschränkung des Gesetzgebers auf die genaue Aufzählung der Angelegenheitsarten und die fehlende Bestimmung der konkreten Form der zu begutachtenden Entscheidungen oder Handlungen des Präsidenten RegTuP. Auch wurden die Folgen einer fehlenden Meinungseinholung nicht geregelt, was erforderlich wäre, wenn Art. 114 Abs. 3 TKRG eine Einholungspflicht einführen würde. Daher ist *Piątek*[351] zuzustimmen und die Vorschrift da-

---

347 Genannt werden hier je ein Vertreter des zuständigen Ministers in Fernmeldeangelegenheiten, des Verteidigungsministers, des zuständigen Innenministers, des Vorsitzenden des Landesmedienrates, des Präsidenten der Agentur für innere Sicherheit und Nachrichtendienstagentur sowie des Präsidenten der Verbraucher- und Wettbewerbsschutzbehörde.

348 Dz. U. Nr. 86, Pos. 779.

349 Deutsch: Polnischer Monitor; Amtsblatt der Republik Polen.

350 *Ura*, Art. 114 Punkt 1 (S. 138).

351 *Piątek*, PrTelekom, Art. 114 Rdnr. 3.

hin auszulegen, dass der Präsident RegTuP lediglich einer Pflicht zur Erwägung der Zweckmäßigkeit einer Meinungseinholung in den bestimmten Angelegenheiten unterliegt.

3. Landesmedienrat

Um den institutionellen Rahmen des Telekommunikationssektors möglichst umfassend darzustellen, ist auf den Landesmedienrat [Krajowa Rada Radiofonii i Telewizji – KRRiT][352] und sein Verhältnis zur Regulierungsbehörde für Telekommunikation und Post einzugehen. Der Landesmedienrat wurde aufgrund des Gesetzes über Rundfunk und Fernsehen (Mediengesetz – im Folgenden: MedienG)[353] im Jahre 1993 eingeführt[354] und danach in die neue polnische Verfassung von 1997 aufgenommen. Er „wacht über die Freiheit des Wortes, das Recht auf Information sowie das öffentliche Interesse in Rundfunk und Fernsehen" (Art. 213 Abs. 1 VerfRepP). Der Landesmedienrat erfüllt zahlreiche Aufgaben auf dem Gebiet des Rundfunks und des Fernsehens. Darunter fallen unter anderem die Bestimmung der Politikrichtung des Staates auf dem Gebiet der Medien im Einverständnis mit dem Ministerpräsidenten, die Bestimmung der Tätigkeitsvoraussetzungen der Sender im Rahmen gesetzlicher Ermächtigungen[355] oder Entscheidungen in Angelegenheiten der Lizenzierung der Programmverbreitung oder -verteilung. Der letzte Punkt ist eine wichtige Schnittstelle zwischen dem Medien- und Telekommunikationsrecht, auf die genauer einzugehen ist. Vor der Einführung des neuen Telekommunikationsrechtsgesetzes unterlag die Frequenzreservierung, die zur Verbreitung von Rundfunk- oder Fernsehprogrammen erforderlich war, der Zuständigkeit des Vorsitzenden des Landesmedienrates, der das Einvernehmen des Fernmeldeministers einholen musste.[356] Die Änderung bestimmter Kompetenzen auf dem Gebiet der Frequenzwirtschaft sollte den Zugang zu dem nationalen Gut „Frequenzen" vereinheitlichen und damit der Verbesserung ihrer Ausnutzung dienen.[357] Gemäß Art. 22 Abs. 2 Nr. 2 TKRG i.V.m. Art. 37 Abs. 3a MedienG wird eine zur Verbreitung von Programmen erforderliche Frequenzreservierung vom Vorsitzenden des Landesmedienrates im Einvernehmen mit dem Präsidenten RegTuP nach dem Verfahren des Telekommunikati-

---

352 Die wörtliche Übersetzung lautet „Landesrat für Rundfunk und Fernsehen", nachfolgend wird jedoch die sinngemäße Übersetzung „Landesmedienrat" verwendet.

353 Dz. U. 1993 Nr. 7, Pos. 34 mit Änderungen, konsolidierte Fassung unter Dz. U. 2001 Nr. 101, Pos. 1114. Eine Übersetzung dieses Gesetzes (Stand Oktober 1998) von *Lammich* ist abgedruckt in: *Brunner* (Hrsg.), VSO, Nr. 2.5.4.a.

354 Siehe Art. 5 MedienG.

355 Gemäß Art. 213 Abs. 2 VerfRepP besitzt der Landesmedienrat eigene Rechtsetzungskompetenz in Form von Verordnungen.

356 *Krupa/Kuźnicki*, S. 220.

357 *Krupa/Kuźnicki*, S. 128.

onsrechtsgesetzes vorgenommen, geändert oder zurückgenommen. Der Präsident RegTuP hat darüber hinaus ein Mitspracherecht bei den Verbreitungsarten, die in der entsprechenden Lizenz des Vorsitzenden des Landesmedienrates zu bestimmen sind (vgl. Art. 37 Abs. 3 i.V.m. Abs. 1 Nr. 3 MedienG). Auf der anderen Seite hat der Präsident RegTuP bei Erstellung oder Änderung von Frequenzverwaltungsplänen die zur Verbreitung oder Verteilung von Rundfunk- oder Fernsehsignalen bestimmten Frequenzen erst auf Antrag und im Einvernehmen mit dem Vorsitzenden des Landesmedienrates festzusetzen (Art. 106 Abs. 1 Nr. 1 TKRG).

Das Telekommunikationsrechtsgesetz legt in Art. 22 Abs. 4 fest, dass die Frequenzreservierung zur digitalen Verbreitung und Verteilung von Programmen auf dem terrestrischen oder satellitengestützten Verbreitungsweg vom Präsidenten RegTuP im Einvernehmen mit dem Vorsitzenden des Landesmedienrates vorgenommen wird. Diese Vorschrift stieß bei den Arbeiten am Gesetzesentwurf vor allem von Seiten des Vorsitzenden des Landesmedienrates auf heftige Kritik.[358] Er behauptete, jegliche Frequenzreservierung zur Verbreitung von Rundfunk- oder Fernsehprogrammen sollte unabhängig von der Verbreitungsart vom Vorsitzenden des Landesmedienrates durchgeführt werden, im Einvernehmen mit dem Präsidenten RegTuP, wie das auch bei den herkömmlichen Übermittlungswegen der Fall ist. Dagegen wurde argumentiert, dass bei der digitalen Übermittlung die Medientechnik von der Telekommunikationstechnik dominiert wird.[359] Außerdem wurde der Vorsitzende des Landesmedienrates nicht gänzlich ausgeschlossen, sondern besitzt die entscheidende Stimme bei Fragen der Programmbestimmung, der Programmanordnung oder des Verbreitungs- und Verteilungsgebietes[360].

4. Verbraucher- und Wettbewerbsschutzbehörde

Letztes Organ, das neben der Regulierungsbehörde für Telekommunikation und Post eine überaus wichtige Rolle auf dem liberalisierten Telekommunikationssektor spielt, ist die Verbraucher- und Wettbewerbsschutzbehörde. Die Rolle dieser Behörde als Wettbewerbshüter war vor allem vor der Einführung des neuen Gesetzes und damit eines unabhängigen Regulierers von zentraler Bedeutung. Das Fernmelderecht war zwar zum großen Teil liberal, es gab aber keinen echten Regulator. Diese Aufgabe stand dem Fernmeldeminister zu, der jedoch als Teil der Regierung nicht unabhängig handeln konnte.[361] Daher übernahm die Verbraucher- und Wettbewerbsschutzbehörde die Aufgabe, oder besser gesagt

---

358 Siehe dazu *Krupa/Kuźnicki*, S. 133.
359 *Krupa/Kuźnicki*, S. 133.
360 Vgl. Art. 22 Abs. 4 Nr. 1-4 TKRG.
361 Siehe *Włodarczyk*, in: *Jasiński/Skoczny* (Hrsg.), Telekomunikacja, 331 (351).

den Versuch[362], die faktische Monopolstellung des Nationalbetreibers zu schwächen und die Stellung der Alternativbetreiber zu stärken.[363] Die Entscheidungen der Verbraucher- und Wettbewerbsschutzbehörde waren jedoch nur ein kleiner Trost, denn die meisten Betreiber trauten sich nicht, die Streitigkeiten mit der TP S.A. auf diesem Wege klären zu lassen und „erlahmten" vor der Stärke des Altmonopolisten.

Das neue Telekommunikationsrecht schreibt die Zusammenarbeit des Präsidenten RegTuP und des Präsidenten der Verbraucher- und Wettbewerbsschutzbehörde in Angelegenheiten der Bestimmung der Subjekte mit beherrschender und beträchtlicher Marktstellung vor. Nach Art. 57 Abs. 1-3 und 6 TKRG erfolgt die positive oder negative Bestimmung der Marktstellung eines Betreibers einvernehmlich mit dem Präsidenten der Verbraucher- und Wettbewerbsschutzbehörde. Darüber hinaus besitzt der Präsident der Verbraucher- und Wettbewerbsschutzbehörde eigene gesetzlich festgesetzte Kompetenzen, die ebenso auf den Telekommunikationssektor anwendbar sind. Von diesen Kompetenzen hatte der Präsident der Verbraucher- und Wettbewerbsschutzbehörde im ersten Jahr nach dem Inkrafttreten des neuen TKRG jedoch keinen Gebrauch gemacht.[364]

---

362 Eine Übersicht der den Telekommunikationssektor betreffenden Antimonopolbescheide und Urteile in den Jahren 1990 bis 1997 ist zu finden bei *Streżyńska*, Przeciwdziałanie praktykom monopolistycznym w telekomunikacji w latach 1990-1996, in: *Jasiński/Skoczny* (Hrsg.), Telekomunikacja, 307 (327-329).

363 Siehe dazu *Streżyńska*, Przeciwdziałanie praktykom monopolistycznym w telekomunikacji w latach 1990-1996, in: *Jasiński/Skoczny* (Hrsg.), Telekomunikacja, 307 (309, 311).

364 Vgl. Tätigkeitsbericht der Verbraucher- und Wettbewerbsschutzbehörde des Jahres 2001 vom April 2002, abrufbar unter: http://www.uokik.gov.pl/dokumenty/dokument346.pdf. Derzeit werden fünf verbraucherschutzrechtliche Verstöße des Ex-Monopolisten untersucht, vgl. Pressebericht der Verbraucher- und Wettbewerbsschutzbehörde vom 13.3.2003 „Information über die Tätigkeit der Verbraucher- und Wettbewerbsschutzbehörde sowie der dem Präsidenten unterliegenden Handelsinspektion im Bereich des Verbraucherschutzes in der Zeit vom April 2002 - März 2003", abrufbar unter: http://www.uokik.gov.pl/aktual.phtml?ids=10&idn=1153.

IV. Besonderes Wettbewerbsrecht

1. Einführung

Bei der Liberalisierung eines ehemaligen Monopolmarktes reichen die allgemeinen Missbrauchs- und Wettbewerbsregeln nicht aus um auf diesem Markt einen fairen Wettbewerb entstehen zu lassen, da der ehemalige Monopolist meist noch Jahre nach der Marktöffnung eine tatsächliche Monopolstellung innehat oder zumindest auf den überwiegenden Märkten über den größten Marktanteil verfügt[365]. Notwendig sind daher besondere Regeln, die für den Telekommunikationsmarkt aufgestellt werden und seine Eigenheiten berücksichtigen. Daher hat der polnische ebenso wie der deutsche Gesetzgeber besonderes Wettbewerbsrecht in das Telekommunikationsrecht aufgenommen. Dies geschah jedoch auch in Umsetzung gemeinschaftlicher Richtlinien.

2. Europäischer Rechtsrahmen

Der Telekommunikationsmarkt wurde in allen Mitgliedstaaten generell von jeweils einem etablierten Betreiber beherrscht, der über eine große Marktmacht verfügte. Deswegen wurde durch verschiedene ONP-Richtlinien[366] das Konzept der beträchtlichen Marktmacht eingeführt. Betreiber, die über solche Marktmacht verfügen, unterliegen strengeren Regulierungsansätzen als andere Unternehmen. Nach Art. 4 Abs. 3 RL 97/33/EG[367] gilt

> „die beträchtliche Marktmacht einer Organisation [...] als gegeben, wenn sie einen Anteil von über 25 v.H. an einem bestimmten Telekommunikationsmarkt in dem geographischen Gebiet in einem Mitgliedstaat, in dem sie zugelassen ist, besitzt.“

Jedoch können die nationalen Regulierungsbehörden (NRB) von dieser Regel Ausnahmen machen, wenn sie bei der Beurteilung der Marktmacht bestimmte Faktoren berücksichtigen (vgl. Art. 4 Abs. 3 UAbs. 2 RL 97/33/EG).

Nach den bereichsspezifischen Regeln der entsprechenden ONP-Richtlinien müssen Organisationen mit beträchtlicher Marktmacht je nach Art des Betreibers (Festnetzbetreiber, Mobilfunkbetreiber) allen zumutbaren Anträgen auf Netzzu-

---

365 Nach der Ansicht der *Monopolkommission* ist „Die Wettbewerbsintensität auf den Märkten für Ortsgespräche und die Bereitstellung des Teilnehmeranschlusses [...] auch knapp zwei Jahre nach der Liberalisierung gering“. Dies belegen die Marktanteile, z.B. entsprach die Anzahl der Teilnehmeranschlüsse der Deutschen Telekom AG Mitte 1999 einem Anteil von 99,6% mit 47,2 Mio. Anschlüssen. Vgl. Sondergutachten zur Wettbewerbsentwicklung bei Telekommunikation und Post 2001 – Unsicherheit und Stillstand, S. 12. Die DT AG konnte ihre Stellung in der Folgezeit noch ausweiten und verzeichnete Ende 2001 50,7 Mio. Anschlüsse im Inland. Vgl. *Deutsche Telekom AG*, Geschäftsbericht 2001, S. 48, abrufbar unter: http://www.dtag.de/ipl2/statics/11523/downloads/gb_ger.pdf.

366 Vgl. RL 97/33/EG; RL 97/51/EG.

367 RL 97/33/EG.

gang stattgeben, auch an anderen Punkten als Netzabschlusspunkten, transparente, gesonderte und kostenorientierte Kostenrechnungssysteme für Zusammenschaltungen und Leitungsmiete anwenden sowie ein Angebotsmodell für Zusammenschaltungen erarbeiten. Darüber hinaus sind die Zusammenschaltungsvereinbarungen den NRB zur Verfügung zu stellen, die diese Dritten mit berechtigtem Interesse zumindest in Teilen verfügbar machen müssen.

3. Verhältnis des bereichsspezifischen zum allgemeinen Wettbewerbsrecht

Das Telekommunikationsrecht gilt sowohl in Polen als auch in Deutschland als besonderes Wettbewerbsrecht.[368] Wichtig für die Anwendung dieses speziellen Kartellrechts ist somit dessen Verhältnis zum allgemeinen Wettbewerbsrecht. Als das speziellere Recht geht es dem allgemeinen Recht zwar vor, letzteres ist jedoch weiterhin anwendbar und wird nicht verdrängt.[369] Es gab in Polen jedoch Meinungen, dass die Telekommunikationsdienste, die keine Universaldienste darstellen, nicht den allgemeinen Regeln des Antimonopolgesetzes unterliegen sollten.[370] Dieses Problem wurde durch ein Urteil des Antimonopolgerichtes [Sąd Antymonopolowy, SAMop] (im Folgenden: AMopG)[371] gelöst, in dem es hieß, dass Handlungen, die den Wettbewerb der Telekommunikationsdienste beschränken, der Beurteilung des Antimonopolgesetzes unterliegen, unabhängig von der Tatsache, ob sich die rechtswidrige Tätigkeit auf Universaldienstleistungsmärkte oder auf die übrigen Märkte beziehe. Somit ist es inzwischen allgemeine Ansicht, dass das Antimonopolgesetz (jetzt Verbraucher- und Wettbewerbsschutzgesetz) uneingeschränkt auf jegliche den Wettbewerb beeinträchtigende Telekommunikationstätigkeit anwendbar ist. Dies ergibt sich auch aus dem Verweis auf die Definition der marktbeherrschenden Stellung des Antimonopolgesetzes im TKRG.[372] Auf die Anwendung der allgemeinen nachträglichen Entgeltregulierung des Gesetzes über Gegenmaßnahmen zu monopolistischen Praktiken und zum Schutz der Verbraucherinteressen neben der bereichsspezifischen ex ante Regulierung des Telekommunikationsrechtsgesetzes wird sogar explizit in Art. 60 Abs. 5 TKRG für die Universaldienstpreise hingewiesen. Dies gilt aufgrund von Art. 61 Abs. 6 S. 2 TKRG ebenso für die Preise der Leitungsmiete.

---

368 Vgl. *Piątek*, PrTelekom, Art. 57 Rdnr. 2, *Gronowski*, Art. 1 Rdnr. 1; *Manssen*, in: TKM-Komm., C § 33 Rdnr. 1, *Paulweber*, S. 81.

369 In Deutschland spricht man von einem „Nebeneinander" von sektorspezifischen und allgemeinen kartellrechtlichen Vorschriften im Telekommunikationssektor, vgl. statt vieler *Piepenbrock/Schuster*, CR 2002, 98 (101) m.w.N.

370 *Piątek*, PrTelekom, Art. 57 Rdnr. 2.

371 Urteil des AMopG vom 27.11.1996, XVII Amr 45/96.

372 Siehe Art. 57 Abs. 1 Nr. 1 TKRG.

4. Arten der Marktbeherrschung nach polnischem Recht

Die meisten Sonderwettbewerbsregeln des polnischen Telekommunikationsrechtsgesetzes sind im Abschnitt über Subjekte mit beherrschender und beträchtlicher Marktstellung zu finden (Art. 57 - 63 TKRG). Wie sich bereits aus dem Titel ergibt, unterscheidet der Gesetzgeber zwischen beherrschender und beträchtlicher Marktstellung. Damit verfolgt das polnische Gesetz, wie auch das deutsche TKG[373], einen asymmetrischen Regulierungsansatz[374], wonach Subjekte mit einer besonderen Marktstellung anders als die übrigen Betreiber behandelt werden. Bezüglich der Subjekte mit beherrschender oder beträchtlicher Marktstellung gibt es ebenso unterschiedliche Regulierungsintensitäten. Zunächst werden die Arten der Marktstellung dargestellt.

a) Marktbeherrschende Stellung

Das Gesetz selbst liefert keine Definition der marktbeherrschenden Stellung sondern verweist hierfür in Art. 57 Abs. 1 Nr. 1 TKRG auf das Gesetz über Gegenmaßnahmen zu monopolistischen Praktiken und zum Schutz der Verbraucherinteressen[375]. Nach dessen Art. 2 Nr. 7 ist marktbeherrschende Stellung die Stellung eines Unternehmers, die darauf beruht, dass dieser keinem wesentlichen Wettbewerb auf dem landesweiten oder lokalen Markt ausgesetzt ist. Dies wird bei einem Marktanteil von 40% gesetzlich vermutet. Das o.g. Gesetz wurde Ende des Jahres 2000 durch das neue Gesetz vom 15.12.2000 über den Verbraucher- und Wettbewerbsschutz[376] aufgehoben, das am 1. April 2001 in Kraft trat. Bisher wurde das Telekommunikationsrechtsgesetz noch nicht angepasst und verweist in seinen Vorschriften noch auf das alte Gesetz. Anzumerken ist, dass die Definition der marktbeherrschenden Stellung nach Art. 4 Nr. 9 des Gesetzes über den Verbraucher- und Wettbewerbsschutz sich sehr stark an der langjährig im europäischen Wettbewerbsrecht angewendeten Definition des Europäischen Gerichtshofs[377] anlehnt. Danach ist unter der beherrschenden Stellung eine wirtschaftliche Machtstellung eines Unternehmens gemeint, die dieses Unternehmen in die Lage versetzt, die Aufrechterhaltung eines wirksamen Wettbewerbs auf dem relevanten Markt zu verhindern, indem sie ihm die Möglichkeit verschafft, sich seinen Wettbewerbern, seinen Abnehmern und letztlich den Verbrauchern

---

373 Siehe *Holznagel/Enaux/Nienhaus*, S. 28 m.w.N.

374 *Piątek*, PrTelekom, Art. 57 Rdnr. 1.

375 Dieses Gesetz vom 24.2.1990 (Dz. U. Nr. 14, Pos. 88, mit zahlreichen Änderungen) wird auch Antimonopolgesetz genannt.

376 Dz. U. Nr. 122, Pos. 1319, zuletzt geändert durch Gesetz vom 14.8.2002, Dz. U. Nr. 129, Pos. 1102.

377 Urteil des Gerichtshofes vom 13.2.1979 in der Sache 85-76 Hoffmann - La Roche und Co. AG gegen Kommission der Europäischen Gemeinschaften, Sammlung der Rechtsprechung 1979, Band II, S. 461, abrufbar unter: http://europa.eu.int.

gegenüber in einem nennenswerten Umfang unabhängig zu verhalten.[378] Diese Definition diente dem polnischen Recht bereits vor ihrer Aufnahme in das neue Verbraucher- und Wettbewerbsschutzgesetz als Auslegungshilfe, denn der bestimmte Marktanteil stellt kein alleiniges Bestimmungskriterium für die Feststellung einer beherrschenden Marktstellung dar.[379]

Die deutsche Definition der Marktbeherrschung nach § 19 GWB (Gesetz gegen Wettbewerbsbeschränkungen)[380] verlangt, dass das Unternehmen entweder ohne Wettbewerber ist oder keinem wesentlichen Wettbewerb ausgesetzt ist oder eine im Verhältnis zu seinen Wettbewerbern überragende Marktstellung hat. Eine ähnliche Definition der Marktbeherrschung enthielt das alte polnische Antimonopolgesetz[381] in Art. 2 Nr. 7 und verstand darunter, wie oben bereits erwähnt, die Stellung eines Unternehmers, in der er keinem wesentlichen Wettbewerb auf dem landesweiten oder lokalen Markt ausgesetzt ist. Allerdings wird eine solche Stellung nach § 19 Abs. 3 S. 1 GWB bereits bei einem Marktanteil von einem Drittel, und nicht wie nach dem polnischen Recht bei einem Anteil von 40%, vermutet.

b) Beträchtliche Marktstellung

Entsprechend den europäischen Vorgaben hat der polnische Gesetzgeber im Telekommunikationsrecht neben dem Begriff der beherrschenden auch den der beträchtlichen Marktstellung eingeführt. Diese liegt gemäß Art. 57 Abs. 1 Nr. 2 TKRG vor, wenn der Anteil eines Betreibers auf dem Markt eines bestimmten Dienstes in diesem Gebiet gleich oder größer als 25% ist. Diese Definition entspricht vollständig der europarechtlichen Vorgabe. Der polnische Gesetzgeber hat von der in der Zusammenschaltungsrichtlinie genannten Möglichkeit, von dieser Regel Ausnahmen zu machen[382], Gebrauch gemacht. So bestimmt Art. 57 Abs. 2 TKRG, dass der Präsident RegTuP im Einvernehmen mit dem Präsidenten der Behörde für Verbraucher- und Wettbewerbsschutz die beträchtliche Marktstellung eines Unternehmens mit einem kleineren Anteil bestimmen kann, wenn er die Fähigkeit des Betreibers, auf das Funktionieren des Marktes einzuwirken, die Einnahmen des Betreibers in Bezug zur Größe des Marktes, die Zugangsmöglichkeiten des Betreibers zu den Endnutzern sowie seine Dienstleistungserfahrung auf dem Telekommunikationsmarkt insgesamt in Betracht zieht. Unter Beachtung dieser Voraussetzungen kann ein Betreiber trotz des entsprechenden

---

378 Vgl. Punkt 4 des Urteils in der Sache 85-76. Diese Definition wurde auch in den neuen Gemeinschafsrechtsrahmen für elektronische Kommunikationsnetze und -dienste aufgenommen, vgl. die Definition in Art. 14 Abs. 2 RaRL (vgl. o. Fn. 39).

379 *Piątek*, PrTelekom, Art. 57 Rdnr. 14.

380 Vom 26.8.1998, BGBl. I S. 2546 mit späteren Änderungen.

381 Vgl. o Fn. 375.

382 Vgl. Art. 4 Abs. 3 UAbs. 2 RL 97/33/EG.

Marktanteiles auch als ein Betreiber ohne beträchtliche Marktstellung festgestellt werden (vgl. Abs. 3). Die vier genannten Kriterien entsprechen den gemeinschaftsrechtlichen Vorgaben, wobei das polnische Gesetz das vorgeschlagene Kriterium des Zugangs zu Finanzmitteln, das in allen die beträchtliche Marktstellung regelnden EU-Richtlinien vorkommt, nicht beinhaltet.[383]

Die Situation in Deutschland sieht anders aus. Der Gesetzgeber hat im Telekommunikationsgesetz das Institut der beträchtlichen Marktstellung nicht eingeführt und unterwirft lediglich Unternehmen mit marktbeherrschender Stellung strengerer Regulierung (vgl. z.B. § 33 TKG).[384] Die EU-Kommission ist der Ansicht, dass der Verweis auf § 19 GWB den Begriff der beträchtlichen Marktstellung unzureichend umsetzt, da Art. 4 Abs. 3 der Richtlinie 97/33/EG von einem Marktanteil von 25% ausgeht und das deutsche Gesetz eine besondere Marktstellung erst bei einem höheren Anteil, nämlich einem Drittel, als gegeben ansieht.[385] Deswegen wurde im April 1999 von der Kommission ein Vertragsverletzungsverfahren gegen Deutschland eingeleitet.[386] Die deutsche Regierung entgegnete dem Vorwurf mit der Begründung, dass die zuständigen Behörden bereits bei dem in der Richtlinie vorgesehenen Anteil von 25% aufgrund der allgemeinen Verpflichtung zur unmittelbaren Beachtung gemeinschaftsrechtlicher Vorgaben umfangreiche Prüfungen vornehmen müssen.[387]

5. Relevanter Markt

a) Einführung

Um eine beherrschende oder beträchtliche Marktstellung eines Unternehmens feststellen zu können, muss neben dem Erfordernis der Beherrschung bzw. der Beträchtlichkeit der relevante Markt definiert werden. Dieser wird ganz allgemein definiert als die Ebene gemeinsamen Wettstreits der Unternehmer bei ihrer Wirtschaftstätigkeit im Umfang eines vorliegenden Produktes auf einem bestimmten geografischen Gebiet.[388] Bei der Bestimmung des relevanten Marktes sollte darüber hinaus auch der temporäre Aspekt berücksichtigt werden, da bestimmte Subjekte nur zeitlich begrenzt (saisonal) eine starke Marktstellung erlangen, wie beispielsweise Saisonobstproduzenten.[389] Wie in der allgemeinen Praxis des europäischen Kartellrechts sollte zur Bestimmung des relevanten Marktes aus

---

383 *Piątek*, PrTelekom, Art. 57 Rdnr. 19 a.E.

384 *Glahs*, in: *Scheurle/Mayen*, TKG-Komm., § 33 Rdnr. 5.

385 Vgl. *Trute*, in: *Trute/Spoerr/Bosch*, TKG-Kommentar, § 33 Rdnr. 22.

386 Vgl. Achtzehnter Jahresbericht über die Kontrolle der Anwendung des Gemeinschaftsrechts (2000), KOM (2001) 308 endg., S. 54.

387 Siehe *Etling-Ernst*, vor § 33 Rdnr. 12; *Wendland*, in: Beck'scher TKG-Komm., Vor § 33 Rdnr. 1 a.E.; *Glahs*, in: *Scheurle/Mayen*, TKG-Komm., § 33 Rdnr. 8.

388 *Gronowski*, Art. 2 Rdnr. 99.

389 *Gronowski*, Art. 2 Rdnr. 117.

einer bestimmten Art der Wirtschaftstätigkeit ein Segment ausgegliedert werden, der sich durch homogene Bedingungen der Führung dieser Tätigkeit charakterisiert.[390] Zunächst ist aber zu klären, was unter Produktmarkt zu verstehen ist.

b) Sachlich-gegenständliche Abgrenzung

Das alte polnische Kartellrecht enthielt keine Hinweise bezüglich der Marktabgrenzung. Aus der Praxis und der Lehre hat sich jedoch eine Definition herausgebildet, die unter dem gegenständlichen Marktbegriff einen Markt versteht, der sich auf Produkte einer Art bezieht, die sich durch ihre besonderen Eigenschaften, ihre Bestimmung, ihre Nutzungsmöglichkeiten und ihren Preis von anderen Produkten derart unterscheiden, dass keine Möglichkeit der beliebigen Austauschbarkeit besteht.[391] Die Produkte desselben Marktes müssen somit aus Sicht des Käufers eine große Substituierbarkeit aufweisen bzw. Surrogate darstellen.[392] Auf dem Telekommunikationssektor besitzt die funktionelle Substituierbarkeit bestimmter Dienste oder Netze eine Schlüsselrolle.[393] In Deutschland wird dieses angewendete Abgrenzungskriterium des sachlich-gegenständlichen Marktes regelmäßig als das Bedarfsmarktkonzept genannt.[394]

c) Räumliche Abgrenzung

Die zweite wesentliche Voraussetzung des relevanten Marktes ist der geografische Markt, der im Rahmen der Kartellrechtsgesetzgebung regelmäßig als ein Gebiet definiert wird, in dem die Wettbewerbsumstände bezüglich des gegebenen Produktes für alle Konkurrenten angenähert sind.[395] Dabei unterscheidet das Antimonopolgesetz in seinem Artikel 2 Nr. 6 und 7 einen National- und einen Lokalmarkt. Erster umfasst das ganze Gebiet Polens, zweiter einen Teil davon, wobei er mit der administrativen Aufteilung des Landes übereinstimmen kann und so das Gebiet einer Wojewodschaft[396], einer Gemeinde oder einer Stadt umfassen kann[397]. Inzwischen hat der polnische Gesetzgeber eine den obigen Ausführun-

---

390 *Gronowski*, Art. 2 Rdnr. 101.

391 *Gronowski*, Art. 2 Rdnr. 104.

392 Siehe *Gronowski*, Art. 2 Rdnr. 106f.

393 *Piątek*, PrTelekom, Art. 57 Rdnr. 5.

394 Vgl. *Immenga*, in: *ders./Kirchner/Knieps/Kruse*, S. 58; *Geppert/Ruhle/Schuster*, Handbuch, Rdnr. 242; *Holznagel/Enaux/Nienhaus*, S. 29 m.w.N.

395 *Gronowski*, Art. 2 Rdnr. 111.

396 Derzeit gibt es gemäß Art. 2 Abs. 1 des Gesetzes vom 24.2.1998 über die Einführung der grundsätzlichen dreistufigen Territorialeinteilung des Staates (Dz. U. Nr. 96 Pos. 603) 16 Wojewodschaften [województwo], die ihrerseits in Landkreise [powiat] und Gemeinden [gmina] eingeteilt sind.

397 *Piątek*, PrTelekom, Art. 57 Rdnr. 10.

gen entsprechende genaue Definition des relevanten Marktes in das neue Verbraucher- und Wettbewerbsschutzgesetz eingeführt.[398]

d) Märkte nach dem TKRG

Das polnische Telekommunikationsrechtsgesetz nennt in Art. 57 Abs. 4 vier Dienstleistungsmärkte, auf denen ein Unternehmen eine besondere Marktstellung besitzen kann. Dazu gehören: der Universaldienstleistungsmarkt, der Markt der Miete von Telekommunikationsleitungen, des Telefondienstes in öffentlichen mobilen Telefonnetzen sowie schließlich der Markt der Interbetreiberverbindungen. Es werden demnach vier verschiedene Produktmärkte unterschieden. Die Bestimmung der Marktstellung eines Betreibers erfolgt ausschließlich in Betracht der Angebotsseite und berücksichtigt nicht seine Stellung auf der Nachfrageseite des Marktes. Davon gibt es eine einzige Ausnahme. Beim Markt der Interbetreiberverbindungen (Interconnection; Übertragungsdienste zwischen den Netzen anderer Betreiber, auch Transitdienste genannt[399]) wurde das subjektive Kriterium angewendet, um diesen Markt vom gesamten Markt der Telekommunikationsdienstleistungen hervorzuheben. Bei den anderen gesetzlich genannten Produktmärkten findet das subjektive Kriterium keinerlei Berücksichtigung, auch nicht im Bereich der Miete der Telekommunikationsleitungen, bei dem zwei grundsätzlich andere Nachfragetypen bestehen – die Nachfrager, die den Dienst zum Eigenbedarf nachfragen und andere Betreiber, die die gemieteten Leitungen zur Leistung von Telekommunikationsdiensten nutzen (sog. Reseller oder Weiterverkäufer). In der deutschen Telekommunikationsrechtspraxis ergibt sich trotz der gleichen Definition des relevanten Marktes eine andere Einteilung der Märkte. Man geht zwar auch von der Austauschbarkeit eines Produkts aus Sicht der Nachfragerseite aus, kommt aber zum Schluss, dass nach der Unterschiedlichkeit der Nachfrager zwischen einem Endkundenmarkt mit (End-)- Verbrauchern und einem Zugangsdienstmarkt mit anderen Telekommunikationsanbietern auf der Nachfragerseite differenziert werden muss.[400] Die Europäische Kommission ist der Ansicht, dass die polnische Marktaufteilung mit dem geltenden Gemeinschaftsrecht unvereinbar ist, da die Richtlinien keinerlei Anhaltspunkte für eine derartige Marktaufteilung liefern.[401] Aus dem Entwurf des Novellierungsgesetzes

---

398 Vgl. Art. 4 Nr. 8 AMonG, der jedoch vom eigentlichen bzw. eigentümlichen Markt spricht und ihn definiert als einen „Markt der Produkte, die im Hinblick auf ihre Bestimmung, Preise sowie Eigenschaften, darunter Qualität, durch ihre Nachfrager als Surrogate anerkannt werden sowie auf einem Gebiet angeboten werden, auf dem wegen ihrer Art und Eigenschaft, dem Vorliegen von Marktzutrittsbarrieren, Verbraucherpräferenzen, bedeutender Preisunterschiede und Transportkosten angenäherte Wettbewerbsbedingungen herrschen."

399 *Piątek*, PrTelekom, Art. 57 Rdnr. 9.

400 Siehe *Holznagel/Enaux/Nienhaus*, S. 29f.

401 Siehe dazu *Piotrowski*, Acquis communautaire inaczej, telenet.forum 5/2001, 72 (73).

ist ersichtlich, dass der polnische Gesetzgeber mit Ausnahme von kleinen Klarstellungen (der erste Produktmarkt bezieht sich nicht mehr lediglich auf die Universaldienste, sondern umfasst den gesamten öffentlichen Telefonfestnetzmarkt) bei der bisherigen Aufteilung bleiben möchte und nicht der Ansicht der Kommission zustimmt.[402]

Die mit der Marktabgrenzung verbundenen Ziele können aufgrund des polnischen Antimonopolgesetzes sowie des Telekommunikationsrechtsgesetzes teilweise eine Anwendung von unterschiedlichen Marktabgrenzungskriterien begründen.[403] Darüber hinaus widerspricht die gesetzliche Aufteilung des Antimonopolgesetzes in einen National- und Lokalmarkt nach Ansicht des Antimonopolgerichts nicht der Analyse des Wettbewerbs auf dem polnischen Markt im Kontext des europäischen Marktes, da der polnische Markt einen Teil dieses Marktes darstellt.[404]

6. *Ausführungsvorschriften*

Ausführliche Kriterien zur Bestimmung des Anteiles eines Betreibers auf dem Telekommunikationsdienstmarkt sowie die Arten der Anteilsbestimmung wurden in der gleichnamigen Verordnung des Fernmeldeministers vom 4. April 2001[405] niedergelegt. Darin wird vor allem der räumliche Markt auf das Kriterium des Bereiches festgelegt, im dem der Betreiber eine Erlaubnis zur Telekommunikationstätigkeit besitzt. Dieser Ansatz der Beschränkung auf das Lizenzgebiet entspricht der deutschen Praxis.[406] § 2 der Verordnung legt die Summe der Einnahmen des Betreibers aus den in Art. 57 Abs. 4 TKRG genannten Diensten als das Hauptkriterium zur Bestimmung des Marktanteils fest. In § 3 der Verordnung werden darüber hinaus Hilfskriterien in ihrer Relevanz zu den vier Produktmärkten aufgezählt, wie die Zahl der Teilnehmeranschlüsse, die Gesamtzeit der vom Betreiber realisierten Verbindungen oder die Zahl der Netzabschlusspunkte.

7. *Stellung des Nationalbetreibers TP SA und der Mobilfunkbetreiber*

Die Entscheidung über eine beherrschende oder beträchtliche Marktstellung wird gemäß Art. 57 Abs. 1 TKRG vom Präsidenten RegTuP im Einvernehmen mit dem Präsidenten der Behörde für Verbraucher- und Wettbewerbsschutz in Form eines Bescheides getroffen. Von dieser Kompetenznorm wurde inzwischen fünf Mal Gebrauch gemacht. Am 3. September 2001 bestimmten die zuständigen

402 Vgl. Art. 1 Nr. 29 b) Änderungsgesetz-E TKRG, SejmDrs. Nr. 779.
403 *Piątek*, PrTelekom, Art. 57 Rdnr. 11.
404 Urteil des AMopG vom 25.6.1997, XVII Ama 19/97, Wokanda 1998/7.
405 Dz. U. Nr. 31 Pos. 358.
406 Vgl. *Geppert/Ruhle/Schuster*, Handbuch, Rdnr. 243.

Präsidenten, dass der polnische Nationalanbieter TP S.A. eine marktbeherrschende Stellung auf dem Markt der Universaldienste und am 31. Dezember 2001, dass er eine solche auch auf dem Markt der Leitungsmiete besitze.[407] Ende 2000 besaß das Unternehmen bei Heranziehung der Einnahmehöhen einen Anteil von 94,35% auf dem Universaldienstmarkt und einen Anteil von 93,65% unter Berücksichtigung der Teilnehmeranschlusszahl.[408] Auf dem Markt der Miete von Telekommunikationsleitungen errechnete man einen Marktanteil von 66,73% bzw. 78,39%. Diese unterschiedlichen Zahlen stammen aus zwei verschiedenen Einnahmehöhen für Mietdienste im Jahre 2000. Die TP S.A. übermittelte der RegTuP einen niedrigeren Bezugswert als der Wertpapier- und Börsenkommission.[409] Man hofft, dass die mit diesen in Polen lang ersehnten Entscheidungen einhergehenden Änderungen positive Auswirkung sowohl auf die Endnutzer als auch die anderen Telekommunikationsbetreiber haben werden.[410] Diese Bescheide auferlegen dem ehemaligen Monopolisten zahlreiche Pflichten und geben dem Regulierer ein umfangreiches Instrumentarium der sektorspezifischen Wettbewerbsaufsicht.

Ende des Jahres 2002 begründete der Präsident RegTuP zudem die beträchtliche Stellung der drei polnischen Mobilfunkbetreiber[411] auf dem Markt des Sprachtelefondienstes in öffentlichen Mobilnetzen.[412] Durch diese drei am 31. Dezember 2002 ergangenen Entscheidungen wurde insbesondere eine wichtige Weichenstellung für die regulatorische Durchsetzung von Zusammenschaltungsverträgen zwischen den Mobilfunkbetreibern untereinander sowie den Mobilfunkbetreibern und Festnetzbetreibern geschaffen.

8. Spezielle Wettbewerbsregeln

Durch die asymmetrische Regulierung des Telekommunikationsrechtsgesetzes werden Betreibern je nach Marktstellung unterschiedliche Wettbewerbsregeln auferlegt. Betreiber mit marktbeherrschender Stellung werden den Betreibern mit

---

407 Vgl. *RegTuP*, Pressemitteilung vom 25.3.2002, abrufbar unter: http://www.urt.gov.pl/serwis.asp.

408 *Czarnecka*, Co zmieni dominująca pozycja TP SA?, tele.net.forum 9/2001, 70 (70).

409 Daraufhin hat der Präsident RegTuP ein Verfahren gegen die TP S.A. wegen Übermittlung falscher Zahlen eingeleitet. Am 25.3.2002 erging ein Bußgeldbescheid i.H.v. 50 Mio. PLN (Abkürzung für die polnische Währung „polskie złoty", die Höhe entspricht etwa 12,5 Mio. EURO). Dieser wurde jedoch am 7.5.2002 wegen fehlender wirtschaftlicher und zweifelhafter juristischer Grundlage aufgehoben, vgl. *RegTuP*, Presseberichte vom 31.12.2001 und 7.5.2002, abrufbar unter: http://www.urt.gov.pl/serwis.asp.

410 *Czarnecka*, Co zmieni dominująca pozycja TP SA?, tele.net.forum 9/2001, 70 (70).

411 Zu diesen Mobilfunkbetreibern zählen Polkomtel S.A. (Plus GSM), Polska Telefonia Cyfrowa Sp. z o.o. (Era GSM) sowie Polska Telefonia Komórkowa Centertel Sp. z o.o. (Idea) , vgl. *Czarnecka*, Telekomunikacja nie tylko w Polsce, tele.net.forum 6-7/2001, 71 (73).

412 Siehe *RegTuP*, Pressemitteilung vom 31.12.2002, abrufbar unter: http://www.urtip.gov.pl/31grudnia2002.html.

beträchtlicher Marktstellung nach Art. 57 Abs. 8 TKRG jedoch dahin gehend gleichgestellt, dass die Vorschriften bezüglich letzterer auf Betreiber mit einer beherrschenden Stellung entsprechend anzuwenden sind. Klarzustellen ist, dass alle speziellen Wettbewerbsregeln nur auf öffentliche Betreiber angewendet werden, da nur diese der Marktstellungsanalyse des Art. 57 Abs. 1 TKRG unterliegen. Im Folgenden sollen die unterschiedlichen speziellen Wettbewerbsregeln und die dazugehörigen Pflichten der Betreiber mit einer besonderen Marktstellung dargestellt werden.

a) Strukturelle Separierung

Art. 63 TKRG sieht für Betreiber mit marktbeherrschender Stellung auf anderen Märkten als dem Telekommunikationsmarkt vor, dass diese die von ihnen angebotenen Telekommunikationsdienstleistungen durch ein gesondertes Unternehmen führen müssen. Die strukturelle Separierung dient dem Unterbinden von Quersubventionierungen sowie eines aggressiven Preisdumpings finanzstarker Großunternehmer[413] und verlangt lediglich eine rechtlich-organisatorische Ausgliederung, die die Möglichkeit jeglicher rechtlich zulässiger Kapital- und Finanzzusammenschlüsse der Unternehmen nicht verbietet[414]. Diese Regelung beruht auf Art. 8 Abs. 1 der Zusammenschaltungsrichtlinie 97/33/EG, der verlangt, dass Organisationen, die besondere oder ausschließliche Rechte für die Erbringung von Diensten in anderen Sektoren besitzen, über die Telekommunikationstätigkeit getrennt Buch führen oder die Telekommunikationstätigkeit strukturell ausgliedern. Der polnische Gesetzgeber hat somit die zweite Alternative der strukturellen Separierung in nationales Recht umgesetzt. Das deutsche TKG hingegen berücksichtigt beide Möglichkeiten und ordnet in § 14 sowohl die strukturelle Separierung als auch eine getrennte Rechnungslegung an. Jedoch gilt die getrennte Buchführung für jeden einzelnen lizenzierten sowie nicht lizenzierten Bereich der Telekommunikationstätigkeit des Unternehmens. Der Präsident RegTuP ist nach den Vorschriften der Art. 117 - 122 TKRG zu einer nachträglichen (ex post) Kontrolle der Einhaltung der Gesetzesvorschriften verpflichtet. Er kann gemäß Art. 119 TKRG auch einen Verstoß gegen Art. 63 TKRG ahnden und eine Beseitigungsanordnung erlassen.

b) Universaldienstleistungspflicht bei Betreiberwechsel

Die nächste spezielle Wettbewerbsregel, die einem Betreiber mit dem größten Marktanteil in einem bestimmten Gebiet eine Pflicht zur Universaldienstleistung auferlegen kann, ist in Art. 54 Abs. 5 TKRG geregelt. Dieser Artikel bestimmt allgemein die Möglichkeiten eines Betreiberwechsels bei Universaldiens-

---

[413] *Piątek*, PrTelekom, Art. 63 Rdnr. 1; *Holznagel/Enaux/Nienhaus*, S. 32.
[414] *Piątek*, PrTelekom, Art. 63 Rdnr. 8.

ten. Gibt es keinen empfohlenen Betreiber oder einen freiwilligen Betreiber, der die Universaldienste des einstellenden Subjekts übernehmen möchte, bestimmt der Präsident RegTuP durch Bescheid einen öffentlichen Betreiber, der die Universaldienstverpflichtung übernehmen muss. Im Falle der Nichterfüllung der genannten Pflicht kann der Präsident gemäß Art. 124 Abs. 1 Nr. 6 TKRG dem Betreiber eine Strafe in Höhe von 3% der Einnahmen[415], die vom bestraften Subjekt im letzten Kalenderjahr erzielt wurden (vgl. Art. 125 Abs. 1 TKRG), auferlegen. Unabhängig davon kann der Präsident RegTuP auch dem Leiter des bestraften Wirtschaftsunternehmens nach Art. 124 Abs. 2 TKRG ein Bußgeld in Höhe von bis zu 300% der monatlichen Vergütung auferlegen. Für die Erteilung der Erlaubnis zur Erbringung der Universaldienste wird die in Art. 29 Abs. 1 TKRG vorgesehene Erlaubnisgebühr nicht erhoben, da es sich bei der Universaldienstverpflichtung um eine auferlegte Pflicht handelt und das verpflichtete Unternehmen keinen entsprechenden Antrag stellte.[416] Im Gegensatz zu dieser speziellen Universaldienstverpflichtung im Falle des Betreiberwechsels statuiert das polnische TKRG entgegen den europarechtlichen Vorgaben eine allgemeine Universaldienstverpflichtung für alle Universaldiensterbringer unabhängig von ihrem Marktanteil.[417]

Der deutsche Gesetzgeber normierte die Universaldienstleistungspflicht in § 18 TKG.[418] Anders als nach polnischem Recht trifft die allgemeine Pflicht zum Erbringen von Universaldienstleistungen alle Lizenznehmer mit einem mindestens 4-prozentigen Marktanteil auf dem jeweiligen sachlich relevanten Markt der bestreffenden lizenzpflichtigen Telekommunikationsdienstleistung oder Lizenznehmer, die auf dem räumlich relevanten Markt über eine Marktbeherrschende Stellung verfügen.[419]

c) Vorlagepflichten

Betreiber mit einer besonderen Marktstellung unterliegen des Weiteren verschiedenen Vorlagepflichten. Im Rahmen des Art. 58 Abs. 1 TKRG muss ein Betreiber mit einer marktbeherrschenden Stellung auf dem Universaldienstmarkt dem Präsidenten RegTuP seine Universaldienstmusterverträge sowie den Entwurf seiner Allgemeinen Geschäftsbedingungen zur Kontrolle vorlegen. Unter-

---

415 Der erste Regierungsentwurf des Telekommunikationsrechtsgesetzes ging von einer Strafe in Höhe von 10% der Einnahmen des bestraften Subjekts aus. Eine solch drastische Regelung wurde jedoch nicht übernommen, da man glaubte, dass bereits eine 3-prozentige Strafe eine strenge Sanktion darstelle, vor allem in Anbetracht der Tatsache, dass die Branchenvertreter eine Strafe in Höhe von 0,1% vorschlugen. Vgl. *Krupa/Kuźnicki*, S. 78.

416 *Piątek*, PrTelekom, Art. 54 Rdnr. 9 a.E.

417 Ausführlicher dazu weiter unten unter D.III.3.e).

418 Umfassend dazu *Adler*, Universaldienstleistungen nach dem TKG, S. 25 ff

419 Siehe § 18 Abs. 1 S. 1 TKG; *Witte*, in: *Scheurle/Mayen*, TKG-Komm., § 18 Rdnr. 8 ff.

nehmen mit beträchtlicher Marktstellung (und damit wegen der Gleichstellung auch marktbeherrschende Unternehmen) müssen ebenso ihre Universaldienstleistungspreislisten (Art. 60 Abs. 1 TKRG) sowie Preislisten für Mietdienste von Telekommunikationsleitungen (Art. 61 Abs. 6 S. 2 i.V.m. Art. 60 Abs. 1 TKRG) dem Präsidenten RegTuP zuleiten. Gegen die vorgelegten Dokumente kann der Präsident nach Art. 58 Abs. 2 bzw. Art. 60 Abs. 2 TKRG Einspruch einlegen, wenn diese gegen Rechtsvorschriften verstoßen oder Nutzerrechte verletzen. Weiterhin muss das von marktbeherrschenden Betreibern auf dem Markt der Mietdienste von Telekommunikationsleitungen auszuarbeitende Angebot für Rahmenbedingungen von Verträgen über Mietdienste vorgelegt werden. Die erforderliche Annahme dieses Angebots kann gemäß Art. 61 Abs. 7 i.V.m. Art. 79 Abs. 3 TKRG wegen Verletzung von Rechtsvorschriften versagt werden.

d) Preisregulierung

aa) Preisregulierende Vorschriften des TKRG

Das Telekommunikationsrechtsgesetz enthält anders als das deutsche TKG[420] lediglich verstreut Preisregulierungsvorschriften für Betreiber mit besonderer Marktstellung. Es werden die Preise der Universaldienste, der Miete von Telekommunikationsleitungen sowie die der Zusammenschaltungsdienste kontrolliert.

(1) Universaldienstleistungen

Bei den Universaldiensten gilt gemäß Art. 59 Abs. 1 TKRG das Prinzip der Kostenberücksichtigung bei Festlegung der Preise und der Unabhängigkeit der Preise von der Dienstleistungsart. Aufgrund der Gleichstellung gilt dies sowohl für Betreiber mit beträchtlicher als auch beherrschender Marktstellung. Die marktbeherrschenden Unternehmen auf dem Gebiet der Universaldienste sowie der Leitungsmiete sind zusätzlich zu einer getrennten Kostenkalkulation verpflichtet, die jeden Dienst, bei dem sie eine marktbeherrschende Stellung besitzen, sowie Abrechnungen aus geschlossenen Netzzusammenschaltungsverträgen getrennt auflistet (Vgl. Art. 59 Abs. 2 TKRG). Diese Preisfestsetzungsgrundsätze (Kostenorientiertheit, getrennte Rechnungslegung) wurden erstmals in der ONP-Richtlinie 90/387/EWG vorgeschrieben[421] und erfuhren Konkretisierungen durch

---

[420] Im TKG gibt es einen eigenen Gesetzesteil mit der Überschrift „Entgeltregulierung", der die telekommunikationsrechtlichen Preisregulierungsvorschriften enthält. Insgesamt und umfassend zur Entgeltregulierung in Deutschland siehe *Stamm*, Die Entgeltregulierung im Telekommunikationsgesetz, S. 155 ff.; zu aktuellen Problemen und Lösungsansätzen hinsichtlich der Entgeltregulierung in Deutschland siehe *Vogelsang*, Die Zukunft der Entgeltregulierung im deutschen Telekommunikationssektor, S. 13 ff.

[421] Siehe Anhang II Nr. 4 der Richtlinie „Harmonisierte Tarifgrundsätze", Abl. EG L 192/8 vom 24.7.1990.

spätere Richtlinien wie die ONP-Sprachtelefondienstrichtlinie 98/10/EG, die das Anwendungsgebiet des Prinzips der Kostenorientierung auf Organisationen mit beträchtlicher Marktstellung beschränkte[422]. Diese Grundsätze wurden vom polnischen Gesetzgeber im vollen Umfang in das nationale Recht aufgenommen. Ein Problem ergibt sich jedoch bei der Umsetzung des Prinzips der Unabhängigkeit der Tarife. Art. 17 Abs. 3 der Richtlinie 98/10/EG verlangt, dass die Tarife unabhängig von der Art der vom Nutzer vorgesehenen Anwendung festgelegt werden sollen. In Art. 59 Abs. 1 TKRG verlangt der Gesetzgeber eine Unabhängigkeit von der Art der Dienstleistungsausführung und verwendet somit einen anderen Ansatz. *Piątek*[423] geht hier davon aus, dass diese Vorschrift sich auf zwei Punkte bezieht. Zunächst verbietet sie dem Betreiber eine Unterscheidung der Preise in Abhängigkeit von der (technischen) Realisierung des Dienstes sowie von den Umständen der Dienstausführung. Zweitens ermöglicht sie eine Preisdifferenzierung, wenn der Nutzer bei der Nutzung des bestimmten Dienstes eine Zusatzleistung verlangt. Im Ergebnis entspricht dies der europarechtlichen Vorgabe. Aufgrund der Verordnungsermächtigung in Art. 59 Abs. 3 TKRG sind der Finanzminister und der Fernmeldeminister zum Erlass einer Verordnung bezüglich der Arten der von marktbeherrschenden Unternehmen anzuwendenden Kostenkalkulation verpflichtet. Bisher wurde eine diesbezügliche Verordnung noch nicht erlassen.

Betreiber mit besonderer Stellung auf dem Universaldienstmarkt müssen weiterhin begründete Entwürfe ihrer Preislisten und deren Änderungen dem Präsidenten RegTuP mindestens 30 Tage vor dem geplanten Inkrafttreten vorlegen (Art. 60 Abs. 1 TKRG). Der Präsident hat das Recht, einen Einspruch gegen den Preislistenentwurf zu erklären und kann somit das Inkrafttreten dieser Preislisten bei Gesetzeswidrigkeit verhindern (Art. 60 Abs. 2 und 3 TKRG). Die Preislisten oder ihre Änderungen sind nach Art. 60 Abs. 4 TKRG auf Kosten des Betreibers im Bulletin RegTuP zu veröffentlichen. Diese Vorschrift dient dem vielmals genannten Erfordernis der Tariftransparenz und beruht auf gemeinschaftsrechtlichen Vorgaben[424].

(2) Leitungsmiete

Der zweite große Bereich der Preisregulierung ist die durch Europarecht[425], ähnlich den Universaldiensten, umfassend geregelte Leitungsmiete. Der polnische Gesetzgeber orientierte sich bei der Definition der Miete von Telekommunikationsleitungen an der gemeinschaftsrechtlichen Definition aus Art. 2 Abs. 2

---

422 Vgl. Art. 17 Abs. 1 RL 98/10/EG.

423 *Piątek*, PrTelekom, Art. 59 Rdnr. 5.

424 Vgl. Anhang I Nr. 4 der Richtlinie 90/387/EWG.

425 Vgl. Richtlinie 92/44/EWG, novelliert durch Richtlinie 97/51/EG.

erster Gedankenstrich RL 92/44/EWG in der Fassung der RL 97/51/EG[426] und versteht darunter einen auf der Sicherung der Möglichkeit der Signalübermittlung zwischen bestimmten Punkten des Telekommunikationsnetzes beruhenden Telekommunikationsdienst ohne die auf Verlangen des Nutzers durchgeführte oder von ihm kontrollierte Kommutation[427] und unter Beibehaltung der gleichen Signalart des Eingangs- und Ausgangssignals (Art. 2 Nr. 3 TKRG). Die Vorschriften über die Leitungsmiete waren ein Novum im polnischen Telekommunikationsrecht, denn das alte Fernmeldegesetz 1990 enthielt keine diesbezüglichen Regelungen. Jedoch tauchte in den Ausführungsvorschriften zum alten FernmeldeG eine rechtliche Bestimmung dieses Dienstes als ein auf der Sicherung von festen Verbindungen der Art „Punkt-zu-Punkt" beruhender Dienst, auf.[428] Die durch Europarecht indizierte Ähnlichkeit der Leitungsmiete mit den Universaldiensten[429] ergibt sich aus Art. 61 Abs. 1 TKRG. Entsprechend dieser Vorschrift sollen diese Dienste von Betreibern mit marktbeträchtlicher Stellung auf dem betreffenden Markt in einer jedem Nutzer zugänglichen Weise und unter Einhaltung einer bestimmten Qualität geleistet werden. Bei der Festsetzung der Mietleitungspreise gilt für alle Betreiber[430], die diesen Dienst anbieten, das Prinzip der Unabhängigkeit von der Nutzungsart. Darüber hinaus dürfen die Preise ausschließlich Leitungen betreffen, die sich zwischen den Netzpunkten befinden, zu denen der Nutzer auch tatsächlich Zugang hat und nur Verbindlichkeiten für die Zusammenstellung der Leitung sowie solche, die für die Miete periodisch anfallen, enthalten.[431] Betreiber mit einer beträchtlichen Marktstellung müssen zusätzlich ihre Kosten berücksichtigen und die Preise unabhängig von der Dienstleistungsausführungsart[432] festlegen. Aufgrund des Verweises in Art. 61 Abs. 6 S. 2 TKRG ergibt sich auch bei der Festsetzung der Preislisten für Mietdienste, dass diese nach Art. 60 TKRG vorgelegt werden müssen und bei Gesetzeswidrigkeit wegen eines Einspruchs des Präsidenten RegTuP nicht verwendet werden dürfen. Marktbeherrschende Anbieter auf dem Markt der Miete von Telekommunikationsleitungen trifft darüber hinaus die Pflicht zur Ausarbeitung eines Rahmenan-

---

426 Siehe o. Fn. 21.

427 Der Begriff der Kommutation wird in Art. 2 Nr. 9 TKRG als eine Verbindungszusammenstellung durch Auswahl des Zielnetzabschlusspunktes unter vielen möglichen Abschlusspunkten legaldefiniert.

428 *Piątek*, PrTelekom, Art. 61 Rdnr. 1.

429 Vgl. Art. 1 RL 92/44/EWG.

430 Trotz der Überschrift des Abschnitts, der als Zielgruppe der Regulierung Unternehmen mit beträchtlicher oder beherrschender Marktstellung indiziert, gelten die Regelungen des Art. 61 Abs. 5 TKRG für alle Betreiber, die Mietleitungen anbieten. Das ergibt sich aus dem klaren Wortlaut des Gesetzes.

431 Vgl. Art. 61 Abs. 5 TKRG.

432 Zur Problematik der Unabhängigkeit von der Art der Dienstausführung im Gegensatz zu gemeinschaftsrechtlichen Vorgaben siehe weiter oben in diesem Gliederungspunkt.

gebots für Verträge über Mietdienste, der gemäß Art. 61 Abs. 7 S. 2 i.V.m. Art. 79 Abs. 3 TKRG vom Präsidenten RegTuP genehmigt werden muss. Zusammenfassend ist festzustellen, dass die Vorgaben der relevanten Richtlinien hinsichtlich der Mietleitungstarifgrundsätze im vollen Umfang umgesetzt worden sind.

(3) Zusammenschaltungen

Der letzte Bereich, der einer ex ante Überprüfung der Tarife unterliegt, ist der Markt der Zusammenschaltungen. Nach Art. 79 TKRG sind Betreiber mit einer marktbeherrschenden Stellung auf dem Gebiet der Universaldienste oder der Leitungsmiete zur Erarbeitung von Rahmenzusammenschaltungsangeboten verpflichtet. Durch diese Vorschrift setzt der polnische Gesetzgeber die Vorgaben des Art. 7 Abs. 3 RL 97/33/EG bezüglich der dort als Standardzusammenschaltungsangebote genannten Rahmenzusammenschaltungsangebote. Diese müssen, samt ihrer Änderungen, vom Präsidenten RegTuP genehmigt werden, um in Kraft treten zu können (Art. 79 Abs. 1-3 TKRG). Die Angebote sollten auch Bestimmungen bezüglich der zu entrichtenden Entgelte für die Zusammenschaltung und die gemeinsame Nutzung des Netzes enthalten. Untermauern kann man diese Ansicht zunächst durch Heranziehung des Art. 78 TKRG, der den Inhalt der Zusammenschaltungsverträge regelt und in seinem Abs. 2 Nr. 3 lit. a) Ansprüche wegen der Gewährleistung des Zugangs und der gemeinsamen Nutzung des Telekommunikationsnetzes nennt. Bei den Bestimmungen des zweiten Absatzes dieses Artikels handelt es sich um obligatorische Voraussetzungen, die auch bei einem Rahmenzusammenschaltungsangebot nicht fehlen dürfen.[433] Darüber hinaus rechtfertigt ein Blick auf die gemeinschaftsrechtlichen Vorgaben das Erfordernis der Preiseinbeziehung im zu genehmigenden Angebot (vgl. Art. 4 Abs. 3 RL 97/33/EG). Somit kann der Präsident RegTuP in Ausübung seiner Kompetenzen bezüglich der Zusammenschaltungsentgelte preisregulatorisch tätig werden.

Um das Erfordernis der Transparenz (vgl. Art. 6 RL 97/33/EG) zu erfüllen, werden die genehmigten Zusammenschaltungsangebote im Bulletin RegTuP veröffentlicht. In Ausprägung des Diskriminierungsverbotes sind marktbeherrschende Betreiber zum Abschluss von Zusammenschaltungsverträgen unter keinen schlechteren Bedingungen für die restlichen Vertragsparteien verpflichtet, als unter den im genehmigten Zusammenschaltungsangebot genannten. Die Bestimmung des genauen Angebotsumfangs nach Art. 79 TKRG überließ der Gesetzgeber dem zuständigen Minister in Fernmeldeangelegenheiten aufgrund einer Verordnungsermächtigung in Art. 81 Nr. 2 TKRG.

In Umsetzung der Vorgaben des Art. 7 Abs. 2 und 4 RL 97/33/EG sollen die Gebühren von Betreibern mit einer marktbeherrschenden Stellung zusätzlich zu

433 Vgl. dazu *Piątek*, PrTelekom, Art. 79 Rdnr. 3.

ihrer Übersichtlichkeit und Objektivität lediglich begründete Kosten, die eng mit der Dienstausführung zusammenhängen und von ihrer Art unabhängig sind, berücksichtigen (Art. 80 Abs. 1 Nr. 2 TKRG).[434] Nach Art. 80 Abs. 4 TKRG kann auch eine Begründung der Höhe der beim Austausch von Telekommunikationsdiensten anfallenden Kosten vom Präsidenten RegTuP verlangt werden. Ausführliche Grundsätze der Gebührenkalkulation für marktbeherrschende Anbieter sollen in der Verordnung nach Art. 81 Nr. 2 TKRG geregelt werden, die bisher nicht erlassen wurde. Es bleibt somit abzuwarten, ob die dort vorgeschriebenen Abrechnungs- und Kalkulationsgrundsätze den europäischen Vorgaben entsprechen werden.

bb) Preisregulatorische Eingriffe des Präsidenten RegTuP

Der Präsident RegTuP machte bereits Gebrauch von den ihm gesetzlich eingeräumten Berechtigungen betreffend marktbeherrschender Unternehmer – auch wenn noch wegen der kurzen „Lebensdauer“ nicht so umfassend wie der deutsche Regulierer[435] – und legte Einspruch gegen die Änderungen der Universaldienstleistungspreisliste der TP S.A. in Bezug auf Magnetkarten sowie gegen das „Oferta TP S.A. Biznes“ [Angebot TP S.A. Business] ein und verhinderte somit das Inkrafttreten dieser Änderungen.[436] Auf dem Gebiet der Leitungsmiete legte der Präsident am 20. März 2002 einen Einspruch gegen den von der TP S.A. vorgelegten Preislistenentwurf für Dienste der Leitungsmiete.[437]

e) Offener Netzzugang und Zusammenschaltungen

Die speziellen Wettbewerbsregeln für Betreiber mit besonderer Marktmacht bezüglich Zusammenschaltungen sind in einem gesonderten Teil des Gesetzes (Teil IV: Zusammenschaltungen und Zusammenarbeit der Netzbetreiber) enthalten. Die den offenen Netzzugang regelnde Vorschrift befindet sich jedoch im Abschnitt über Subjekte mit besonderer Marktstellung.

---

434 Das Erfordernis der begründeten Kosten wurde vom polnischen Gesetzgeber bereits vor der Neuregulierung des Telekommunikationsrechts durch das Telekommunikationsrechtsgesetz aufgenommen und zwar durch eine Verordnung vom 9.9.1999 (Dz. U. Nr. 79 Pos. 897), durch die der Gesetzgeber das polnische Telekommunikationsrecht gemeinschaftsrechtstauglich machen wollte. Insgesamt zur europarechtlichen Übereinstimmung des alten Fernmeldegesetzes 1990 siehe *Piątek*, Dostosowanie polskiego prawa telekomunikacyjnego do prawa wsólnotowego, in: *Saganek/Skoczny* (Hrsg.), Wybrane problemy i obszary dostosowania prawa polskiego do prawa Unii Europejskiej, S. 343-400.

435 Zur umfangsreichen Entgeltregulierungspraxis der RegTP siehe *RegTP*, Tätigkeitsbericht 1998/1999, S. 41 ff. sowie Tätigkeitsbericht 2000/2001, S. 72 ff.

436 Vgl. *RegTuP*, Pressemitteilung vom 25.3.2002, abrufbar unter: http://www.urt.gov.pl/serwis.asp.

437 Vgl. *RegTuP*, Pressemitteilung vom 25.3.2002, abrufbar unter: http://www.urt.gov.pl/serwis.asp.

Entsprechend den gemeinschaftsrechtlichen Vorgaben, die das Erfordernis des offenen Zugangs zum Netz zahlreich regeln[438], ordnete der polnische Gesetzgeber in Art. 62 TKRG die Sicherung des Netzzugangs durch marktbeherrschende Anbieter an jedem technisch begründeten Punkt an, der keinen Netzabschlusspunkt darstellt, außer es existieren Alternativpunkte. Der Begriff des Netzzugangs wird im polnischen Recht nicht erläutert. *Piątek* leitet aus dem Ziel der genannten Vorschrift die Pflicht des verpflichteten Betreibers zur Ermöglichung eines physischen Zugangs zu bestimmten Netzpunkten zum Zweck der Installation von Geräten, die zur Nutzung der möglichen Netzdienste unabdingbar sind und definiert so den technischen Netzzugang.[439] Die hier besprochene Vorschrift betrifft den besonderen Zugang, im Unterschied zum Zugang nach allgemeinen Regeln, der den Endnutzern über Endeinrichtungen sichergestellt wird.[440] Weder im Gesetz noch in der Literatur findet sich eine Definition dieser beiden Zugangsarten. Von *Piątek* wird dieser Begriff zwar verwendet aber nicht erläutert. Es ist jedoch eindeutig, dass diese Begriffe aus den einschlägigen Gemeinschaftsrechtakten stammen und ihnen entsprechend anzuwenden sind. Die viel zitierte Richtlinie 98/10/EG über die Anwendung des offenen Netzzugangs (ONP) beim Sprachtelefondienst und den Universaldienst im Telekommunikationsbereich in einem wettbewerbsorientierten Umfeld enthält einen Artikel mit der Überschrift „Sonderzugang zum Netz" (Art. 16 RL 98/10/EG). Darin werden die oben bereits genannten Verpflichtungen von Organisationen mit beträchtlicher Marktmacht festgelegt. Der allgemeine Zugang richtet sich demgegenüber an alle Nutzer des Netzes, denen ein Anschluss an das Telekommunikationsnetz zur Verfügung gestellt wurde (Art. 9 RL 98/10/EG regelt dies beispielsweise für den Zugang an das feste öffentliche Netz).

Den besonderen Zugang in Ausprägung der Zusammenschaltung von Netzen bestimmen die Vorschriften des vierten Teiles des Gesetzes. Art. 76 TKRG statuiert eine Zusammenschaltungspflicht für Betreiber mit einer beträchtlichen Marktstellung an jedem technisch begründeten Punkt der Netze, der sich auf dem Tätigkeitsgebiet des Betreibers (dem in der Erlaubnis genannten Gebiet) des dazugeschalteten Telekommunikationsnetzes befindet. Das Standpunkterfordernis wurde ins Gesetz aufgenommen, um dem neuen Betreiber eventuelle höhere Kosten einer Leitungslegung zu einem nicht in seinem Tätigkeitsgebiet liegenden Zusammenschaltungspunkt zu ersparen.[441] Die Betreiber der zusammenzuschaltenden Netze können aber auch einen anderen, alternativen Zusammenschaltungspunkt vereinbaren, der sich auf dem Tätigkeitsgebiet des Betreibers des zu-

---

438 Vgl. insbesondere Art. 4 Abs. 2 RL 97/33/EG, Art. 16 Abs. 1 RL 98/10/EG.
439 *Piątek*, PrTelekom, Art. 62 Rdnr. 6.
440 *Piątek*, PrTelekom, Art. 62 Rdnr. 2.
441 *Piątek*, PrTelekom, Art. 76 Rdnr. 13 a.E.

sammengeschalteten Netzes befindet und für beide Betreiber wirtschaftlich gleichwertig ist. Die Zusammenschaltungspflicht trifft alle Betreiber mit einer beträchtlichen Stellung, unabhängig davon, auf welchem der vier in Art. 57 TKRG aufgezählten Märkte eine solche festgestellt wurde.

Für Betreiber mit einer marktbeherrschenden Stellung, ebenso unabhängig vom Markt, erweitert Art. 77 Abs. 3 TKRG die Pflicht des Netzzugangs in der Form der Zusammenschaltung. So muss dieser alle begründeten Forderungen bezüglich des Netzzugangs einschließlich der Forderung auf Zugangsgewährleistung an jedem technisch begründeten Punkt, der kein Netzabschlusspunkt ist, erfüllen.

Eine weitere Sonderwettbewerbsregel enthält Art. 82 TKRG; sie verlangt, dass Zusammenschaltungsverträge innerhalb von 14 Tagen nach Vertragsschluss dem Präsidenten RegTuP von der die Zusammenschaltung beantragenden Partei vorzulegen sind, wenn die andere Vertragspartei ein Betreiber mit beträchtlicher Marktmacht ist. Die Texte dieser Verträge sind unter bestimmten möglichen Einschränkungen allen Interessierten unentgeltlich zur Verfügung zu stellen. Die Einschränkung darf jedoch keineswegs die Vereinbarungen bezüglich gegenseitiger Abrechnungen für die Netzzusammenschaltung sowie der grundlegenden Anforderungen des Art. 53 Abs. 1 TKRG (darunter fallen: Kontinuität der Telekommunikationsdienstleistungen im Falle einer Störung oder einer besonderen Gefährdungssituation, Integrität und Interoperabilität des Netzes, Fernmeldegeheimnis und Datenschutz, effektive Nutzung des Frequenzspektrums sowie elektromagnetische Kompatibilität) umfassen. Auch diese Vorschrift wurzelt in der Zusammenschaltungsrichtlinie (vgl. Art. 6 c) RL 97/33/EG).

Falls die Zusammenschaltungsparteien bei der Aushandlung des Zusammenschaltungsvertrages keinen gemeinsamen Konsens finden, kann der Präsident RegTuP nach einem Verwaltungsverfahren gemäß Art. 83 TKRG einen Zusammenschaltungsbescheid erlassen, wenn eine der Parteien ein Betreiber mit beträchtlicher Marktmacht ist (Art. 84 Abs. 1 TKRG). Damit ersetzt dieser Bescheid einen Zusammenschaltungsvertrag. Jedoch steht es den Parteien frei, trotz des Zusammenschaltungsbescheides einen entsprechenden Vertrag abzuschließen. In diesem Fall tritt der Bescheid im Umfang des Vertrages außer Kraft.

Ein solcher Bescheid wurde erstmals am 14. Mai 2001 vom Präsidenten RegTuP erlassen und ordnete die Zusammenschaltung zwischen der NOM Sp. z o.o. [NOM GmbH] und der TP S.A an. Dieser Bescheid wurde jedoch durch Urteil des Antimonopolgerichts aufgehoben. Der Präsident RegTuP beantragte daraufhin eine Annullierung dieses Urteils beim Obersten Gericht [Sąd Najwyższy, SN].[442] Seit Inkrafttreten des neuen Telekommunikationsrechtsgesetzes ergingen

---

[442] Vgl. dazu *RegTuP*, Pressemitteilung vom 25.3.2002, abrufbar unter: http://www.urt.gov.pl/serwis.asp.

ebenso zahlreiche Bescheide über Änderungen von Zusammenschaltungsverträgen zwischen dem ehemaligen Monopolisten und neuen Betreibern, die einige wichtige Punkte, vor allem bezüglich der Zusammenschaltungsabrechnungen, regelten und damit den alternativen Anbietern den ohnehin unausgeglichenen Kampf gegen den Altmonopolisten erleichtern sollten.[443]

Einen Teil dieser gerade erläuterten Zusammenschaltungsvorschriften (Zusammenschaltungsangebote und Zusammenschaltungsbescheid, Art. 79 sowie Art. 83 - 85 TKRG) wendet man aufgrund der in Art. 46 TKRG enthaltenen Verweisung auch auf sog. Verträge über Netzzugangsdienste entsprechend an. Das Gesetz definiert solche Dienste an dieser Stelle als Telekommunikationsdienstleistungen, die auf der Zugänglichmachung öffentlicher Netze für Nutzer zur gewinnorientierten Erlangung, Wiedergabe, Verarbeitung, Speicherung, Nutzung oder Zurverfügungstellung von Informationen basieren. Ein Netzzugangsdienst ist damit eine besondere Art des Telekommunikationsdienstes. Es handelt sich hierbei auch um eine Art des besonderen Netzzugangs für Unternehmen, die ihren Kunden wiederum Netzzugangsdienste anbieten und beruht auf bereits oben genannten europäischen Vorschriften über besonderen Netzzugang, der von Subjekten mit beträchtlicher Marktmacht in allen begründeten Fällen gewährleistet werden soll[444]. Interessanterweise beschränkte der polnische Gesetzgeber diese Pflicht zur Gewährung des Netzzugangs nicht nur auf Subjekte mit besonderer Marktmacht, sondern legte sie nach dem eindeutigen Wortlaut des Art. 46 Abs. 3 TKRG allen Betreibern von öffentlichen Netzen unabhängig von ihrer Marktstellung auf und erweiterte damit den europarechtlich vorgegebenen Pflichtumfang. Genauere Ausführungen zu den Netzzugangsdiensten und zum Kreis der berechtigten Subjekte folgen im Kapitel zum Kundenschutz.[445]

9. Ausblick

Das geltende polnische telekommunikationsrechtliche Wettbewerbsrecht soll durch das Novellierungsgesetz einer grundlegenden Überprüfung und Überarbeitung unterworfen werden. Hauptgrund hierfür ist eine bessere Anpassung an gemeinschaftsrechtliche Vorgaben.[446] Erste wichtige Änderung soll den Status der marktbeherrschenden Stellung abschaffen und auf diese Weise die Konzentrierung der sektorspezifischen Marktaufsicht auf Unternehmen mit beträchtlicher Marktstellung einführen. Diese bedeutende Neuerung zieht einige Vorschriftenänderungen nach sich, die zu ihrer Anwendbarkeit bisher die Marktbeherrschung

---

443 Die einzelnen Bescheide mit kurzer Erläuterung sind aufgelistet bei *RegTuP*, Pressemitteilung vom 25.3.2002, abrufbar unter: http://www.urt.gov.pl/serwis.asp.

444 Siehe Art. 4 Abs. 2 RL 97/33/EG.

445 Siehe Abschnitt D.II.2.h) weiter unten.

446 Siehe Begründung zum Änderungsgesetz-E TKRG, SejmDrs. Nr. 779, S. 21.

eines Unternehmens voraussetzten. Zusammenfassend bleibt festzustellen, dass die Grenze für regulatorische Eingriffe des Präsidenten RegTuP durch die geplante Novellierung der sektorspezifischen Wettbewerbsregeln gesenkt wird und damit dem Regulierer stärkere Einflussmöglichkeiten auf die Marktentwicklung ermöglicht werden.

V. Vorschriften für „Situationen besonderer Gefahren"

1. Einführung

Das polnische Gesetz enthält anders als das deutsche Telekommunikationsgesetz ein eigenes Kapitel mit Vorschriften über die Telekommunikationstätigkeit in „Situationen besonderer Gefahren". Das TKG enthält keinen eigenständigen Abschnitt zu dieser Problematik, sie wird im Rahmen des elften Teiles über das Fernmeldegeheimnis, den Datenschutz und die Sicherung behandelt[447]. Darüber hinaus gibt es jedoch ein Gesetz zur Sicherstellung des Postwesens und der Telekommunikation (Post- und Telekommunikationssicherstellungsgesetz – PTSG)[448] und die auf dessen Grundlage ergangenen Rechtsverordnungen.[449] Die genannten Rechtsakte dienen der ausreichenden Sicherstellung der Versorgung mit Post- und Telekommunikationsdienstleistungen bei Naturkatastrophen, schweren Unglücksfällen oder im Spannungs- und Verteidigungsfall.

Die Regelung der Sicherstellung der Telekommunikationsdienste in „Situationen besonderer Gefahren" ist ein Novum im polnischen Recht des Fernmeldewesens. Das vorhergehende Fernmeldegesetz 1990 enthielt keine diesbezüglichen Regelungen.[450] Die Verhaltensweise der Betreiber wird in drei Artikeln geregelt. Nach Art. 64 Abs. 1 TKRG gehören insbesondere die Einführung des Kriegszustandes, des Ausnahmezustandes oder des Naturkatastrophenzustandes zu den besonderen Gefahrsituationen. Diese genannten Notstände [stany nadzwyczajne] wurden nicht eigens für das Telekommunikationsrecht entwickelt, sondern beruhen auf der Verfassung der Republik Polen vom 2. April 1997 (im Folgenden: VerfRepP)[451] und werden dort geregelt.[452] Fraglich ist zunächst, ob der Begriff der „Situation besonderer Gefahr" lediglich als ein Überbegriff der drei genannten Notstände fungiert oder auch andere, nicht genannte Situationen umfasst. Schon der Gesetzestext gibt hierfür einen ersten Anhaltspunkt, indem er die Notstände exemplarisch aufzählt, was sich aus der Verwendung des Begriffes

---

447 Siehe § 87 Abs. 1 Nr. 3 und 4 TKG.

448 BGBl. I S. 2325, 2378, geändert durch Art. 5 des Gesetzes vom 25.3.1997 (BGBl. I S. 726, 731). In der Literatur gibt es Ansichten, die den § 87 TKG wegen des Post- und Telekommunikationssicherstellungsgesetzes wegen Überschneidungen des Regelungsumfangs für überflüssig halten. Zu der verfassungsrechtlichen Problematik der Vorschrift siehe *Haß*, in: TKM-Komm., C § 87 Rdnr. 3ff; *Ehmer*, in: Beck'scher TKG-Komm., § 87 Rdnr. 4ff; *Trute*, in: *Trute/Spoerr/Bosch*, TKG-Kommentar, § 87 Rdnr. 4.

449 Post- und Telekommunikations-Zivilschutzverordnung (PTZSV) vom 23.10.1996 (BGBl. I S. 1539) und die Telekommunikations-Sicherstellungs-Verordnung (TKSiV) vom 26.11.1997 (BGBl. I, S. 2751).

450 *Ura*, Art. 64 Punkt 1 (S. 90).

451 Polnisch: Konstytucja Rzeczpospolitej Polski – KRP (Dz. U. Nr. 78 Pos. 483).

452 Siehe dazu die Übersetzung der polnischen Verfassung von *Schulze*, in: *Roggemann* (Hrsg.), Die Verfassungen Mittel- und Osteuropas, S. 675 – 734.

„insbesondere" ergibt. Darüber hinaus bestimmt Art. 228 Abs. 1 VerfRepP, dass in „Situationen besonderer Gefahren" ein entsprechender Notstand verhängt werden kann, wenn die gewöhnlichen verfassungsmäßigen Mittel nicht ausreichend sind. Daraus ergibt sich nach *Piątek* eindeutig, dass eine besondere Gefahrsituation auch dann vorliegt, wenn die Mittel der Verfassung zu ihrer Beherrschung ausreichend sind.[453] Im Ergebnis ist festzustellen, dass die „Situation besonderer Gefahr" einen eigenständigen Charakter besitzt und unabhängig von der Einführung eines bestimmten Notstandes vorliegen kann.

Die erwähnten Notstände können nur aufgrund eines Gesetzes im Wege einer Verordnung, die zudem einer öffentlichen Bekanntmachung bedarf, verhängt werden (vgl. Art. 228 Abs. 2 VerfRepP). Die polnische Verfassung legt für alle drei Notstände genaue Verhängungsvoraussetzungen fest. Entsprechend Art. 229 VerfRepP kann der Kriegszustand im Falle einer äußeren Bedrohung für den Staat, eines bewaffneten Überfalls auf das Territorium der Republik Polen oder wenn sich aus einem völkerrechtlichen Vertrag eine Verpflichtung zur gemeinsamen Verteidigung einer Aggression ergibt, eingeführt werden. Die Voraussetzungen des Ausnahmezustandes sind die Bedrohung des konstitutionellen Aufbaus des Staates, der Sicherheit der Bürger oder der öffentlichen Ordnung (Art. 230 Abs. 1 VerfRepP). Schließlich verlangt Art. 232 VerfRepP, dass der Naturkatastrophenzustand nur zum Zwecke der Vorbeugung der Folgen von Naturkatastrophen oder technischen Unfällen, die Merkmale einer Naturkatastrophe tragen, sowie zum Zwecke ihrer Beseitigung verhängt werden kann.

Das europäische Telekommunikationsrecht sieht die Einführung solcher Vorschriften für besondere Gefahrsituationen nicht vor, erlaubt aber für die Dauer einer Notsituation bestimmte Einschränkungen der Dienste und des Dienstzugangs zum Zwecke der Sicherheitsgewährung des Netzbetriebs als einer der grundlegenden Anforderungen. Unter Notsituation versteht das einschlägige Gemeinschaftsrecht den Ausnahmefall höherer Gewalt wie außergewöhnliche Wetterverhältnisse, Überschwemmungen, Blitzschlag oder Feuer, Streiks oder Aussperrungen, Krieg, militärische Operationen oder öffentlicher Aufruhr.[454] Mit der Einführung eines Abschnitts über besondere Gefährdungssituationen ins Telekommunikationsrechtsgesetz hat der polnische Gesetzgeber die europarechtlich eingeräumten Möglichkeiten wahrgenommen und darüber hinaus weitergehende Pflichten für die Telekommunikationsbetreiber aufgestellt. Grund für die Integration dieser Vorschriften in das Telekommunikationsrecht waren die während der polnischen Flutkatastrophe im Sommer 1997 gemachten negativen Erfahrungen hinsichtlich der schwierigen Aufrechterhaltung der Telekommunikation.[455]

---

453 *Piątek*, PrTelekom, Art. 64 Rdnr. 4.
454 Siehe Art. 6 Abs. 3 lit. a) RL 92/44/EWG.
455 Vgl. Begründung zum TKRG-E, SejmDrs. Nr. 943, S. 114.

2. Allgemeine Pflicht

In Art. 64 Abs. 1 TKRG wird für alle Betreiber eine Pflicht zur Berücksichtigung der Möglichkeit des Eintritts einer „Situation besonderer Gefahr" bei der Planung, dem Bau, der Erweiterung, Nutzung oder Verbindung der Telekommunikationsnetze festgeschrieben. Dieser Vorschrift unterliegen alle Betreiber, das bedeutet öffentliche Betreiber, die ihre Telekommunikationstätigkeit aufgrund einer Erlaubnis, sowie übrige, die sie auf Grundlage einer Anzeige, führen. Auch wurde in der Vorschrift keine Unterscheidung nach der Art des betriebenen Telekommunikationsnetzes gemacht. Damit trifft die Verpflichtung alle Betreiber eines jeden Netzes, das im Rahmen der Umstände einer besonderen Gefahrsituation von Bedeutung sein kann.[456] Die Betreiber müssen bei der Festsetzung des Umfangs der notwendigen, mit dem Bau, der Nutzung sowie der Verbindung des Netzes zusammenhängenden Handlungen die oben genannten Voraussetzungen der Verhängung der Notstände beachten.

Während der Arbeiten an dem neuen Gesetz wurde ein Vorschlag unterbreitet, der die Handlungspflicht aufgrund eines Vertrages zwischen den zuständigen Subjekten der öffentlichen Verwaltung und den Betreibern begründen sollte. Dieser Vorschlag fand im weiteren Verlauf jedoch keine Anerkennung und wurde nicht in das endgültige Gesetz aufgenommen.[457]

3. Besondere Pflicht öffentlicher Betreiber

a) Handlungspläne nach Art. 64 Abs. 2 TKRG – Aufstellung und Inhalt

Neben der grundsätzlichen Berücksichtigung der Möglichkeit des Eintritts einer „Situation besonderer Gefahr" müssen öffentliche Betreiber einen aktuellen Handlungsplan für Gefahrsituationen besitzen, der ständig aktualisiert werden muss. Art. 64 Abs. 2 TKRG nennt fünf Regelungsbereiche eines Handlungsplanes, darunter die Zusammenarbeit der Betreiber mit Koordinationsstellen für Rettungshandlungen, gesetzlich vorgesehenen Einheiten zur Hilfeleistung sowie Streitkräften, Sicherungsmaßnahmen vor den Gefahrauswirkungen für Telekommunikationsnetze und -geräte, Sicherung der Kontinuität der Telekommunikationsdienstleistungen, vor allem für Rettungsdienste[458], Ausführungsart der gesetzlich vorgegebenen Sachleistungen durch Betreiber und Personen, die Telekommunikationsgeräte nutzen sowie schließlich die Reservenaufstellung und -ansammlung. Neben dieser nicht umfassenden Aufzählung („insbesondere") sol-

---

456 *Piątek*, PrTelekom, Art. 64 Rdnr. 1.

457 Vgl. dazu *Krupa/Kuźnicki*, S. 60.

458 Dieser Inhaltspunkt gehört zu den grundlegenden Anforderungen des Art. 53 Abs. 1 und wird explizit in Nr. 1 erwähnt. Zu den grundlegenden Anforderungen weiter unten.

len in einem Handlungsplan auch die Notstände sowie „Situationen besonderer Gefahren" berücksichtigt werden.

Entsprechend der in Art. 64 Abs. 3 TKRG enthaltenen Verordnungsermächtigung hat der Fernmeldeminister am 7.6.2001 die Verordnung in der Sache des ausführlichen Erstellungsganges des Handlungsplanes in „Situationen besonderer Gefahr" sowie seiner Aktualisierung[459] erlassen. Nach dieser Verordnung gibt es drei Arten von Handlungsplänen, je nach Tätigkeitsgebiet des verpflichteten Betreibers – einen Lokalplan (für das Gebiet einer Gemeinde)[460], einen Bezirksplan (für das Gebiet einer Wojewodschaft)[461] und einen Gesamtplan (für das gesamte Tätigkeitsgebiet eines Betreibers, das größer ist als die bisher genannten Gebiete)[462]. Die entsprechenden Pläne müssen durch den Betreiber innerhalb von neun Monaten nach Inkrafttreten der Verordnung oder innerhalb von sechs Monaten nach Beginn der Dienstleistungserbringung erstellt werden (§ 9 Verordnung vom 7.6.2001). Sie unterliegen mindestens alle 3 Jahre einer Aktualisierung und müssen dem zuständigen Minister in Fernmeldeangelegenheiten und dem Präsidenten RegTuP (Gesamtplan) bzw. nur dem Präsidenten RegTuP (Lokal- und Bezirksplan) vorgelegt werden.[463] Darüber hinaus regelt diese Verordnung die genaue Vorgehensweise und die bei der Planerstellung zu berücksichtigenden Umstände.

b) Planausführung

Nach Art. 65 Abs. 1 TKRG sind die öffentlichen Betreiber zur Vornahme der in dem gemäß Art. 64 Abs. 2 TKRG erstellten Handlungsplan bestimmten Handlungen im Falle des Eintritts einer „Situation besonderer Gefahr", verpflichtet. Dieser unbestimmte Rechtsbegriff wurde weder im Gesetz noch in der ergangenen Verordnung näher erläutert[464]. Damit verbleibt es nun bei den einzelnen Betreibern, eine bestimmte Situation, die bestimmte Handlungspflichten auslöst, als eine besondere Gefahrsituation einzustufen. Auf diese Weise entsteht ein unerwünscht großer Einschätzungsspielraum der öffentlichen Betreiber. Dieser könnte jedoch in der Praxis eingeschränkt werden, wenn die Betreiber bei der Erstellung der Pläne zusammenarbeiten und eine Eingrenzung oder Spezifizierung der „Situationen besonderer Gefahren" vornehmen.

---

459 Dz. U. Nr. 66, Pos. 667.

460 § 4 Abs. 2 Verordnung vom 7.6.2001.

461 § 4 Abs. 1 Verordnung vom 7.6.2001.

462 § 4 Abs. 3 Verordnung vom 7.6.2001.

463 Vgl. § 7 Abs. 1, § 6 Verordnung vom 7.6.2001.

464 *Piątek* plädierte für eine genauere Bestimmung der die Vornahme der Handlungen aus dem Handlungsplan begründenden Umstände, also für eine Definition des Begriffes der besonderen Gefährdungssituation durch die Verordnung, vgl. *ders.*, PrTelekom, Art. 65 Rdnr. 1.

Die besprochene Vorschrift verlangt eine unverzügliche Ausführung der im Plan genannten Handlungen. Darüber hinaus legt sie für die öffentlichen Betreiber eine Reihenfolge fest, in der sie bestimmten Subjekten die Aufrechterhaltung oder die Wiederherstellung von Telekommunikationsdiensten gewährleisten müssen. Zu diesen Subjekten zählen „in erster Linie" Dienste zur Rettung menschlichen Lebens „und dann" Staatsverwaltungs- oder Selbstverwaltungsorgane, Polizei, Streitkräfte, Zivilschutz und Gefängnisdienst. Schließlich werden die übrigen Nutzer aufgezählt, unabhängig davon ob sie solche des eigenen oder eines anderen Telekommunikationsnetzes sind.

Die Aufrechterhaltung oder Wiederherstellung der Telekommunikationsdienste soll soweit möglich insbesondere durch die unentgeltliche Leihe von Telekommunikationsgeräten für die Zeit der Rettungsaktion bewerkstelligt werden. Die Institution der Leihe ist im Zivilgesetzbuch (im Folgenden: ZGB[465]) geregelt (Art. 710 - 719 ZGB). Danach wird sie durch einen Leihvertrag begründet, der die Handhabung und Rückgabe der geliehenen Telekommunikationsgeräte regeln sollte. Andernfalls ist auf die gesetzlichen Vorgaben des Zivilgesetzbuches zurückzugreifen.

Die in Art. 65 Abs. 2 TKRG angeordnete entsprechende Anwendung des ersten Absatzes verpflichtet Personen, die die in Funkkommunikationsdiensten genutzten Sende- und/oder Empfangsfunkgeräte[466] verwenden, zur Aufrechterhaltung oder Wiederherstellung von Telekommunikationsdiensten. Der Begriff des Funkkommunikationsdienstes wurde in Art. 2 Nr. 16 TKRG als das Senden, Übersenden oder Empfangen von Funkwellen zur Ausübung der in internationalen Funkkommunikationsvorschriften für die entsprechenden Dienste bestimmten Aufgaben legaldefiniert. Unter die internationalen Funkkommunikationsvorschriften fallen Vorschriften über Aufgaben und Ausführungsgrundsätze von Funkkommunikationsdiensten, die in internationalen Verträgen bestimmt sind (Art. 2 Nr. 9 TKRG). Die Definitionen verweisen also direkt auf internationale Vorschriften. Eine Liste der möglichen Funkkommunikationsdienste ist in der Vollzugsordnung für Internationale Fernmeldedienste (VO Funk) der Internationalen Fernmeldeunion (International Telecomunications Union, ITU)[467] enthalten, die auch für die Republik Polen bindend ist. Art. 1 Abs. 3 der VO Funk nennt zwei große Gruppen von Funkkommunikationsdiensten (kosmische und terrestrische Dienste), die ihrerseits wieder in zahlreiche Gruppen aufgeteilt wer-

---

465 Vom 23. April 1964 (Dz. U. Nr. 16, Pos. 93 mit zahlreichen Änderungen). Zur deutschen Übersetzung des ZGB siehe *Lane*, in: WiRO-Handbuch, PL 200.

466 Das polnische Telekommunikationsrechtsgesetz unterscheidet zwischen Empfangsfunkgeräten, Sendefunkgeräten und Sende-Empfangsfunkgeräten.

467 Die ITU ist eine zwischenstaatliche Organisation zur Regelung der internationalen Telekommunikation, weitere Informationen abrufbar auf der Homepage der Union unter http:// www.itu.int.

den.[468] Zum persönlichen Anwendungsbereich der Vorschrift zählen Personen und Einheiten, die bestimmte Funkgeräte im Rahmen der Funkdienste nutzen, jedoch nicht zum eigenen Bedarf.[469]

Der letzte Absatz des besprochenen Artikels verlangt die Ausführung der besonderen Handlungspflichten der öffentlichen Betreiber auch während internationaler Rettungs- oder Katastrophenbeseitigungsmaßnahmen. Hierzu muss eine „Situation besonderer Gefahr" vorliegen. Der Umfang dieser Handlungspflicht wird in internationalen multi-[470] oder bilateralen[471] Verträgen, deren Partei Republik Polen ist, bestimmt.

4. Kompetenzen des zuständigen Ministers in Fernmeldeangelegenheiten

Die letzte Vorschrift des vorliegenden Abschnittes (Art. 66 TKRG) räumt dem zuständigen Minister in Fernmeldeangelegenheiten besondere Kompetenzen im Falle der Verhängung eines der drei Notstände ein. Bei Vorliegen dieser Voraussetzung kann er den öffentlichen Betreibern bestimmte Verpflichtungen bezüglich der Aufrechterhaltung der Kontinuität der Telekommunikationsdienstleistungen oder im bestimmten Umfang die unentgeltliche Leistung von Telekommunikationsdiensten aus öffentlichen Einrichtungen auferlegen, Notfallnummern für bestimmte Dienste oder Subjekte bestimmen sowie den öffentlichen Zugang zu manchen Telekommunikationsdiensten oder den Nutzungsumfang der Telekommunikationsnetze oder Sende- und/oder Empfangsfunkgeräte beschränken. Diese Verpflichtungen ergehen durch Bescheid des Fernmeldeministers und sind auf die Dauer des Kriegs-, Ausnahme- oder Naturkatastrophenzustandes beschränkt.

Problematisch ist jedoch die Anwendung dieser Vorschrift in zwei Fällen: beim Bescheid zur Beschränkung des öffentlichen Zugangs zu manchen Telekommunikationsdiensten (Art. 66 Abs. 1 Nr. 3 TKRG) sowie zur Beschränkung des Nutzungsumfangs der Telekommunikationsnetze oder Sende- und/oder Empfangsfunkgeräte. Es wird die Überflüssigkeit der genannten Kompetenzgrundlagen im Telekommunikationsrechtsgesetz vertreten, da es bereits die einzelnen

---

468 In die Gruppe der terrestrischen Dienste fallen zum Beispiel Dienste für den Luftfunk, Seefunk, die Radioastronomie oder den Amateurfunk. Die vollständige Liste dieser 35 Dienste ist abgedruckt in *Piątek*, PrTelekom, Art. 2 Rdnr. 56; siehe dazu auch *Korehnke/Grotelüschen*, in: Beck'scher TKG-Komm., § 45 Rdnr. 22.

469 Siehe *Piątek*, PrTelekom, Art. 65 Rdnr. 7.

470 Zu nennen wäre hier beispielsweise das INMARSAT-Übereinkommen (Dz. U. 1980, Nr. 7 Pos. 19).

471 Hierzu kann der am 10.4.1997 in Warschau geschlossene Vertrag zwischen der Republik Polen (RP) und der Bundesrepublik Deutschland über die gegenseitige Hilfe während Naturkatastrophen oder anderer ernster Unfälle (Dz. U. 1999, Nr. 22, Pos. 201) erwähnt werden.

Notstände regelnde Gesetze gibt[472], die dem zuständigen Fernmeldeminister entsprechende Eingriffsbefugnisse verleihen und nach Anwendung zum selben faktischen Ergebnis führen würden wie die Kompetenzen nach Art. 66 Abs. 1 TKRG.[473] Damit ist das Verhältnis der Generalakte nach den entsprechenden Notstandsgesetzen und der auf Grundlage des Art. 66 Abs. 1 TKRG ergangenen Bescheide bedenklich. In solch kritischen Situationen ist jedoch den entsprechenden Gesetzen und folglich den Kompetenzen des Fernmeldeministers Vorrang zu gewähren. Bei den Bescheiden nach Nr. 3 und 4 handelt es sich lediglich um Einzelentscheidungen in Form von Verwaltungsakten. Die Wahl des Mittels liegt aber beim zuständigen Fernmeldeminister, der jedoch entweder aufgrund des entsprechenden Gesetzes oder durch die Bescheide handeln sollte und auf diese Weise das Verhältnisproblem umgehen könnte.

472 Zum Beispiel das Gesetz vom 5.12.1983 über den Ausnahmezustand (Dz. U. Nr. 66, Pos. 297 mit Änderungen).

473 Siehe *Piątek*, PrTelekom, Art. 66 Rdnr. 4 f.

D. Einzelprobleme der Regulierung

I. GENEHMIGUNGSREGIME

1. Gemeinschaftsrechtliche Vorgaben

Die Einführung eines Lizenzierungsverfahrens – Schaffung von Marktzutrittsschranken – ist eine effektive regulatorische Maßnahme zur Gestaltung eines neu geschaffenen vollständigen Wettbewerbsumfelds auf Grundlage der bedeutenden „Wettbewerbsrichtlinie" 96/19/EG.[474] Auf der EU-Ebene konzentriert sich die Aufmerksamkeit hinsichtlich des Genehmigungsregimes auf die Erarbeitung eines gemeinsamen Rahmens für die Erteilung und die Verfahren, nach denen Genehmigungen erteilt werden, um die Entwicklung des Binnenmarktes in der Telekommunikation zu erleichtern.[475] Der aktuelle EU-Rahmen bedient sich eines zweistufigen Genehmigungsansatzes. Zunächst sollen als eine niedrigere und damit vorzugswürdigere Zutrittsschranke Allgemeingenehmigungen[476] erteilt werden.[477] Darüber hinaus soll es daneben ein aufwendigeres Einzelgenehmigungsverfahren[478] geben, das nur in bestimmten vorgeschriebenen Fällen anzuwenden ist.

Die Allgemeingenehmigungen können mit ausschließlichen, im Anhang zu der Genehmigungsrichtlinie veröffentlichten, objektiv gerechtfertigten, nichtdiskriminierenden, verhältnismäßigen und transparenten Auflagen versehen werden.[479] Die Gebühren für Allgemeingenehmigungen dürfen nur zur Deckung der Kosten der Ausstellung, Verwaltung, Kontrolle und Durchsetzung der jeweiligen Genehmigung erhoben werden (Art. 6 RL 97/13/EG).

Die Allgemeingenehmigungen sollen Vorrang gegenüber den Einzelgenehmigungen haben. Letztere dürfen von den Mitgliedstaaten nur erteilt werden, wenn der Genehmigungsträger Zugang zu knappen Sachressourcen und anderen

---

474 Siehe o. Fn. 19.

475 Siehe Arbeitsdokument der Kommissionsstellen „Europas liberalisierter Telekommunikationsmarkt – Ein Leitfaden zu den Spielregeln, http://europa.eu.int, S. 15.

476 Gemäß der Definition in Art. 2 Abs. 1 a) erster Gedankenstrich der Genehmigungsrichtlinie ist die Allgemeingenehmigung jede Genehmigung, die ungeachtet einer Registrierungspflicht aufgrund einer „Gruppengenehmigung" oder aufgrund allgemeiner Rechtsvorschriften ein Unternehmen davon entbindet, vor der Ausübung der aus der Genehmigung herrührenden Rechte die ausdrückliche Zustimmung der nationalen Regulierungsbehörde einzuholen.

477 Siehe Erwägungsgrund Nr. (7) RL 97/13/EG.

478 Bei der Einzelgenehmigung handelt es sich gemäß Art. 2 Abs. 1 a) zweiter Gedankenstrich der Genehmigungsrichtlinie um eine durch eine nationale Regulierungsbehörde erteilte Genehmigung, die einem Unternehmen bestimmte Rechte verleiht oder die Tätigkeit des Unternehmens bestimmten Verpflichtungen, gegebenenfalls in Ergänzung der Allgemeingenehmigung, unterwirft, sofern das Unternehmen die entsprechenden Rechte ohne Zustimmung der nationalen Regulierungsbehörde nicht ausüben kann.

479 Siehe Art. 3 Abs. 2 RL 97/13/EG.

Ressourcen erhält, besonderen Verpflichtungen unterworfen ist oder besondere Rechte genießt. Zu den knappen Ressourcen zählt der Zugang zu Funkfrequenzen oder bestimmten Nummern. Die besonderen Verpflichtungen beziehen sich zum Beispiel auf die Universaldienstleistungspflicht oder andere Pflichtdienste nach den ONP-Vorschriften wie die Bereitstellungspflicht einer Mindestanzahl von Mietleitungen sowie auf besondere Verpflichtungen im Rahmen der Feststellung einer beträchtlichen Marktmacht eines Telekommunikationsunternehmens. Schließlich kann ein Betreiber im Hinblick auf den Zugang zum öffentlichen o-der privaten Grund besondere Rechte genießen.[480] Eine letzte Ausnahme für die Einzelgenehmigungserteilung sieht die Richtlinie bei der

> „Erbringung von öffentlich verfügbaren Sprachtelefondiensten und [... der] Errichtung und Bereitstellung öffentlicher Telekommunikationsnetze und anderer Netze, bei denen Funkfrequenzen genutzt werden"

vor.[481] Ein weiteres wichtiges Merkmal der Einzelgenehmigung ist es, dass sie zahlenmäßig nur in zwei ausdrücklichen Fällen beschränkt werden darf. Zunächst darf es im Bereich der Funksysteme Beschränkungen geben, wo sich diese aus der physikalischen Begrenztheit des jeweiligen Frequenzbereiches ergeben[482] und nicht aus einer subjektiven Einschätzung durch den Mitgliedstaat, wie viele Akteure der Markt tragen kann. Die zweite Ausnahme war nur zeitweiliger Natur und erlaubte den Mitgliedstaaten Beschränkungen, falls der nationale Nummerierungsplan nicht über genügend Nummern verfügte. Diese Ausnahme ist jedoch inzwischen größtenteils hinfällig, denn die Wettbewerbsrichtlinie führte seit dem 1. Juli 1997 eine Pflicht zur Sicherstellung von ausreichend Nummern durch die Mitgliedstaaten ein. Die Nummerknappheit kann jetzt lediglich bei den so genannten „goldenen Nummern" auftreten, das ist bei Nummern, die besonders gefällig oder einfach zu behalten sind oder sonstige Bedeutung haben und damit besonders begehrt sind.[483]

Die Genehmigungsrichtlinie schreibt in Art. 11 hinsichtlich der Gebühren für Einzelgenehmigungen vor, dass für diese ebenso wie für Allgemeingenehmigungen der Grundsatz der Deckung anfallender Verwaltungskosten gilt. Im Falle, dass die Genehmigungen Zugang zu knappen Ressourcen ermöglichen, können zusätzlich Entgelte auferlegt werden, die die Notwendigkeit widerspiegeln, eine optimale Nutzung dieser Ressourcen sicherzustellen.[484] Allerdings müssen diese Abgaben nichtdiskriminierend sein und insbesondere die Entwicklung innovativer Dienste sowie den Wettbewerb fördern.

---

480 Siehe Art. 7 Abs. 1 RL 97/13/EG.

481 Siehe Art. 7 Abs. 2 RL 97/13/EG.

482 Siehe Art. 10 Abs. 1 RL 97/13/EG.

483 *Piepenbrock*, in: Beck`scher TKG-Komm., Anhang zu § 41, § 20 TKV Rdnr. 5.

484 Siehe Art. 11 Abs. 2 RL 97/13/EG.

2. *Polnisches Genehmigungssystem im Überblick*

a) Telekommunikationserlaubnis, Funkgenehmigung, Anzeige

Der polnische Gesetzgeber statuierte im neuen Telekommunikationsrecht zwei Zutrittsvoraussetzungen für Subjekte, die eine Telekommunikationstätigkeit ausüben wollen. Als Regel wurde die vorherige schriftliche Anzeige bestimmt, die zugleich einen Ausdruck der Verwirklichung des verfassungsmäßigen Rechts der Freiheit der wirtschaftlichen Betätigung darstellt (Art. 20 VerfRepP)[485]. Zweite Marktzutrittsvoraussetzung ist die sog. Telekommunikationserlaubnis [zezwolenie telekomunikacyjne] bzw. Funkgenehmigung [pozwolenie radiowe]. Erstere wird beim Betrieb des öffentlichen Telefonnetzes sowie beim Betrieb des zur Verbreitung oder Verteilung von Rundfunk- oder Fernsehprogrammen verwendeten öffentlichen Netzes verlangt. Zum öffentlichen Telefonnetz gehört sowohl das Festnetz als auch das mobile Netz, das neben Telefondiensten auch Fax- und Datenübertragungsdienste sicherstellt (siehe Definition in Art. 2 Nr. 15 TKRG). Eine Funkgenehmigung benötigt man zur Benutzung von Funkanlagen. Zu der Unterscheidung zwischen der Telekommunikationserlaubnis und der Funkgenehmigung kommt es aufgrund der gesetzlichen Trennung zwischen der Ausübung der Telekommunikationstätigkeit, das heißt einer Tätigkeit, die auf der Erbringung oder Zugänglichmachung von Telekommunikationsdiensten sowie auf dem Betrieb von Telekommunikationsnetzen beruht[486], und der Tätigkeit, die auf der Nutzung von Funkgeräten basiert.[487] Im Folgenden ist, wenn von einer Erlaubnis die Rede ist, die Telekommunikationserlaubnis gemeint, und bei der Genehmigung die Funkgenehmigung.[488]

b) Ausnahmen

Von der Erlaubnis- bzw. Genehmigungspflicht gibt es einige Ausnahmen, die in Art. 4 bis 6 TKRG geregelt werden. Der erstgenannte Artikel bestimmt die Erlaubnisfreiheit bestimmter, erschöpfend aufgezählter Organisationsstellen und -einheiten, die sich der Telekommunikationstätigkeit und der Benutzung von

---

485 *Ura*, Art. 3 Punkt 2 (S. 18).

486 Siehe Legaldefinition in Art. 1 Abs. 1 Nr. 1 TKRG.

487 Bei dem polnischen Begriff „pozwolenie" [Genehmigung] orientierte man sich an dem englischen Wort „permit", vgl. Begründung zum TKRG-E, SejmDrs. Nr. 943, S. 110

488 Die polnischen Begriffe „zezwolenie" und „pozwolenie" sind synonym verwendbar, sie wurden für das Telekommunikationsrechtsgesetz als „Erlaubnis" und „Genehmigung" übersetzt, um die in der polnischen Wortwahl enthaltene Unterscheidung wiederzugeben. Darüber hinaus wird das englische Wort „permit", das im polnischen Gesetzesentwurf zur Unterscheidung zwischen den beiden Berechtigungsarten diente, im Deutschen meistens auch mit „Genehmigung" übersetzt, vgl. dazu auch vorangehende Fußnote. Es ist dennoch durchaus möglich, dass andere Autoren wegen einer fehlenden offiziellen Übersetzung des einschlägigen Gesetzestextes andere Übersetzungen dieser beiden Begriffe wählen.

Funkanlangen zum eigenen Bedarf bedienen. Darunter fallen auf nationaler Ebene Stellen und Einheiten des Verteidigungsministers, des Innenministers, der Agentur für innere Sicherheit und Nachrichtendienstagentur, des Außenministers oder der Gefängniskräfte, sowie ausländische Streitkräfte und Staatsorgane, diplomatische Vertretungen, Konsulate und Sondermissionen einschließlich Vertretungen internationaler Organisationen. Aufgrund der Absätze 2-4 sollen von den entsprechenden zuständigen Regierungsmitgliedern die Arten und die ausführlichen Voraussetzungen der Telekommunikationstätigkeit und der Benutzung von Funkanlagen durch die oben genannten Organisationsstellen und -einheiten durch Verordnungen bestimmt werden.[489]

Weitere Ausnahmen von der Erlaubnispflicht findet man in Art. 5 TKRG. Nach dessen Abs. 1 bedarf der Betrieb eines öffentlichen Netzes, dessen gesamte Telekommunikationsinfrastruktur sowie alle Netzabschlusspunkte sich auf dem Gebiet einer Gemeinde befinden, der Betrieb eines öffentlichen Telefonnetzes, das den von einem öffentlichen Betreiber zur Verfügung gestellten Nummernbestand nutzt oder schließlich der Betrieb eines Netzes, das in einem Wohngebäude zur Verteilung oder Verbreitung von Rundfunk- oder Fernsehprogrammen eingerichtet wurde, keiner Erlaubnis. Der erlaubnisfreie Bereich der Telekommunikationstätigkeit kann gemäß Art. 5 Abs. 2 TKRG vom zuständigen Minister in Fernmeldeangelegenheiten weiter ausgedehnt werden. Von dieser fakultativen Verordnungsermächtigung wurde bisher kein Gebrauch gemacht.

Art. 6 bestimmt als Ausnahme von der Genehmigungspflicht für die Benutzung von Funkanlagen die genehmigungsfreie Nutzung von Funkanlagen, die ausschließlich zum Empfang vorgesehen sind. Weiterhin dürfen Sende- und/oder Empfangsfunkgeräte ohne eine Genehmigung genutzt werden, wenn sie durch ausländische Luft-, See- oder Binnenschifffahrtsfunkkommunikationsdienste genutzt werden, soweit das Gerät vom zuständigen Organ zugelassen wurde. Eine weitere Ausnahme gilt für die Nutzung der zugelassenen Funkanlagen durch Amateurfunkdienste in Übereinstimmung mit internationalen Funkkommunikationsbestimmungen. Letztendlich besteht Genehmigungsfreiheit für als Endeinrichtungen zugelassene Funkanlagen, die international vereinbarte Frequenzbereiche nutzen sowie zum Netzabschlusspunkt des Telekommunikationsnetzes eines öffentlichen Betreibers angeschlossen werden oder zur Verbindungsaufrechterhaltung mit sich kurzfristig auf dem polnischen Territorium befindendem ausländischen Fahrzeug, Schiff oder Luftfahrzeug dienen und fest an dieses Fahrzeug befestigt sind. Wie bei den Erlaubnissen, kann der zuständige Fernmeldeminister auch hier die genehmigungsfreie Zone erweitern, um die Zahl der nicht

[489] Bisher wurde erst von einer dieser drei Ermächtigungsgrundlagen Gebrauch gemacht und eine Verordnung aufgrund Art. 4 Abs. 3 TKRG erlassen, siehe Verordnungsübersichtstabelle unter C.II.

genehmigungspflichtigen Geräte zu erweitern (vgl. Art. 6 Abs. 4 TKRG). Die entsprechende Verordnung wurde vom Infrastrukturminister am 6. August 2002[490] erlassen und zählt in § 1 und 2 sowie im Anhang alle Funkanlagen, die von der Genehmigungspflicht befreit sind, detailliert auf.

Das im polnischen Telekommunikationsrecht gewählte zweistufige Marktzutrittssystem mit dem Regel-Ausnahme-Verhältnis zwischen der Anzeigen- und Erlaubnis-/Genehmigungspflicht entspricht im Allgemeinen dem vom europäischen Gesetzgeber geforderten Genehmigungsregime. Die Übereinstimmung im Einzelnen wird nachfolgend untersucht.

3. Erlaubnispflicht

a) Lizenzpflichtige Tatbestände

Gemäß Art. 3 Abs. 1 TKRG erfordert der Betrieb des öffentlichen Telefonnetzes und des zur Verbreitung oder Verteilung von Rundfunk- oder Fernsehprogrammen verwendeten öffentlichen Netzes einer Telekommunikationserlaubnis. Jedoch muss man bei der Einteilung der lizenzpflichtigen Bereiche gleichermaßen den zweiten Absatz dieses Artikels beachten. Daraus ergibt sich, dass in den eine Erlaubnis benötigenden Netzen auch der Umfang der von der Erlaubnis erfassten Dienstleistungen von besonderer Bedeutung sein kann. Es wird eine grundsätzliche Berechtigung zum Erbringen von sämtlichen Telekommunikationsdienstleistungen auf dem gesamten Landesgebiet erteilt, die jedoch von drei Faktoren beschränkt werden kann. Zu den Ausnahmen zählen gesetzliche Verbote oder Beschränkungen bestimmter Dienste sowie die in der Erlaubnis selbst enthaltenen Einschränkungen. Dritte Ausnahme bezieht sich auf den Besitz von teilweise erforderlichen Berechtigungen wie bei Frequenzen[491], Umlaufbahnbeständen, der Nummerierung[492] und den Teilnehmeridentifizierungszeichen[493].

Gemeinsam ist den Voraussetzungen einer Erlaubniserteilung der Betrieb eines öffentlichen Netzes. Beide Begriffe werden im Definitionenkatalog des Art. 2 TKRG erläutert. Der Betrieb des Telekommunikationsnetzes erfordert eine faktische und unmittelbare Verfügungsgewalt über die Gesamtheit der Funktionen der die Telekommunikation sichernden Geräte und Netze (Art. 2 Nr. 4 TKRG). Die Öffentlichkeit eines Netzes spiegelt sich darin wider, dass es sich um ein Netz handelt, das zur Erbringung von Telekommunikationsdiensten dient und kein in-

---

490 Dz. U. Nr. 138, Pos. 1162.

491 Darunter fallen Frequenzkanäle, Frequenzbereiche und Frequenzen selber, vgl. die Legaldefinition in Art. 3 Abs. 2 Nr. 2 a) TKRG.

492 Gemäß der Legaldefinition in Art. 3 Abs. 2 Nr. 2 c) TKRG zählen hierunter die Nummernbereiche sowie Ortskennzahlen-, Telekommunikationsnetz- oder Telekommunikationsdienstleistungsindizes.

493 Art. 3 Abs. 2 Nr. 2 d) TKRG definiert die Teilnehmeridentifizierungszeichen als Teilnehmer- oder Netzabschlussidentifizierungszeichen, insbesondere Adressen, Schlüssel oder Passwörter.

ternes Netz darstellt (Art. 2 Nr. 19 TKRG). Ein internes Netz ist nach Art. 2 Nr. 21 TKRG ein ausschließlich zum eigenen Bedarf oder in einem auf einem Grundstück zu anderen als Wohnzwecken stehenden Gebäude von einem Subjekt betriebenes bzw. installiertes Telekommunikationsnetz. Jeder Betrieb des öffentlichen Telefonnetzes unterliegt der Erlaubnispflicht, auch wenn in diesem Netz andere Dienste als Telefondienste erbracht werden, wie z.B. Datenübertragung oder die Übertragung von Rundfunk- oder Fernsehsignalen.[494] Wie sich aus der oben bereits genannten Definition des öffentlichen Telefonnetzes ergibt, unterliegen sowohl die Festnetzdienste als auch Mobilfunkdienste der Erlaubnispflicht. Umfasst sind somit mitunter die Erlaubnisse für GSM- und UMTS-Dienste.

Der zweite genehmigungspflichtige Bereich knüpft an die Bestimmung des öffentlichen Netzes zur Verbreitung und Verteilung von Rundfunk- und Fernsehsignalen an. Diese Bestimmung des Netzes ist objektiv zu beurteilen. Entscheidend ist die Anpassung des Netzes zur Leistung bestimmter Dienste und die tatsächliche Erbringung dieser Dienste und nicht die subjektive Absicht des Betreibers.[495] Typisches Beispiel für die in den vom Art. 3 Abs. 1 Nr. 2 TKRG umfassten Netzen erbrachten Dienste sind solche des Kabelfernsehens. Aus der fehlenden Bestimmung der im Netz anzuwendenden Technologie ist zu schließen, dass diese Vorschrift sich sowohl auf leitungsgebundene als auch nicht leitungsgebundene (via Funk oder Satellit) Verbreitung und Verteilung von Programmen bezieht.[496]

Die Einführung einer Einzelgenehmigungspflicht für die Erbringung von Sprachtelefondiensten wurde vom europäischen Gesetzgeber ausdrücklich erlaubt (siehe oben und Art. 7 Abs. 2 RL 97/13/EG). Wie bereits erläutert bedarf der Betrieb eines öffentlichen Telefonnetzes einer Erlaubnis. Diese Erlaubnispflicht entspricht im vollen Umfang den Vorgaben des aktuellen Rechtsrahmens. Mitumfasst ist hier auch der Mobilfunk, der auf einem Telekommunikationsnetz beruht, bei dem Funkfrequenzen genutzt werden und der dadurch ebenso von der Erteilung einer Einzelgenehmigung abhängig gemacht werden kann.

Der polnische Gesetzgeber teilt den erlaubnisbedürftigen Bereich in zwei Teile – Betrieb eines öffentlichen Telefonnetzes und eines Netzes zur Verbreitung von Rundfunk- und Fernsehprogrammen. Im Gegensatz dazu hat sich der deutsche Gesetzgeber zu einer anderen Einteilung entschieden. Gemäß § 6 TKG muss der Betrieb von Übertragungswegen, die für Telekommunikationsdienstleistungen für die Öffentlichkeit genutzt werden und das Angebot des Sprachtelefondienstes lizenziert werden. Hierzu werden die Lizenzen in vier Lizenzklassen eingeteilt (Mobilfunklizenz, Satellitenfunklizenz, Lizenzen für andere Telekom-

---

494 *Piątek*, PrTelekom, Art. 3 Rdnr. 5.
495 *Piątek*, PrTelekom, Art. 3 Rdnr. 6.
496 *Piątek*, PrTelekom, Art. 3 Rdnr. 9.

munikationsdienstleistungen für die Öffentlichkeit[497] und Sprachtelefondienstlizenz). Trotz der unterschiedlichen Einteilung der lizenzpflichtigen Bereiche liegt die Gemeinsamkeit im Betreiben eines öffentlichen Telekommunikationsnetzes.

b) Erlaubniserteilung, Rücknahme oder Beschränkung

aa) Antrag und Erteilung

Erste Voraussetzung für die Erteilung einer Erlaubnis nach Art. 3 Abs. 1 Nr. 2 TKRG ist die Stellung eines Antrags beim Präsidenten RegTuP, der das Unternehmen, seinen Sitz und Adresse, die Unternehmerregisternummer[498] sowie die Bestimmung der Art und des Umfangs der Telekommunikationstätigkeit enthalten sollte. Wegen der Anwendungsbestimmung des Art. 9 TKRG sind die Vorschriften zur Ausstellung und Versagung der Erlaubniserteilung auch auf die Erlaubnisse nach Art. 3 Abs. 1 Nr. 1 TKRG, also diejenigen für den Betrieb öffentlicher Telefonnetze, entsprechend anwendbar. Diese unglücklich gewählte Gesetzessystematik[499] hatte den Grund, dass man die Erteilung von Erlaubnissen für das Betreiben von öffentlichen Telefonnetzen erst ab dem Jahr 2002 ermöglichen wollte, also erst ein Jahr nach Inkrafttreten des neuen Telekommunikationsrechtsgesetzes[500]. Daher klammerte man in Art. 9 TKRG die Erlaubniserteilung nach Art. 3 Abs. 1 Nr. 1 TKRG aus und bestimmte in Art. 151 Nr. 3 TKRG, dass diese Vorschrift erst am 1. Januar 2002 in Kraft treten soll. Zum jetzigen Zeitpunkt sollte dieser Artikel gestrichen und die Art. 7 und 8 TKRG dahingehend geändert werden, dass sie auf den gesamten ersten Absatz des dritten Artikels verweisen.

Nach der Negativliste des Art. 8 Abs. 1 TKRG werden Erlaubnisse nur dann erteilt, wenn keine gesetzlichen Gründe für die Versagung einer Erteilung von Frequenzreservierungen vorliegen sowie wenn keine Bedrohung der Verteidigungsfähigkeit, Staatssicherheit oder öffentlicher Sicherheit und Ordnung besteht, keine Verletzung internationaler Verträge sowie keine Arbeitsstörungen anderer Telekommunikationsanlagen und -netze vorliegen. Wenn alle Voraussetzungen der Art. 7 und 8 TKRG erfüllt sind, wird die Erlaubnis für die Dauer von mindestens 10 Jahren und längstens für 25 Jahre erteilt. Es besteht jedoch, auf Verlangen des Antragstellers, auch die Möglichkeit einer kürzeren Geltungsdauer der Erlaubnis.

Der Inhalt einer Erlaubnis ist in Art. 10 TKRG ausführlich geregelt, wobei Absatz 1 die obligatorischen Inhalte (berechtigter Betreiber, sein Sitz und Adres-

---

497 Die ersten drei Lizenzklassen werden auch als „Infrastrukturlizenzen" zusammengefasst, vgl. *Manssen*, in: TKM-Komm., C § 6 Rdnr. 6.

498 Entspricht dem deutschen Handelsregistereintrag.

499 Zu den Kritikpunkten vgl. *Piątek*, PrTelekom, Art. 9 Rdnr. 2-5.

500 Vgl. *Piątek*, PrTelekom, Art. 7 Rdnr. 5.

se, Art des von der Erlaubnis umfassten Netzes sowie die Gültigkeitsdauer) regelt und Absatz 2 vier fakultative Bestimmungen einer Erlaubnis nennt.[501] Die Erlaubnis kann auch eine Frequenzreservierung oder die Zuteilung der Nummern oder Teilnehmeridentifikationszeichen enthalten. Eine Frequenzreservierung erfolgt aufgrund der Vorschriften der Art. 22 - 25 TKRG und wird weiter unten im Zusammenhang mit der Frequenzverwaltung erläutert. Die Nummern- und Teilnehmeridentifizierungszeichenzuteilung wird durch Art. 99 - 104 TKRG geregelt, auf die ebenfalls in einem folgenden Kapitel über die Nummerverwaltung eingegangen wird.

Die Frage der Wiedererteilung einer Erlaubnis wird in Art. 11 Abs. 1 TKRG geregelt. Danach besitzt der Betreiber bei Antragstellung spätestens 6 Monate vor Ablauf der Gültigkeitsdauer seiner Erlaubnis einen rechtlichen Anspruch auf Wiedererteilung der Erlaubnis, wenn in der Nutzungszeit keinerlei Umstände aufgetreten sind, die eine Versagung, Rücknahme oder Beschränkung des Erlaubnisumfangs begründen.

Die obligatorische Verordnung bezüglich der Bestimmung eines Erlaubnismusterantrags und des Ablaufs der Antragstellung sowie der bei der Antragstellung erforderlichen Dokumente wurde vom ehemaligen Fernmeldeminister bereits am 22. Dezember 2000[502] aufgrund der Ermächtigungsvorschrift des Art. 7 Abs. 3 TKRG erlassen. Sie beschreibt die ausführliche Vorgehensweise bei der schriftlichen Beantragung einer Telekommunikationserlaubnis beim Präsidenten RegTuP und enthält im Anhang einen Musterantrag mit Ausfüllhinweisen.

Im Einklang mit den gemeinschaftsrechtlichen Informationspflichten werden die erteilten Erlaubnisse mindestens einmal im Jahr vom Präsidenten RegTuP im Bulletin RegTuP veröffentlicht.

bb) Rücknahme und Beschränkung

Das Gesetz bestimmt drei Fälle, die unbedingt zu einer Erlaubnisrücknahme durch den Präsidenten RegTuP führen. Daneben gibt es vier Tatbestände die nach einer Einschätzung des Präsidenten RegTuP fakultativ zu einer Rücknahme oder Beschränkung führen können. Zu den obligatorischen Rücknahmetatbeständen zählt das Ergehen eines rechtswirksamen Urteils, das dem Betreiber die Ausübung wirtschaftlicher Tätigkeit verbietet, die Nichterfüllung der zur Erlaubniserteilung notwendigen rechtlichen Anforderungen durch den Betreiber und schließlich die Nichtbeseitigung der Rechtswidrigkeit des faktischen oder rechtlichen Zustandes innerhalb eines gesetzten Termins (siehe Art. 12 Abs. 1 Nr. 1-3 TKRG). In den genannten Fällen ist der Präsident RegTuP zur Rücknahme der

---

[501] Art. 10 Abs. 2 Nr. 5 TKRG (fakultative Nennung der Gültigkeitsdauer) sollte wegen des Widerspruchs zu Art. 8 Abs. 3 TKRG sowie Art. 10 Abs. 1 Nr. 3 TKRG als ein Fehler des Gesetzgebers gewertet werden.

[502] Dz. U. Nr. 121, Pos. 1307.

Erlaubnis verpflichtet. Die zweite Gruppe umfasst die Möglichkeit einer Rücknahme oder Beschränkung nach einem erfolglosen Aufruf zur Beseitigung der eine solche Entscheidung rechtfertigenden Gründe, wenn der Betreiber Gesetzesvorschriften, Erlaubnisbedingungen oder andere gesetzliche Entscheidungen verletzt, wenn die Zahlungsunfähigkeit des Betreibers in einem Liquiditätsbeschluss festgestellt wurde oder der Betreiber die gesetzlich vorgesehenen Gebühren nicht entrichtet (siehe Art. 12 Abs. 2 Nr. 1-4 TKRG). Darüber hinaus kann der Gegenstand oder der Betätigungsumfang beschränkt werden, wenn ein Betreiber die Kontinuität des Universaldienstes nicht gewährleistet (Art. 12 Abs. 3 TKRG). Die genannten Rücknahme- und Beschränkungsbestimmungen entsprechen dem vom europäischen Gesetzgeber in Art. 9 Abs. 4 RL 97/13/EG eingeräumten Umsetzungsspielraum.

c) Bestandsschutz fernmeldegesetzlicher Konzessionen und Erlaubnisse

Nach der ursprünglichen Fassung des Fernmeldegesetzes 1990 wurden aufgrund des Art. 12 FernmeldeG Telekommunikationserlaubnisse für das Errichten, die Nutzung und den Betrieb von Telekommunikationsgeräten, -leitungen oder -netzen sowie für das Erbringen von Dienstleistungen mit Hilfe dieser Geräte, Leitungen und Netze erteilt.[503] Nach der Novellierung im Jahr 1995 spaltete man das Genehmigungserteilungsverfahren in Konzessionen für das Erbringen von Telekommunikationsdiensten und Erlaubnisse für die Errichtung und Nutzung von Funkkommunikationsgeräten, Telekommunikationsgeräten und -netzen.[504] Da manche dieser Konzessionen und Erlaubnisse wegen langer Gültigkeitsdauer bis zum jetzigen Zeitpunkt fortgelten, stellt sich die Frage nach ihrer Bestandsmöglichkeit angesichts des neuen Telekommunikationsrechts. Die Antwort ist in den Übergangsvorschriften in Art. 142 TKRG zu finden. Dort wird die Umgestaltung der aufgrund des Fernmeldegesetzes erteilten Berechtigungen in entsprechende Telekommunikationserlaubnisse bzw. Funkgenehmigungen von Rechts wegen angeordnet. Nach Absatz 3 dieses Artikels sollen Bestimmungen, deren Ausübung eine Verletzung der Vorschriften des TKRG darstellen würde, nicht von der Umgestaltung umfasst sein. Auf der anderen Seite bestimmt Art. 142 Abs. 4 TKRG jedoch, dass die in den ursprünglichen Berechtigungen enthaltenen Voraussetzungen und Bedingungen keinerlei Änderungen unterliegen sollen, auch wenn sie nach dem neuen Gesetz nicht mit einer entsprechenden Berechtigung verbunden werden könnten, weil sie dem neuen Telekommunikationsrecht, der neuen Telekommunikationspolitik oder dem Telekommunikationsmarkt widersprechen[505].

---

503 Siehe *Gospodarek*, Prawo pocztowe i telekomunikacyjne, S. 60.

504 *Gospodarek*, Prawo pocztowe i telekomunikacyjne, S. 60, 69.

505 Siehe dazu *Piątek*, PrTelekom, Art. 11 Rdnr. 7, Art. 142 Rdnr. 14.

Problematisch ist die Fortgeltung nicht mehr gesetzeskonformer Erlaubnisbedingungen und Bestimmungen hinsichtlich des eindeutigen Verlangens des Richtliniengebers, die bereits erteilten Genehmigungen bis spätestens 1. Januar 1999 an die Vorgaben der Genehmigungsrichtlinie anzugleichen (siehe Art. 22 RL 97/13/EG). Da Polen noch kein Mitglied der Europäischen Union ist, gelten diese Vorschriften nicht direkt. Allerdings bemüht sich das Land im Hinblick auf die baldige Mitgliedschaft um Anpassung der geltenden Vorschriften. Daher müsste diese Vorschrift bis zum Beitrittszeitpunkt geändert und an das geltende Genehmigungsregime angepasst werden. Wegen der Verschiebung dieses Zeitpunktes auf endgültig Mai 2004 wird eine Angleichung an den neuen Rechtsrahmen auf dem Gebiet der Telekommunikation notwendig sein. Die derzeit geltende Übergangsvorschrift ist so jedenfalls nicht gemeinschaftsrechtskonform.

Einen kleinen Ausweg aus dieser Situation bietet die Verordnungsermächtigung in Art. 11 Abs. 2 TKRG, auf deren Grundlage Grundsätze zur Änderung der Erlaubnisbedingungen durch Aufhebung bestimmter Beschränkungen oder Erweiterungen des Umfangs der erteilten Erlaubnisse, also auch der nach dem alten Fernmeldegesetz erteilten, bestimmt werden können. Grund für diese Ermächtigung ist die flexible und schnelle Anpassung der Erlaubnisse an die geänderten Liberalisierungsvorschriften. Im Blick hatte man hier vor allem auch eine mögliche Anpassung der Vorschriften an den acquis communautaire im Bereich der Telekommunikation.[506] Von der Möglichkeit dieser Ausführungsvorschrift wurde bisher jedoch kein Gebrauch gemacht.

d) Telekommunikationserlaubnis für TP S.A.

Die Übergangsvorschriften des TKRG (vgl. Art. 144 - 148 TKRG) verlangten eine Antragstellung zur Erlaubnis- bzw. Genehmigungserteilung durch den ehemaligen Monopolisten innerhalb bestimmter Fristen. Hätte das Unternehmen keine entsprechenden Anträge gestellt, hätte der Präsident RegTuP innerhalb von 2 Monaten nach Inkrafttreten des Gesetzes eine Nutzungserlaubnis auf das Betreiben von öffentlichen Telefonfestnetzen erteilen müssen. Diese Erlaubnis hätte lediglich die nationalen und internationalen Telefondienste mitumfasst. Wegen dieser großen Einschränkung hatte der Altmonopolist die notwendigen Anträge fristgerecht gestellt und erhielt am 28. Februar 2001 eine Telekommunikationserlaubnis[507].

e) Internet-Telefonie

Ein auch in Polen im Rahmen des Genehmigungsregimes diskutiertes und umstrittenes Problem ist die Einordnung der Internet-Telefonie in den Telekom-

---

[506] Siehe *Piątek*, PrTelekom, Art. 11 Rdnr. 8.

[507] Siehe *URT*, Zezwolenie dla Telekomunikacji Polskiej S.A., Biuletyn 1/2001, 12.

munikationsrechtsrahmen.[508] Die Technologie, die sich unter dem Namen Voice over Internet Protocol (VoIP) verbirgt, ermöglicht das Telefonieren über das Internet, indem sie die in den traditionellen Telefonnetzen transportierten Sprachsignale in Datenpakete umwandelt und sie über das Internetnetz transportiert[509]. Um diesen Dienst als einen Telefondienst einordnen zu können und ihn der Erlaubnispflicht unterzuordnen, müssten folgende Voraussetzungen erfüllt sein:

Es müsste ein Sprachtelefondienst vorliegen, der als ein Telekommunikationsdienst, der auf der direkten Vermittlung von Sprachsignalen in Echtzeit beruht, mittels eines oder mehrer öffentlicher Netze, die die Technik der Kommutation verwenden, definiert wird (Art. 2 Nr. 30 TKRG). Unter Kommutation versteht das Gesetz eine Verbindungszusammenstellung durch die Auswahl eines Zielnetzabschlusspunktes unter vielen möglichen Abschlusspunkten. Entscheidend für die Einordnung ist somit die Frage, ob das Gespräch bei der Internet-Telefonie mittels Kommutation durchgeführt wird. In den das Internet Protokoll nutzenden Netzen werden Informationen in Form von Datenpaketen übermittelt. Jedes Paket hat zwar einen bestimmten Zielnetzabschlusspunkt, es erfolgt aber keine Verbindungszusammenstellung, da die Pakete zwischen zwei Netzabschlusspunkten verschiedene Wege gehen können und beim Empfänger auch in einer anderen als der gesendeten Reihenfolge ankommen können.[510] Das Internetnetz stellt also keine Verbindungen im Sinne der Kommutation zusammen. Damit ist der Dienst der Internet-Telefonie nach polnischen Vorschriften nicht als ein Sprachtelefondienst zu qualifizieren und erfordert keine Erlaubnis sondern muss lediglich angezeigt werden. Die Internet-Telefonie wirkt weltweit dort, wo sie erlaubt ist, als ein Motor für den Wettbewerb und die wirtschaftliche Entwicklung auf den Telekommunikationsmärkten, da sie die Preise für Telefongespräche zwar sinken lässt aber auf diese Weise den Umsatz insgesamt steigert.[511] Deswegen wird auch in Polen für eine offene Telekommunikationspolitik hinsichtlich des VoIP plädiert.[512]

Nach deutschem Recht ist die Frage nach der Lizenzpflichtigkeit der Internet-Telefonie ebenso nicht eindeutig zu beantworten. Während man an den Anfängen dieser Technologie das Vorliegen eines Sprachtelefondienstes wegen der fehlenden Übermittlung in Echtzeit relativ rasch verneinen konnte[513], sind heut-

---

508 Zur Diskussion in Deutschland siehe sogleich weiter unten.

509 *Łopaciński*, Voice Over IP w świetle ustawy Prawo Telekomunikacyjne z 21.7.2000, abrufbar unter: http://www.vagla.pl/skrypts/voip.htm.

510 Siehe dazu *Łopaciński*, Voice Over IP w świetle ustawy Prawo Telekomunikacyjne z 21.7.2000, abrufbar unter: http://www.vagla.pl/skrypts/voip.htm.

511 Vgl. *Godula*, Ryzyko zakazywania telefonii IP, tele.net.forum 9/2001, 64 (64).

512 *Godula*, Ryzyko zakazywania telefonii IP, tele.net.forum 9/2001, 64 (66).

513 *Spoerr*, in: *Trute/Spoerr/Bosch*, TKG-Kommentar, § 3 Rdnr. 76; *Mayen*, in: *Scheurle/Mayen*, TKG-Komm., § 6 Rdnr. 37.

zutage wegen der fortschreitenden und immer ausgeklügelteren Technik differenziertere Überlegungen anzustellen. Im Ergebnis wird aber die Lizenzpflichtigkeit des Webphoning, wie die Internet-Telefonie auch genannt wird, in den meisten Fällen verneint, da sich ein Internet-Service-Provider meist nur auf die „Führung des Verkehrs vom und zum Internet“ beschränkt und der Dienst damit nicht auf der Basis eines selbst betriebenen Telekommunikationsnetzes angeboten wird.[514] Die Subsumtion der Internet-Telefonie unter einen Sprachtelefondienst muss inzwischen jedoch auch wegen der unterschiedlichen technischen Möglichkeiten im Einzelfall vorgenommen und entschieden werden.

Die EU-Kommission beschäftigte sich bereits 1998 mit der Einordnungsfrage der Internet-Telefonie. In ihrer Mitteilung über den Status der Sprachübermittlung im Internet nach Maßgabe des Gemeinschaftsrechts und insbesondere der Richtlinie 90/388/EWG vertrat die Kommission die Auffassung, dass dieser Dienst derzeit noch nicht als Sprachtelefondienst qualifiziert werden könne. Im Laufe der Zeit könne sich jedoch eine andere Einordnung ergeben.[515]

4. Genehmigungspflicht

a) Lizenzpflichtiger Tatbestand

Die Pflicht zur Erlangung einer Funkgenehmigung resultiert aus Art. 3 Abs. 4 TKRG und verlangt eine solche, abgesehen von zahlreichen, oben bereits genannten Ausnahmen, bei der Benutzung von Funkanlagen. Bei dieser Funkgenehmigung handelt es sich um eine besondere verwaltungsrechtliche Berechtigung.[516] Das Benutzen von Funkanlagen stellt zwar keine Telekommunikationstätigkeit im Sinne des Telekommunikationsrechtsgesetzes dar, kann aber zur Ausübung einer solchen Tätigkeit dienen und unterliegt in diesen Fällen einer Genehmigungspflicht. Funkanlagen sind entsprechend der Legaldefinition Funkwellen verwendende Telekommunikationsanlagen (Art. 2 Nr. 27 TKRG). Die Benutzung der Funkanlagen wurde gesetzlich nicht definiert. *Piątek*[517] geht davon aus, dass dieser Begriff bei den Funkanlagen herangezogen wurde, um den Unterschied zwischen den unterschiedlichen Arten der Funktionsgewalt bei Telekommunikationsnetzen und Funkanlagen zu verdeutlichen[518]. Je nach Art der

---

514 Eine ähnliche Argumentation verwendet auch die polnische Literatur. Vgl. zum Ganzen *Zwetkow*, in: *Heun* (Hrsg.), Handbuch Telekommunikation, Teil 1 Rdnr. 65 ff, S. 16 ff.; *Schütz*, in: Beck`scher TKG-Komm., Rdnr. 79 f.

515 Siehe Mitteilung 98/C 6/04, S. 7.

516 *Piątek*, PrTelekom, Art. 17 Rdnr. 1.

517 Siehe dazu *Piątek*, PrTelekom, Art. 1 Rdnr. 7.

518 Für Telekommunikationsnetze verwendet der Gesetzgeber nämlich den Begriff „Betrieb der Telekommunikationsnetze“, der als die faktische und unmittelbare Verfügungsgewalt über die Gesamtheit der Funktionen der die Telekommunikation sichernden Geräte und Netze umschrieben wird (siehe Art. 2 Nr. 4 TKRG).

Einbindung einer Funkanlage in ein Telekommunikationsnetz oder ihrer Benutzung für einen Rundfunkdienst ohne Einbeziehung eines Telekommunikationsnetzes ergeben sich unterschiedliche Grade der Funktionsherrschaft über den Telekommunikationsprozess. Die Heranziehung unterschiedlicher Begrifflichkeiten wird als ein Anzeichen der Besonderheit von Funkverkehrsvorschriften gedeutet.

Der Umfang der allgemeinen Genehmigungspflicht bei der Benutzung von Funkanlagen bildet sich im Ergebnis aus den subjektiven und objektiven Ausnahmen der Art. 4 TKRG und Art. 6 TKRG und der aufgrund von Art. 6 Abs. 4 TKRG ergangenen Ausführungsvorschriften[519]. Grund für die Einführung einer solchen besonderen Genehmigung war die Gewährleistung, dass das Gerät in Übereinstimmung mit bestimmten Bedingungen genutzt wird.[520] Sie kann auch zusammen mit einer Telekommunikationserlaubnis erteilt werden.

b) Erteilung, Rücknahme oder Änderung

aa) Erteilungsvoraussetzungen

Wie bei der Erlaubnis wird die Genehmigung auf schriftlichen Antrag jedoch für höchstens 10 Jahre vom Präsidenten RegTuP erteilt. Anspruchsvoraussetzungen sind neben der Erfüllung gesetzlicher Anforderungen das Vorliegen weiterer Voraussetzungen bezüglich der Frequenzen (Zugänglichkeit, Verwendungsfreigabe, Frequenznutzungsplan usw.), die Vorlage erforderlicher Dokumente (Konformitätsbewertung, Funkanlagenbetreiberzertifikat, Erlaubnis und ggf. Frequenzreservierung) und das Nichtvorliegen der in Art. 8 Abs. 1 Nr. 2 TKRG genannten Umstände (siehe Art. 18 Abs. 1 TKRG). Für die Wiedererteilung einer Genehmigung gelten die Erlaubnisvorschriften entsprechend (Art. 18 Abs. 4 i.V.m. Art. 11 TKRG).

bb) Inhalt

Den Inhalt einer Genehmigung bestimmt Art. 19 und 20 TKRG. Zu den obligatorischen Bestandteilen einer Genehmigung gehören demnach die Bezeichnung des berechtigten Subjekts mit seinem Sitz und seiner Adresse, Art und Identifizierungsmerkmale der Funkanlage, Frequenz- und Gerätenutzungsbedingungen sowie schließlich die Gültigkeitsdauer. Darüber hinaus kann die Genehmigung Bestimmungen bezüglich der Gerätenutzungsbedingungen in besonderen Gefahrsituationen und bezüglich des Entgeltzahlungsverfahrens für das Frequenznutzungsrecht sowie die Zuteilung von Identifizierungssignalen oder Rufzeichen enthalten.

Besondere Beachtung sollte in diesem Zusammenhang den Frequenznutzungsbedingungen geschenkt werden. Diese richten sich nach der Art der Anla-

---

519 Siehe dazu oben unter D.I.2.b).

520 Vgl. *Piątek*, PrTelekom, Art. 3 Rdnr. 32.

ge. Bei terrestrischen Funkanlagen oder der Frequenzreservierung für Telekommunikationsdienste anhand solcher Geräte sollten zunächst die Frequenz und dann entsprechend die Standortbestimmung des Gerätes, die Strahlungs- oder Ausgangsleistung, Angaben zur Sendeantenne und schließlich die Signalart und die technischen Parameter der Ausstrahlung bestimmt werden. Ähnliche Vorschriften gelten für terrestrische Satellitenanlagen, deren Frequenznutzungsbedingungen ebenso die Frequenzen, den Namen, die Lage des genutzten Satelliten sowie den Standort der terrestrischen Satellitenanlage und schließlich die Signalart und technische Parameter seiner Ausstrahlung beinhalten.

cc) Rücknahme oder Änderung

Neben der entsprechenden Anwendung der obligatorischen und fakultativen Erlaubnisrücknahmevorschriften[521] kann der Präsident RegTuP in drei weiteren gesetzlich bestimmten Fällen eine Genehmigung zurücknehmen bzw. die Frequenznutzungsbedingungen ändern. Zunächst besteht diese Kompetenz bei der Feststellung einer Arbeitsstörung bei anderen Geräten oder Telekommunikationsnetzen durch die Nutzung der Funkanlage entsprechend der Genehmigung. Zweiter Fall regelt das Rücknahmerecht im Falle der Änderung der Landesfrequenzbestimmungstafel. Zuletzt kann der Präsident RegTuP sein Recht auch bei innerhalb von 12 Monaten ab dem Tag der Genehmigungserteilung oder des bestimmten Nutzungsbeginns nicht begonnener Frequenznutzung anwenden (siehe Art. 21 Abs. 2 TKRG). Eine Änderung der Frequenznutzungsbedingungen ist darüber hinaus in zwei weiteren Fällen möglich, und zwar bei der Feststellung einer geringen oder ineffektiven Frequenznutzung sowie wenn die Arbeit der Funkanlage von anderen Geräten oder Telekommunikationsnetzen gestört wird, also im umgekehrten Fall des Art. 21 Abs. 2 Nr. 1 TKRG.

Eine Genehmigung, die im Zusammenhang mit einer Frequenzreservierung erteilt wurde, erlischt von Rechts wegen im Falle der Beendigung der Frequenzreservierung (Art. 21 Abs. 4 TKRG). Dies kann vorkommen, wenn der Frequenzreservierungsbescheid zurückgenommen, geändert oder für unwirksam erklärt wird oder seine Gültigkeitsdauer abläuft.

c) Funkanlagenbetreiberzertifikate

Das polnische Telekommunikationsrechtsgesetz verlangt zur Nutzung von Funkanlagen Funkanlagenbetreiberzertifikate neben einer Funkgenehmigung, die zur Nutzung von Sende- und/oder Empfangsfunkanlagen bei bestimmten Funkdiensten berechtigen. Unter dieses Erfordernis fallen der Flug-, See- und Binnenschifffahrtsfunk sowie der Amateurfunk. Die Ausstellungsvoraussetzungen für diese Zertifikate werden durch Art. 27 Abs. 1-3 TKRG sowie durch die aufgrund

[521] Siehe Verweisung in Art. 21 Abs. 1 TKRG.

der Kompetenzbestimmung in Art. 27 Abs. 4 TKRG noch zu erlassende Verordnung des Infrastrukturministers im Einvernehmen mit dem zuständigen Transport- und Seewirtschaftsminister bestimmt.

Ausländische Zertifikate werden unter der Einschränkung, dass die Person, die ein solches Zertifikat besitzt und auf dem Gebiet Polens eine Sende- und/oder Empfangsfunkanlage bedient, im ausländischen und nicht nationalen Funkdienst arbeitet, anerkannt.

5. *Anzeigepflicht*

a) Umfang und Inhalt

In Entsprechung europäischer Vorgaben in Art. 5 Abs. 2 RL 97/13/EG statuiert der polnische Gesetzgeber eine Anzeigepflicht für jegliche Telekommunikationstätigkeit in einem öffentlichen Netz, die keiner Erlaubnispflicht unterliegt. Nach Art. 3 Abs. 3 TKRG ist diese Tätigkeit dem Präsidenten RegTuP schriftlich mindestens 28 Tage vor dem geplanten Beginn anzuzeigen.

Die schriftliche Anzeige sollte, in Anlehnung an den Inhalt der Erlaubnis, die Bezeichnung des Unternehmers, seinen Sitz und Adresse, die Angabe der Rechtsform des Unternehmers, seiner Unternehmerregisternummer, der Art, Umfangs und Gebietes der geplanten Telekommunikationstätigkeit sowie schließlich den Zeitpunkt des Tätigkeitsbeginns enthalten.

b) Wirksamkeit

Die in der Anzeige genannte Tätigkeit ist erst dann erlaubt, wenn sie nicht von einem Einspruch des Präsidenten RegTuP umfasst wird. Andererseits ist die Vornahme der anzeigepflichtigen Tätigkeit verboten. Dies ergibt sich aus Art. 16 TKRG, der darüber hinaus die Ausführung der anzeigepflichtigen Telekommunikationstätigkeit ohne Anzeige verbietet. Geahndet wird eine solche Verletzung des Art. 16 TKRG mit einer Geldstrafe nach Art. 124 Abs. 1 Nr. 1 i.V.m. Art. 125 TKRG.

Das ursprünglich nur in Art. 14 Abs. 2 TKRG geregelte Einspruchsrecht des Präsidenten RegTuP (bei Gesetzeswidrigkeit oder Unvollständigkeit der Anzeige sowie wenn die angezeigte Telekommunikationstätigkeit eine Bedrohung für die Staatssicherheit darstellt) wurde als nicht ausreichend erachtet und aufgrund des ersten Änderungsgesetzes vom 24. August 2001[522] auf weitere Fälle erweitert (siehe dazu die neu eingefügten Art. 14 Abs. 2a und Art. 14a TKRG).

Schließlich hat der Unternehmer dafür Sorge zu tragen, dass seine Anzeige immer den aktuellen rechtlichen und faktischen Zustand wiedergibt. Er unterliegt gemäß Art. 15 Abs. 1 TKRG einer Aktualisierungspflicht innerhalb von 14 Ta-

---

[522] Dz. U. Nr. 122. Pos. 1321.

gen seit Entstehung der anzuzeigenden Änderung. Diese Pflicht gilt auch für den Fall des Einstellens der angezeigten Telekommunikationstätigkeit.

6. Gebühren

Die anfallenden Gebühren lassen sich aufgrund des Erhebungsgrundes in zwei Arten trennen – solche für die Ausstellung einerseits und solche für den Besitz bzw. die Nutzung von Berechtigungen andererseits. Weiterhin wird zwischen den Berechtigungsarten – Erlaubnisse, Nummern, Frequenzen sowie Funkanlagenbetreiberzertifikate – unterschieden. Gemeinsam ist den Gebühren, dass sie für die Ausstellung einmalig und für den Besitz jährlich erhoben werden. Bei Zahlungsverzug sind zusätzlich zu den Gebühren gesetzliche Zinsen zu zahlen[523]. Diese bewegen sich in Polen[524] im Gegensatz zu Deutschland[525] auf einem noch sehr hohen Niveau, die Tendenz ist jedoch fallend.

a) Erlaubnisse

Bei einer Erlaubnis wird zunächst eine einmalige Gebühr für die Ausstellung erhoben, die sich der Höhe nach in Anlehnung an europäische Vorgaben[526] an den Ausstellungskosten richten muss[527]. Die genaue Höhe und Zahlungsweise der Ausstellungsgebühren wurde in der aufgrund der Ermächtigung in Art. 29 Abs. 2 TKRG am 22. Dezember 2000 vom damaligen Fernmeldeminister erlassenen Verordnung[528] bestimmt. Sie wurde bereits in Euro angegeben[529] und erstreckt sich, je nach der Art des Netzes, von 1000 Euro bei Netzen zur Verbreitung von Rundfunk- und Fernsehprogrammen bis 5000 Euro bei mobilen Telefonnetzen.

Neben den Gebühren für die Ausstellung der Erlaubnis sind Gebühren für den Besitz von Erlaubnissen zu entrichten, jedoch nur im Falle, dass dem Erlaubnisinhaber kein Nummernnutzungsrecht zusteht (Art. 30 Abs. 2 TKRG). Diese Nutzungsrechtsgebühren werden im Gegensatz zu den Ausstellungsgebühren jährlich erhoben und können lediglich die Betreiber betreffen, die Netze zur Verbreitung und Verteilung von Rundfunk- und Fernsehprogrammen betreiben oder die einen Nummernbestand nutzen, den sie nicht aufgrund einer originären

---

523 Vgl. Art. 30 Abs. 1 Gedankenstrich, Art. 31 Abs. 1 Gedankenstrich.

524 So beträgt der jährliche gesetzliche Zinssatz ab dem 25.7.2002 16% (siehe Verordnung des Ministerrates vom 19.7.2002, Dz. U. Nr. 117, Pos. 1009), davor lag er bei 20% (siehe Verordnung des Ministerrates vom 11.12.2001, Dz. U. Nr. 143, Pos. 1612).

525 Vgl. § 246 BGB, der einen grundsätzlichen jährlichen gesetzlichen Zinssatz von 4% bestimmt.

526 Siehe Art. 11 Abs. 1 RL 97/13/EG.

527 Vgl. dazu die Verordnungsermächtigung in Art. 29 Abs. 2 TKRG.

528 Dz. U. Nr. 121, Pos. 1306.

529 Entrichtet wird sie jedoch in PLN in Höhe des Gegenwertes des Euro-Betrages, der unter Zugrundelegung des Euro-Durchschnittskurses der Polnischen Nationalbank am Zahlungstag berechnet wird.

Nummernzuteilung erhalten haben. Die Bestimmung der Höhe und der genauen Zahlungsweise ist der am 18.6.2001 vom Fernmeldeminister erlassenen Verordnung[530] überlassen worden. Allerdings verlangte der polnische Gesetzgeber vom Verordnungsgeber die Begründung der Gebühren durch die Kosten der Regulierung und Kontrolle der betreffenden Telekommunikationstätigkeit und entsprach damit im vollen Umfang den gemeinschaftsrechtlichen Vorgaben der RL 97/13/EG (siehe Art. 11 Abs. 1). Nach § 2 Abs. 1 Nr. 2 dieser Verordnung richten sich die Besitzgebühren bei Kabelnetzen nach der Anzahl der betriebenen Teilnehmerbuchsen (0,12 Euro pro Buchse) und bei anderen unter die Besitzgebührenpflicht fallenden Netzen nach der Anzahl der von der Erlaubnis umfassten Nummernbereiche, wobei sich hier die höchste Gebühr bei mehr als 20 Nummernbereichen auf 3000 Euro beläuft.

b) Nummern

Für die Nummernzuteilung wird nach Art. 30 Abs. 1 Nr. 1 TKRG eine einmalige Zuteilungsgebühr erhoben. Voraussetzung für diese Gebühr ist jedoch, dass die Wahl des Subjektes, das eine Nummernzuteilung erhielt, im Wege einer Versteigerung/Ausschreibung erfolgte. Dies ist gemäß Art. 99 Abs. 3 i.V.m. Art. 24, 25 TKRG jedoch nur dann möglich, wenn die begehrten Nummern knapp sind. Nach europäischen Vorgaben kann eine Nummernknappheit inzwischen nur noch bei den sog. „goldenen Nummern" auftreten, so dass die genannten Vorschriften eng ausgelegt und, um europarechtskonform zu sein, nur auf diese äußerst beliebten Nummern angewendet werden sollten. Die Höhe dieser einmaligen Gebühr wurde in der Verordnung nach Art. 30 Abs. 4 TKRG[531] bestimmt.

Die gleichzeitig jährlich zu entrichtenden Nummernnutzungsrechtsgebühren werden auf der Grundlage der zugeteilten Teilnehmer- und Zugangsnummern wiederum nach der oben genannten Verordnung berechnet. Unter den Regelungsbereich des Art. 30 Abs. 1 TKRG fallen alle Subjekte, die ein Nummerierungsrecht erhalten haben, also nicht nur öffentliche Betreiber.

c) Frequenzen

Neben den bereits erwähnten Gebühren werden auf Grund des Art. 31 Abs. 1 TKRG und der entsprechenden Verordnung nach Art. 31 Abs. 3 TKRG[532] Fre-

530 Dz. U. Nr. 66, Pos. 668.

531 Siehe Fn. 530.

532 Auf Grundlage des Art. 31 Abs. 3 TKRG sind Ende 2002 rechtzeitig zum Ablauf der zweijährigen Übergangsfrist für fernmeldegesetzliche Verordnungen zwei Frequenzgebührenverordnungen (im Folgenden: FreqGebVO) erlassen worden, und zwar eine allgemeine (Ermächtigungsgrundlage: Art. 31 Abs. 3 Nr. 1 und 2 b)) sowie eine spezielle für Regierungsorgane (Ermächtigungsgrundlage: Art. 31 Abs. 3 Nr. 2 a)) – 1. Rozporządzenie Ministra Infrasturktury z dnia 20 grudnia 2002 r. W sprawie opłat za dokonanie rezerwacji częstotliwości oraz za prawo do

quenzgebühren erhoben. Eine einmalige Gebühr ist zunächst für die Vornahme der Frequenzreservierung zu leisten, also für das Verfügungsrecht über Frequenzen, wenn Letztere aufgrund einer Versteigerung/Ausschreibung erfolgte. Da Frequenzen anders als Nummern allgemein als ein knappes Gut eingestuft werden, können sie im Einklang mit den telekommunikationsrechtlichen Richtlinien[533] nach Art. 24 Abs. 1 TKRG auf dem Versteigerungs-/Ausschreibungsweg vergeben werden. Für diese Frequenzreservierung kann gemäß Art. 11 Abs. 2 RL 97/13/EG eine Abgabe verlangt werden, die zur Sicherstellung einer optimalen Nutzung dieser Ressource notwendig, nichtdiskriminierend, innovations- und wettbewerbsfördernd ist. Die Erhebung einer Gebühr für das Recht zur Verfügung über eine Frequenz ist somit EU-konform. Ihre Höhe soll sich an den Kosten der Frequenzverwaltung orientieren und beträgt in Polen entsprechend den Bestimmungen des Verordnungsgebers die Hälfte der Frequenznutzungsrechtsgebühr.[534] Diese zweite Art der Frequenzgebühren basiert, wie der Name schon sagt, auf dem Frequenznutzungsrecht und wird gemäß Art. 31 Abs. 1 Nr. 2 TKRG jährlich erhoben. Die genaue Gebührenhöhe richtet sich nach der Art des Funkdienstes und ist den Anlagen zur FreqGebVO zu entnehmen. Unterschieden wir zwischen Mobilfunkdienst, festem Funkdienst/Funkdienst über Satelliten, Flug- und Seefunkdienst sowie Rundfunkdienst.[535]

Bei Untersuchung des bisher erläuterten Gebührenregimes fällt auf, dass das Telekommunikationsrechtsgesetz keinerlei Bestimmungen bezüglich Genehmigungsgebühren enthält. Somit ist für die Erteilung von Funkgenehmigungen keine Gebühr nach dem TKRG zu leisten. Jedoch ergibt sich eine entsprechende Zahlungspflicht nach dem Finanzgebührengesetz[536], auf dessen Grundlage für die auf Antrag des Interessierten erteilten Genehmigungen Finanzgebühren erhoben werden.

d) Funkanlagenbetreiberzertifikate

Der letzte Punkt dieses Abschnitts befasst sich mit den Gebühren im Rahmen der Funkanlagenbetreiberzertifikate. Das Gesetz schreibt in Art. 27 Abs. 3 TKRG vor, dass für die Durchführung einer Prüfung zur Erlangung eines Funkanlagenbetreiberzertifikates sowie für dessen Ausstellung von der RegTuP Gebühren zu erheben sind. Die Höhe dieser Abgaben richtet sich nach der Funkanlagenbetrei-

---

wykorzystywania częstotliwości (Dz. U. Nr. 237, Pos. 2008); 2. Rozporządzenie Ministra Infrastruktury z dnia 20 grudnia 2002 r. w sprawie opłat za prawo do wykorzystywania częstotliwości przez komórki i jednostki organizacyjne dla potrzeb służb rządowych (Dz. U. Nr. 237, Pos. 2009).

533 Siehe Art. 10 RL 97/13/EG.

534 Vgl. § 2 Abs. 1 FreqGebVO (allgemein).

535 Vgl. § 3 FreqGebVO (allgemein).

536 Gesetz vom 9.9.2000, Dz. U. Nr. 86, Pos. 960, mit zahlreichen Änderungen.

berzertifikatsverordnung, die aufgrund der in Art. 27 Abs. 4 Nr. 2 TKRG enthaltenen Verordnungsermächtigung zu erlassen ist. Der Verordnungsgeber machte von dieser Ermächtigung bisher noch keinen Gebrauch.

II. KUNDENSCHUTZ

1. Einführung

Seit der schon bereits Anfang der neunziger Jahre in Polen begonnenen Liberalisierung des Telekommunikationssektors beruht die Leistung von Telekommunikationsdienstleistungen auf privatrechtlichen Verträgen zwischen Anbietern und Kunden.[537] Da zwischen diesen zwei Gruppen prinzipiell ein strukturelles Ungleichgewicht[538] besteht, hat der polnische Gesetzgeber auch im neuen Telekommunikationsrechtsgesetz bestimmte Regeln zum Schutz der Kunden eingeführt.[539] Dabei umfasst Kundenschutz nicht ausschließlich den Schutz von Endverbrauchern sondern auch den Nutzerschutz. Letztere sind insbesondere gegenüber den Alt-Monopolisten schutzbedürftig. Die nachfolgenden Vorschriften zum Kundenschutz, der explizit in den Zielkatalog des Gesetzes aufgenommen wurde[540], dienen ebenso der Entfaltung eines chancengleichen und effektiven Wettbewerbs auf dem Gebiet der Telekommunikationsdienstleistungen.

Das Telekommunikationsrechtsgesetz unterscheidet je nach dem Kreis der Verpflichteten zwei verschiedene Arten von Kundenschutzpflichten – allgemeine und besondere. Erstere müssen von allen, also sowohl von Betreibern als auch Anbietern von Telekommunikationsdiensten, beachtet werden. Diese allgemeine Pflicht wird schon durch die Überschrift des dritten Gesetzesteiles indiziert (Erbringen und Zugänglichmachung von Telekommunikationsdiensten) und ist in Art. 38 TKRG, der die entsprechende Anwendung der Telekommunikationsdienstleistungsgrundsätze auf Subjekte, die Telekommunikationsdienste zugänglich machen, anordnet, explizit festgesetzt. Die weiteren allgemeinen Pflichten wurden als Nutzerrechte formuliert und gelten damit für beide Unternehmensarten – Netzbetreiber und Diensteanbieter.

Die meisten hier relevanten Vorschriften befinden sich im ersten und sechsten Abschnitt des dritten Teiles des Gesetzes über das Erbringen und die Zugänglichmachung von Telekommunikationsdiensten. Erster Teil mit dem Titel „Grundsätze der Telekommunikationsdienstleistungen und des Zugangs zu Telekommunikationsdiensten“ enthält allgemeine Pflichten außer der Haftungsfrage, die im sechsten Abschnitt über die Verantwortung für Nicht- oder Schlechtleistung in der Telekommunikation geregelt wird. Daneben werden die meisten besonderen Pflichten im Rahmen des Universaldienstleistungsregimes auferlegt.

---

537 Siehe dazu Art. 36 ff. FernmeldeG 1990. Das neue TKRG stellt dies in Art. 34 Abs. 1 nochmals klar.

538 *Holznagel/Enaux/Nienhaus*, S. 113.

539 Zur Ausgestaltung des Verbraucherschutzes nach dem TKG siehe *Heßler*, Der Verbraucherschutz im Telekommunikationsgesetz, S. 41 ff.

540 Vgl. Art. 1 Abs. 3 Nr. 2 TKRG.

Anders als im deutschen Recht, wo die relevanten Vorschriften in der aufgrund des § 41 TKG erlassenen Kundenschutzverordnung zusammengetragen wurden, sind die polnischen Vorschriften verstreut im Gesetz aufzufinden.

2. Allgemeine kundenschutzrechtliche Pflichten

a) Telekommunikationsdienstleistungsverträge

aa) Allgemeines

Wie bereits eingangs festgestellt, beruhen die Beziehungen von Telekommunikationsanbietern und -nutzern auf dem Privatrecht. Das polnische TKRG stellt dies in Art. 34 Abs. 1 klar, indem es aussagt, dass Telekommunikationsdienstleistungen aufgrund von Telekommunikationsdienstleistungsverträgen erbracht werden. Ein solcher Telekommunikationsdienstleistungsvertrag wird jedoch gesetzlich nicht näher erläutert oder definiert. Da Verträge über Telekommunikationsdienste verschiedenste Ausformungen erlangen können, kann man nicht immer einen der zivilrechtlich bestimmten typischen Verträge als Grundlage heranziehen. Im Zweifelsfall bestimmt das polnische Zivilgesetzbuch die Anwendung der Auftragsvorschriften.[541]

bb) Unzulässige Klauseln

Nach Art. 34 Abs. 2 TKRG gibt es drei Arten von Vertragsklauseln, die in einem Telekommunikationsdienstleistungsvertrag nicht aufgenommen werden dürfen. Demnach ist der Vertragsabschluss über Telekommunikationsdienste nicht von einer Bedingung des Abschlusses eines Vertrages über die Durchführung anderer Dienste oder den Erwerb eines Gerätes vom bestimmten Lieferanten abhängig zu machen. Unzulässig ist auch eine Klausel über den Nichtabschlusses eines Telekommunikationsdienstvertrages mit einem anderen Betreiber als dem Vertragspartner. Dritte und letzte unzulässige Bedingung betrifft den Fall der Verbindung des Vertragsschlusses mit der Erteilung anderer als der datenschutzrechtlich vorgesehenen Daten und Informationen.

Die genannten missbräuchlichen Klauseln gelten für alle Nutzerverträge. Bei Verbraucherverträgen sind zudem die allgemeinen zivilrechtlichen Vorschriften bezüglich unzulässiger Vertragsbestimmungen (Art. 385^1 - 385^3 ZGB) sowie andere gesetzliche Vertragsgestaltungsverbote anwendbar.[542]

cc) Betreiberwechsel

Unzulässig ist auch eine solche Gestaltung des Telekommunikationsdienstleistungsvertrages, die dem Nutzer die Ausübung des Rechts zum Betreiberwechsel unmöglich macht oder erschwert (Art. 34 Abs. 4 TKRG).

---

541 Art. 750 ZGB.

542 *Piątek*, PrTelekom, Art. 34 Rdnr. 2.

dd) Ausführungsvorschriften

Art. 34 Abs. 7 TKRG ermächtigt den zuständigen Fernmeldeminister zum Erlass einer Verordnung über ausführliche Telekommunikationsdienstleistungsbedingungen unter Einschluss europäischer bzw. internationaler Qualitätsgrundsätze. Da es sich aber um eine Fakultativverordnung handelt, wurde sie bisher nicht erlassen.

b) Dienstleistungspreise

Die Preise für Telekommunikationsdienstleistungen werden von den Betreibern nach Art. 35 TKRG aufgrund übersichtlicher und objektiver Kriterien festgesetzt. Sie sollen gleichwohl eine Gleichbehandlung der Nutzer gewährleisten. Das in Abs. 1 der genannten Vorschrift garantierte Preisfestsetzungsrecht bezieht sich ausschließlich auf die Beziehungen der Betreiber bzw. Anbieter mit den für die Regulierung der Telekommunikation verantwortlichen Verwaltungsorganen und hat keinen Einfluss auf die Berechtigungen der anderen Vertragsseite, die jeweiligen Dienstleistungspreise jeweils individuell auszuhandeln.[543] Aus Kundenschutzgesichtspunkten trifft die Betreiber und Anbieter eine Informationspflicht bei Änderung der Dienstleistungspreise. So müssen Nutzer mindestens eine Abrechnungsperiode im Voraus über etwaige Preisänderungen schriftlich benachrichtigt werden. Darüber hinaus sind Betreiber und Anbieter auf Verlangen des Präsidenten RegTuP zur Vorlage der aktuellen Preisliste für Telekommunikationsdienste verpflichtet. Dem Präsidenten RegTuP erwachsen aus dieser Vorschrift jedoch keinerlei Entgeltregulierungsmöglichkeiten nach dem Telekommunikationsrechtsgesetz. Solche sind, wie bereits im Abschnitt zum besonderen Wettbewerbsrecht besprochen[544], ausnahmsweise bei der Preisfestsetzung für Universal- und Mietleitungsdienste durch Unternehmen mit einer besonderen Marktstellung in Art. 59 bis 61 TKRG vorgesehen.

c) Abrechnung

aa) Einzelverbindungsnachweis

Art. 36 Abs. 1 TKRG statuiert eine Pflicht der Betreiber und Anbieter zur Aufzeichnung und Speicherung von Daten über ausgeführte Dienste für grundsätzlich mindestens ein Jahr. Grund hierfür ist die Ermöglichung der Feststellung der genauen Dienstleistungsverbindlichkeiten sowie der Überprüfung einer Beschwerde. Diese Vorschrift war der Grundstein für die Einführung der sog. Einzelverbindungsnachweise bzw. Einzelgebührennachweise. Sie können unter Ausschluss der gesetzlich vorgeschriebenen Fälle von den Vertragsparteien gegen ein

---

543 *Piątek*, PrTelekom, Art. 35 Rdnr. 2 a.E.

544 Siehe o. C.IV.8.d).

Entgelt vereinbart werden. Die Betreiber müssen jedoch einem Antrag auf Einzelverbindungsnachweis nachkommen[545]; zur Debatte steht lediglich die dafür zu entrichtende Gebühr. Die Entgeltpflicht entfällt allerdings bei gerechtfertigten Beschwerden des Nutzers. In der Praxis gewähren Sprachmobilfunkbetreiber solche Einzelverbindungsnachweise unentgeltlich, Telefonfestnetzbetreiber verlangen hierfür eine zusätzliche Vergütung.

Die grundsätzliche Einführung der Einzelverbindungsnachweise entspricht vollumfänglich den Vorgaben des noch aktuellen europäischen Telekommunikationsrechts, das in Art. 14 Abs. 1 RL 98/10/EG die Sicherstellung der Möglichkeit zur Einzelgebührenerfassung in festen öffentlichen Telefonnetzen bis spätestens 31. Dezember 2001 verlangt. Der polnische Gesetzgeber erweiterte diese europarechtlich auf feste öffentliche Telefonnetze beschränkte Pflicht auf alle Betreiber und Anbieter. Allerdings verlangt die genannte Richtlinienvorschrift, dass eine Grundform der Einzelgebührenerfassung unentgeltlich zur Verfügung zu stellen ist[546]. Dies wurde im polnischen TKRG nicht hinreichend umgesetzt – Art. 36 Abs. 3 TKRG sieht die Unentgeltlichkeit des Einzelverbindungsnachweises lediglich bei gerechtfertigten Beschwerden vor.

bb) Abrechnungen bei Zusammenschaltungen

Der vorliegende Gliederungspunkt über Abrechnungen bei Zusammenschaltungen betrifft eine für das Einführen des chancengleichen Wettbewerbs äußerst wichtige Frage. Nach deutschem Recht ist der Anbieter des Zugangs zum öffentlichen Telekommunikationsnetz gem. § 15 Abs. 1 TKV zur Erstellung einer Gesamtrechnung, die auch die Entgelte anderer Anbieter enthält, verpflichtet.[547] Ob daraus in Folge eine Inkassopflicht besteht, war umstritten[548], die Regulierungsbehörde bejahte jedoch eine Pflicht der Deutschen Telekom AG zum Forderungseinzug[549].

Das polnische Telekommunikationsrechtsgesetz enthält keine entsprechende Pflicht zur Rechnungserstellung bzw. zum Inkasso durch den ehemaligen Monopolisten TP SA. Deswegen nahm sich die RegTuP dieses Problems an und veröffentlichte zwei Standpunkte bezüglich der gegenseitigen Abrechnungen im weiten Sinne. Der erste Standpunkt[550] betrifft lediglich Empfehlungen für Abrechnungsmodalitäten und -tarife bei Zusammenschaltungen und regelt nicht die Frage der Rechnungserstellung oder des Forderungseinzugs. Diese durchaus wichti-

545 Siehe *Piątek*, PrTelekom, Art. 36 Rdnr. 5.
546 Siehe Art. 14 Abs. 2 UA 2 RL 98/10/EG.
547 Zum § 15 TKV ausführlich *Nießen*, in: TKM-Komm., C § 41/§ 15 TKV Rdnr. 3 ff.
548 Vgl. statt vieler *Holznagel/Enaux/Nienhaus*, S. 119 f. mit zahlreichen Nachweisen.
549 Siehe *RegTP*, Beschluss vom 21.2.2000, MMR 2000, 298-315 mit Anm. Schütz.
550 Siehe *URT*, Stanowisko Prezesa Urzędu Regulacji Telekomunikacji w sprawie modelu i rozliczeń międzyoperatorskich, Biuletyn 4/2001, 17-31.

gen Fragen wurden in einem zweiten Standpunkt des Präsidenten RegTuP vom Dezember 2001[551] hinsichtlich der Abrechnungen zwischen Telefonnetzbetreibern und Internetdiensteanbietern, auch „Internet Service Provider" (ISP) genannt, aufgegriffen. Neben Abrechnungsmodalitäten schlägt der Präsident zwei verschiedene Abrechnungs- und zugleich Rechnungsstellungsmöglichkeiten vor. Beim ersten Modell bestimmt der ISP die Gebührenhöhe für den Zugang zum Internet und der lokale Telefonnetzbetreiber stellt dies seinem Teilnehmer in Rechnung und ist für das Inkasso zuständig. Dieses Modell entspricht dem in Deutschland geltenden Prinzip der Gesamtrechnung, wobei es vom Präsidenten RegTuP keineswegs favorisiert wird. Das zweite Modell geht davon aus, dass der ISP die Rechnungsstellung und Forderungseinziehung beim Endnutzer selbstständig durchführt und dann mit dem Telefonnetzbetreiber abrechnet. Die Überschrift dieses Standpunktes bezieht sich nur auf Internet Service Provider, jedoch werden diese in den Ausführungen anderen Telekommunikationsbetreibern gleichgestellt.[552] Somit könnten die dargestellten Modelle im Prinzip auch bei anderen Zusammenschaltungsabrechnungen angewendet werden.

d) Zugangsschutz

Eine weitere Kundenschutzvorschrift ist in Art. 41 TKRG enthalten. Dieser Artikel sichert die reibungslose Inanspruchnahme von Telekommunikationsdiensten öffentlicher Betreiber, wenn hierzu eine Immobilie aufgrund eines entsprechenden Titels genutzt werden muss. Der Verpflichtetenkreis erstreckt sich nicht nur auf Eigentümer und Nutznießer, sondern umfasst ebenso Mieter, Pächter oder Dauerverwalter der Immobilie. Das TKRG sieht jedoch keinerlei besondere verwaltungsrechtliche Mittel zur Durchsetzung des vorgesehenen Zugangsschutzes vor.[553] Das weitergehende Recht zur Benutzung einer fremden Immobilie zur Installation von Telekommunikationsgeräten und Kabelleitungen ist in Art. 97 TKRG geregelt. Darauf wird nachfolgend im Rahmen der gemeinsamen Nutzung der Infrastruktur genauer eingegangen.

e) Allgemeiner Zugang

Art. 43 TKRG gewährt den Teilnehmern öffentlicher Telefonnetze neben dem grundsätzlichen Recht auf Zuschaltung von Endeinrichtungen[554] bestimmte Berechtigungen im Rahmen des allgemeinen Zugangs. Jedoch wurden die aufgestellten Pflichten der Betreiber schon im folgenden Artikel abgeschwächt und de-

---

551 *URT*, Stanowisko Prezesa URT w sprawie modelu rozliczeń między operatorami sieci telefonicznych a dostawcami usług internetowych, Biuletyn 1/2002, 1-9.

552 *URT*, Stanowisko Prezesa URT w sprawie modelu rozliczeń między operatorami sieci telefonicznych a dostawcami usług internetowych, Biuletyn 1/2002, 1 (4).

553 *Piątek*, PrTelekom, Art. 41 Rdnr. 7.

554 Siehe Art. 42 Abs. 1 TKRG.

ren Sicherung auf die Fälle beschränkt, dass eine technische Möglichkeit zur Verwirklichung der Teilnehmerberechtigungen überhaupt bestehe. Will sich ein Betreiber jedoch auf die fehlende technische Möglichkeit berufen, muss er beim Präsidenten RegTuP einen Aussetzungsbescheid (Art. 44 Abs. 2 TKRG) beantragen. Zu den möglichen Teilnehmerberechtigungen zählen:

aa) Nummernänderung

Nach Art. 43 Abs. 1 TKRG kann vom Teilnehmer die Änderung der zugeteilten Nummer im Falle ihrer erschwerten Nutzung verlangt werden. Er trägt hierfür die Beweislast. Eine erschwerte Nutzung kann insbesondere bei wiederholten Falschverbindungen mit der gegebenen Nummer vorliegen.[555]

bb) Nummernportabilität

Art. 43 Abs. 2 TKRG statuiert ein Recht des Teilnehmers zur Mitnahme der ihm zugeteilten Nummer beim Wohnungs- bzw. Tätigkeitswechsel. Diese Nummernmitnahme ist allerdings auf den Nummern- und Netzbereich[556] desselben Betreibers beschränkt und ermöglicht damit keine Nummernübertragbarkeit im Falle des Betreiberwechsels. Die vorliegende Regelung widerspricht eindeutig den europarechtlichen Vorgaben, die bereits in der Zusammenschaltungsrichtlinie 97/33/EG, konkretisiert durch die Richtlinie 98/61/EG[557], die zwingende Möglichkeit der Nummernübertragbarkeit beim Betreiberwechsel, also der Ausübung des Rechts zur Betreibervorauswahl (Preselection), einführte. Nach der geänderten Fassung des Art. 12 Abs. 5 RL 97/33/EG waren diese Leistungsmerkmale grundsätzlich spätestens ab dem 1. Januar 2000 zur Verfügung zu stellen. Hier besteht somit Anpassungsbedarf im polnischen Telekommunikationsrechtsgesetz. Die Regierung hat sich im geplanten Änderungsgesetz dieses Problems angenommen – danach sollen u.a. die polnischen Vorschriften zur Nummernmitnahme richtlinienkonform neu gefasst werden und eine Nummernübertragbarkeit im Sinne des Art. 12 Abs. 7 RL 98/61/EG eingeführt werden.[558]

---

555 *Piątek*, PrTelekom, Art. 43 Rdnr. 2.

556 Der Nummernbereich wird in Art. 2 Nr. 22 TKRG als ein geografischer Bereich definiert, für den man im Landesnummerierungsplan für öffentliche Telefonnetze eine Ortskennzahl festgesetzt hat.

557 Richtlinie des Europäischen Parlaments und des Rates vom 24. September 1998 zur Änderung der Richtlinie 97/33/EG hinsichtlich der Übertragbarkeit von Nummern und der Betreibervorauswahl, Abl. EG L 268/37 vom 3.10.98 (im Folgenden: RL 98/61/EG).

558 Siehe dazu *Ministerstwo Infrastruktury*, Projekt zmian ustawy Prawo telekomunikacyjne – omówienie [Infrastrukturministerium, Entwurf zur Änderung des Gesetzes Telekommunikationsrecht – eine Besprechung], abrufbar unter: http://www.mi.gov.pl/source.php?plik=laczkonf070802 sowie Änderungsgesetz-E TKRG, SejmDrs. Nr. 779.

cc) Betreiberwahl

Die in Art. 12 Abs. 7 RL 98/61/EG den Telefonfestnetzbetreibern auferlegte Pflicht zur Ermöglichung der Betreibervorauswahl wurde im polnischen Recht in Art. 43 Abs. 3 TKRG umgesetzt. Nach dieser Vorschrift kann der Teilnehmer des öffentlichen Telefonnetzes den internationale sowie Ferngespräche anbietenden Betreiber wählen. Es besteht kein Recht auf Erhebung einer Wechselgebühr vom Teilnehmer. Im Gegensatz zur polnischen Vorgabe, beschränkt der Richtliniengeber die Betreibervorauswahl nicht auf internationale und Ferngespräche. Deswegen ist Art. 43 Abs. 3 TKRG insoweit nicht gemeinschaftsrechtskonform, da er die Betreibervorauswahl nicht auf das lokale Ortsnetz erstreckt. Der Änderungsentwurf zum Telekommunikationsrechtsgesetz sieht die Gewährleistung dieses Nutzerrechtes jedoch vor.[559]

Der Gesetzgeber macht einfachgesetzlich keine Unterscheidung zwischen der Möglichkeit der Betreibervorauswahl durch Preselection oder Call-by-Call. *Piątek* geht zu Recht von der Annahme aus, dass die besprochene Vorschrift beide Alternativen umfasst. Begründet wird dies mit entsprechenden, aufgrund des alten Fernmeldegesetzes erlassenen Ausführungsvorschriften, die die Realisierung beider Arten ermöglichten.[560] Diese Interpretationsweise wurde in einer Ende Oktober 2002 erlassenen Verordnung[561] bestätigt, in der nun die Begriffe Zugangsnummer (entspricht Call-by-Call) bzw. Preselection verwendet werden.

In Deutschland wurde der Wettbewerb im Ortsnetz endgültig Ende April 2003 eingeführt. Der ursprünglich geplante Termin für die Ermöglichung des Call-by-Call bei Ortsgesprächen (1. Dezember 2002)[562] wurde von der RegTP aus Gründen der technisch-objektiven Unrealisierbarkeit verschoben. Preselection-Einstellungen sollten im Ortsnetz spätestens ab dem 9. Juli 2003 angeboten werden.[563]

f) Rufnummernanzeige

Im Rahmen der Teilnehmeridentifikationsvorschriften (Art. 71 Abs. 1-5 TKRG) ist ein Betreiber des öffentlichen Telefonnetzes, das eine Identifikation

---

559 Siehe Art. 1 Nr. 22 b) Änderungsgesetz-E TKRG, SejmDrs. Nr. 779.

560 Siehe dazu *Piątek*, PrTelekom, Art. 43 Rdnr. 12.

561 Rozporządzenie Ministra Infrasturktury z dnia 29 października 2002 r. w sprawie szczegółowych warunków korzystania z uprawnień przez abonentów publicznej sieci telefonicznej [Verordnung des Infrastrukturministers vom 29. Oktober 2002 bezüglich der ausführlichen Bedingungen der Inanspruchnahme von Berechtigungen für Teilnehmer des öffentlichen Telefonnetzes], Dz. U. Nr. 188, Pos. 1578.

562 Vgl. sueddeutsche.de vom 11.9.2002: „Wettbewerb im Ortsnetz", abrufbar unter: http://www.sueddeutsche.de/wirtschaft/aktuell/52198/index.php.

563 Vgl. *RegTP*, Pressebericht vom 21. Februar 2003: „Klare Bedingungen für Netzbetreiberauswahl im Ortsnetz".

des Netzabschlusspunktes ermöglicht, dem Teilnehmer zur Gewährleistung der Ausschaltung der Rufnummernanzeige bei Ausgangs- bzw. Eingangsleitungen mittels einfacher Mittel verpflichtet. Die Unterdrückung der Rufnummernanzeige ist gem. Art. 71 Abs. 5 TKRG gebührenfrei. Die aufgrund der genannten Vorschriften statuierte allgemeine Pflicht der Betreiber entspricht vollumfänglich den gemeinschaftsrechtlichen Vorgaben des Art. 8 RL 97/66/EG.

g) Haftung

Das Telekommunikationsrechtsgesetz enthält im dritten Teil einen eigenen Abschnitt zur Verantwortung für die Nicht- oder Schlechtleistung in der Telekommunikation (Art. 72 - 75 TKRG). Der Gesetzgeber führt in den entsprechenden Vorschriften eine zweistufige Haftungsregelung ein, je nach Art des Betreibers: für Universaldienstbetreiber gilt ausnahmsweise die telekommunikationsrechtlich bestimmte Haftung, alle übrigen Betreiber haften nach den allgemeinen Regeln des Zivilgesetzbuches.

aa) Zivilrechtliche Haftung

Das Telekommunikationsrechtsgesetz regelt keine besondere vertragliche Haftung der Betreiber. Aus diesem Grund sind die allgemeinen Regeln der Art. 471 ff. ZGB anzuwenden.[564] Danach haftet der Betreiber für den entstandenen Schaden nicht, wenn er darlegen kann, dass er bei Erbringung der Telekommunikationsdienstleistung die nötige Sorgfalt angewendet hat. Darüber hinaus sind bei der zivilrechtlichen Haftung die den Umfang des zu leistenden Schadensersatzes regelnden Vorschriften (Art. 361 - 363 ZGB) heranzuziehen. Polnisches Zivilrecht sieht allgemein eine dreijährige Verjährungsfrist für periodische sowie mit einer wirtschaftlichen Tätigkeit zusammenhängende Dienstleistungen vor.[565]

Das Gesetz schreibt lediglich bei Universaldiensten ein obligatorisches Beschwerdeverfahren vor. Ein solches kann jedoch fakultativ entsprechend der Verordnung bezüglich der Beschwerde bei Telekommunikationsdiensten (im Folgenden: BeschwerdeVO)[566] auch bei den übrigen Betreibern durchgeführt werden (siehe § 1 Abs. 2 BeschwerdeVO).

bb) Telekommunikationsrechtliche Haftung

Für Universaldienstbetreiber gelten im Rahmen der Haftung besondere telekommunikationsrechtliche Vorschriften. Diese betreffen gemäß Art. 73 TKRG jedoch nur Schadensersatzansprüche wegen einer Unterbrechung der Universaldienstleistung. Weitere Haftungsregelungen sind im Gesetzesabschnitt zum Universaldienstregime enthalten. Dort wird ein Schadensersatzrecht des Teilnehmers

564 Vgl. *Krupa/Kuźnicki*, S. 74.
565 Siehe Art. 118 ZGB.
566 Verordnung des Wirtschaftsministers vom 28..9.2001, Dz. U. Nr. 115, Pos. 1230.

für die Fälle statuiert, dass der Vertragsschlusstermin über Universaldienste bzw. der im Universaldienstvertrag bestimmte Zeitpunkt des Dienstleistungsbeginns durch Verschulden des Betreibers nicht eingehalten wird.

Im Falle des Schadensersatzes wegen Unterbrechung steht dem Teilnehmer für jeden Tag der Unterbrechung eine Entschädigung in Höhe von 1/30 Teil der durchschnittlichen Monatsgebühr der letzten drei Abrechnungszeiträume zu, vorausgesetzt die Unterbrechung dauerte länger als 48 Stunden. Darüber hinaus besitzt der Teilnehmer das Recht auf Rückerstattung von 1/30 Teil der monatlichen Teilnehmergebühr für jeden Tag der Unterbrechung. Die letztgenannte Regelung gilt auch bei Terminverzögerungen nach Art. 51 Abs. 4 TKRG.

Die telekommunikationsrechtlichen Haftungsbeschränkungen für Universaldienstanbieter gelten jedoch nicht, wenn die Nicht- oder Schlechtleistung vorsätzlich bzw. grob fahrlässig verursacht wurde oder aufgrund einer unerlaubten Handlung entstand.[567] In diesen Fällen sind die allgemeinen zivilrechtlichen Schadensersatz- und Haftungsvorschriften heranzuziehen.

In den oben genannten Haftungsfällen muss ein durch die BeschwerdeVO näher bestimmtes Beschwerdeverfahren eingeleitet und durchgeführt werden. Die Erschöpfung dieses Verfahrens ist eine zwingende Voraussetzung für die Einleitung eines gerichtlichen Verfahrens zur Geltendmachung der Schadensersatzansprüche.[568] Das Beschwerdeverfahren gilt gem. Art. 74 Abs. 2 TKRG als erschöpft, wenn der Betreiber die geltend gemachten Forderungen innerhalb von 3 Monaten nicht beglich oder vor Ablauf der Frist eine eindeutige Absage der Anspruchsbefriedigung erteilte[569]. Für die Universaldienstschadensersatzansprüche gilt eine besondere Verjährungsfrist von nur 12 Monaten[570] im Gegensatz zur dreijährigen Frist bei den übrigen Telekommunikationsdienstleistungen.

h) Netzzugangsdienste

Letzte im Rahmen der allgemeinen Betreiberpflichten zu besprechende Vorschrift regelt den besonderen Netzzugang von Subjekten, die Telekommunikationsdienste zum Zwecke der gewinnorientierten Erlangung, Wiedergabe, Verarbeitung, Speicherung, Nutzung oder Zurverfügungstellung von Informationen nutzen. Der Zugang dieser Subjekte basiert zwar auf einem Vertrag über Telekommunikationsdienstleistungen, die jedoch aufgrund der besonderen Art ihrer Ausnutzung gesetzlich als Netzzugangsdienste bestimmt wurden.[571] Eine Beson-

---

567 Siehe Art. 72 Abs. 3 TKRG.

568 *Krupa/Kuźnicki*, S. 74.

569 Siehe dazu *Stępniak*, in: *ders./Piątek*, Komentarz do ustawy o łączności, Art. 71 Punkt 1 (S. 183).

570 Vgl. Art. 75 Abs. 2 TKRG sowie § 6 BeschwerdeVO (siehe o. Fn. 566).

571 *Piątek*, PrTelekom, Art. 46 Rdnr. 1.

derheit der Verträge über Netzzugangsdienste ergibt sich aus entsprechender Anwendung von für Zusammenschaltungsverträge charakteristischer Vorschriften. Hierunter fällt Art. 79 TKRG über Zusammenschaltungsangebote und Art. 83 - 85 TKRG über Zusammenschaltungsbescheide, die bei den Netzzugangsdiensten eine entsprechende Pflicht des marktbeherrschenden Unternehmens zur Erarbeitung von Netzzugangsangeboten einführen sowie die Erteilung von Netzzugangsbescheiden im Falle fehlender vertraglicher Vereinbarungen beider Parteien ermöglichen.

aa) Besonderer Netzzugang

Der Notwendigkeit der Schaffung von besonderen Netzzugangsbedingungen für Subjekte, die in den Netzen eigene Telekommunikationsdienste oder andere Dienste anbieten wollen, wurde in der gemeinschaftlichen Telekommunikationspolitik bereits in der Zusammenschaltungsrichtlinie[572] entsprochen. Art. 4 Abs. 2 der Richtlinie 97/33/EG führte bei Organisationen mit beträchtlicher Marktmacht eine Pflicht zur Gewährung des Netzzugangs an anderen als Netzabschlusspunkten ein. Der Sonderzugang zum Netz wurde in Art. 16 RL 98/10/EG genauer spezifiziert. Die Pflicht zur Verhandlung über einen Sonderzugang trifft jedoch weiterhin lediglich die Betreiber mit beträchtlicher Marktposition. Der polnische Gesetzgeber hat diese Pflicht auf alle Betreiber öffentlicher Telekommunikationsnetze ausgedehnt[573] und damit den Verpflichtetenkreis im Gegensatz zu gemeinschaftsweiten Regelungen erweitert. Dies soll durch die geplante Novellierung geändert und EU-konform auf Betreiber mit marktbeträchtlicher Stellung beschränkt werden.[574]

bb) Umfang der Netzzugangsdienste

Nach der Legaldefinition aus Art. 46 Abs. 1 TKRG zählt man die besonderen, auf der gewinnorientierten Erlangung, Wiedergabe, Verarbeitung, Speicherung, Nutzung oder Zurverfügungstellung von Informationen basierenden Telekommunikationsdienstleistungen zu den Netzzugangsdiensten. Diese Definition ist auch in Verbindung mit dem in Art. 1 Abs. 3 TKRG vorkommenden Begriff der Informationsdienste zu sehen. Das Gesetz selber definiert den Begriff der Informationsdienste nicht, darüber hinaus findet sich in der polnischen Gesetzgebung auch keine entsprechende Definition. Deswegen könnte die Erklärung der Netzzugangsdienste zur Definition der Informationsdienste herangezogen werden.[575]

---

572 Vgl. o. Fn. 25.
573 Vgl. Art. 46 Abs. 3 TKRG.
574 Siehe Art. 1 Nr. 24 Änderungsgesetz-E TKRG, SejmDrs. Nr. 779, S. 7.
575 Siehe *Piątek*, PrTelekom, Art. 46 Rdnr. 6.

Das deutsche Recht trennt die Informationsdienste in Teledienste und Mediendienste. Erstere wurden im Teledienstegesetz als elektronische Informations- und Kommunikationsdienste legaldefiniert, die für eine individuelle Nutzung von Inhalten mittels Telekommunikation bestimmt sind.[576] Mediendienste sind nach § 2 Abs. 1 MDStV[577] an die Allgemeinheit gerichtete Angebote von Informations- und Kommunikationsdiensten in Text, Ton oder Bild, die unter Benutzung elektromagnetischer Schwingungen ohne Verbindungsleitung oder längs oder mittels eines Leiters verbreitet werden. Die Unterscheidung zwischen Individualkommunikation bei Telediensten und Massenkommunikation bei Mediendiensten[578] und die damit verbundene schwierige Einteilung der unterschiedlichen Dienste entspringt einem Bund-Länder-Kompetenzstreit bezüglich der neuen Informations- und Kommunikationsdienste.[579]

Eine allgemeine Klassifizierung der Netzzugangsdienste ist angesichts der fortschreitenden Konvergenz von Informations- und audiovisuellen Diensten sehr schwierig. Typische Informationsdienste, die unter den Anwendungsbereich des Art. 46 TKRG fallen, sind die Dienste der Service Provider[580] wie die elektronische Post sowie solche der Access Provider[581], soweit sie den Nutzern eine Möglichkeit zur Informationsverarbeitung mittels ihrer Einrichtungen geben und sich nicht ausschließlich auf den Signaltransport im Netz oder zwischen den Netzen beschränken.[582] [583]

cc) Diskriminierungsverbot

In Anlehnung an gemeinschaftsrechtliche Vorgaben (Art. 16 Abs. 7 RL 98/10/EG) statuierte der polnische Gesetzgeber in Art. 46 Abs. 3 TKRG ein Diskriminierungsverbot. Die Betreiber sind danach den Nutzern gegenüber, die den Abschluss eines Netzzugangsdienstvertrages verlangen, zur Bereitstellung von notwendigen Informationen sowie zum Angebot von Telekommunikationsdienst-

---

576 Siehe § 2 Abs. 1 TDG. Siehe auch *Manssen*, in: TKM-Komm., E § 2 Rdnr. 2 ff.

577 Mediendienste-Staatsvertrag vom 20. Januar/12.Februar 1997, BayGVBl., S. 226.

578 Siehe *Heyl*, ZUM 1998, 115 (118).

579 Vgl. zum Ganzen *Koenig/Röder*, Plädoyer zur Überwindung der zersplitterten Aufsicht über neue Informations- und Kommunikationsmedien, K&R 1998, 417-421; *Gounalakis*, Der Mediendienste-Staatsvertrag der Länder, NJW 1997, 2993-3000.

580 Service Provider sind Unternehmer, die Telekommunikationsdienste anbieten, die sie jedoch in technischer Hinsicht nicht selbst erbringen sondern von Netzbetreibern einkaufen. Deswegen werden sie auch als Wiederverkäufer oder Reseller bezeichnet: siehe *Spoerr*, in: *Trute/Spoerr/Bosch*, TKG-Kommentar, § 3 Rdnr. 26.

581 Diensteanbieter, die einen Zugang zu Angeboten im Internet vermitteln; siehe *Schuster*, in: Beck`scher TKG-Komm., § 4 Rdnr. 4b.

582 *Piątek*, PrTelekom, Art. 46 Rdnr. 9.

583 Nach der Studie von *Cullen/WIK*, Universal Service in the Accession Countries, S. 208, gab es im Jahr 2001 350 Internet Service Provider in Polen.

leistungsbedingungen, die nicht schlechter sein dürfen, als solche für die eigenen Dienste oder im Verhältnis zu abhängigen Subjekten angewendeten, verpflichtet.

3. Besondere kundenschutzrechtliche Pflichten

Die besonderen Pflichten gelten überwiegend für Universaldienstanbieter und sind im entsprechenden Gesetzesabschnitt vorzufinden. Darüber hinaus statuiert das Gesetz auch bei Unternehmen mit besonderer Marktstellung Sonderpflichten im Rahmen des Kundenschutzes.

a) Recht auf Universaldienstleistungen

Aus einer Zusammenschau von Art. 49 Abs. 1, Art. 50 Abs. 3 und Art. 51 Abs. 1 TKRG ergibt sich eine Pflicht der Universaldienstbetreiber zum Vertragsschluss über die Erbringung von Universaldiensten, also Telefondiensten, Faxdiensten, Datenübertragungsdiensten sowie bestimmten Zusatzdiensten.[584] Ein Nachfrager nach Universaldiensten besitzt wegen der genannten Vorschriften somit einen Anspruch gegen den Universaldienstbetreiber auf Vertragsschluss über Universaldienste, wenn er die sich aus dem Gesetz oder den allgemeinen Geschäftsbedingungen für Telekommunikationsdienste ergebenden Voraussetzungen erfüllt.[585]

b) Veröffentlichungspflicht bei den Allgemeinen Geschäftsbedingungen

Aus Art. 50 Abs. 1 TKRG ergibt sich eine Pflicht der Universaldiestbetreiber zur Veröffentlichung ihrer allgemeinen Geschäftsbedingungen (im Folgenden: AGB). Diese müssen zum Beispiel durch eine Veröffentlichung in der Presse oder im Internet[586] öffentlich bekannt gemacht werden. Darüber hinaus müssen sie jedem Teilnehmer zusammen mit dem Universaldienstvertrag sowie auf sein Verlangen zugeleitet werden. Diese Veröffentlichungspflicht bezweckt eine möglichst umfangreiche Information aller Nutzer und nicht nur die der Teilnehmer.

c) Leistungseinstellung und -beschränkung

Wegen der Bedeutung des Universaldienstes kann dieser vom Universaldienstbetreiber nicht beliebig eingestellt oder beschränkt werden. Daher enthält das Gesetz ausführliche Regelungen, wann die Universaldienste unterbrochen oder eingestellt werden können. Diese Vorschriften enthalten sowohl Pflichten als auch Rechte der Betreiber. Spiegelbildlich gewährleisten sie den Teilnehmern ein umfangreiches Recht auf Universaldienstleistung.

---

584 Vgl. dazu nochmals die Legaldefinition in Art. 49 Abs. 1 TKRG.

585 Vgl. Art. 51 Abs. 1 TKRG.

586 Siehe dazu *Piątek*, PrTelekom, Art. 50 Rdnr. 4.

aa) Betreibersphäre

Art. 53 Abs. 1 TKRG regelt den aus der Sphäre des Betreibers entstammenden Fall, der ihm bei einer festgestellten Unmöglichkeit der Erfüllung grundlegender Anforderungen das Recht gibt, seine Dienste zu unterbrechen oder im beträchtlichen Maße zu beschränken. Zu den grundlegenden Anforderungen, dessen Konzeption und Umfang den gemeinschaftsrechtlichen Telekommunikationsvorschriften entnommen wurde[587], gehört die Aufrechterhaltung der Kontinuität der Telekommunikationsdienstleistungen im Falle von Störungen oder besonderen Gefahrsituationen, die Aufrechterhaltung der Integrität und Interoperabilität des Netzes sowie des Fernmeldegeheimnisses und des Datenschutzes und schließlich die effektive Nutzung der Frequenzspektren und Erfüllung der Anforderungen der elektromagnetischen Kompatibilität. Die Unterbrechung oder Beschränkung der Universaldienste aufgrund der genannten Voraussetzungen rechtfertigt die vorgenommenen Handlungen und entbindet den Betreiber von etwaiger diesbezüglicher zivilrechtlicher Verantwortlichkeit[588].

bb) Teilnehmersphäre

Der zweite Bereich der gerechtfertigten Leistungseinstellung entspringt aus dem Teilnehmerverhalten. In Art. 53 Abs. 3 TKRG unterscheidet der Gesetzgeber zwei solche Fälle. Nach Art. 53 Abs. 3 Nr. 1 TKRG darf der Universaldienstbetreiber Telekommunikationsdienste, die in erster Linie keine Universaldienste sind, einstellen oder beschränken, wenn der Teilnehmer sich seit mehr als 45 Tagen im Zahlungsverzug befindet. Diese Vorschrift dient zugleich dem Schutz des Teilnehmers vor einer zu schnellen oder willkürlichen Ausübung eines möglichen Einstellungsrechts.

Die zweite Möglichkeit zur Einstellung der Telekommunikationsdienste besteht für den Betreiber, wenn der Teilnehmer unentwegt die Voraussetzungen der AGB oder die des Telekommunikationsdienstleistungsvertrages verletzt. Gleiches gilt, wenn der Teilnehmer Handlungen unternimmt, die die Leistung oder Nutzung der Telekommunikationsdienste erschwert oder unmöglich macht.

d) Teilnehmerverzeichnis und Nummernauskunft

Eine weitere den Universaldienstbetreiber treffende Pflicht ist die Zustellung eines mindestens alle 2 Jahre zu aktualisierenden Teilnehmerverzeichnisses.[589] Der Umfang dieser Verpflichtung ist auf den jeweiligen Vorwahlbereich begrenzt und kann entgeltlich erfolgen. Allerdings darf der Preis nur auf der Basis der

---

[587] Siehe dazu Art. 3 Abs. 2 RL 90/387/EWG sowie Art. 10 RL 97/33/EG und Art. 13 Abs. 2 RL 98/10/EG.

[588] Siehe *Piątek*, PrTelekom, Art. 53 Rdnr. 2.

[589] Siehe Art. 55 TKRG.

Kostenberücksichtigung berechnet werden. Es steht den Betreibern jedoch frei, die Telefonbücher ihren Teilnehmern unentgeltlich zuzustellen.[590]

Die Informationspflicht bezüglich der Rufnummern der Teilnehmer eines Betreibers geht Hand in Hand mit der weitergehenden Pflicht zur Ermöglichung der Nummernauskunft durch die Betreiber. Hierzu müssen alle Betreiber öffentlicher Telefonnetze sich die zur Nummernauskunft notwendigen Daten ihrer Teilnehmer gegenseitig gewähren (siehe Art. 56 Abs. 1 TKRG). Dies sollten sie aufgrund eines diskriminierungsfreien Vertrages vereinbaren, auf den Art. 83 - 85 TKRG entsprechend anwendbar sind und dem Präsidenten RegTuP im Falle von Diskrepanzen bestimmte Gestaltungsmöglichkeiten geben.

Eine wiederum weitergehende Pflicht trifft den Betreiber eines öffentlichen Telefonfestnetzes mit dem größten Anteil auf dem Markt der Universaldienste auf dem gesamten Landesgebiet und wird noch voraussichtlich über Jahre hinweg den Alt-Monopolisten TP S.A. treffen. Dieses Unternehmen hat eine landesweite, alle Teilnehmer sämtlicher öffentlicher Telefonnetze, also auch der Mobilfunknetze, umfassende Nummernauskunft einzurichten. Der Dienst der Nummernauskunft kann entgeltlich angeboten werden.[591] Den genauen Umfang der Nummernauskunftspflicht bestimmt der Präsident RegTuP gemäß Art. 56 Abs. 3 TKRG durch Bescheid.

e) Netzzugang

Das Gesetz ordnet in Art. 62 TKRG die Pflicht eines marktbeherrschenden Betreibers zur Sicherung des Zugangs zu seinem Netz an jedem technisch begründeten Netzpunkt an, der keinen Netzabschlusspunkt darstellt. Die Pflicht zur Gewährleistung des besonderen Netzzugangs basiert auf gemeinschaftsrechtlichen Vorschriften, insbesondere auf Art. 4 Abs. 2 RL 97/33/EG sowie Art. 16 Abs. 1 RL 98/10/EG, und dient dem Schutz anderer Betreiber oder Anbieter, die meist auf die Infrastruktur des marktbeherrschenden Unternehmens angewiesen sind.

---

590 *Piątek*, PrTelekom, Art. 56 Rdnr. 9.

591 Siehe *Piątek*, PrTelekom, Art. 56 Rdnr. 9.

III. Universaldienstleistungsregime

1. Ziele des Universaldienstes

Die politische Bedeutung, die der Gewährleistung eines bestimmten Dienstleistungsniveaus zu einem für alle Benutzer erschwinglichen Preis zukommt, ist unbestritten. In Zeiten des Monopolregimes auf dem Telekommunikationsmarkt wurde der Dienst von einem einzigen Betreiber erbracht, der die niedrigen Anschluss- bzw. Ortsgesprächsgebühren durch teilweise sehr hohe Erträge bei Fern- und vor allem Auslandsgesprächen quersubventionieren konnte. Um in einem liberalisierten Telekommunikationsumfeld das Ziel der Versorgung der Bevölkerung mit einem gewissen Mindestangebot an Kommunikationsdienstleistungen zu einem erschwinglichen Preis[592] gewährleisten zu können, wurde das Wesen des Universaldienstes eingeführt.[593]

Das polnische Telekommunikationsrecht beinhaltete bereits vor Inkrafttreten des neuen TKRG den Begriff des Universaldienstes und zählte dazu alle Telekommunikationsdienste, die auf der Sicherung der Telefon- und Telegraphenübertragung in öffentlichen Telekommunikationsnetzen beruhten.[594] Durch die Liberalisierung des lokalen Ortsnetzes und die folgende Lizenzierungspraxis wollte man in Polen die äußerst schlechte Telefondichte vor allem in ländlichen Gebieten erhöhen und eine größtmögliche Versorgung der Bevölkerung erreichen. Dieser Plan ging jedoch nur teilweise auf, denn die neuen Betreiber standen oftmals vor unüberwindbaren Problemen finanzieller Art sowie solchen mit dem Nationalbetreiber TP S.A. Die Telefondichte betrug im Jahr 2000 lediglich 26 % im Vergleich zum Wert von 47 % in Westeuropa.[595] Das neu geschaffene, sich an europäischen Vorgaben ausrichtende Universaldienstleistungsregime stellt eine enorme Ausweitung des alten Rechtsrahmens dar.

2. Europarechtliche Vorgaben

Universaldienst im Sinne des Gemeinschaftsrechts ist ein

> „definiertes Mindestangebot an Diensten von bestimmter Qualität, das allen Nutzern unabhängig von ihrem Standort und, gemessen an den landesspezifischen Bedingungen, zu einem erschwinglichen Preis zur Verfügung steht".[596]

---

592 Holznagel/Enaux/Nienhaus, S. 67.

593 Vgl. *Mestmäcker*, in: FS Hans F. Zacher, 635 (645 ff.).

594 Siehe dazu *Ura*, Art. 49 Punkt 1 (S. 73) sowie die Legaldefinition in Art. 2 Abs. 1 Nr. 18 FernmeldeG 1990.

595 *Cullen/WIK*, Universal Service in the Accession Countries, S. 200.

596 Siehe Art. 2 Abs. 1 g) RL 97/33/EG, Art. 2 Nr. 4 RL 90/387/EWG in geänderter Fassung, Art. 2 Abs. 2 f) RL 98/10/EG.

Der aktuelle den Universaldienst regelnde Rechtsrahmen wird durch die Sprachtelefondienst-Richtlinie[597], die Wettbewerbsrichtlinie[598] sowie die Zusammenschaltungsrichtlinie[599] bestimmt. Der Universaldienst umfasst danach:
- die Bereitstellung des festen öffentlichen Telefonnetzes, das den Sprachtelefondienst, die Telefax-Kommunikation und die Sprachband-Datenübertragung über Modems ermöglicht,[600]
- die Erbringung eines öffentlichen Telefondienstes im Festnetz, d.h. Endbenutzern an festen Standorten die Möglichkeit zu bieten, Inlands- und Auslandsgespräche zu führen[601] und die Notrufdienste mit der europaweiten Nummer 112[602] in Anspruch zu nehmen,
- die Bereitstellung von Unterstützungsleistungen durch die Vermittlungskräfte, Teilnehmerverzeichnisdienste,[603]
- die Bereitstellung öffentlicher Telefone[604]
- und schließlich die Bereitstellung von Diensten unter Sonderbedingungen und/ oder die Bereitstellung von Sondereinrichtungen für Behinderte oder Benutzer mit speziellen sozialen Bedürfnissen.[605]

Ein weiteres wichtiges, gemeinschaftsrechtlich vorgeschriebenes Merkmal ist die Erschwinglichkeit des Universaldienstes. Allerdings stellen die Mitgliedstaaten selbst fest, was unter ihren landesspezifischen Bedingungen als erschwinglich anzusehen ist. Besondere Berücksichtigung sollten jedoch die Preise für Nutzer in ländlichen Regionen erfahren, wobei sie in jedem Fall angemessen, nichtdiskriminierend und transparent sein sollten.[606]

Da die Erbringung der Universaldienste für verpflichtete Betreiber auch mit zusätzlichen Kosten verbunden sein kann, ermöglicht es das Gemeinschaftsrecht, dass die nationalen Regulierungsbehörden bei Feststellung einer unzumutbaren Belastung des Universaldiensterbringers eines von zwei Verfahren anwenden können, um die Kosten auf verschiedene Marktteilnehmer umzulegen. Dazu kann entsprechend Art. 5 Abs. 2 RL 97/33/EG entweder ein System unmittelbarer Zahlungen von Betreibern, die mit dem Universaldiensterbringer zusammengeschaltet sind (in Form eines Zusatzentgeltes zu den Zusammenschaltungsentgel-

---

597 RL 98/10/EG, vgl. o. Fn. 23.
598 RL 96/19/EG, vgl. o. Fn. 19.
599 RL 97/33/EG, vgl. o. Fn. 25.
600 Siehe Art. 5 Abs. 2 RL 98/10/EG.
601 Siehe Art. 5 Abs. 2 RL 98/10/EG.
602 Siehe Art. 7 Abs. 2 RL 98/10/EG.
603 Siehe Art. 6 Abs. 2 RL 98/10/EG.
604 Siehe Art. 7 Abs. 1 RL 98/10/EG.
605 Siehe Art. 8 RL 98/10/EG.
606 Siehe Art. 3 Abs. 1 UA 2-4 RL 98/10/EG.

ten)[607], eingeführt oder ein unabhängig verwalteter Universaldienstfonds geschaffen werden. Die beiden Finanzierungssysteme sollen jeweils transparent, nichtdiskriminierend sowie verhältnismäßig angewendet werden.

Im Rahmen des Universaldienstleistungsregimes schreibt das Gemeinschaftsrecht in Art. 5 Abs. 1 RL 98/10/EG den Mitgliedstaaten vor, sicherzustellen, dass ein Universaldienst erbracht wird. Es wird aber nicht vorgeschrieben, welche Betreiber dafür verantwortlich sein sollen oder wie diese auszuwählen sind. Die Mitgliedstaaten können daher einem oder mehreren Unternehmen Universaldienstverpflichtungen auferlegen, sofern sie dies auf nichtdiskriminierende, angemessene und transparente Weise tun. Sie müssen jedoch dafür Sorge tragen, dass in ihrem Hoheitsgebiet an jedem Ort zumindest eine Organisation für die Erbringung des Universaldienstes verantwortlich ist.

3. Polnisches Universaldienstleistungsregime

Das polnische Telekommunikationsrechtsgesetz enthält einen eigenen Abschnitt, der den Universaldienst in acht Artikeln (Art. 49 - 56 TKRG) einfachgesetzlich regelt. Darüber hinaus überlässt der Gesetzgeber die genaue Ausgestaltung der Vorschriften der Exekutive in zwei Verordnungsermächtigungen bezüglich der ausführlichen Universaldienstvoraussetzungen (Art. 49 Abs. 2 TKRG, obligatorische Verordnung) sowie bezüglich der Dienste für Behinderte (Art. 52 Abs. 2 TKRG, fakultative Verordnung). Beide Verordnungen wurden noch rechtzeitig vor Ablauf der Übergangsfrist für die fernmeldegesetzlichen Verordnungen Ende Dezember 2002 erlassen. In der Verordnung über ausführliche Anforderungen der Universaldienstleistungen (im Folgenden: UnivDienstAnfordVO)[608] bestimmt der Verordnungsgeber einzelne Betreiberpflichten wie den Einzelverbindungsnachweis oder die Ermöglichung der Kostenkontrolle und setzt Kriterien sowie Art der Qualitätsprüfung bei Universaldiensten fest. Die Sicherstellung des Netzzugangs hinsichtlich behinderter Personen wird in einer gleichnamigen Verordnung geregelt.[609] Sie enthält vor allem Angaben bezüglich des notwendigen Anpassungsumfangs von Endeinrichtungen, damit sie dem Erfordernis der Behindertengerechtigkeit entsprechen können.[610]

---

607 Inzwischen vertritt die Europäische Kommission die Ansicht, dass eine Defizitabgabe wegen Ineffizienz nicht mehr angewendet werden sollte, vgl. Empfehlung 98/195/EG der Kommission vom 8. Januar 1998 zur Zusammenschaltung in einem liberalisierten Telekommunikationsmarkt (Teil 1 – Zusammenschaltungsentgelte), Abl. EG L 73/42 vom 12.3.1998, geändert durch die Empfehlung 98/511/EG der Kommission vom 29. Juli 1998, Abl. EG L 228/30 vom 15.8.1998.

608 Rozporządzenie Ministra Infrastruktury z dnia 19 grudnia 2002 r. w sprawie szczegółowych wymagań dotyczących świadczenia usług powszecznych (Dz. U. Nr. 234, Pos. 1972).

609 Rozporządzenie Ministra Infrastruktury z dnia 23 grudnia 2002 r. w sprawie szczegółowego zakresu realizacji obowiązku zapewnienia osobom niepełnosprawnym dostępu do usług powszechnych (Dz. U. Nr. 237, Pos. 2010).

610 Siehe dazu Anhänge 1-3 zu der vorliegenden Verordnung (vgl. Fn. 609).

a) Umfang

Der Umfang der Universaldienstleistungen wird durch die in Art. 49 Abs. 1 TKRG enthaltene Definition bestimmt. Wie bereits oben erwähnt, zählen hierzu von öffentlichen Betreibern in Telefonfestnetzen angebotene Telefondienste unter Einschluss der Faxdienste und der Datenübertragungsdienste anhand von Modems. Demgegenüber sind Netzzugangsdienste aus dem Umfang der Universaldienste explizit ausgeschlossen. Den „Grundstock des Universaldienstes"[611] bildet somit der Telefondienst, der in Art. 2 Nr. 30 TKRG als ein auf der direkten Vermittlung von Sprachsignalen in Echtzeit beruhender Telekommunikationsdienst bestimmt wird. Dabei erfolgt die Vermittlung in öffentlichen, die Technik der Kommutation verwendenden Telefonnetzen. Der Telefondienst umfasst alle Arten von telefonischen Verbindungen im Festnetz, also Orts-, Fern- sowie internationale Dienste. Durch die Übersetzung des einschlägigen Gesetzestextes ins Deutsche bzw. Englische könnte sich die Annahme ergeben, dass nicht nur die Netzzugangsdienste sondern auch die Faxdienste und Datenübertragungsdienste ausgeschlossen sind.[612] Wegen dieser sprachlichen Unstimmigkeit plant der polnische Gesetzgeber eine Änderung des Wortlauts von Art. 49 Abs. 1 TKRG, um bestehende übersetzungsbedingte Missverständnisse aus dem Weg zu räumen.[613] Die Faxsendung dient zur Übertragung von Zeichen, Schrift, unbewegten Bildern sowie ähnlichen Informationen und stellt aus Sicht des Betreibers meist keinen selbständigen Telekommunikationsdienst dar, denn der Nutzer muss lediglich ein entsprechendes Endgerät anschließen, um diesen Dienst nutzen zu können.[614] Die Datenübertragung im Sprachband[615] via Modems als letzter Pflichtteil des Universaldienstes soll die Informationsübertragung zwischen Geräten, die zur Speicherung und Verarbeitung von Informationen dienen, ermöglichen. Die Datenübertragung im Telefonnetz erfordert eine Umwandlung des digitalen Signals in ein analoges. Diese Umwandlung geschieht mit Hilfe von Modems.[616]

Weiterhin gehören die Nummernauskunft, der Einzelverbindungsnachweis und Erleichterungen für behinderte Personen als Zusatzdienste zu den Universaldiensten. Die in Art. 56 TKRG geregelte Nummernauskunft wurde bereits im vorangegangenen Kapitel zum Kundenschutz besprochen. Auf diese Ausführungen sei hier verwiesen. Gleiches gilt für den Einzelverbindungsnachweis. Letzter Universalzusatzdienst verpflichtet Universaldiensterbringer zur Sicherstellung des Zugangs behinderter Personen zu ihren Universaldiensten. Dem kann gemäß Art.

611 *Piątek*, PrTelekom, Art. 49 Rdnr. 3.
612 Siehe dazu *Cullen/WIK*, Universal Service in the Accession Countries, S. 194 f.
613 Vgl. dazu Art. 1 Nr. 25 Änderungsgesetz-E TKRG, SejmDrs. Nr. 779, S. 7.
614 *Piątek*, PrTelekom, Art. 49 Rdnr. 4.
615 Gemeint ist die Frequenz 0,3 - 3,4 kHz.
616 Siehe *Piątek*, PrTelekom, Art. 49 Rdnr. 5.

52 Abs. 1 TKRG durch die Bereitstellung von behindertengerechten öffentlichen Einrichtungen sowie durch das Angebot von behindertengerechten Endeinrichtungen entsprochen werden.

Insoweit entspricht die polnische Universaldienstdefinition den gemeinschaftsrechtlichen Anforderungen. Die Pflicht zu unentgeltlichen Verbindungen mit Notfallnummern wurde aufgrund des Art. 45 Abs. 1 TKRG allen öffentlichen Telefondienstanbietern ohne Beschränkung auf Universaldiensterbringer auferlegt. Im Zuge der Umsetzung der Harmonisierungsmaßnahme betreffend einer europäischen Notrufnummer „112“[617], führte der polnische Gesetzgeber diese erstmals[618] ein[619] und entspricht damit dem acquis communautaire. Nach den Vorgaben des Art. 49 Abs. 2 TKRG stellt die Pflicht zur Aufstellung und Bedienung einer bestimmten Anzahl von öffentlichen Einrichtungen einen Teil der Universaldienstverpflichtung dar. Öffentliche Einrichtung werden in dieser Vorschrift definiert als öffentlich zugängliche, behindertengerechte Telefone, bei denen die Verbindung automatisch gezahlt ist, insbesondere mit Hilfe von Geldstücken, Jetons, Telefonkarten oder Zahlungskarten. Diese Regelung entspricht dem Gemeinschaftsrecht, das in Art. 7 Abs. 1 RL 98/10/EG die Mitgliedstaaten dazu verpflichtet, dass

> „öffentliche Telefone dem sowohl zahlenmäßig als auch unter dem Aspekt der Flächendeckung angemessenen Bedarf der Nutzer bereitgestellt werden“.

Das Gesetz enthält einen erschöpfenden Universaldienstkatalog und sieht keine Änderungsmöglichkeiten durch Ausführungsvorschriften vor. Nach der alten Rechtslage überließ man die Erweiterung der Universaldienste dem Fernmeldeminister. Die Abkehr von der bisherigen Praxis wird positiv gewertet, denn dadurch wird die Eigenschaft dieser Dienste als ein Allgemeingut, das allen in bestimmter Qualität und zu einem erschwinglichen Preis zugänglich ist, unterstrichen.[620]

b) Erschwinglichkeit

Die gemeinschaftsrechtlich vorgeschriebene Erschwinglichkeit des Universaldienstes bildet nach dem Gesetzeswortlaut einen der drei Pfeiler des Universaldienstes neben der Beibehaltung einer vorausgesetzten Qualität und dem allgemeinen Zugang. Der polnische Gesetzgeber gibt dem Anwender keinen terminus technicus für die Erschwinglichkeit des Preises. Die Erschwinglichkeit besitzt jedoch wegen der Anforderung, dass der Universaldienstleistungspreis kein

---

617 Entscheidung 91/396/EWG des Rates vom 29. Juli 1991 zur Einführung einer einheitlichen europäischen Notrufnummer, Abl. EG L 217/31 vom 6.8.1991.

618 *Rakowski*, Świat Telekomunikacji 7/2000, 36 (37).

619 Vgl. Art. 102 Abs. 2 TKRG.

620 Vgl. Begründung zum TKRG-E, SejmDrs. Nr. 943, S. 102; *Ura*, Art. 49 Punkt 1 (S. 73).

Zugangshindernis darstellen darf, ein soziales Ausmaß und soll zum Stimulator des gesellschaftlichen Fortschritts werden. Die Preise sind als erschwinglich zu werten, wenn sie aufgrund einer Relation zwischen den finanziellen Möglichkeiten der Universaldienstnutzer und den Preisen dieser Dienste entstanden sind.[621] Die Berücksichtigung dieser Relation und damit die Gewährleistung eines erschwinglichen Preises ist vor allem in wenig besiedelten Gebieten wichtig, wo die Infrastrukturauflagen deutlich höher sind als in Stadtgebieten.

Der Gesetzgeber überließ die Preisgestaltung jedoch nicht gänzlich den Vertragsverhandlungen. Die im Abschnitt über Subjekte mit besonderer Marktstellung enthaltenen Entgeltregulierungsvorschriften für Universaldienste geben dem Regulierer gewisse Eingriffsbefugnisse. Betreiber mit marktbeträchtlicher Stellung müssen das Prinzip der Kostenorientiertheit beachten und die Preise unabhängig von der Art der Dienstleistungsausführung festlegen. Die von den Betreibern verwendeten Preislisten müssen darüber hinaus vom Präsidenten RegTuP genehmigt werden.[622] Man geht davon aus, dass die Entgeltregulierung bei Subjekten mit besonderer Marktstellung durch die herrschenden Marktkräfte auch bei allen anderen Betreibern zur Bildung erschwinglicher Universaldienstpreise führen wird.[623]

c) Qualität

Vor Inkrafttreten des Telekommunikationsrechtsgesetzes wurde die Dienstleistungsqualität aufgrund der Verordnung des Fernmeldeministers vom 8.2.1996 bezüglich allgemeiner Voraussetzungen der Telekommunikationsdienstleistung in öffentlichen Telekommunikationsnetzen[624] beurteilt. Die in dieser Verordnung enthaltenen sechs Qualitätsbeurteilungsmerkmale (Dauer und Wirkungsgrad einer Störungsbehebung, durchschnittliche Netzzugangswartezeit, Dichte der Telefonzellen, Anzahl der Störungen sowie der Fehlverbindungen)[625] entsprachen nicht im vollen Umfang den gemeinschaftsrechtlichen Vorgaben aus der RL 98/10/EG[626] und mussten um weitere Qualitätskennzahlen wie die Verbindungsaufbauzeit, Reaktionszeit bei Auskunftsdiensten, Abrechnungsgenauigkeit oder die Fehlerrate pro Telefonanschluss erweitert werden. Ab dem 1. Januar 2003 gilt die o.g. UnivDienstAnfordVO, die besondere, nunmehr auch europarechtskon-

---

621 *Piątek*, PrTelekom, Art. 49 Rdnr. 15.

622 Vgl. Art. 59 Abs. 1, 60 Abs. 1-3 TKRG; siehe zum Ganzen auch weiter oben C.IV.8.d).

623 Siehe *Piątek*, PrTelekom, Art. 49 Rdnr. 16.

624 Dz. U. Nr. 20, Pos. 93 mit späteren Änderungen.

625 Siehe dazu *Zakrzewska*, Ranking operatorów, Świat Telekomunikacji 6/2000, 24 f. sowie *URT*, Raport o poziomie jakości usług telefonicznych w 2000 roku, Biuletyn 4/2001, 32 (33 ff.).

626 Vgl. Anhang III RL 98/10/EG.

forme Bestimmungen bezüglich der vorausgesetzten Universaldienstqualität enthält.[627]

d) Allgemeine Geschäftsbedingungen und Vertragsschluss

Die Vorschriften über den Vertragsschluss über Universaldienste sowie den Umfang der allgemeinen Geschäftsbedingungen dienen dem Schutz der Universaldienstnutzer. Der Verbraucherschutz wird in den Mitgliedstaaten der EU stark von den europäischen Vorgaben geprägt. Somit orientierte sich der polnische Gesetzgeber auch hier an den telekommunikationsrechtlichen Richtlinien. Art. 10 Abs. 1 RL 98/19/EG wurde in Art. 50 umgesetzt. Die Richtlinie schreibt vor, dass bestimmte Angaben zum Vertragsgegenstand entweder im Vertrag oder in den öffentlich zugänglichen Geschäftsbedingungen enthalten sein müssen. Der polnische Gesetzgeber entschied sich, diese Angaben über die Art der Telekommunikationsdienstleistungen sowie der Zusatzdienste und -leistungen, die Voraussetzungen ihrer Ausführung und technische Anforderungen an Netzabschlusspunkte, Voraussetzungen der Vertragsschließung bzw. -auflösung, Bereitstellungsfristen und den Verfahrensgang bei Beschwerden[628] in die allgemeinen Geschäftsbedingungen aufzunehmen. Die AGB müssen öffentlich bekannt gemacht und jedem Teilnehmer unentgeltlich mit dem Universaldienstvertrag oder auf sein Verlangen zugeleitet werden (Art. 50 Abs. 1 TKRG).

Nach Art. 51 Abs. 2 TKRG sollte der Universaldienstvertrag innerhalb von 30 Tagen geschlossen werden und insbesondere den Zeitpunkt des Dienstleistungsbeginns bestimmen. Der Universaldiensterbringer kann den Abschluss des Universaldienstvertrages nicht von einer vorherigen Bestätigung der Nutzerdaten gemäß Art. 34 Abs. 3 TKRG abhängig machen, muss den Vertrag also auch dann abschließen, wenn der Nutzer sich nicht mit einem amtlichen Dokument ausweist. Eine entsprechende Bestätigung kann jedoch auf freiwilliger Basis erfolgen.[629]

Für Betreiber mit marktbeherrschender Stellung auf dem Universaldienstmarkt gelten bei AGB und Musterverträgen besondere Wettbewerbsregeln des Artikels 58 TKRG. So müssen sie beides dem Präsidenten RegTuP zur Genehmigung vorlegen und dürfen ihre Musterverträge bzw. Allgemeine Geschäftsbedingungen nur im vom Einspruch des Präsidenten nicht umfassten Umfang verwenden.[630]

---

627 Die UnivDienstAnfordVO enthält neun Qualitätskennzahlen, siehe Anhang 1 UnivDienstAnfordVO.

628 Vgl. Art. 50 Abs. 2 TKRG.

629 *Piątek*, PrTelekom, Art. 51 Rdnr. 6.

630 Siehe Art. 58 Abs. 3 und 4 TKRG.

e) Pflicht zur Universaldienstleistung

Eine allgemeine Pflicht zur Universaldienstleistung ergibt sich im polnischen Telekommunikationsrecht aus der Vertragsschlusspflicht des Art. 51 Abs. 1 TKRG. Sie betrifft alle öffentlichen Betreiber und nicht nur den Betreiber mit beträchtlicher Marktmacht. Dies wurde in einer Studie über den Universaldienst in Beitrittsländern wegen EU-Rechtswidrigkeit stark kritisiert.[631] Daher soll Art. 49 Abs. 1 TKRG novelliert und darin eine eindeutige Universaldienstverpflichtung an den öffentlichen Betreiber mit beträchtlicher Marktmacht festgeschrieben werden.[632]

f) Kontinuität der Universaldienstleistung

Das Gesetz enthält einen Artikel zur Regelung der Kontinuität der Universaldienstleistung, wonach ein Universaldienstbetreiber seine Dienste nicht eher aussetzen kann, bis sie ein anderer übernommen hat. Durch diese Vorschrift soll die Zugänglichkeit der Universaldienste auf dem gesamten Landesgebiet gewährleistet werden. Hierfür gibt es nach Art. 54 TKRG drei Möglichkeiten des Betreiberwechsels. Zunächst kann der einstellende Betreiber einen übernehmenden Betreiber empfehlen. Dieser muss dann, um eine entsprechende Erlaubnis zu erhalten, einen Antrag stellen und die gesetzlichen Anforderungen erfüllen. Die zweite Möglichkeit greift ein, wenn kein empfohlener Betreiber die Universaldienstleistung übernimmt. Dann können andere interessierte Betreiber Anträge auf Erlaubniserteilung stellen. Wenn es auch nach diesem durchgelaufenen Verfahren keinen übernehmenden Betreiber gibt, bestimmt der Präsident RegTuP den Betreiber mit dem größten Marktanteil in dem bestimmten Gebiet zur Übernahme der Universaldienste.[633]

Aufgrund der gesetzlichen Formulierung ist im Falle des Betreiberwechsels nach dem aufgezeigten Verfahren vorzugehen. Bevor man zum intensivsten Eingriff in Form einer administrativen Verpflichtung übergeht, sollten bevorzugt die freiwilligen Betreiber berücksichtigt werden. Falls die Verpflichtungen aus dem Universaldienstvertrag durch einen anderen Betreiber auf andere als die in Art. 54 TKRG bestimmte Art und Weise übernommen werden sollen, bedarf es einer vorherigen Zustimmung des Teilnehmers.[634] Die Pflicht zur Zustimmung bei Verpflichtungsübernahme aus dem Universaldienstvertrag resultiert bereits aus den allgemeinen schuldrechtlichen Vorschriften. Hier handelt es sich nämlich um eine Schuldübernahme im Sinne des Art. 519 ZGB. Die oben besprochenen Vorschriften des Telekommunikationsrechtsgesetzes zum Betreiberwechsel in Form

---

[631] Siehe *Cullen/WIK*, Universal Service in the Accession Countries, S. 196.

[632] Vgl. Art. 1 Nr. 25 Änderungsgesetz-E TKRG, SejmDrs. Nr. 779, S. 7.

[633] Siehe dazu auch oben C.IV.8.b).

[634] Siehe Art. 51 Abs. 6 TKRG.

eines verwaltungsrechtlichen Verfahrens[635] verlangen keine Zustimmung und stellen indes eine Ausnahme zu den allgemeinen zivilrechtlichen Regeln dar.

g) Finanzierung

Ein weiterer wichtiger Aspekt der Universaldienste ist ihre Finanzierung. Das Gemeinschaftsrecht nennt zwei mögliche Finanzierungsarten, schreibt jedoch keine vor.[636] Nach dem ersten Gesetzesentwurf war die Einführung eines Universaldienstfonds nach deutschem Muster[637] vorgesehen.[638] In der endgültigen Fassung findet man jedoch keine diesbezüglichen Vorschriften. Vielmehr führte der Gesetzgeber die Möglichkeit des Defizitausgleichs aufgrund einer nach Art. 81 Nr. 3 TKRG zu erlassenden Verordnung ein. Die Ermächtigungsgrundlage umfasst den Umfang und die Grundsätze des Ausgleichs des durch den Bau und die Nutzung der Leitungen, die die den Teilnehmern zur Verfügung gestellten Netzabschlusspunkte mit den Einrichtungen des kommutierenden Telekommunikationsnetzes dieses Betreibers verbinden, entstandenen Defizits. Damit wählte der polnische Gesetzgeber die zweite Möglichkeit der Universaldienstfinanzierung und zwar über eine Abgabe zu den Zusammenschaltungsentgelten. Nach der geplanten Novellierung soll dieser Defizitausgleich in Art. 80a TKRG unmittelbar im Gesetz vorgeschrieben werden, vor allem in Bezug auf die Entbündelung der Teilnehmeranschlussleitung.[639] Der Präsident RegTuP erklärte jedoch in seinem Standpunkt vom September 2001 bezüglich der Abrechnungsarten und -entgelte für Interconnectionverbindungen, dass er unter den gegebenen Umständen keine Veranlassung zur Einführung eines Lokalzugangsdefizitausgleiches in Form einer Universaldienstleistungsabgabe sehe.[640]

Der deutsche Gesetzgeber ist bei der Bestimmung der Universaldienstfinanzierungsvorschriften davon ausgegangen, dass die meisten Universaldienste sich aufgrund der vorhandenen infrastrukturellen Erschließung selbst tragen werden.[641] Für die wenigen Fälle, in denen eine Unterversorgung festgestellt wird, führte er, anders als der polnische Gesetzgeber, die Möglichkeit der Finanzierung

635 *Piątek*, PrTelekom, Art. 51 Rdnr. 10 a.E.

636 Vgl. o. D.IV.2.

637 Siehe *Michoński*, W drodze do Unii, Świat Telekomunikacji 9/1999, 42 (43); der deutsche Gesetzgeber hat die noch im Referentenentwurf vorgesehene Errichtung eines Universaldienstfonds in Form eines von der Regulierungsbehörde verwalteten Sondervermögens jedoch aus Gründen des dadurch entstehenden Verwaltungsaufwands selbst nicht verwirklicht, vgl. dazu *Schütz*, in: Beck`scher TKG-Komm., § 21 Rdnr. 2; *Klein*, in: TKM-Komm., C § 21 Rdnr. 4 a.E.

638 Vgl. Begründung zum TKRG-E, SejmDrs. Nr. 943, S. 103 sowie *Rakowski*, Świat Telekomunikacji 7/2000, 36 (36); *Krupa/Kuźnicki*, S. 49.

639 Siehe Art. 1 Nr. 46 Änderungsgesetz-E TKRG, SejmDrs. Nr. 779, S. 13.

640 *URT*, Stanowisko Prezesa Urzędu Regulacji Telekomunikacji w sprawie modelu i stawek rozliczeń międzyoperatorskich, Biuletyn 4/2001, 17 (31).

641 Holznagel/Enaux/Nienhaus, S. 71.

des Defizitausgleichs nach einem dem Fondsmodell nahe stehenden Abgabensystem[642] ein.[643] Jeder Lizenznehmer, der auf dem jeweiligen sachlich relevanten Markt der betreffenden lizenzpflichtigen Telekommunikationsdienstleistung tätig ist und einen Anteil von mindestens vier Prozent des Gesamtumsatzes dieses Marktes auf sich vereinigt, muss eine Abgabe an die Regulierungsbehörde leisten, wenn er der Universaldienstleistungspflicht nicht selbst nachkommt.[644] Die Verfassungsmäßigkeit dieser Universaldienstleistungsabgabe wurde heftig diskutiert und wegen Nichterfüllung der vom BVerfG in ständiger Rechtsprechung aufgestellten Voraussetzungen einer Sonderabgabe angezweifelt.[645]

4. Ausblick

Durch die geplanten Änderungen der Universaldienstvorschriften wird das polnische Telekommunikationsrechtsgesetz in diesem Bereich den europarechtlichen Vorgaben „der ersten Generation" im vollen Umfang entsprechen.

---

642 Siehe dazu *Schütz*, in: Beck`scher TKG-Komm., § 21 Rdnr. 2.

643 Vgl. § 20 f. TKG.

644 Siehe *Klein*, in: TKM-Komm., C § 21 Rdnr. 5. Bisher wurde die Universaldienstabgabe in Deutschland jedoch nicht erhoben, vgl. *Witte*, in: *Scheurle/Mayen*, TKG-Komm., § 21 Rdnr. 10.

645 Im Ergebnis wird in der Literatur die Meinung vertreten, dass die Universaldienstleistungsabgabe in der vorliegenden Form verfassungswidrig ist, vgl. dazu *Klein*, in: TKM-Komm., § 21 Rdnr. 12-21; *Schütz*, in: Beck`scher TKG-Komm., § 21 Rdnr. 4-9; a.A.: *Heimlich*, NVwZ 1998, 122 (125); *Lege*, DÖV 2001, 969 -980.

IV. Datenschutz und Fernmeldegeheimnis

1. *Einführung*

a) Verfassungsrechtliche Grundlagen

Der Datenschutz und der Schutz der Privatsphäre sind nicht nur für den Bereich der Telekommunikation von überragender Bedeutung. Ausfluss der besonderen Stellung der Freiheit der Kommunikation und des Datenschutzes ist ihre Verankerung in der polnischen Verfassung. Art. 49 S. 1 VerfRepP gewährleistet die Freiheit und den Schutz des Geheimnisses der Kommunikation[646], was weit über das Fernmeldegeheimnis und den Schutz des gesprochenen Wortes hinausgeht[647]. Das verfassungsrechtliche Kommunikationsgeheimnis umfasst demnach nicht nur den Inhalt der Übermittlungen sondern auch die Tatsache und den Umstand des Kommunizierens, also den gesamten Kommunikationsprozess.[648] Die grundlegenden Anforderungen an den Schutz personenbezogener Daten bestimmt Art. 51 VerfRepP. Darin wird festgelegt, dass niemand, außer durch Gesetz, zur Offenlegung von personenbezogenen Informationen verpflichtet werden kann. Darüber hinaus dürfen von der Staatsgewalt nur diejenigen Informationen über die Bürger erlangt, gesammelt oder zugänglich gemacht werden, die in einem demokratischen Rechtsstaat unbedingt erforderlich sind. Die Verfassung garantiert allen das Recht auf Zugang zu den ihn betreffenden amtlichen Unterlagen und Datensammlungen sowie das Recht unwahre, unvollständige oder gesetzeswidrig erhobene Informationen berichtigen oder beseitigen zu lassen. Schließlich bestimmt die Verfassung, dass die Voraussetzungen und Verfahren für die Erhebung, Verarbeitung und Übermittlung von personenbezogenen Daten in einem Gesetz geregelt werden müssen. Ein entsprechendes Gesetz – das Gesetz über den Schutz personenbezogener Daten[649] (im Folgenden: PersDatenSchG)[650] ist im gleichen Jahr wie die neue polnische Verfassung verabschiedet worden. Schon damals war dieses Gesetz größtenteils an europäischen Vorgaben ausgerichtet.[651]

---

646 Siehe dazu die Übersetzung in *Roggemann* (Hrsg.), Die Verfassungen Mittel- und Osteuropas, S. 684.

647 *Bogus/Heil*, Europäischer Datenschutz in Polen, DuD 1998, 463 (463).

648 *Piątek*, PrTelekom, Art. 67 Rdnr. 2.

649 Gesetz vom 29. August 1997, Dz. U. Nr. 133, Pos. 883 mit Änderungen; eine aktuelle Fassung ist abgedruckt im Dz. U. 2002 Nr. 101, Pos. 926.

650 Eine Übersetzung des Ursprungsgesetzes findet man bei *Bogus/Heil*, Polnisches Datenschutzgesetz vom 29. August 1997, DuD 1998, 465-471.

651 Siehe dazu *Bogus/Heil*, Europäischer Datenschutz in Polen, DuD 1998, 463 (464).

b) Telekommunikationsrechtliche Systematik

Das polnische Telekommunikationsrechtsgesetz beinhaltet einen eigenen, fünf Artikel umfassenden Abschnitt über das Fernmeldegeheimnis und die Datenverarbeitung in der Telekommunikation. Zunächst geht das Gesetz auf das „Geheimnis des Kommunizierens in der Telekommunikation" ein. Diese Umschreibung ist zugleich die in Art. 67 Abs. 1 TKRG enthaltene Legaldefinition des Fernmeldegeheimnisses. Danach werden zunächst allgemeine Fragen der Informations- und Datenverarbeitung geregelt (Art. 69 TKRG), gefolgt von speziellen Vorschriften für Teilnehmerverzeichnisse (Art. 70 TKRG) sowie die Teilnehmeridentifikation (Art. 71 TKRG).

c) Adressatenkreis

Alle Personen, die wegen der Telekommunikationstätigkeit Zugang zu den vom Fernmeldegeheimnis umfassten Daten und Informationen haben, sind aufgrund der Vorschrift des Art. 67 Abs. 2 TKRG zur Wahrung dieses Geheimnisses verpflichtet. Zum Adressatenkreis zählen somit sowohl Personen, die Telekommunikationstätigkeit ausführen als auch Personen, die bei dieser Tätigkeit teilhaben, wobei die Art und der Grad der Teilnahme unbedeutend sind.[652] Die Bestimmung eines solchen Verpflichtetenkreises verleiht dem verfassungsrechtlichen bürgerlichen Recht auf das Geheimnis des Kommunizierens einen horizontalen Charakter, indem es nicht nur in der Beziehung Einzelperson - Staat sondern auch zwischen Personen und Organisationseinheiten untereinander gilt.[653]

d) Verhältnis zum allgemeinen Datenschutzrecht

Wie bereits oben erwähnt stellt das Gesetz über den Schutz personenbezogener Daten eine Konkretisierung der verfassungsrechtlichen Datenschutzvorschriften dar. Auch das Telekommunikationsrechtsgesetz enthält einige Vorschriften zur Datenverarbeitung. Das Letztgenannte geht jedoch weiter als das PersDatenSchG, denn es gilt nach dem Wortlaut des Art. 69 Abs. 1 S. 1 TKRG nicht nur für die Verarbeitung personenbezogener Daten sondern auch der Daten und Informationen über die Inanspruchnahme der Dienste durch den Nutzer sowie der Daten und Informationen, die den Gegenstand des Dienstes, also auch die auf dem Telekommunikationsweg übermittelte Information, betreffen. Aus der Verwendung einer gleichlautenden Definition der Datenverarbeitung in beiden Gesetzen – darunter versteht man die Sammlung, Speicherung, Aufbewahrung, Bearbeitung, Veränderung, Löschung und Zugänglichmachung von Daten oder In-

---

652 *Piątek*, PrTelekom, Art. 67 Rdnr. 7.
653 *Piątek*, PrTelekom, Art. 67 Rdnr. 7 a.E.

formationen[654] – kann geschlossen werden, dass das Telekommunikationsrechtsgesetz für den Telekommunikationssektor das speziellere von beiden ist und in telekommunikationsrechtlichen Fragen dem allgemeinen Datenschutzgesetz vorgeht. Dieses Rangverhältnis wird durch die Vorschrift des Art. 69 Abs. 1 S. 2 TKRG, der für die Datenverarbeitung zu anderen als telekommunikationsrechtlichen Zwecken die Anwendung anderer gesetzlicher Vorschriften anordnet, bestätigt.

2. Gemeinschaftsrechtliche Vorgaben

a) Allgemeines

Das europäische Datenschutzrecht stützt sich im Wesentlichen auf zwei Richtlinien – die Richtlinie 95/46/EG des Europäischen Parlaments und des Rates vom 24. Oktober 1995 zum Schutz natürlicher Personen bei der Verarbeitung personenbezogener Daten und zum freien Datenverkehr[655], bei der es sich um eine allgemeine Richtlinie zum Datenschutz handelt sowie die Richtlinie 97/66/EG des Europäischen Parlaments und es Rates vom 15. Dezember 1997 über die Verarbeitung personenbezogener Daten und den Schutz der Privatsphäre im Bereich der Telekommunikation (im Folgenden: RL 97/66/EG),[656] die, wie der Titel schon verrät, eine sektorspezifische Richtlinie darstellt. Die Telekommunikationsdatenschutzrichtlinie geht in zweierlei Hinsicht über die allgemeine Richtlinie hinaus, nämlich bezüglich der Rechte und legitimer Interessen sowohl natürlicher als auch juristischer Personen und hinsichtlich Fragen des Schutzes der Privatsphäre, die nicht unmittelbar mit der Datenverarbeitung im Zusammenhang stehen.[657]

b) Anwendungsbereich

Der Anwendungsbereich der sektorspezifischen Richtlinie umfasst gemäß Art. 3 Abs. 1 RL 97/66/EG die Verarbeitung personenbezogener Daten im Zusammenhang mit der Erbringung öffentlich zugänglicher, analoger oder digitaler Telekommunikationsdienste in öffentlichen Telekommunikationsnetzen. Dabei handelt es sich um sog. Verkehrsdaten, die sich auf Teilnehmer und Benutzer beziehen und die für den Verbindungsaufbau verarbeitet werden.[658] Der Begriff der

---

[654] Siehe Art. 69 Abs. 1 S. 1 TKRG sowie Art. 7 Nr. 2 PersDatenSchG.

[655] Abl. EG L 281/31 vom 23.11.95.

[656] Abl. EG L 24/1 vom 30.1.98.

[657] Siehe dazu Art. 1 Abs. 2 i.V.m. Abs. 1 RL 97/66/EG.

[658] Siehe Art. 6 Abs. 1 RL 97/66/EG. Nach dem Anhang zu dieser Richtlinie fallen hierunter Daten über die Nummer oder die Identifikation des Teilnehmerendgerätes, die Anschrift des Teilnehmers und die Art des Endgerätes, die Gesamtzahl der für den Abrechnungszeitraum anfallenden Einheiten, die Zielrufnummer, Art, Beginn und der Anrufe bzw. die übermittelte Datenmenge, Datum des Anrufs oder der Dienstleistung sowie Zahlungsinformationen.

Verkehrsdaten ist ein Oberbegriff und kann in sog. Bestands- und Verbindungsdaten aufgeteilt werden. Zu ersteren zählen vor allem Name und Anschrift des Kunden, Art des kontrahierten Dienstes sowie die Endeinrichtungen des Kunden.[659] Bei den Verbindungsdaten handelt es sich um Informationen wie die Rufnummer des Anrufers und die Zielrufnummer sowie das Datum, die Uhrzeit und Dauer der Verbindung[660]. Diese Konkretisierung der Verkehrsdaten ergibt sich aus der deutschen Telekommunikationsdatenschutzverordnung.

c) Vertraulichkeit der Kommunikation

Die Vertraulichkeit der Kommunikation wird durch ein Verbot des Mithörens, Abhörens, Speicherns und Abfangens von Gesprächen gewährleistet[661]. Hiervon ließ der europäische Gesetzgeber jedoch drei Ausnahmen zu. Zunächst darf die Vertraulichkeit für Zwecke der Staatssicherheit, der Landesverteidigung und der öffentlichen Sicherheit sowie der Verhütung, Aufdeckung, Aufklärung und Verfolgung von Straftaten oder einer unberechtigten Benutzung des Telekommunikationssystems eingeschränkt werden.[662] Die zweite Ausnahme betrifft den Fall des rechtlich zulässigen Aufzeichnens von Gesprächen im Rahmen einer rechtmäßigen Geschäftspraxis (Art. 5 Abs. 2 RL 97/66/EG). Letzter Ausnahmetatbestand betrifft die Einwilligung des Benutzers zu entsprechenden Praktiken (Art. 5 Abs. 1 RL 97/66/EG).

d) Einzelne datenschutzrechtliche Bestimmungen

Die Richtlinie beinhaltet einige wichtige Bestimmungen bezüglich der Verkehrs- und Abrechnungsdaten, der Einzelgebührennachweise, der Rufnummernanzeige, der Teilnehmerverzeichnisse, der unerbetenen Anrufe sowie der Anrufweiterschaltung.

aa) Verkehrs- und Abrechnungsdaten

In Art. 6 RL 97/66/EG ist der Grundsatz festgelegt, dass Verkehrsdaten zu löschen oder anonym zu behandeln sind (Abs. 1), sofern sie nicht für Zwecke der Gebührenabrechnung und der Bezahlung der Zusammenschaltung gespeichert und verarbeitet werden dürfen (Abs. 2). Diese Verarbeitung ist zeitlich beschränkt zulässig, nämlich nur bis zum Ablauf der Frist, innerhalb der die Rechnung rechtlich angefochten oder der Anspruch auf Zahlung geltend gemacht werden kann. Darüber hinaus können die Abrechnungsdaten bei Vorliegen einer Einwilligung des Teilnehmers durch öffentliche Betreiber zu Marketingzwecken für eigene Telekommunikationsdienste verarbeitet werden.

---

659 *Büchner*, in: Beck`scher TKG-Komm., § 89 Rdnr. 24.

660 *Löwnau-Iqbal*, in: *Scheurle/Mayen*, TKG-Komm., § 89 Rdnr. 14.

661 Art. 5 Abs. 1 S. 2 RL 97/66/EG.

662 Siehe Art. 14 Abs. 1 RL 97/66/EG i.V.m. Art. 13 Abs. 1 RL 95/46/EG.

bb) Einzelgebührennachweis

Nach Art. 7 Abs. 1 RL 97/66/EG können Teilnehmer Rechnungen auch ohne Einzelgebührennachweis verlangen, wenn sie den Schutz der Privatsphäre der Benutzer des Telefonanschlusses wahren möchten. Die in Art. 14 Abs. 1 RL 98/10/EG enthaltene Pflicht der Betreiber zur Ermöglichung der Einzelgebührenerfassung wird durch dieses datenschutzrechtliche Nutzerrecht keineswegs aufgeweicht – lediglich der Teilnehmer enthält eine weitere Auswahlmöglichkeit.

cc) Rufnummernanzeige

Ausführliche Vorschriften bezüglich der Rufnummernanzeige und ihrer Unterdrückung sind in Art. 8 der vorliegenden Richtlinie enthalten. So müssen Anrufer die Möglichkeit haben, die Anzeige ihrer Rufnummer auf einfache Weise und gebührenfrei generell oder für einzelne Anrufe zu unterdrücken (Abs. 1). Weiterhin müssen angerufene Teilnehmer in der Lage sein, die Rufnummernanzeige eingehender Anrufe ebenfalls auf einfache Weise und

> „für jede angemessene Nutzung dieser Funktion gebührenfrei zu unterdrücken" (Abs. 2).

Angerufene Teilnehmer müssen darüber hinaus auch die Möglichkeit haben, eingehende Anrufe, bei denen die Rufnummernanzeige durch den anrufenden Benutzer oder Teilnehmer unterdrückt wurde, auf einfache Weise und gebührenfrei abzuweisen (Abs. 3).

Von diesen Regeln gibt es gem. Art. 9 RL 97/66/EG zwei Ausnahmen, die zur Aufhebung der Unterdrückung der Rufnummernanzeige durch die Betreiber führen können. Dies gilt vorübergehend zur Zurückverfolgung böswilliger oder belästigender Anrufe auf Antrag des Teilnehmers oder permanent für Einrichtungen, die Notrufe entgegennehmen.

dd) Teilnehmerverzeichnisse

Die personenbezogenen Daten in gedruckten oder elektronischen Teilnehmerverzeichnissen, die öffentlich zugänglich oder bei Auskunftsdiensten erhältlich sind, müssen sich auf das Maß beschränken, das zur Ermittlung der Person eines bestimmten Teilnehmers erforderlich ist, es sei denn, der

> „Teilnehmer hat der Veröffentlichung zusätzlicher personenbezogener Daten zweifelsfrei zugestimmt".[663]

Diese Bestimmung gilt gem. Art. 11 Abs. 3 RL 97/66/EG jedoch lediglich für natürliche Personen. Die Mitgliedstaaten haben aber sicherzustellen, dass auch die berechtigten Interessen juristischer Personen bezüglich der Aufnahme in Verzeichnisse ausreichend geschützt werden.

---

663 Siehe Art. 11 Abs. 1 S. 1 RL 97/66/EG.

Die Teilnehmer können verlangen, dass sie nicht in ein gedrucktes oder elektronisches Verzeichnis aufgenommen werden. Sie können auch erklären, dass ihre personenbezogenen Daten nicht zum Zwecke des Direktmarketings verwendet werden dürfen. Schließlich können sie verlangen, dass ihre Adresse teilweise weggelassen und keine Angabe zu ihrem Geschlecht gemacht wird, soweit das sprachlich möglich ist. Für die genannten Teilnehmerrechte darf keine Gebühr verlangt werden.

ee) Unerbetene Anrufe

Entsprechend den Vorgaben des Art. 12 RL 97/66/EG dürfen Anrufautomaten oder Telefaxgeräte für Zwecke des Direktmarketings nur verwendet werden, um Teilnehmer anzurufen, die vorher darin eingewilligt haben. Andere unerbetene Anrufe als mittels der Anrufautomaten, die dem Direktmarketing dienen, sind nur dann gestattet, wenn die betreffenden Teilnehmer eingewilligt haben. Hier können die Mitgliedstaaten zwei Wege gehen: entweder sie richten eine Negativliste der Teilnehmer ein, die keine solchen Anrufe erhalten möchten, oder eine Positivliste derjenigen Teilnehmer, die ausdrücklich solche Anrufe wünschen.

ff) Anrufweiterschaltung

Für den Fall der automatischen Anrufweiterschaltung müssen die Mitgliedstaaten gem. Art. 10 RL 97/66/EG dafür sorgen, dass die Teilnehmer die Möglichkeit besitzen, die von einem Dritten veranlasste automatische Weiterschaltung zum Endgerät des Teilnehmers auf einfache Weise und gebührenfrei abzustellen.

3. Fernmeldegeheimnis

a) Schutzumfang

Der Schutzumfang des Fernmeldegeheimnisses ergibt sich aus seiner Definition. Sie ist in Art. 67 Abs. 1 TKRG enthalten und knüpft durch ihre Wortwahl – „Geheimnis des Kommunizierens in der Telekommunikation" – deutlich an den verfassungsrechtlichen Begriff des Kommunikationsgeheimnisses an und konkretisiert diesen für Zwecke der Telekommunikation. Gemäß dem Wortlaut des Gesetzes umfasst das Fernmeldegeheimnis die in Telekommunikationsnetzen übermittelten Informationen, Daten bezüglich der Nutzer sowie Daten bezüglich der Tatsache, der Umstände und der Art der Verbindung. Somit handelt es sich um drei Arten geschützter Informationen: den Inhalt, die Bestandsdaten und die Verbindungsdaten. Durch diese Aufteilung geht der polnische Gesetzgeber einen durch den europäischen und vor allem deutschen Gesetzgeber vorgezeichneten Weg.[664]

In die erste Sparte – die in den Netzen übertragenen Informationen – fallen nicht nur solche über den Inhalt, sondern auch Begleitinformationen, die zur Zusammenstellung der Verbindung, der Teilnehmer- oder der Netzabschlusspunktidentifikation notwendig sind. Gleiches gilt auch für Daten, die zur Gebührenabrechnung verwendet werden (sog. Abrechnungsdaten).[665] Art. 36 Abs. 1 TKRG legt fest, dass Betreiber zur Aufzeichnung von Daten über ausgeführte Telekommunikationsdienste verpflichtet sind. Der Umfang der Aufzeichnungspflicht erstreckt sich auf die Ermöglichung der Feststellung der Verbindlichkeiten für die Dienstleistung sowie die Überprüfung einer Beschwerde. Diese Regelung entspricht trotz der angewendeten Gesetzestechnik – es wird entgegen Art. 6 Abs. 2 S. 1 RL 97/66/EG eine Pflicht zur Aufzeichnung bestimmter Daten und nicht ein Verbot statuiert – den aktuellen Vorgaben des europäischen Gesetzgebers. Der polnische Gesetzestext beschränkt die Pflicht jedoch nur auf die Speicherung im Gegensatz zu der in der genannten Richtlinie vorgesehenen weitreichenderen Form, nämlich die der Verarbeitung. Im vierten Absatz des diskutierten polnischen Artikels wird entsprechend den Richtlinienvorgaben eine Aufzeichnungsfrist von mindestens 12 Monaten vorgeschrieben, die im Falle einer Beschwerde auf die Zeit bis zur Streitentscheidung verlängert werden muss. Diese Vorschrift bildet die Grundlage für die Einführung der Einzelverbindungsnachweise.

Die Bestandsdaten umfassen Daten über die Nutzer, die in den Netzen übertragen werden sowie solche, die im Zusammenhang mit der vertraglichen Beziehung zwischen Betreiber und Nutzer stehen. Zu dieser Sparte gehören daneben auch personenbezogene Daten im Sinne des PersDatenSchG, also alle Informationen über eine identifizierte oder zur Identifikation geeignete natürliche Person (Art. 6 Abs. 1 PersDatenSchG). Zu den eine Identifizierung ermöglichenden Faktoren zählen nach Art. 6 Abs. 2 PersDatenSchG physische, physiologische, psychische, wirtschaftliche, kulturelle sowie gesellschaftliche Eigenschaften. Die polnische Definition der personenbezogenen Daten entspricht vollständig den europäischen Vorgaben der allgemeinen Datenschutzrichtlinie[666].

Letzte Gruppe der vom Fernmeldegeheimnis geschützten Informationen bilden die Verbindungsdaten, die neben den Daten über die Tatsache, die Umstände und die Art der Verbindung auch Daten über Verbindungsversuche zwischen bestimmten Netzabschlusspunkten sowie über die Identifizierung oder Lokalisierung der Netzabschlusspunkte, zwischen denen eine Verbindung hergestellt wur-

---

664 Siehe oben unter D.IV.2.b). Vgl. auch die in § 85 Abs. 1 TKG enthaltene Definition des Fernmeldegeheimnisses.

665 Siehe *Piątek*, PrTelekom, Art. 67 Rdnr. 4.

666 Siehe Art. 2 a) RL 95/46/EG.

de, umfassen. Die Lokalisierung der Netzabschlusspunkte besitzt im Falle der Mobilnetze eine wichtige eigenständige Bedeutung, denn sie ermöglicht eine erheblich genaue Lokalisierung des Dienstnutzers.[667]

b) Eingriffsbefugnisse

Das Telekommunikationsrechtsgesetz bestimmt, dass die Veröffentlichung oder Verarbeitung von Informationen oder Daten, die vom Fernmeldegeheimnis umfasst sind, grundsätzlich verboten ist. Von dieser Regel sind jedoch in gesetzlich vorgesehenen Fällen Ausnahmen möglich.[668] Die gewählte Konstruktion entspricht dem auch im deutschen Telekommunikationsrecht[669] angewendeten Grundsatz eines Verbotes mit Erlaubnisvorbehalt. Die gesetzlich vorgesehenen Ausnahmen des Veröffentlichungs- und Verarbeitungsverbotes sind sowohl im Telekommunikationsrechtsgesetz als auch in anderen Gesetzen enthalten. Zunächst schließt Art. 67 Abs. 4 TKRG Informationen und Daten, die ihrem Wesen oder ihrer Bestimmung nach öffentlich oder durch eine gerichtliche oder staatsanwaltliche Entscheidung oder aufgrund von Sondervorschriften veröffentlicht wurden, aus dem Anwendungsbereich des allgemeinen Verbotes vollständig aus. Andere telekommunikationsrechtliche Ausnahmen sind unter anderem in folgenden Vorschriften enthalten: Art. 55 und 70 TKRG (Veröffentlichung von personenbezogenen Daten in Teilnehmerverzeichnissen), Art. 49 Abs. 1 Nr. 1 TKRG (Erteilung der Nummernauskunft), Art. 56 TKRG (Pflicht zur Gewährung von Daten an andere Betreiber, die zum Angebot der Nummernauskunft notwendig sind), Art. 68 Abs. 2 TKRG (bestimmte Kontrollbefugnisse) sowie Art. 68 Abs. 3 TKRG (Störungsbeseitigung). Die allgemeinen Voraussetzungen der legalen Verarbeitung von personenbezogenen Daten enthält demgegenüber das polnische Datenschutzgesetz in Art. 23.

c) Wahrung des Fernmeldegeheimnisses und das Abhören mittels Funkanlagen

Die Pflicht zur Wahrung des Fernmeldegeheimnisses bei Benutzung von Funkanlagen wurde in einem eigenen Artikel geregelt. So bestimmt zunächst Art. 68 Abs. 1 TKRG, dass die während der Nutzung einer Funkanlage erlangten, für diese Anlage nicht bestimmten Informationen dem Fernmeldegeheimnis unterliegen. Hiervon kann es jedoch die in Art. 67 Abs. 3 und 4 TKRG genannten, oben besprochenen, Ausnahmen geben.

Der zweite Absatz der diskutierten Vorschrift regelt das Aufzeichnen von funkübermittelten Informationen zur Kontrolle der Telekommunikationstätigkeit.

---

667 *Piątek*, PrTelekom, Art. 67 Rdnr. 6 a.E.

668 Siehe Art. 67 Abs. 3 TKRG.

669 Bezüglich des Fernmeldegeheimnisses siehe § 85 Abs. 3 S. 3 TKG; bezüglich des Datenschutzes siehe *Holznagel/Enaux/Nienhaus*, S. 182.

Nach den Vorschriften der Art. 117 - 122 TKRG sind der Präsident RegTuP sowie die Angestellten RegTuP zur Durchführung von bestimmten Kontrolltätigkeiten befugt. Art. 68 Abs. 2 TKRG stellt in diesem Rahmen fest, dass Tätigkeiten, die zur Dokumentation der Tatsache erlangt wurden, dass Vorschriften des Telekommunikationsrechtsgesetzes verletzt wurden, keine Verletzung des Fernmeldegeheimnisses darstellen. Auf diese Weise können aber wegen des eindeutig gewählten Gesetzeswortlautes nur Verstöße des Telekommunikationsrechts und nicht solche anderer Gesetze dokumentiert werden.

Schließlich werden im dritten Absatz der Vorschrift die Voraussetzungen von legalen Aufschaltungen zu einer bestehenden Verbindung aufgestellt. Eine solche Aufschaltung ist an die Tatsache zweckgebunden, dass sie zur Beseitigung von Defekten, Störungen oder anderen zur Erhaltung von Telekommunikationsnetzen oder -dienstleistungen dienenden Zwecken notwendig ist. Weitere Voraussetzung ist die Signalisierung der Aufschaltung an die an der Verbindung teilnehmenden Personen. Sachlich erstreckt sich die Vorschrift auf alle Verbindungen in der Telekommunikation und nicht nur solche in der Funkkommunikation. Es handelt sich um eine das allgemeine Aufschaltungsrecht regelnde Bestimmung. Der subjektive Anwendungsbereich erstreckt sich nur auf die im Namen des Betreibers tätigen Personen. Die aufgrund der Aufschaltung erlangten Informationen unterliegen dem Fernmeldegeheimnis, was bereits aus Art. 67 Abs. 2 TKRG resultiert.

4. Datenschutz

a) Grundsätze des Datenschutzes

Zu den wichtigsten Grundsätzen des polnischen Datenschutzrechts gehören das bereits erwähnte Prinzip des Verbots mit Erlaubnisvorbehalt sowie das Prinzip der Zweckbindung der Datenverarbeitung in der Telekommunikation. In dieser Hinsicht orientiert sich der polnische Gesetzgeber an den deutschen Vorgaben der Datenschutzgrundsätze.[670] Die Einwilligung bildet schließlich den dritten Grundsatz des Datenschutzrechts.

aa) Verbot mit Erlaubnisvorbehalt

Die Notwendigkeit von ausdrücklichen Erlaubnistatbeständen zur Verarbeitung personenbezogener Daten kann bereits aus den allgemeinen polnischen Datenschutzvorschriften hergeleitet werden.[671] Dieser Grundsatz wird in Art. 67 Abs. 3 TKRG nochmals aufgenommen. Durch die Stellung dieser Vorschrift, die wichtige datenschutzrechtliche Voraussetzungen beinhaltet, in einem Artikel zum

---

670 Siehe zum allgemeinen Datenschutzrecht § 4 Abs. 1 BDSG sowie zum bereichsspezifischen Telekommunikationsdatenschutzrecht § 89 Abs. 1 S. 2 i.V.m. § 3 TDSV.

671 Siehe Art. 23 PersDatenSchG.

Fernmeldegeheimnis, wird die Abhängigkeit der beiden Bereiche deutlich. Es ist kaum möglich, eine scharfe Trennlinie zwischen dem Datenschutz und dem Fernmeldegeheimnis zu ziehen. Aufgrund von Art. 69 Abs. 2 TKRG ist die Verarbeitung von bestimmten personenbezogenen Nutzerdaten in der Telekommunikation grundsätzlich erlaubt. Diese Vorschrift bezieht sich jedoch nur auf natürliche Personen. Zu den zur Verarbeitung freigegebenen Daten gehört der Nachnamen und die Vornamen des Nutzers, die Vornamen seiner Eltern, sein Geburtsdatum und -ort, ständiger Aufenthaltsort, die PESEL-Registernummer[672], Namen und Nummern der Ausweisdokumente sowie auf Antrag seine NIP-Steuernummer[673] oder die Konto- oder Zahlungskartennummer. Die genannten Daten zählen zu den bereits im Rahmen des Fernmeldegeheimnisses (siehe Art. 67 Abs. 1 TKRG) erläuterten Bestandsdaten (Daten über die Nutzer). Durch das Änderungsgesetz soll dieser Katalog um Daten ergänzt werden, die es den Betreibern ermöglichen, die Zahlungsfähigkeit der Nutzer besser einschätzen zu können. Die letzten beiden Punkte der bisherigen Regelung werden in einen neuen Abs. 2a aufgenommen, der als Verarbeitungsvoraussetzung eine schriftliche Einwilligung verlangt. Die Erweiterung der verarbeitungsfähigen Daten um solche wie Informationen über bestehende Arbeitsverhältnisse, über die Verbindlichkeiten gegenüber dem Betreiber oder die Gründe einer Vertragskündigung seitens des Betreibers, stößt jedoch auf gemeinschaftsrechtliche Bedenken und soll nach Ansicht der Europa-Ministerin nicht eingeführt werden.[674]

bb) Zweckbindung

Entsprechend dem zweiten Datenschutzgrundsatz dürfen die vom Fernmeldegeheimnis umfassten Informationen und Daten nur dann verarbeitet werden, wenn ihre Sammlung, Speicherung, Aufbewahrung, Bearbeitung, Veränderung, Löschung oder Übermittlung Gegenstand eines dem Nutzer geleisteten Dienstes oder zu seiner Ausführung unabdingbar ist.[675] Die Verarbeitung ist somit streng zweckgebunden und darf gemäß Art. 69 Abs. 1 S. 2 TKRG zu anderen Zwecken wiederum nur aufgrund von gesetzlichen Vorschriften vorgenommen werden. Dieser Satz soll jedoch durch die geplante Novellierung gestrichen werden. Grund hierfür ist, dass sich der Gesetzesvorbehalt bereits aus Art. 67 Abs. 3 TKRG ergibt. Zum Gegenstand des geleisteten Dienstes gehört vor allem die auf dem Telekommunikationsweg übermittelte Information, also der Inhalt der Ü-

---

672 Allgemeines elektronisches Bevölkerungsregistrierungssystem. Vgl. Encyklopedia Prawa, „PESEL“, S. 655.

673 NIP = numer identyfikacji podatkowej [Steueridentifkationsnummer]. Die NIP ist eine vom Finanzamt vergebene individuelle Nummer eines Steuerzahlers, vgl. Encyklopedia Prawa, „Numer identyfikacji podatkowej“, S. 539.

674 Siehe Übereinstimmungsbeurteilung zum Änderungsgesetz-E TKRG, SejmDrs. Nr. 779, S. 33.

675 Art. 69 Abs. 1 S. 1 TKRG.

bermittlung. Die zur Ausführung eines Dienstes unabdingbaren Daten und Informationen beziehen sich auf Verbindungs- und Abrechnungsdaten[676].[677] Anders als der europäische Gesetzgeber, beschränkt der polnische die zweckgebundene Datenverarbeitung nicht auf die Verarbeitung im Zusammenhang mit der Erbringung öffentlich zugänglicher Telekommunikationsdienste in öffentlichen Telekommunikationsnetzen[678] – Art. 69 Abs. 1 TKRG spricht lediglich von den für die Nutzer geleisteten oder zu ihrer Ausführung notwendigen Diensten.

cc) Einwilligung

Letzter wichtiger Pfeiler des Datenschutzes ist die legale Verarbeitung von personenbezogenen Daten aufgrund einer Einwilligung des Betroffenen. Als bereichsspezifisches Datenschutzrecht enthält das TKRG keine diesbezüglichen Bestimmungen. Das allgemeine Datenschutzrecht ist hier jedoch uneingeschränkt anwendbar. Aufgrund des Art. 23 Abs. 1 Nr. 1 PersDatenSchG wird die Datenverarbeitung durch eine vorherige Einwilligung legalisiert. Die in Art. 7 Nr. 5 PersDatenSchG enthaltene Legaldefinition der Einwilligung als jede Willensbekundung mit dem Inhalt, dass der Betroffene der Verarbeitung seiner personenbezogenen Daten zustimmt, entspricht nicht vollständig der europäischen Vorgabe in Art. 2 h) RL 95/46/EG, denn danach gilt zudem die Besonderheit, dass eine Einwilligung nicht mutmaßlich oder aus einer anderen Willensbekundung geschlossen werden kann. Außerdem wird die Willensbekundung nicht näher konkretisiert; anders ist es im Gemeinschaftsrecht, das erfordert, dass die Einwilligung ohne Zwang, für den konkreten Fall und in Kenntnis der Sachlage zu erfolgen hat. Art. 23 Abs. 2 PersDatenSchG schafft darüber hinaus eine Möglichkeit der Einwilligung zur Verarbeitung von künftigen Daten, soweit der Zweck der Datenverarbeitung sich nicht ändert.

dd) Informationspflicht

Der Umfang der einen Nutzer betreffenden Datenverarbeitung und der durch ihn in Anspruch genommenen Dienste sollte ihm bekannt sein. Aus diesem Grund erlegt Art. 69 Abs. 3 TKRG den Betreibern oder anderen, Telekommunikationsdienste erbringenden Subjekten, eine Pflicht zur Information der Nutzer auf. Die Informationspflicht bezieht sich auf die Art der zu verarbeitenden Nutzerdaten.

---

676 *Piątek*, PrTelekom, Art. 69 Rdnr. 5.

677 Eine Kategorisierung der verarbeitungsfähigen Daten wurde im Kapitel D.IV.3.a) vorgenommen. Sie gilt ebenso im Datenschutzrecht.

678 Vgl. Art. 3 Abs. 1 RL 97/66/EG.

b) Datenerhebung, -speicherung und -übermittlung

Art. 69a und 69b TKRG, die die Datenerhebung, -speicherung und -übermittlung an andere Betreiber im Falle der Vertragsauflösung wegen Zahlungsverzugs des Teilnehmers betreffen, sollen durch das Änderungsgesetz neu eingefügt werden. Diese Vorschriften dienen einerseits dem Schutz der personenbezogenen Daten der Teilnehmer, andererseits dem Gläubigerschutz, indem sie die Weitergabe von bestimmten Daten erlauben. Es ist allerdings noch fraglich, ob die geplanten Regelungen in dem vorgeschlagenen Wortlaut in das TKRG eingeführt werden, denn es besteht noch keine Einigkeit über ihre Gemeinschaftsrechtskonformität. Nach Ansicht der Europa-Ministerin gewährleisten die vorgesehenen Vorschriften keinen ausreichenden Schutz vor einer weiteren unerlaubten Datenverarbeitung.[679] Darüber hinaus plane die polnische Regierung ein Gesetz über den Zugang zu Wirtschaftsinformationen,[680] das unter anderem Vorschriften über die Verfahrensweise bei Zurverfügungstellung von Daten bezüglich der Zahlungsmoral der Verbraucher enthalten solle und somit die vorgesehenen telekommunikationsrechtlichen Vorschriften überflüssig mache. Das hier von der Europa-Ministerin angesprochene Gesetz wurde am 14. Februar 2003 beschlossen.[681] Es trat Ende April in Kraft und bestimmt, wie geplant, die Regeln und das Verfahren der Gewährung von Wirtschaftsinformationen durch Unternehmer bezüglich der Zahlungsfähigkeit anderer Unternehmer sowie Verbraucher[682] und regelt somit umfassend die Datenverarbeitungsgrundsätze auch hinsichtlich Schuldnern von Telekommunikationsunternehmen. Die geplanten Änderungen sollten daher entsprechend der Europa-Ministerin wegen der beiden oben genannten Gründe keinen Einzug ins novellierte TKRG finden.

c) Konkretisierung der Datenverarbeitungsgrundsätze

Der Gesetzesabschnitt zum Fernmeldegeheimnis und Datenschutz enthält neben den allgemeinen Grundsätzen und Vorschriften auch Konkretisierungen dieser bezüglich der Teilnehmerverzeichnisse, der Teilnehmeridentifikation, der Anrufweiterschaltung sowie der unerbetenen Anrufe. Diese Vorschriften sollen im Folgenden kurz erläutert werden. Darüber hinaus enthalten zahlreiche andere Vorschriften datenschutzrechtliche Bezüge – in diesem Zusammenhang sei auf die obigen Ausführungen in Kapitel D. II. 2. c) aa) zu den Einzelverbindungsnachweisen, in Kapitel D. IV. 3. a) zur Speicherung von Abrechnungsdaten sowie in Kapitel D. IV. 3. c) zur Aufschaltung verwiesen.

---

679 Vgl. Übereinstimmungsbeurteilung Änderungsgesetz-E TKRG, SejmDrs. Nr. 779, S. 33.

680 Übereinstimmungsbeurteilung Änderungsgesetz-E TKRG, SejmDrs. Nr. 779, S. 33.

681 Siehe Dz. U. Nr. 50, Pos. 424.

682 Vgl. *Balawejder/Redecker*, Chronik der Rechtsentwicklung – Polen, WiRO 2003, 217.

aa) Teilnehmerverzeichnisse

Die datenschutzrechtlichen Bestimmungen bezüglich der in Teilnehmerverzeichnissen enthaltenen personenbezogenen Daten sind in Art. 70 TKRG enthalten und resultieren aus der Pflicht der Universaldienstbetreiber zur Erstellung und Zustellung eines aktuellen Teilnehmerverzeichnisses (Art. 55 TKRG) sowie aus Art. 49 Abs. 1 Nr. 1 i.V.m. Art. 56 TKRG, die nähere Umstände der Nummernauskunft regeln[683]. Der Anwendungsbereich der genannten Vorschriften beschränkt sich jedoch nicht nur auf öffentlich zugängliche Verzeichnisse sondern umfasst auch, wie die europäische Vorgabe in Art. 11 Abs. 1 S. 1 RL 97/66/EG, Telefonauskunftsdienste der Betreiber. Zu den veröffentlichungsfähigen persönlichen Daten zählen nach dem Katalog des Art. 70 Abs. 1 TKRG die Nummer oder das Identifikationszeichen des Teilnehmers, seine Nach- und Vornamen sowie der Namen des Ortes und der Straße, in der sich der dem Teilnehmer zur Verfügung gestellte Netzabschlusspunkt befindet. Das geplante Änderungsgesetz verbindet die letzten beiden Punkte zu einem gemeinsamen Punkt und klassifiziert die Netzabschlusspunkte Festnetz – Mobilnetz, da beim letztgenannten Netz das Endgerät, also das Mobiltelefon, den Netzabschlusspunkt bildet und nicht an einen bestimmten Ort gebunden ist.[684] Daher soll bei Mobiltelefonen die Adresse des gemeldeten Erstwohnsitzes des Teilnehmers ins Verzeichnis aufgenommen werden. Weitere Daten können nur unter der Prämisse der Einwilligung des Teilnehmers in Verzeichnissen verarbeitet werden.

Entsprechend den gemeinschaftsrechtlichen Regelungen betreffend die Teilnehmerverzeichnisse, dürfen Teilnehmer der Veröffentlichung oder Vermittlung von bestimmten identifizierenden Daten wie Nachname, Vorname, Geschlecht oder Adresse, widersprechen. Nach Art. 70 Abs. 4 TKRG ist der Betreiber zur Erhebung einer Gebühr für die Berücksichtigung eines Widerspruchs berechtigt. Diese sollte jedoch lediglich den Kosten für die Ausführung des Widerspruchs entsprechen und kein Hindernis für die Rechtsausübung durch den berechtigten Teilnehmer darstellen. Gleiche Regelungen sieht auch die RL 97/66/EG vor. Das Widerspruchsrecht steht eindeutig nur natürlichen Personen zu. *Piątek* befürwortet zwar eine entsprechende Anwendung des ersten Absatzes des diskutierten Artikels auf juristische Personen, verneint aber zu Recht eine Analogie des Widerspruchsrechts.[685] Diese Ansicht ergibt sich bereits aus der eindeutigen Formulierung des Gesetzes in Art. 70 Abs. 3 TKRG – „Teilnehmer, der eine natürliche Person ist“. Darüber hinaus wird in Art. 70 Abs. 5 TKRG klargestellt, dass die Vermittlung von Identifizierungsdaten von Subjekten, die keine natürlichen Per-

683 Siehe oben D.II.3.d).

684 Vgl. Art. 1 Nr. 38 Änderungsgesetz-E TKRG, SejmDrs. Nr. 779, S. 11.

685 *Piątek*, PrTelekom, Art. 70 Rdnr. 14.

sonen sind, ihre berechtigten Interessen nicht verletzen darf. Auch bei dieser Regelung lehnt sich der polnische Gesetzgeber an europarechtliche Vorgaben an.[686]

bb) Teilnehmeridentifikation

Das Telekommunikationsrechtsgesetz enthält einen eigenen, auf der Telekommunikationsdatenschutzrichtlinie basierenden Artikel zur Rufnummernunterdrückung, die im polnischen Gesetz unter dem Begriff „Ausschaltung der Teilnehmeridentifikation“ Eingang fand. Es gibt zwei Arten der Identifikation – die der Ausgangsleitung sowie die der Eingangsleitung. Art. 71 Abs. 1 TKRG enthält zunächst eine Legaldefinition der Identifikation der Ausgangsleitung als einer Identifikation des Netzabschlusspunktes, aus dem die Verbindung initiiert oder vorgenommen wurde. Dementsprechend handelt es sich bei der Identifikation der Eingangsleitung nach der Legaldefinition des zweiten Absatzes um die Identifikation des Netzabschlusspunktes, zu dem die Verbindung geleitet wurde.

In Art. 71 Abs. 1 und 2 TKRG wurden die oben dargestellten gemeinschaftsrechtlichen Vorschriften bezüglich der Rufnummernanzeige richtliniengetreu übernommen. So verpflichtet der polnische Gesetzgeber im Falle der Identifikation der Ausgangsleistung (verständlicher spricht man in der Richtlinie von der Anzeige der Rufnummer des Anrufers) die Betreiber dazu, einem anrufenden Teilnehmer die Möglichkeit der Unterdrückung seiner Rufnummer beim angerufenen Teilnehmer während der Initiierung, der Verbindung oder dauerhaft zu gewährleisten (siehe Art. 8 Abs. 1 RL 97/66/EG). Der angerufene Teilnehmer muss im vorliegenden Fall die Möglichkeit der Nummernunterdrückung für eingehende Verbindungen besitzen. Wird die Identifikation der Ausgangsleitung des Anrufers, also seine Rufnummer, vor der Herstellung der Verbindung angezeigt, muss es dem angerufenen Teilnehmer möglich sein, einen Anruf zu blockieren, dessen Identifikation unterdrückt wird (siehe Art. 8 Abs. 2 und 3 RL 97/66/EG). Im Falle der Identifikation der Eingangsleitung (Anzeige der Rufnummer des Angerufenen), ist dem angerufenen Teilnehmer die Möglichkeit der Ausschaltung der Identifikation der Eingangsleitung beim anrufenden Nutzer sicherzustellen (vgl. Art. 8 Abs. 4 RL 97/66/EG). All diese Rechte stehen nicht allen telekommunizierenden Personen zu, sondern sind auf die Teilnehmer[687] beschränkt, also Nutzer, die Telekommunikationsdienste aufgrund eines Vertragsverhältnisses nutzen. Gemeinsam ist diesen Teilnehmerrechten, dass sie gebührenfrei sind[688] und mit Hilfe einfacher Mittel durchgesetzt werden müssen.

Von der Regel der Möglichkeit der Unterdrückung der Rufnummernanzeige gibt es, wie im Gemeinschaftsrecht, zwei Ausnahmen bei der Identifikation der

686 Vgl. Art. 11 Abs. 3 RL 97/66/EG.
687 Vgl. Legaldefinition in Art. 2 Nr. 1 TKRG.
688 Art. 71 Abs. 5 TKRG.

Ausgangsleitung. Die erste ermöglicht die Aufhebung der Ausschaltung dieser Identifikation durch gesetzlich einberufene Rettungsdienste oder Staatssicherheitsorgane. Zweite Ausnahme, auf die im folgenden Abschnitt eingegangen wird, betrifft belästigende Anrufe.

cc) Belästigende Anrufe

Ein Netzbetreiber kann die durch Art. 71 Abs. 1 TKRG gewährleistete Möglichkeit der Ausschaltung der Rufnummernanzeige bei der Ausgangsleitung auch im Falle belästigender Anrufe ausnahmsweise aufheben (vgl. Art. 71 Abs. 6 Nr. 2 TKRG). Das Ziel dieser Vorschrift liegt in der Identifikation des Nutzers, der einen Teilnehmer durch erschwerende oder Drohungen beinhaltende Anrufe belästigt. Der betroffene Teilnehmer muss zuvor die unerbetenen Anrufe glaubhaft machen und die Ausschaltung der Identifikation beantragen. Diese aus Art. 9 lit. b) RL 97/66/EG übernommene und ihr entsprechende Regelung versäumt es klarzustellen, dass die Nummernunterdrückung lediglich vorübergehend aufgehoben werden kann. Das ergibt sich allerdings bereits aus dem Umstand, dass ein Teilnehmer die Aufhebung nur im konkret begründeten Fall zur Identifizierung des Belästigers beantragen kann. Im Ergebnis ist die Umsetzung damit gemeinschaftsrechtskonform.

dd) Anrufweiterschaltung

In Umsetzung des Gemeinschaftsrechts[689] wurde durch Art. 71 Abs. 3 TKRG eine Pflicht der Betreiber zur Ermöglichung einer Blockierung der automatischen Anrufweiterschaltung der Anrufe zur Endeinrichtung des Teilnehmers durch einen Dritten eingeführt. Dieses Recht soll mittels einfacher Mittel durchgeführt werden können. Voraussetzung ist natürlich, dass das öffentliche Telefonnetz eine solche automatische Anrufweiterschaltung gewährleistet.

ee) Unerbetene Anrufe

Der polnische Gesetzgeber versäumte es, die in Art. 12 RL 97/66/EG enthaltene Regelung unerbetener Anrufe in das neue Telekommunikationsrechtsgesetz aufzunehmen. Eine entsprechende Vorschrift fehlt auch in dem geplanten Novellierungsgesetz, das sich im Grunde um eine bessere Umsetzung des telekommunikationsrechtlichen acquis communautaire bemüht. In dieser Hinsicht wird das Gesetz auch nach der Novellierung nicht gemeinschaftsrechtskonform sein.

5. Sicherung

Das Gesetz legt allen eine Telekommunikationstätigkeit führenden Subjekten eine Pflicht zur Anwendung der nötigen Sorgfalt bei der Sicherung von Telekommunikationsgeräten, -netzen sowie Dateien auf (Art. 67 Abs. 5 TKRG).

---

689 Siehe Art. 10 RL 97/66/EG.

Durch die Sicherung soll eine Enthüllung des Fernmeldegeheimnisses verhindert werden. Zu den verpflichteten Subjekten zählen damit nicht nur Betreiber von Telekommunikationsnetzen. Der Maßstab der nötigen Sorgfalt sollte sich nach verschiedenen Faktoren wie der Art der Verpflichtung zur Übermittlung von Signalen, die Informationen enthalten oder der Tatsache, ob es sich um Telekommunikationstätigkeit zum eigenen Bedarf oder als Grundlage einer Wirtschaftstätigkeit handelt, richten. Weiterhin sollte die Art des Netzes (Festnetz, Mobilnetz), die Art der Übermittlung (analog, digital) oder die Art der Dienstleistung entscheidend sein.[690] Da das Sicherheitsniveau ständig erweitert werden könnte, wurde das Erfordernis der nötigen Sorgfalt von begründeten technischen und wirtschaftlichen Mitteln abhängig gemacht. Bei der Beurteilung der begründeten technischen Lösungen sowie finanziellen Auflagen sollte der technische Fortschritt jedoch eine angemessene Berücksichtigung finden.[691] Für die Sicherung von Dateien gelten die allgemeinen Regeln des Datenschutzrechts[692].

6. Überwachung der Telekommunikation

a) Übersicht

Das Fernmeldegeheimnis und der Datenschutz gehören wegen ihrer überragenden Bedeutung zu den verfassungsrechtlich geschützten Gütern. Trotz eines sehr eng gesteckten Rahmens für die Eingrenzung ihres Schutzumfangs, besitzt der Staat zahlreiche Eingriffsbefugnisse auf Grund des TKRG oder anderer einfachgesetzlicher Vorschriften. Als Pendant zu diesen Eingriffsrechten erscheinen die Mitwirkungspflichten der Telekommunikationsunternehmer an der Durchführung der Überwachung durch staatliche Organe. Da die Unternehmen jedoch auf der anderen Seite zum strengen Schutz der geschützten Güter verpflichtet sind, führt die entstehende Doppelverpflichtung zu einem Spannungsverhältnis zwischen einem umfänglichen Schutz der persönlichen Grundfreiheiten[693] und dem Sicherheitsbedürfnis des Staates[694].

Im TKRG wurde die Mitwirkungspflicht der Betreiber in Art. 40 TKRG geregelt. Die Vorschrift bestätigt lediglich deklaratorisch[695] die in anderen Gesetzen enthaltenen Pflichten der Telekommunikationsunternehmen und fasst die Betreiberpflichten zur Sicherung technischer und organisatorischer Möglichkeiten der Durchführung von Aufgaben der Staatsanwaltschaft, der Gerichte, der Organisa-

690 Siehe *Piątek*, PrTelekom, Art. 67 Rdnr. 14 a.E.
691 *Piątek*, PrTelekom, Art. 67 Rdnr. 15.
692 Siehe Art. 36 - 39 PersDatenSchG.
693 Die polnische Verfassung unterscheidet bei den menschlichen und bürgerlichen Freiheiten und Rechten (nach deutschem Recht „Grundrechte") persönliche, politische, wirtschaftliche, soziale und kulturelle Freiheiten und Rechte.
694 Siehe zur Parallele im deutschen Recht *Holznagel/Enaux/Nienhaus*, S. 181.
695 *Piątek*, PrTelekom, Art. 40 Rdnr. 2 a.E.

tionseinheiten des Innen- und Finanzministers sowie des Leiters der Agentur für innere Sicherheit, zusammen (Art. 40 Abs. 2 TKRG). Gemeinsam ist den genannten Organen die Zuständigkeit für Aufgaben der Verteidigung, der Staatssicherheit sowie öffentlicher Sicherheit und Ordnung (siehe Art. 40 Abs. 1 TKRG), bei deren Ausführung die Telekommunikationsbetreiber im gewissen, gesetzlich vorgegebenen Rahmen mitwirken müssen. Zu den grundsätzlichen Pflichten zählen die Ermöglichung der Überwachung und Aufzeichnung der Telekommunikation sowie die Übermittlung von Verbindungsdaten. Neben den allgemeinen Verpflichtungen des Art. 40 Abs. 1 und 2 TKRG wurden die Betreiberpflichten vom Infrastrukturminister durch Ausführungsvorschriften zum Telekommunikationsrechtsgesetz aufgrund des Art. 40 Abs. 3 TKRG ausführlich geregelt.[696] Die wichtigsten gesetzlichen Eingriffsbefugnisse außerhalb des Telekommunikationsrechts befinden sich im Polizeigesetz, im Gesetz über die Agentur für innere Sicherheit sowie im Strafprozessgesetzbuch und werden nachfolgend erläutert.[697]

b) Polizeirechtliche Überwachungsvorschriften

Das Polizeigesetz (im Folgenden: PolG)[698] verleiht der Polizei bestimmte Rechte zur Überwachung der Telekommunikation im Rahmen ihrer „Operations- und Erkennungstätigkeiten" wie der Verbrechensvorbeugung und -aufdeckung, die nicht unter den Anwendungsbereich des Strafprozessgesetzbuches fallen. Nach Art. 19 Abs. 1 PolG kann „die Operationsüberwachung" zur Vorbeugung oder Aufdeckung von bestimmten vorsätzlichen Verbrechen (sog. Katalogtaten[699]) angeordnet werden. Gleiches gilt auch für die Beschaffung oder Sicherung von Beweisen. Die „Operationsüberwachung" wird auf Antrag des Hauptkommandanten oder Wojewodschaftskommandanten der Polizei vom Gericht angeordnet und geheim durchgeführt. In ihrem Rahmen kann grundsätzlich für die Dauer von drei Monaten[700] der Inhalt der Briefe sowie der Pakete kontrolliert oder der Inhalt von Telefongesprächen und anderen mittels des Telekommunikationsnetzes übermittelten Informationen abgehört und gespeichert werden[701].

---

696 Die entsprechende Verordnung vom 24. Januar 2003 (Dz. U. Nr. 19, Pos. 166) trat am 22. Februar 2003 in Kraft, siehe dazu auch die Verordnungsübersichtstabelle unter C.II.

697 Zu den Mitwirkungspflichten deutscher Telekommunikationsunternehmen siehe *Friedrich*, Die Verpflichtung privater Telekommunikationsunternehmen, die staatliche Überwachung und Aufzeichnung der Telekommunikation zu ermöglichen, S. 54 ff.

698 Gesetz vom 6. April 1990 über die Polizei, Dz. U. Nr. 30, Pos. 179 mit Änderungen; konsolidierte Textfassung in Dz. U. 2002 Nr. 7, Pos. 58.

699 Siehe Art. 19 Abs. 1 PolG; zu den Katalogtaten gehören nach dem Polizeigesetz u.a. Straftaten gegen das Leben sowie zahlreiche andere Straftaten des Strafgesetzes, Wirtschafts- sowie Steuerstraftaten oder Waffendelikte.

700 Art. 19 Abs. 8 PolG.

701 Art. 19 Abs. 6 PolG.

In Konkretisierung der allgemeinen Betreiberverpflichtung im Rahmen ihrer Tätigkeiten für die Verteidigung (Art. 40 TKRG) müssen Telekommunikationsbetreiber öffentlicher Netze technische und organisatorische Voraussetzungen gewährleisten, damit eine „Operationskontrolle" von der Polizei reibungslos durchgeführt werden kann. Die entsprechende Anpassung der Telekommunikationsnetze hat auf Kosten der Unternehmen zu erfolgen.[702]

Durch das Telekommunikationsrechtsgesetz[703] wurde darüber hinaus ein neuer, Eingriffsbefugnisse in den Datenschutz verleihender Artikel in das Polizeigesetz aufgenommen. Der neue Art. 20c Abs. 1 PolG ermöglicht die Übermittlung oder Verarbeitung von personenbezogenen sowie Verbindungsdaten eines Teilnehmers an die bzw. durch die Polizei. Diese Befugnisse sind jedoch, wie die „Operationskontrolle", streng an die Verbrechensvorbeugung oder -aufdeckung zweckgebunden. Die Übermittlung der freigegebenen Daten erfordert entweder einen schriftlichen Antrag des Hauptkommandanten oder des Wojewodschaftskommandanten der Polizei oder ein mündliches Verlangen eines Polizisten, der im Besitz einer schriftlichen Berechtigung der genannten Kommandanten ist. Die durch die Polizei erlangten Unterlagen müssen unverzüglich vernichtet werden, es sei denn, dass sie für ein Strafverfahren bedeutende Informationen enthalten. In diesem Fall müssen sie an den zuständigen Staatsanwalt weitergeleitet werden.[704]

Nach Art. 20c Abs. 4 PolG sind Betreiber von Telekommunikationsnetzen zur Bereitstellung der angeforderten, vom Umfang der Eingriffsbefugnis umfassten Daten verpflichtet. Hierzu können sie sich des Telekommunikationsnetzes bedienen.

c) Staatssicherheitsrechtliche Überwachungsvorschriften

Das Gesetz über die Agentur für innere Sicherheit sowie Nachrichtendienstagentur (im Folgenden: SicherAgG)[705] ersetzt das bis zu seinem Inkrafttreten am 29. Juni 2002 geltende Gesetz über die Staatsschutzbehörde[706]. Das alte Staatsschutzbehördegesetz enthielt wichtige Vorschriften, die das Fernmeldegeheimnis und den Datenschutz für Zwecke der Staatssicherheit einschränkten. Nunmehr wurde die ehemalige Staatsschutzbehörde aufgelöst und ihre Aufgaben von der Agentur für innere Sicherheit, die nach Art. 1 SicherAgG für den Schutz der inneren Staatssicherheit und die konstitutionelle Ordnung zuständig ist, übernommen. Zu den Aufgaben der Sicherheitsagentur gehört, ähnlich den Aufgaben der

---

702 Siehe Art. 19 Abs. 12 PolG.

703 Siehe Art. 129 TKRG.

704 Art. 20c Abs. 6 f. PolG.

705 Gesetz vom 24. Mai 2002, Dz. U. Nr. 74, Pos. 676.

706 Gesetz vom 6. Juni 1990 über die Staatsschutzbehörde, Dz. U. Nr. 30, Pos. 180.

Polizei, die Erkennung, Vorbeugung und Aufdeckung von bestimmten, die innere Sicherheit des Staates beeinträchtigenden Verbrechen[707]. Besondere Überwachungs- und Eingriffsbefugnisse für die Telekommunikation sind insbesondere in Art. 27 und 28 SicherAgG zu finden.

Art. 27 SicherAgG sieht, wie das Polizeigesetz, eine Möglichkeit der Durchführung der „Oparationskontrolle“ im Falle, dass die durchgeführten „Operations- und Erkennungsmaßnahmen“ erfolglos verlaufen, vor. Sie wird auf Antrag des Leiters der Agentur für innere Sicherheit vom Gericht angeordnet und geheim durchgeführt. Die Dauer ist auch hier auf grundsätzlich drei Monate beschränkt. Es besteht jedoch die Möglichkeit zur einmaligen Verlängerung um weitere drei Monate unter bestimmten, in Art. 27 Abs. 8 SicherAgG genannten Voraussetzungen.

Die in Art. 27 Abs. 12 SicherAgG enthaltene Doppelverpflichtung für Betreiber, die ihre Telekommunikationstätigkeit in öffentlichen Netzen ausführen, verlangt von ihnen, dass sie die zur Vornahme einer „Operationsüberwachung“ notwendigen technischen und organisatorischen Voraussetzungen gewährleisten. Darüber hinaus müssen sie hierfür wiederum eigene Mittel verwenden.

Von dem grundsätzlichen Prinzip der Pflicht zur Erlangung einer gerichtlichen Anordnung gibt es für bestimmte Telekommunikationsdaten eine Ausnahme. Gemäß Art. 28 Abs. 1 SicherAgG müssen Informationen wie die Teilnehmeridentifikationsdaten und Verbindungsdaten auf Antrag des Leiters oder eines berechtigten Mitarbeiters der Agentur für innere Sicherheit ohne eine gerichtliche Anordnung an diese übermittelt werden.

Die Betreiber können für die Übermittlung der angeforderten Informationen keine Gebühren erheben und sind hierzu aufgrund von Art. 28 Abs. 4 SicherAgG gesetzlich verpflichtet. Die Anforderung und Übermittlung entsprechender Daten kann auch im vorliegenden Fall mittels des Telekommunikationsnetzes erfolgen.

d) Strafprozessrechtliche Überwachungsvorschriften

Das Strafprozessgesetzbuch (im Folgenden: StPG)[708] beinhaltet in Art. 237 - 242 Vorschriften bezüglich der Telekommunikationsüberwachung im strafgerichtlichen Vorverfahren zu Beweiszwecken im anhängigen Verfahren oder zur Verhinderung neuer Straftaten. Die Telekommunikationsüberwachung im Sinne des Strafprozessgesetzbuches umfasst, wie der Abschnittstitel bereits indiziert, die Überwachung und Aufzeichnung von Telefongesprächen. Vorschriften über die Überwachung und Aufzeichnung von Telefongesprächen gelten wegen der in

[707] Die entsprechenden Straftaten sind in Art. 5 Abs. 1 Nr. 2 SicherAgG aufgelistet.

[708] Gesetz vom 6. Juni 1997 – Strafprozessgesetzbuch, Dz. U. Nr. 89, Pos. 555 mit späteren Änderungen.

Art. 241 StPG festgeschriebenen entsprechenden Anwendung auch für Inhalte anderer Informationsübermittlungen. Der Umfang der Telekommunikationsüberwachung deckt sich somit mit der „Operationsüberwachung" nach dem Polizeigesetz oder dem Gesetz über die Agentur für innere Sicherheit hinsichtlich der überwachungsfähigen Informationen (vgl. Art. 27 Abs. 6 Nr. 3 SicherAgG, Art. 19 Abs. 6 Nr. 3 PolG). Weiterhin ermächtigt Art. 218 § 1 StPG die Gerichte oder Staatsanwälte zur Anordnung der Aushändigung von Briefen und Paketen, die nur von ihnen oder auf ihre Anweisung geöffnet werden dürfen und eine erhebliche Bedeutung für das anhängige Verfahren innehaben. Somit besitzen auch die nach dem Strafprozessgesetzbuch zuständigen Organe alle unter die „Operationsüberwachung" fallenden Kontrollbefugnisse.

Die Telekommunikationsüberwachung wird, außer in unaufschiebbaren Fällen, in denen dem Staatsanwalt zunächst alleiniges Anordnungsrecht zuerkannt wurde, gemäß Art. 237 § 1 und § 2 StPG vom Gericht auf Antrag des Staatsanwalts, angeordnet. Die Überwachung und Aufzeichnung des Inhalts von Telefongesprächen darf nur bei Verdacht von bestimmten, in Art. 237 § 3 StPG aufgelisteten Katalogtaten[709] vorgenommen werden. Dabei gehören nur der Verdächtige, der Angeklagte sowie der Benachteiligte oder eine andere Person, die mit dem Täter oder mit dem drohenden Verbrechen im Zusammenhang stehen könnte, zum Adressatenkreis eines solchen Eingriffs. Ähnlich der „Operationsüberwachung", darf die Telekommunikationsüberwachung grundsätzlich für drei Monate eingeführt werden, mit einer Verlängerungsmöglichkeit um weitere drei Monate (Art. 238 § 1 StPG).

Auch im Rahmen eines strafgerichtlichen Vorverfahrens sind die Telekommunikationsunternehmen gemäß Art. 237 § 5 StPG zur Ermöglichung der Durchführung der gerichtlichen oder staatsanwaltlichen Überwachungsanordnung verpflichtet. Sie müssen darüber hinaus gewährleisten, dass die Tatsache der Durchführung einer Telekommunikationsüberwachung registriert wird. Bei der besprochenen Vorschrift handelt es sich somit um eine weitere Konkretisierung des Art. 40 TKRG.

---

709 Zu den Katalogtaten nach Art. 237 § 3 gehören u.a. zahlreiche schwere Taten wie Tötungsdelikte, Menschenhandel oder Raub und Straftaten gegen die Integrität oder konstitutionelle Ordnung des Staates und seiner Einrichtungen.

V. Offener Netzzugang und Zusammenschaltungen

1. Einführung

Die Schaffung eines wettbewerbsfreundlichen und offenen Rahmens für die Zusammenschaltung ist von zentraler Bedeutung für die erfolgreichreiche Entfaltung des Wettbewerbs auf dem Telekommunikationsmarkt. Grund hierfür ist, dass sich zumindest zu Beginn der Liberalisierung alle neu in den Markt eintretenden Unternehmen auf das Netz des etablierten Betreibers stützen müssen, um den Kommunikationsverkehr ihrer Kunden abzuwickeln.

Die neuen Anbieter auf dem polnischen Telekommunikationsmarkt mussten schon sehr früh erfahren, wie schmerzhaft das Fehlen entsprechender fairer Zusammenschaltungsregelungen sein kann. Der Lokalmarkt wurde zwar bereits mit dem Fernmeldegesetz von 1990 dem Wettbewerb zugänglich gemacht, jedoch enthielt dieses neue Gesetz keinerlei Vorschriften über die Zusammenarbeit und Zusammenschaltung zwischen der TP S.A. und ihren Konkurrenten.[710] Dies führte zur Benachteiligung der neuen Marktakteure durch ungünstige, von dem Alt-Monopolisten diktierte Zusammenschaltungsverträge. So behielt die TP S.A. in den ersten Liberalisierungsjahren 50% der in der Preisliste bestimmten Endkundentarife für eingehende bzw. abgehende Verbindungen ein.[711] Unter diesen Umständen konnte sich verständlicherweise kein funktionierender Wettbewerb entwickeln. Vor diesem Hintergrund bemühte sich die Kartellbehörde, einigen monopolistischen und wettbewerbsfeindlichen Praktiken des nationalen Betreibers[712] einen Riegel vorzuschieben und übernahm de facto die Rolle des Regulierers.[713] Eine ähnliche Rolle bekleidete auch das Antimonopolgericht.[714] Bedingt durch die aufgezeichnete negative Entwicklung nahm der polnische Gesetzgeber durch die Novellierung 1995 einige Zusammenschaltungsvorschriften in das Fernmeldegesetz auf. Diese einfachgesetzliche Regulierung brachte jedoch nicht die ersehnten Erfolge, da der damalige Regulierer in Person des Fernmeldeministers von den ihm eingeräumten Befugnissen kaum Gebrauch machte und die Zusammenschaltungen weiterhin den vertraglichen Verhandlungen der Parteien ü-

---

710 Siehe *Włodarczyk*, in: *Jasiński/Skoczny* (Hrsg.), Telekomunikacja, 331 (337).

711 *Włodarczyk*, in: *Jasiński/Skoczny* (Hrsg.), Telekomunikacja, 331 (338).

712 Dazu zählten beispielsweise Preisdiskriminierung, überhöhte Tarife, kein Weiterverkauf von Diensten, Verspätungstaktik bei Zusammenschaltungen, unfaire Preisgestaltung zum Zwecke der Wettbewerbseliminierung, wettbewerbsbeschränkende Vereinbarungen; gesamte Aufstellung der unzulässigen Praktiken nachzulesen bei *Streżyńska*, Przeciwdziałanie praktykom monopolistycznym w telekomunikacji w latach 1990-1996, in: *Jasiński/Skoczny* (Hrsg.), Telekomunikacja, 307 (314, 321).

713 Vgl. oben C.III.4. sowie *Streżyńska*, Przeciwdziałanie praktykom monopolistycznym w telekomunikacji w latach 1990-1996, in: *Jasiński/Skoczny* (Hrsg.), Telekomunikacja, 307 (310).

714 Siehe *Piątek*, PrTelekom, Art. 76 Rdnr. 3.

berließ.[715] Deswegen legte man in Polen alle Hoffnung in das neue Telekommunikationsrechtsgesetz, das den Markt endgültig und vor allem fair liberalisieren sollte.

2. *Gemeinschaftsrechtliche Vorgaben*

Mit dem Rahmen für die Zusammenschaltung in Gestalt der ONP-Richtlinie[716], der Sprachtelefondienstrichtlinie[717] und der Zusammenschaltungsrichtlinie[718] verfolgte der europäische Gesetzgeber das Ziel, einen einheitlichen Rechtsrahmen in den Mitgliedstaaten zu schaffen, in dem die Rechte und Pflichten verschiedener Marktakteure festgelegt und den nationalen Regulierungsbehörden die notwendigen Befugnisse verschafft wurden, in das im Wesentlichen von wirtschaftlichen und technischen Aspekten geprägte Aushandeln von Zusammenschaltungsvereinbarungen einzugreifen.

a) Formen des Netzzugangs

Im europäischen Telekommunikationsrecht wird im Rahmen des offenen Netzzugangs zwischen dem allgemeinen und dem besonderen Netzzugang unterschieden. Die Schaffung eines offenen und effizienten Zugangs zu öffentlichen Telekommunikationsnetzen und -diensten wurde bereits in der ersten Harmonisierungsrichtlinie 90/387/EWG gefordert. Danach sollten die Bedingungen für den offenen Netzzugang harmonisierte Bedingungen bezüglich der technischen Schnittstellen und der Festlegung von Netzabschlusspunkten, Benutzungsbedingungen, Tarifgrundsätze sowie den etwaigen Zugang zu Frequenzen, Nummern, Adressen oder Namen umfassen.[719] Der allgemeine Netzzugang richtet sich an die Endnutzer, die ihre Endgeräte an die vorgesehenen Netzabschlusspunkte anschließen dürfen.[720] Der besondere Zugang, der, um innovativen neuen Diensten Platz zu schaffen und diese zu fördern, nicht näher definiert wird, umfasst demgegenüber alle anderen Arten des Zugangs zum Netz.[721] Eine mögliche Form des besonderen Netzzugangs ist die Zusammenschaltung. Sie wird definiert als die physische und logische Verbindung von Telekommunikationsnetzen, die von derselben oder einer anderen Organisation genutzt werden, um Benutzern einer Organisation die Kommunikation mit Benutzern derselben oder einer anderen Organisation oder den Zugang zu den von einer anderen Organisation angebotenen Diensten zu ermöglichen. Dienste können von den beteiligten Parteien oder

---

715 *Włodarczyk*, in: *Jasiński/Skoczny* (Hrsg.), Telekomunikacja, 331 (340 f.).
716 Richtlinie 90/387/EWG in der Fassung der Richtlinie 97/51/EG (o. Fn. 21).
717 Richtlinie 98/10/EG (o. Fn. 23).
718 RL 97/33/EG (o. Fn. 25).
719 Siehe Art. 2 Nr. 8 RL 90/387/EG in der Fassung der RL 97/51/EG.
720 Vgl. Art. 5 RL 98/10/EG.
721 Vgl. Art. 16 Abs. 1 RL 98/10/EG.

anderen Parteien, die Zugang zum Netz haben, angeboten und erbracht werden.[722]

b) Rechte und Pflichten der Betreiber

Die Betreiber erhalten durch den Rechtsrahmen für Zusammenschaltungen bestimmte Rechte und Pflichten. Damit sind die neu eintretenden Unternehmen nicht an die meist unvorteilhafteren Zusammenschaltungsvereinbarungen mit den etablierten Betreibern gebunden und genießen somit einen gewissen Schutz. Nach Art. 4 Abs. 1 RL 97/33/EG haben alle Betreiber, die öffentlich zugängliche Telekommunikationsdienste erbringen und den Zugang zu Endbenutzern kontrollieren, das Recht und, falls ein anderer Betreiber darum ersucht, die Pflicht, die gegenseitige Zusammenschaltung auszuhandeln. Darüber hinaus trifft alle Betreiber mit beträchtlicher Marktstellung die Pflicht, allen begründeten Anträgen auf Netzzugang, auch an anderen als den Netzabschlusspunkten, stattzugeben (Art. 4 Abs. 2 RL 97/33/EG). Die Festnetzbetreiber mit beträchtlicher Marktmacht müssen Standard-Zusammenschaltungsangebote verfassen und veröffentlichen. Die nationalen Regulierungsbehörden sollen diese Angebote nötigenfalls ändern lassen können.[723]

c) Nichtdiskriminierung und Transparenz

Weitere wichtige Prinzipien des Zusammenschaltungsregimes ist die Nichtdiskriminierung und Transparenz. Betreiber mit beträchtlicher Marktmacht trifft eine Pflicht, auf nichtdiskriminierende Weise zu handeln und den Organisationen, die eine Zusammenschaltung in Betracht ziehen, alle notwendigen Informationen bereitzustellen (Art. 6 RL 97/33/EG). Die Veröffentlichung von sowie der Zugang zu bestimmten in Art. 14 Abs. 1 und 2 RL 97/33/EG aufgezählten Informationen, soll die Übersichtlichkeit und Transparenz des Marktes für Zusammenschaltungen gewährleisten.

d) Preis- und Kostenrechnungsgrundsätze

Die Zusammenschaltungsrichtlinie legt für Betreiber mit marktbeträchtlicher Stellung bestimmte Preis- und Kostenrechnungsgrundsätze fest. Nach Art. 7 Abs. 2 müssen die Zusammenschaltungsentgelte transparent und kostenorientiert sein. Der Rechtsrahmen enthält zwar keine Pflicht zur Anwendung einer bestimmten Kostenrechnungsmethode, aber eine Ermächtigungsnorm für die Kommission zur Erstellung von entsprechenden Empfehlungen. Inzwischen ist eine Empfehlung zur Zusammenschaltung in einem liberalisierten Telekommunikationsmarkt in

---

722 Art. 2 Nr. 7 RL 90/387/EG in der Fassung der RL 97/51/EG; Art. 2 Abs. 1 a) RL 97/33/EG.

723 Siehe Art. 7 Abs. 1 i.V.m. Abs. 3 RL 97/33/EG.

zwei Teilen[724] veröffentlicht worden. Darin wird eine Kostenrechnungsmethode empfohlen, der die langfristigen zukunftsrelevanten durchschnittlichen zusätzlichen Kosten zu Grunde liegen und die der besten gegenwärtigen Praxis entspricht. Die vorgeschlagenen Entgelte sind nicht verbindlich, sollen aber als Leitlinien fungieren. Weiterhin dürfen die benannten Betreiber keine gebündelten Angebote anbieten, damit der Antragsteller nur für die Leistungen zahlen muss, die mit der gewünschten Dienstleistung im direkten Zusammenhang stehen (Art. 7 Abs. 4 RL 97/33/EG).

3. Regulierung nach dem TKRG

a) Zusammenschaltungspflicht

Entsprechend den gemeinschaftsrechtlichen und deutschen Vorgaben kann im polnischen Telekommunikationsrecht auch nach dem allgemeinen und dem besonderen Netzzugang unterschieden werden.[725] Die Sonderart des Netzzugangs in Gestalt der Zusammenschaltung wurde in Art. 2 Nr. 14 TKRG gemeinschaftsrechtsnah als eine physische und funktionelle Zusammenschaltung von Telekommunikationsnetzen, die von einem oder mehreren Betreibern zur Gewährleistung der Telekommunikation für die Nutzer dieser Netze oder der Telekommunikationsdienstleistungen durch Betreiber von zusammengeschalteten Netzen sowie durch andere Subjekte, die Zugang zum Netz haben, betrieben werden, definiert. Das Gesetz enthält in Art. 76 Abs. 1 TKRG eine Zusammenschaltungspflicht für öffentliche Betreiber mit beträchtlicher Marktstellung unter der Prämisse, dass das dazugeschaltete Netz im Einklang mit Rechtsvorschriften erbaut wurde. Fraglich ist, ob übrige Betreiber einer Verhandlungspflicht über Zusammenschaltungen im Sinne des Gemeinschaftsrechts unterliegen. Eindeutig wird dies im Gesetz nicht geregelt. Art. 83 und 84 TKRG regeln die Voraussetzungen, unter denen der Präsident der Regulierungsbehörde im Falle einer versagten oder nicht zustande gekommenen Zusammenschaltung eingreifen kann. Dieses Eingreifen ist nicht auf bestimmte Betreiber beschränkt, so dass aus der Zusammenschau dieser Vorschriften eine Verhandlungspflicht für alle Betreiber, bei denen eine Zusammenschaltung beantragt wurde, herausgelesen werden kann. *Piątek* übersieht hier, dass die Vorschriften über Zusammenschaltungsbescheide und das Eingreifen des Regulierers keiner Beschränkung hinsichtlich der Betreiber unter-

[724] Empfehlung 98/195/EG der Kommission vom 8. Januar 1998 zur Zusammenschaltung in einem liberalisierten Telekommunikationsmarkt (Teil 1 – Zusammenschaltungsentgelte), Abl. EG L 73/42 vom 12.3.1998, geändert durch die Empfehlung 98/511/EG der Kommission vom 29. Juli 1998, Abl. EG L 228/30 vom 15.8.1998; Empfehlung 98/322/EG der Kommission vom 8. April 1998 zur Zusammenschaltung in einem liberalisierten Telekommunikationsmarkt (Teil 2 – Getrennte Buchführung und Kostenrechnung), Abl. EG L 141/6 vom 13.5.1998.

[725] Diesbezügliche Ausführungen befinden sich oben im Kapitel C.IV.8.e), auf den hier verwiesen wird.

liegen und unabhängig von der in Art. 76 Abs. 1 TKRG aufgestellten Pflicht für bestimmte Subjekte, für alle gelten. Seiner Ansicht, wonach andere Betreiber als solche mit beträchtlicher Marktstellung kein Handeln des Präsidenten RegTuP beantragen könnten[726], ist aus oben genannten Gründen nicht zu folgen.[727] Im Ergebnis ist festzustellen, dass alle Betreiber im Falle einer beantragten Zusammenschaltung einer Pflicht zum Verhandeln unterliegen. Eine andere Auslegung des Gesetzes widerspräche zudem einem der wichtigsten Ziele des neuen Telekommunikationsrechts – der Schaffung eines effektiven Wettbewerbs auf dem Gebiet der Telekommunikationsdienste (siehe Art. 1 Abs. 3 Nr. 3 TKRG).

Nach Art. 76 Abs. 2 TKRG gilt für alle Betreiber, dass jeder technisch begründete Punkt der Netze, der sich auf dem Tätigkeitsbereich des Betreibers des dazugeschalteten Netzes befindet, ein Zusammenschaltungspunkt sein kann, es sei denn es existiert ein für beide Betreiber wirtschaftlich gleichwertiger Alternativpunkt. Marktbeherrschende Betreiber müssen darüber hinaus alle begründeten Forderungen auf Netzzugang an jedem technisch begründeten Punkt erfüllen. Die polnische Regulierung entspricht somit weitgehend den gemeinschaftsrechtlichen Vorgaben, wenn man den dreistufigen asymmetrischen Aufbau der besonderen Wettbewerbsregeln außer Acht lässt. Ein Sonderweg, der in einer noch zu erlassenen Verordnung des Ministerpräsidenten entsprechend den telekommunikationsrechtlichen Zusammenschaltungsgrundsätzen zu bestimmen ist, soll für die Zusammenschaltung mit Netzen der Verwaltung, genauer mit Netzen der in Art. 4 Abs. 1 TKRG genannten Organisationsstellen und -einheiten, gelten.

b) Zusammenschaltungsvoraussetzungen und -vertrag

Das TKRG enthält in Art. 77 und 78 TKRG sehr ausführliche, sich stark an den europäischen Vorgaben richtende Regelungen bezüglich allgemeiner Zusammenschaltungsvoraussetzungen und des Zusammenschaltungsvertrages. Wie bereits erläutert, sollen die Zusammenschaltungen grundsätzlich von den Parteien vertraglich geregelt werden. Die mit der Zusammenschaltung verbundene Zusammenarbeit der Betreiber darf jedoch entsprechend den Regelungen in der Zusammenschaltungsrichtlinie nicht diskriminierend sein, um Raum für einen fairen und effektiven Wettbewerb im Sinne des Art. 1 Abs. 3 Nr. 3 TKRG zu schaffen. In Ausformung des Diskriminierungsverbotes und des Transparenzgebotes verlangt Art. 78 Abs. 5 TKRG, dass Betreiber den sich mit ihnen zusammenzuschließenden Betreibern im Vorfeld zur Erteilung von für den Vertragsschluss notwendigen Informationen sowie zur Anwendung der gleichen wie intern benutzten Zusammenschaltungsbedingungen verpflichtet sind.

---

[726] *Piątek*, PrTelekom, Art. 76 Rdnr. 6.

[727] In diesem Sinne auch *Ura*, Art. 84 Punkt 1 (S. 108).

aa) Voraussetzungen

Zu den gesetzlichen Voraussetzungen der Zusammenschaltung (Art. 77 Abs. 2 Nr. 1-4 TKRG) gehört zunächst die Einhaltung der grundlegenden Anforderungen des Art. 53 Abs. 1 TKRG, die dem Art. 13 Abs. 2 RL 98/10/EG nachempfunden wurden und die Aufrechterhaltung der Kontinuität der Telekommunikationsdienstleistungen, die Aufrechterhaltung der Netzintegrität, Interoperabilität des Netzes[728], den Datenschutz sowie die effektive Nutzung des Frequenzspektrums umfassen. Als zweite Voraussetzung wird die Ermöglichung eines gemeinsamen Zugangs zu der besessenen Telekommunikationsinfrastruktur genannt. Dritter Punkt behandelt die Weiterleitung der zur Vornahme von gegenseitigen und kundenbezogenen Abrechnungen notwendigen Informationen. Schließlich unterliegen Betreiber einer einjährigen Vorlauffrist bezüglich der Information über geplante Änderungen am eigenen Netz, im Falle dass diese in Folge auch das dazugeschaltete Netz betreffen.

bb) Vertragsinhalt und Vertragsschluss

Art. 78 Abs. 2 und 3 TKRG enthält detaillierte Kataloge der obligatorischen und fakultativen Inhaltsbestimmungen eines schriftlich abzuschließenden Zusammenschaltungsvertrages. Die Listen basieren zum großen Teil auf den im Anhang VII zu der Richtlinie 97/33/EG genannten Bereichen des Verhandlungsrahmens für Zusammenschaltungsvereinbarungen. Allerdings unterscheidet der polnische Gesetzgeber nicht wie in der Richtlinie zwischen Bereichen, die die Regulierungsbehörde ex-ante regeln kann und solchen, die von den Parteien verhandelt werden sollten. Zum Pflichtvertragsinhalt des zweiten Absatzes gehören beispielsweise die Regelung des Streitbeilegungsverfahrens (Nr. 5), die Lokalisierung der Zusammenschaltungspunkte (Nr. 1), etwaige Verfahrensregeln (Nr. 6) oder technische Voraussetzungen (Nr. 2). Der dritte Absatz enthält weitere mögliche, von der Art der zusammengeschalteten Netze abhängige Vereinbarungen wie die Aufrechterhaltung der Dienstleistungsqualität (Nr. 2), die effektive Nutzung der Frequenzspektren (Nr. 3) oder die Mitbenutzung der Nummernbestände (Nr. 4).

cc) Vertragsänderung oder Vertragsauflösung

Auf die Änderung eines Zusammenschaltungsvertrages werden aufgrund des in Art. 86 TKRG enthaltenen Verweises die Vertragsschlussvorschriften entsprechend angewendet. Darüber hinaus verfügt der Präsident RegTuP über das Recht zur Auferlegung einer Vertragsänderungspflicht. Die Ausübung dieses Eingriffsrechts ist allerdings an die Verfolgung der Ziele der effektiven Konkurrenz und

728 Der Richtliniengeber spricht hier zwar von der Interoperabilität von Diensten und nicht von Netzen, der polnische Gesetzgeber definiert diesen Begriff in Art. 2 Nr. 6 TKRG jedoch entsprechend den europäischen Vorgaben.

der Interoperabilität der Netze zweckgebunden. Bei der Vertragsauflösung gibt es für Betreiber mit beträchtlicher Marktstellung eine besondere Auflage – sie müssen den Präsidenten RegTuP mindestens 30 Tage vor der Vertragsauflösung darüber informieren.

c) Kostenrechnungsgrundsätze beim Netzzugang

Die Aushandlung der Gebührenhöhe für die gemeinsame Nutzung zusammengeschalteter Telekommunikationsnetze liegt zwar grundsätzlich im Ermessen der betroffenen Parteien, jedoch werden insbesondere für Betreiber mit einer besonderen Marktstellung und damit Marktmacht gesetzliche Vorschriften zur Kosten- und Preisgestaltung aufgestellt, um einen fairen Wettbewerb zu fördern. Für alle öffentlichen Betreiber gilt, dass ihre Gebühren aufgrund übersichtlicher und objektiver Kriterien vereinbart werden sollen, um gleiche Behandlung der Nutzer gewährleisten zu können (Art. 80 Abs. 1 Nr. 1 TKRG). Der Gleichbehandlungsgrundsatz entstammt dem grundlegenden konstitutionellen Gleichheitsprinzip.[729] Der Begriff der objektiven Kriterien ist sehr allgemein, jedoch kann aus der Rechtsprechung geleitet werden, dass es sich um realistische, nachweisbare Kriterien handeln muss.[730] Schließlich werden übersichtliche Kriterien als verständliche und klare Kriterien, die sich auf überprüfbare Charaktereigenschaften oder Umstände beziehen, definiert.[731] Die weiteren Kostenrechnungsgrundsätze in Art. 80 Abs. 1 TKRG (begründete Kosten, die mit der Ausführung der Telekommunikationsdienste eng zusammenhängen) gelten für Betreiber mit marktbeherrschender Stellung und entsprechen dem in Art. 7 Abs. II RL 97/33/EG aufgestellten europarechtlichen Grundsatz der Kostenorientierung bei Zusammenschaltungsentgelten.[732]

d) Zusammenschaltungsbescheid

Im Rahmen des Zusammenschaltungsregimes besitzt der Präsident RegTuP das Recht bzw. die Pflicht, im Falle einer nicht zustande gekommenen Zusammenschaltungsvereinbarung einen Zusammenschaltungsbescheid zu erlassen. Zunächst muss aber ein besonderes, in Art. 83 TKRG geregeltes Verfahren durchgeführt werden. Dieses richtet sich nach der Marktstellung der die Zusammenschaltung aushandelnden Parteien. Wenn keine der Verhandlungsparteien über eine beträchtliche Marktstellung auf den relevanten Märkten verfügt, kann der Präsident RegTuP auf schriftlichen Antrag jeder Partei als ersten Schritt einen Verhandlungsendzeitpunkt beschließen, der nicht später als 90 Tage ab dem Tag

729 Siehe *Piątek*, PrTelekom, Art. 35 Rdnr. 8.
730 *Piątek*, PrTelekom, Art. 80 Rdnr. 4 a.E.
731 *Piątek*, PrTelekom, Art. 35 Rdnr. 7.
732 Siehe dazu oben C.IV.8.d).

der Anfrage auf Zusammenschaltung sein darf. Ist einer der Parteien ein Betreiber mit beträchtlicher Marktmacht, so erfolgt die Terminfestsetzung von Amts wegen. Sollte der Zusammenschaltungsvertrag von den Parteien überhaupt nicht oder nicht bis zum vorgesehenen Zeitpunkt geschlossen worden sein, ist jede Partei berechtigt, als zweiten Schritt, beim Präsidenten RegTuP einen Bescheid über die Netzzusammenschaltung zu beantragen. Wenn dem Präsidenten RegTuP alle in Art. 83 Abs. 3 und 4 TKRG genannten notwendigen Antragsunterlagen vorliegen, ist er nach Art. 84 Abs. 1 TKRG zum Erlass eines Zusammenschaltungsbescheides innerhalb von 60 Tagen nach der Antragstellung verpflichtet. Dabei hat er unter anderem die Nutzerinteressen der zusammengeschalteten Netze, darunter vor allem die Ermöglichung eines umfangreichen Zugangs zu Telekommunikationsdiensten, die Erfüllung von grundlegenden Anforderungen hinsichtlich der Integrität und Interoperabilität der zusammengeschalteten Netze oder die Gewährleistung eines sich entwickelnden konkurrierenden Telekommunikationsmarktes zu berücksichtigen. Die oben genannte Fristfestsetzung sowie die Entscheidungsrichtlinien bei Zusammenschaltungsbescheiden entsprechen im vollen Umfang den gemeinschaftsrechtlichen Regelungen in Art. 9 Abs. 3 UAbs. 3, Abs. 5, Abs. 6 RL 97/33/EG.

Der Zusammenschaltungsbescheid ersetzt einen Zusammenschaltungsvertrag (Art. 84 Abs. 2 TKRG) und bildet sowohl ein zivilrechtliches Verhältnis zwischen den Zusammenschaltungsparteien untereinander als auch ein verwaltungsrechtliches zwischen den Parteien einerseits und dem Präsidenten RegTuP andererseits. Durch seine Wirkung ist der Bescheid somit einer der stärksten Eingriffe des Staates in die Privatautonomie der Verhandlungsparteien.[733] Er ist jedoch durch die Ziele des Telekommunikationsrechtsgesetzes gerechtfertigt. Den durch einen Zusammenschaltungsbescheid verpflichteten Betreibern steht es allerdings jederzeit frei, einen entsprechenden Vertrag abzuschließen und den Bescheid auf diese Weise zu ersetzen (siehe Art. 84 Abs. 3 TKRG).

e) Entbündelter Zugang

Das aktuelle Telekommunikationsrechtsgesetz enthält keine Vorschriften bezüglich der Entbündelung der Teilnehmeranschlussleitung durch den Altmonopolisten, da die europarechtliche Verordnung über den entbündelten Zugang[734] erst während der Gesetzesdebatte zum geltenden TKRG in Kraft trat und in den Gesetzesentwurf nicht mehr aufgenommen wurde. Ihre eigentliche unmittelbare Geltung wird die Verordnung in Polen erst mit Beitritt des Landes zur Europäischen Union im Mai 2004 entfalten können. Bis dahin sollen aber aufgrund des Novellierungsgesetzes entsprechende Entbündelungsvorschriften in das TKRG

---

733 Siehe *Piątek*, PrTelekom, Art. 84 Rdnr. 7.
734 VO 2887/2000 (Fn. 37).

eingeführt werden. Der Entwurf sieht die Aufnahme eines zusätzlichen Abschnitts 2a (Art. 94a bis 94d) im fünften Teil[735] des Gesetzes vor.[736] Die Wahl dieses Standortes ist gesetzessystematisch nicht geglückt, denn es werden keine Infrastruktur- und Netzanforderungen im eigentlichen Sinne geregelt. Da die EG-Entbündelungsverordnung in Deutschland unmittelbare Rechtswirkung entfaltet[737], enthält das TKG keinen mit z.B. „Entbündelung der TAL" titulierten Abschnitt. Die für die Einführung des Wettbewerbs im Ortsnetz maßgeblichen Vorschriften als ein Aspekt der in Deutschland seit längerem geforderten Entbündelung[738], sind beispielsweise in dem geänderten § 43 TKG enthalten.[739]

Die geplanten polnischen Entbündelungsvorschriften sollen alle der drei möglichen Entbündelungsmodelle[740] einführen – den Breitbanddatentransferdienst, die alleinige Zurverfügungstellung der Kupferdoppelader sowie die gemeinsame Nutzung der TAL.[741]

4. *Ausführungsvorschriften*

Das Telekommunikationsrechtsgesetz enthält zahlreiche Verordnungsermächtigungen auf dem Gebiet der Zusammenschaltungen. Aufgrund des Art. 81 TKRG sollen vier Verordnungen, im Einzelnen bezüglich der Erfüllung der Zusammenschaltungsverpflichtungen, der Preis- und Kostenabrechnungen, der Defizitabgabe und schließlich des Umfangs eines Zusammenschaltungsangebots erlassen werden. Bisher wurde zum Unmut der Marktneulinge keine dieser Verordnungen beschlossen. Grund hierfür ist offensichtlich die bereits seit Juli 2002 geplante Novellierung des TKRG, mit der auch die entsprechenden noch fehlenden Verordnungen verabschiedet werden sollen.[742]

5. *Ausblick*

Die beabsichtigte Novellierung wird auch beim Zusammenschaltungsregime einige Änderungen einführen, um das geltende polnische Telekommunikationsrecht an den noch aktuellen Gemeinschaftsrechtsrahmen anzugleichen. Allgemein wird der Begriff der „beherrschenden Marktstellung" mit dem der „beträchtlichen Marktstellung" im gesamten Gesetz ersetzt. Dies betrifft auch einige

---

735 Der fünfte Teil ist tituliert mit: „Telekommunikationsinfrastruktur und Endeinrichtungen".

736 Siehe Art. 1 Nr. 55 Änderungsgesetz-E TKRG, SejmDrs. Nr. 779, S.15 f.

737 Zur unmittelbaren Geltung von EG-VOen siehe *Oppermann*, Rdnr. 544.

738 Vgl. dazu oben A.III.2.

739 Genauer § 43 Abs. 6 TKG n.F.

740 Vgl. *Godula*, Tango z unbundlingiem, tele.net.forum 11/2001, 74 (74).

741 Siehe Art. 94a Abs. 1, Abs. 2 des Änderungsentwurfs.

742 Der Entwurf des Novellierungsgesetzes enthält neben zahlreichen Änderungen des TKRG acht Verordnungsentwürfe. Insgesamt gehören diese geplanten Rechtsakte zum Gesetzespaket mit dem Titel „Infrastruktur – Schlüssel zur Entwicklung".

Sonderwettbewerbsvorschriften für Zusammenschaltungen. Im Rahmen der Entgeltregulierung der Zusammenschaltungskosten soll der Präsident RegTuP weitergehende Eingriffsrechte und Regulierungsinstrumente erhalten. Insbesondere soll er sich in bestimmten Situationen an der „besten gegenwärtigen Praxis" („best current practice")[743] der Europäischen Kommission richten.

Darüber hinaus wird durch Art. 80a TKRG die Defizitabgabe bei Entbündelung der TAL eingeführt. Die geltende Fassung gilt als verfassungswidrig, weil die Auferlegung der Defizitabgabe den Ausführungsvorschriften überlassen wurde und es fehlt somit die erforderliche einfachgesetzliche Grundlage.[744] Diese soll nun durch die Änderung geschaffen werden. Hier ergeben sich jedoch weitere Unstimmigkeiten, diesmal mit dem Gemeinschaftsrecht. Seit der Empfehlung 98/195/EG der Kommission bezüglich der Zusammenschaltungsentgelte[745], gilt die Anwendung eines Defizitausgleiches als ineffektiv und sollte aus diesem Grunde abgeschafft werden.[746] Des Weiteren sehen die Vorschriften der Entbündelungsverordnung auch kein Recht des die TALs besitzenden Betreibers zur Einnahme einer Abgabe bei Entbündelung seiner Teilnehmeranschlussleitungen. Die vorgeschlagene polnische Regelung wäre somit nur bis zum Unionsbeitritt Polens anwendbar und müsste daher ab dem 1. Mai 2004 geändert werden. Daher wird von der Europa-Ministerin in ihrer Beurteilung zur Gemeinschaftsrechtskonformität des Gesetzesentwurfs vorgeschlagen, diese Bestimmung aus dem Änderungskatalog herauszunehmen, zumal auch der Regulierer von der Erhebung einer solchen Defizitabgabe bisher abgesehen hat[747].[748]

---

743 Vorgeschlagen durch die Empfehlung 98/195/EG der Kommission vom 8. Januar 1998 zur Zusammenschaltung in einem liberalisierten Telekommunikationsmarkt (Teil 1 – Zusammenschaltungsentgelte), Abl. EG L 73/42 vom 12.3.1998, geändert durch die Empfehlung 98/511/EG der Kommission vom 29. Juli 1998, Abl. EG L 228/30 vom 15.8.1998.

744 Siehe *Piątek*, PrTelekom, Art. 81 Rdnr. 5 sowie Begründung zum Änderungsgesetz-E TKRG, SejmDrs. Nr. 779, S. 21.

745 Vgl. Fn. 724.

746 Vgl. Erwägungsgründe (Grund 11 a.E., S. 43) der Empfehlung 98/195/EG.

747 Vgl. dazu die Stellungnahme des Präsidenten RegTuP in: *URT*, Stanowisko Prezesa Urzędu Regulacji Telekomunikacji w sprawie modelu i stawek rozliczeń międzyoperatorskich, Biuletyn 4/2001, 17 (31).

748 Siehe Übereinstimmungsbeurteilung zum Änderungsgesetz-E TKRG, SejmDrs. Nr. 779, S. 32.

VI. Anforderungen an Endeinrichtungen und an die Telekommunikationsinfrastruktur

1. Gemeinschaftsrechtliche Vorgaben

Der Markt für Telekommunikationsendgeräte wurde durch eine bereits im Jahre 1988 von der Kommission angenommene Richtlinie[749] als erster im Telekommunikationsbereich liberalisiert. In diesem Zusammenhang wurden zunächst die besonderen und ausschließlichen Rechte bezüglich der Bereitstellung, der Vermarktung, der Inbetriebnahme und der Wartung von Telekommunikationsendgeräten aufgehoben.[750] Ergänzt wurden diese Liberalisierungsmaßnahmen durch Richtlinien, die die gegenseitige Anerkennung der in anderen Mitgliedstaaten erteilten Prüfergebnisse[751] und Genehmigungen[752] vorsahen.

Das in der Anfangsphase geltende System der gegenseitigen Anerkennung wurde mit Inkrafttreten der Richtlinie 99/5/EG am 7. April 1999[753] durch ein liberales System ersetzt, bei dem eine Erklärung des Herstellers, dass sein Erzeugnis den gemeinschaftsrechtlichen Anforderungen entspricht, als ausreichend gilt. Darüber hinaus wurden die nunmehr in Art. 3 RL 99/5/EG genannten grundlegenden Anforderungen im Vergleich zur alten Rechtslage erheblich verringert. Zu den für alle Geräte obligatorisch geltenden Anforderungen zählen nun der Schutz der Gesundheit und die Sicherheit des Benutzers und anderer Personen sowie die Einhaltung bestimmter Schutzanforderungen hinsichtlich elektromagnetischer Verträglichkeit der Geräte. Für Funkanlagen gilt zusätzlich das Erfordernis der effektiven Nutzung des Frequenzspektrums. Darüber hinaus können für bestimmte Geräteklassen oder Gerätetypen weitere Anforderungen, wie die Beachtung der Interoperabilität und des Datenschutzes oder Erleichterungen für Rettungsdienste und behinderte Benutzer, aufgestellt werden.

Um einen Nachweis der Konformität der Geräte mit den grundlegenden Anforderungen erbringen zu können, muss ein dem Gerät entsprechendes Konformitätsbewertungsverfahren[754] vor einer benannten Stelle positiv abgeschlossen wer-

---

749 Richtlinie 88/301/EWG, siehe Fn. 13.

750 Siehe Art. 2 UA 1 RL 88/301/EWG.

751 Richtlinie 86/361/EWG des Rates vom 24. Juli 1986 über die erste Phase der gegenseitigen Anerkennung der Allgemeinzulassungen von Telekommunikations-Endgeräten, Abl. EG L 217/21 vom 5.8.1986.

752 Ursprünglich Richtlinie 91/263/EWG des Rates, dann zusammen mit der Richtlinie 93/97/EWG hinsichtlich Satellitenfunkanlagen konsolidiert in der Richtlinie 98/13/EG des Europäischen Parlaments und des Rates vom 12. Februar 1998 über Telekommunikationsendeinrichtungen und Satellitenfunkanlagen einschließlich der gegenseitigen Anerkennung ihrer Konformität, Abl. EG L 74/1 vom 12.3.1998; inzwischen aufgehoben durch die Richtlinie 99/5/EG.

753 Vgl. Fn. 201.

754 Geregelt in Art. 3 RL 99/5/EG sowie in den Anhängen II-V.

den. Zum Beweis für die Konformität wird das geprüfte Gerät mit dem CE-Kennzeichen (Art. 12 RL 99/5/EG) versehen und kann dann in Verkehr gebracht werden (Art. 6 Abs. 1 RL 99/5/EG).

2. Überblick über die polnischen Regelungen

Die Richtlinie 99/5/EG gehört zu den letzten europäischen Rechtsakten, die während des Gesetzgebungsprozesses berücksichtigt und im neuen polnischen Telekommunikationsrechtsgesetz umgesetzt wurden.[755] Im Zuge der Anpassung an das geltende Gemeinschaftsrecht wurde das alte Homologieverfahren bzw. -zeugnis[756] durch das Konformitätsbewertungsverfahren bzw. das Konformitätszertifikat ersetzt.[757] Um Letzteres erfolgreich abschließen zu können, muss das geprüfte Gerät den im TKRG enthaltenen grundlegenden Anforderungen entsprechen. Das TKRG regelt die grundlegenden Anforderungen und die Grundlagen der Konformitätsbewertung in zwei gesonderten Abschnitten, die jedoch wegen des unmittelbaren Sachzusammenhangs als ein Ganzes zu behandeln sind.[758] Das detaillierte Konformitätsbewertungsverfahren wird in einem gesonderten Gesetz, dem neuen Gesetz über das Konformitätsbewertungssystem vom 30. August 2002 (im Folgenden: KonfSysG),[759] auf das in Art. 92 TKRG verwiesen wird, geregelt. Gemäß Art. 3 KonfSysG bilden Vorschriften über technische Anforderungen oder Spezifikationen von Erzeugnissen sowie ihre Herstellungsprozesse und über Akkreditierungssubjekte wie das Polnische Akkreditierungszentrum[760], Akkreditierungseinheiten und Kontrolllaboratorien sowie -einheiten, das Konformitätsbewertungssystem. Das KonfSysG gilt somit nicht nur für Telekommunikationsgeräte und Funkanlagen, sondern für alle den grundlegenden Anforderungen unterliegende, in Verkehr gebrachte und von anderen Gesetzen oder Vorschriften umfasste Erzeugnisse sowie solche, die eine Bedrohung bilden können oder dem Schutz oder der Rettung des Lebens, der Gesundheit, der Ehre oder der Umwelt dienen.[761] Noch in Ausführung des alten gleichnamigen Gesetzes über das Konformitätsbewertungssystem[762] wurden zwei telekommunikationsrechtliche Verordnungen[763] erlassen: die erste betrifft das Konformitätsbewer-

755 *Ura*, Art. 88 Punkt 1 (S. 114); *Borowski*, tele.net.forum 2/2002, 48.
756 Siehe Art. 7 Abs. 1 FernmeldeG 1990.
757 *Rakowski*, Świat Telekomunikacji 7/2000, 36 (36).
758 Siehe auch *Piątek*, PrTelekom, Art. 88 Rdnr. 3.
759 Ustawa z dnia 30. sierpnia 2002 r. o systemie oceny zgodności, akredytacji oraz zmianie niektórych ustaw, Dz. U. Nr. 166, Pos. 1360.
760 Polnisch: Polskie Centrum Akredytacji.
761 Art. 6 Abs. 1 KonfSysG.
762 Gesetz vom 28. April 2000, Dz. U. Nr. 43, Pos. 489.
763 Ermächtigungsgrund hierfür war Art. 6 Abs. 2 KonfSysG a.F.

tungsverfahren bei der Apparatur[764] und die zweite bei Telekommunikationsendgeräten und Funkanlagen[765]. Beide Rechtsakte ordnen bereits die europäische CE-Kennzeichnungsweise an und sollen erst am Tage des Beitritts Polens in die Europäische Union in Kraft treten, da sie sich jeweils in § 2 auf europäische harmonisierte Normen[766] berufen; bei Erfüllung dieser wird entsprechend den Vorgaben des Art. 5 Abs. 1 RL 99/5/EG eine Vermutung für das Erfüllen grundlegender Anforderungen durch die Geräte aufgestellt.

3. Grundlegende Anforderungen

Eine Definition der grundlegenden Anforderungen sucht man vergeblich in dem Definitionenkatalog in Art. 2 TKRG. Auch in dem Abschnitt über Anforderungen an Telekommunikationsnetze und -geräte wird man nicht fündig. Lediglich in Art. 88 Abs. 2 Nr. 2 TKRG stellt der Gesetzgeber fest, dass die in Art. 88 Abs. 1 und Abs. 2 Nr. 1 TKRG genannten Anforderungen zu den grundlegenden Anforderungen zählen. Das polnische TKRG lehnt sich bei der Aufzählung der zu erfüllenden grundlegenden Anforderungen stark an europarechtliche Vorgaben. Nach Art. 88 Abs. 1 TKRG gehören vier Anforderungen zu den obligatorischen grundlegenden Anforderungen: die Sicherheit der Benutzung[767], die Interoperabilität der Geräte[768], insbesondere keine Verursachung von Störungen oder

---

764 Rozporządzenie Rady Ministrów z dnia 25 czerwca 2002 r. w sprawie warunków i trybu dokonywania oceny zgodności aparatury z zasadniczymi wymaganiami dotyczącymi kompatybilności elektromagnetycznej oraz sposobu oznakowania aparatury [Verordnung des Ministerrates vom 25. Juni 2002 bezüglich der Bedingungen und des Ablaufs der Konformitätsbewertung bei der Apparatur mit grundlegenden Anforderungen hinsichtlich elektromagnetischer Kompatibilität sowie bezüglich der Bezeichnungsart der Apparatur], Dz. U. Nr. 117, Pos. 1008; geändert durch Verordnung vom 23. Dezember 2002 (Dz. U. Nr. 238, Pos. 2023), die das Inkrafttreten der gesamten Ursprungsverordnung auf den Zeitpunkt der Unionsmitgliedschaft Polens verlegt.

765 Rozporządzenie Rady Ministrów z dnia 10 września 2002 r. w sprawie warunków i trybu dokonowania oceny zgodności telekomunikacyjnych urządzeń końcowych przeznaczonych do dołączenia do zakończeń sieci publicznej i urządzeń radiowych z zasadniczymi wymaganiami oraz sposobu ich oznakowania [Verordnung des Ministerrates vom 10. September 2002 bezüglich der Bedingungen und des Ablaufs der Konformitätsbewertung von zum Anschluss an das öffentliche Netz bestimmten Telekommunikationsendgeräten und Funkanlagen mit grundlegenden Anforderungen sowie bezüglich ihrer Bezeichnungsart], Dz. U. Nr. 176, Pos. 1442.

766 Harmonisierte Normen sind gem. Art. 2 h) RL 99/5/EG technische Spezifikationen, die von einer anerkannten Normungsorganisation im Rahmen eines Auftrags der Kommission zur Erstellung einer europäischen Norm festgelegt werden und nicht zwingend eingehalten werden müssen.

767 Siehe dazu Art. 3 Abs. 1 Nr. a) RL 99/5/EG: „Schutz der Gesundheit und Sicherheit".

768 Das Gesetz spricht hier genau von der Fähigkeit der Telekommunikationsgeräte zur Kompatibilität mit anderen im Telekommunikationsnetz genutzten oder daran angeschlossenen Telekommunikationsgeräten, um keine Schäden oder Arbeitsstörungen zu verursachen. Diese grundlegende Anforderung wurde nicht dem Gemeinschaftsrecht entnommen und ist eine zusätzliche polnische Anforderung, ohne jedoch die polnischen Regelungen zur Konformitätsbewertung

Schäden im Telekommunikationsnetz[769], effektive Ausnutzung von Frequenzspektren und Umlaufbahnbeständen sowie die elektromagnetische Kompatibilität[770]. Weitere, fakultative Anforderungen wie die Gewährleistung des Fernmeldegeheimnisses, die Sicherung vor unbefugter Benutzung, Netz- oder Gerätezugang für Rettungsdienste sowie Erleichterungen für behinderte Personen, können vom zuständigen Minister in Fernmeldeangelegenheiten gemäß Art. 88 Abs. 2 Nr. 1 TKRG im Wege einer Verordnung bestimmt werden. Ein entsprechender Rechtsakt ist bisher noch nicht erlassen worden.

Neben der abschließenden Aufzählung der zu erfüllenden grundlegenden Anforderungen enthält das Gesetz zahlreiche Verordnungsermächtigungen hinsichtlich der Anforderungen an Telekommunikationsnetze und -geräte. Die Legitimation umfasst, wie bereits oben erwähnt, die Bestimmung der zusätzlichen grundlegenden Anforderungen (Art. 88 Abs. 2 Nr. 1 TKRG), die Bestimmung allgemeiner technischer und Nutzungsanforderungen (Art. 88 Abs. 2 Nr. 2 TKRG) als auch solcher für Netze oder Geräte, die von den in Art. 40 Abs. 2 TKRG genannten Staatsorganen wie der Staatsanwaltschaft, den Gerichten oder verschiedenen Ministerien, genutzt werden (Art. 88 Abs. 3 TKRG). Die ersten zwei Regelungsbereiche könnten auch in einer Verordnung zusammengefasst werden[771], der polnische Gesetzgeber machte bisher weder Gebrauch von dieser Möglichkeit noch erließ er Einzelverordnungen. Weitere Ausführungsvorschriften sollen auf Grund von Art. 89 TKRG erlassen werden und die Voraussetzungen für den Bau der Telekommunikationsinfrastruktur sowie Voraussetzungen der Telekommunikationsinfrastruktur im Falle ihrer Mitbenutzung, Kreuzung oder Annäherung an energetische, elektrische oder Gasleitungen regeln. Auch diese Verordnungen hat der Verordnungsgeber noch zu erlassen.

4. Konformitätsbewertungsverfahren

a) Gegenstand und Umfang des Konformitätsbewertungsverfahrens

Das TKRG führt für die zum Anschluss an das öffentliche Netz bestimmten Endeinrichtungen und das Zubehör[772] sowie für Sende- und/oder Empfangsfunkanlagen eine grundsätzliche Pflicht zur Durchführung der Konformitätsprüfung

---

gemeinschaftsrechtswidrig erscheinen zu lassen. Die polnische CE-Kennzeichnung entspricht zwar nicht vollumfänglich der gemeinschaftsrechtlichen CE-Kennzeichnung, weil sie die Erfüllung einer weiteren grundlegenden Anforderung indiziert, dies stellt aber keinen Grund für eine Unübereinstimmung dar. Siehe dazu auch *Borowski*, Telenet.forum 2/2002, 48.

769 Diese Bedingung zählt im Gemeinschaftsrecht anders als im TKRG zu den fakultativen Anforderungen und setzt sich aus zwei Anforderungen zusammen, siehe Art. 3 Abs. 3 Nr. a) und b) RL 99/5/EG.

770 Siehe Art. 3 Abs. 1 Nr. b) RL 99/5/EG.

771 *Piątek*, PrTelekom, Art. 88 Rdnr. 11.

772 Beim Zubehör handelt es sich um eine Unterart der Apparatur, vgl. Art. 2 Nr. 2 TKRG.

ein. Unter der Konformitätsprüfung ist eine Bewertung des geprüften Gerätes hinsichtlich der Übereinstimmung seiner technischen und Nutzungscharakteristika mit den grundlegenden Anforderungen des Art. 88 TKRG sowie des Art. 108 TKRG bezüglich der elektromagnetischen Kompatibilität zu verstehen.[773] Auf Grundlage einer Verordnung kann der Umfang der einer Pflichtprüfung unterliegenden Geräte vom zuständigen Minister in Fernmeldeangelegenheiten verringert werden, vorausgesetzt ihre Wirkungs- oder Konstruktionsart gewährleistet die Übereinstimmung mit den grundlegenden Anforderungen. Darüber hinaus werden bestimmte Geräte gemäß Art. 91 Abs. 4 TKRG von der Durchführung der Pflichtkonformitätsprüfung von vornherein ausgeschlossen. Dazu zählen Geräte, die ausschließlich zur Nutzung im Amateurfunkkommunikationsdienst angepasst sind und nicht käuflich erwerbbar sind, ausschließlich zum Empfang von Funk- oder Fernsehsignalen bestimmte Funkanlagen sowie von in Art. 4 Abs. 1 Nr. 1-6 TKRG genannten Subjekten genutzte Geräte.

Den genauen Ablauf der Konformitätsprüfung regelt das bereits erwähnte Gesetz über das Konformitätsbewertungssystem in Art. 6 - 14 und vor allem die auf Grundlage des alten KonfSysG erlassenen besonderen telekommunikationsrechtlichen Verordnungen[774]. Entsprechend den gemeinschaftsrechtlichen Vorgaben[775] gibt es auch im polnischen Recht unterschiedlich ausgestaltete, auf die Geräteklassen oder -typen zugeschnittene Konformitätsbewertungsverfahren – die interne Fertigungskontrolle, interne Fertigungskontrolle und grundlegende Funkprüfung, Prüfung anhand von Konstruktionsunterlagen sowie schließlich die umfassende Qualitätssicherung. In Umsetzung der europarechtlichen Vorgaben obliegt die Konformitätsprüfung zunächst den Produzenten und ihren Vertretern, die nach positiver Feststellung der Erfüllung grundlegender Anforderungen eine Konformitätsdeklaration ausstellen. In bestimmten Fällen wird jedoch eine unabhängige Konformitätsprüfung verlangt, nach deren erfolgreichem Abschluss ein Konformitätszertifikat ausgestellt wird. Sowohl die Konformitätsdeklaration als auch das Konformitätszertifikat ist Voraussetzung für die Anbringung des Konformitätskennzeichens an das überprüfte Erzeugnis.

b) Kennzeichnungspflicht

Die vom europäischen Gesetzgeber in Art. 12 RL 99/5/EG eingeführte Pflicht zur Kennzeichnung der in Verkehr gebrachten, der Pflichtkonformitätsprüfung unterliegenden Geräte wurde ins polnische Telekommunikationsrechtsgesetz aufgenommen und in Art. 94 TKRG umgesetzt. Die Kennzeichnung soll die Erfüllung der grundlegenden Anforderungen des gekennzeichneten Gerätes

---

773 *Piątek*, PrTelekom, Art. 91 Rdnr. 1; Definition der Zertifizierung: Art. 5 Nr. 8 KonfSysG.
774 Siehe Fn. 764, 765.
775 Siehe Art. 10 RL 99/5/EG mit den Anhängen II-V.

beweisen und anzeigen. Genauere Vorschriften bezüglich der Art sowie des Zeichens bei Telekommunikationsendeinrichtungen und Funkanlagen enthalten die Ausführungsvorschriften zum KonfSysG a.F.[776]

c) Prüfstellen

Das Gemeinschaftsrecht sieht vor, dass das Konformitätsbewertungsverfahren neben der internen Prüfung durch den Hersteller oder seinen Vertreter auch extern von bestimmten Prüfstellen[777] durchgeführt werden kann. Durch das ursprüngliche KonfSysG wurde in Polen ein neues, diesen gemeinschaftsrechtlichen Vorgaben entsprechendes Akkreditierungs- und Zertifizierungssystem eingeführt, das nach einer zweijährigen Übergangsphase ab dem 1. Januar 2003[778] uneingeschränkt gilt. Das in Akkreditierungsfragen zuständige Zentralorgan ist das Akkreditierungszentrum[779], das Zertifizierungseinheiten, Laboratorien und Kontrolleinheiten akkreditiert. Die akkreditierten Einheiten und Laboratorien müssen darüber hinaus bei der EU-Kommission und den Mitgliedstaaten notifiziert[780] werden, um die notwendigen Prüfungen und Zertifizierungen durchführen zu können.[781]

5. Ausblick

Die Regelung der Anforderungen an die Telekommunikationsendeinrichtungen und an die Telekommunikationsinfrastruktur anhand des Systems der grundlegenden Anforderungen und ihrer unbürokratischen Überprüfung im Rahmen der festgesetzten Konformitätsbewertungsarten entspricht im Großen und Ganzen den geltenden gemeinschaftsrechtlichen Vorgaben.[782] Durch die geplante Novellierung soll indes eine noch genauere Übereinstimmung mit der Richtlinie 99/5/EG sowie eine Präzisierung des Gesetzestextes erreicht werden[783] – so sollen beispielsweise die grundlegenden Anforderungen des Art. 88 Abs. 1 TKRG nicht mehr für die Apparatur, sondern nur noch für Telekommunikationsendgeräte und Funkanlagen gelten, die in Verkehr gebracht werden.

---

776 Verordnung vom 10. September 2002, oben Fn. 765.

777 Im Gemeinschaftsrecht sog. „benannte Stellen".

778 Siehe Art. 54 Nr. 2 KonfSysG a.F.

779 Polnisch: Centrum Akredytacji; siehe Art. 12 Abs. 1 KonfSysG a.F.; Art. 25 ff. KonfSysG n.F.

780 Unter der Notifizierung ist hier die Anzeige von Subjekten, die die nationale Berechtigung zur Durchführung der obligatorischen Konformitätsbewertung besitzen, zu verstehen. Vgl. Art. 5 Nr. 13 KonfSysG.

781 Vgl. Art. 14 KonfSysG.

782 So auch *Ura*, Art. 89 Punkt 1 (S.114).

783 Siehe Begründung zum Änderungsgesetz-E TKRG, SejmDrs. Nr. 779, S. 21.

VII. Gemeinsame Nutzung der Telekommunikationsinfrastruktur

1. Notwendigkeit und europarechtliche Ausgestaltung der Infrastrukturmitbenutzung

Bei der Einführung des Wettbewerbs auf dem Telekommunikationsmarkt tauchte die Frage auf, ob die Regel, dass jeder Betreiber sein eigenes Netz aufbaut, beibehalten oder ob die Mitbenutzung der bereits vorhandenen Infrastruktur festgeschrieben werden sollte. Bereits die Entwicklung des polnischen Marktes seit ihrer teilweisen Liberalisierung zeigte deutlich, dass die neuen Betreiber den Aufbau eines eigenen Netzes nur schwer finanzieren konnten und darüber hinaus auf baurechtliche und eigentumsrechtliche Schwierigkeiten stießen.[784] Die sich durch eine uneingeschränkte Anwendung der Pflicht zum Aufbau eines eigenen Netzes ergebende Gefahr der Wettbewerbshemmung wurde auch auf europäischer Ebene gesehen. Zur Vorbeugung der befürchteten Entwicklung fügte der Richtliniengeber durch die Wettbewerbsrichtlinie[785] einen neuen Artikel in die Diensterichtlinie[786] ein, der für die Mitgliedstaaten ein Diskriminierungsverbot hinsichtlich der Erteilung von Wegerechten[787] für Betreiber öffentlicher Telekommunikationsnetze festschreibt[788]. Im Falle, dass die Einräumung von entsprechenden Wegerechten, die ehemals den Altmonopolisten gewährt wurden, nicht möglich ist, müssen die Mitgliedstaaten den Zugang zu und somit die Mitbenutzung von bestehender Infrastruktur durch Betreiber öffentlicher Netze sicherstellen.[789] Dieser Grundsatz wurde in der Zusammenschaltungsrichtlinie[790] wiederholt. Nach den Bestimmungen dieser Richtlinie sollen die nationalen Regulierungsbehörden auf die Kollokation sowie gemeinsame Nutzung von Einrichtungen oder Grundstücken hinwirken, die von einer Organisation aufgrund nationaler Vorschriften unter Ausnutzung besonderer Rechte genutzt oder auch enteignet werden konnten oder können.[791] Die Kollokations- oder Nutzungsvereinbarungen sollen vertraglich geregelt werden, jedoch müssen die Mitgliedstaa-

---

784 Siehe dazu Kapitel B.II.4.

785 Siehe o. Fn. 19.

786 Siehe o. Fn. 14.

787 Unter den Begriff der Wegerechte nach deutschem Telekommunikationsrecht fallen Bestimmungen über die Benutzung öffentlicher Wege und sonstiger Grundstücke zu Telekommunikationszwecken, vgl. *Ulmen* in: *Scheurle/Mayen*, TKG-Komm., § 50 Rdnr. 1 und § 57 Rdnr. 1; *Schütz* in: Beck`scher TKG-Komm., § 50 Rdnr. 1 und § 57 Rdnr. 1.

788 Art. 4d UAbs. 1 RL 90/388/EWG.

789 Art. 4d UAbs. 2 RL 90/388/EWG.

790 RL 97/33/EG (siehe o. Fn. 25).

791 Art. 11 UAbs. 1 RL 97/33/EG.

ten nach Ablauf einer angemessenen Frist auch diesbezügliche Anordnungen treffen können.[792]

2. Systematik der polnischen Nutzungsrechtvorschriften

Die Überschrift des Abschnitts zur Problematik der Wegerechte im polnischen TKRG – „Mitbenutzung der Telekommunikationsinfrastruktur" – verdeutlicht die gesetzgeberische Intention der Hervorhebung der gemeinsamen Nutzung bestehender Infrastruktur zum Aufbau neuer Netze. Diese Mitbenutzung basiert auf einem Vertrag mit dem Altmonopolisten und ist nicht zwingend unentgeltlich. Darüber hinaus regelt dieser Abschnitt das Benutzungsrecht einer fremden Immobilie sowie die Infrastrukturmitbenutzung an fremden Immobilien. Die Infrastrukturmitbenutzungsregeln wurden erst durch das TKRG in das polnische Telekommunikationsrecht eingeführt. Unter dem Regime des Vorgängergesetzes fehlten diesbezügliche Vorschriften.[793]

Die Systematik des deutschen Telekommunikationsrechts verzeichnet einen anderen Weg, um zum gleichen Ziel zu gelangen. In Umsetzung des gemeinschaftsrechtlichen Gleichbehandlungsgebots aus Art. 4d) RL 90/388/EWG regelt das TKG hauptsächlich die unentgeltliche Benutzung öffentlicher Verkehrswege zur Errichtung weiterer Telekommunikationsnetze durch lizenzierte Telekommunikationsunternehmen[794]. Darüber hinaus regelt § 57 TKG die Inanspruchnahme sonstiger Grundstücke zu Telekommunikationszwecken.[795] Das polnische Telekommunikationsrecht gewährt im Gegensatz dazu keine Benutzungsrechte an öffentlichen Straßen für lizenzierte Betreiber. Auch das Gesetz über öffentliche Straßen (im Folgenden: StraßenG)[796] enthält keine Wegerechte im Sinne des europäischen und deutschen Gesetzgebers – es beinhaltet lediglich einzelne telekommunikationsrechtliche Vorschriften[797].

---

792 Art. 11 UAbs. 2, 3 RL 97/33/EG.

793 Siehe *Piątek*, Dostosowanie polskiego prawa telekomunikacyjnego do prawa wspólnotowego, in: *Saganek/Skoczny* (Hrsg.), Wybrane problemy i obszary dostosowania prawa polskiego do prawa Unii Europejskiej, 343 (395).

794 Geregelt in §§ 50 - 56 TKG; siehe auch *Ulmen*, in: *Scheurle/Mayen*, TKG-Komm., § 50 Rdnr. 5 ff.

795 Man spricht von einem dualen Modell der deutschen Wegerechte, siehe *Hoeren*, MMR 1998, 1 (1). Umfassend zum Regelungsumfang des § 57 TKG *Nienhaus*, Wegerechte für Telekommunikationslinien auf Privatgrundstücken, S. 29 ff.

796 Ustawa z dnia 21 marca 1985 r. o drogach publicznych [Gesetz vom 21. März 1985 über öffentliche Straßen], Dz. U. Nr. 14, Pos. 60; Information über eine konsolidierte Fassung vom 26.9.2002 in Dz. U. 2000 Nr. 71, Pos. 838.

797 Siehe Art. 32 StraßenG (Kreuzung von Straßen mit sonstigen Netzen wie Telekommunikationsnetzen), Art. 42 StraßenG (Verlauf von Telekommunikationsnetzen entlang von Straßen) und Art. 40 Abs. 4 StraßenG (Gebührenpflicht für sich in der Straßenzone befindlichen Telekommunikationsgeräte).

Der Präsident RegTuP besitzt im Zusammenhang mit der Telekommunikationsinfrastruktur ein Auskunftsrecht gegenüber allen eine Telekommunikationstätigkeit führenden Subjekten. Nach Art. 95 TKRG sind Unternehmen, die Telekommunikationsdienste erbringen bzw. Telekommunikationsnetze betreiben, auf Verlangen zur Übermittlung von Informationen über ihre Netze oder Geräte verpflichtet.

3. Gewährleistung der Mitbenutzung eigener Infrastruktur

a) Persönlicher Anwendungsbereich

Die Pflicht zur Gewährleistung der Mitbenutzung der Infrastruktur wird durch Art. 96 TKRG geregelt. Zu den Verpflichteten zählen öffentliche Betreiber, also solche die ihre Telekommunikationsdienste auf Grundlage einer Telekommunikationserlaubnis erweisen[798]. Damit unterliegen Betreiber von öffentlichen Telefonnetzen sowie von öffentlichen Netzen zur Verbreitung oder Verteilung von Rundfunk- bzw. Fernsehprogrammen (Art. 3 Abs. 1 TKRG), die von der Erlaubnispflicht nicht nach Art. 5 TKRG befreit sind, der Gewährleistungspflicht.[799] Tatsächlich umfasst dieser Anwendungsbereich hauptsächlich den ehemaligen Nationalanbieter TP S.A. und einige wenige Alternativbetreiber, die seit den ersten rechtlichen Liberalisierungen ein eigenes Netz aufbauen konnten. Das alte Fernmeldegesetz enthielt keine vergleichbare Verpflichtung des Altmonopolisten, der trotz der ersten Stufe der Marktöffnung eine marktbeherrschende Stellung bezüglich der Telekommunikationsinfrastruktur besaß. Diese Marktmacht und die damit verbundene Blockierung des Zugangs konnte nur aufgrund der Vorschriften des alten Antimonopolgesetzes geschmälert werden. Das Antimonopolgericht wertete die Zugangsverhinderung zu der besessenen Infrastruktur durch ein marktbeherrschendes Unternehmen als einen Verstoß gegen das Antimonopolgesetz.[800] Die Rechtsprechung des Antimonopolgerichts und die europarechtlichen Vorgaben begründen somit die Existenz des Art. 96 TKRG im polnischen TKRG.

Zu den Begünstigten des Mitbenutzungsrechts zählen nach dem Wortlaut des Gesetzes alle Betreiber öffentlicher Netze. Aufgrund des weiten Umfangs des Begriffes des öffentlichen Netzes als eines Netzes zur Erbringung von Telekommunikationsdiensten (Art. 2 Nr. 19 TKRG) fällt eine große Gruppe unter den Anwendungsbereich der besprochenen Vorschrift, die auch öffentliche Betreiber umfasst.[801]

---

798 Siehe Art. 2 Nr. 13 TKRG.

799 *Piątek*, PrTelekom, Art. 96 Rdnr. 4.

800 Siehe dazu Urteil des Antimonopolgerichtes vom 27.11.1996 (XVII Amr 45/96) sowie *Piątek*, PrTelekom, Art. 96 Rdnr. 3.

801 *Piątek*, PrTelekom, Art. 96 Rdnr. 5.

b) Voraussetzungen und Umfang der Gewährleistungspflicht

Ein öffentlicher Betreiber ist zur Gewährleistung der Mitbenutzung von besessenen Gebäuden, Leitungen, Kanalisationen, Säulen, Türmen und Masten verpflichtet. Diese Verpflichtung trifft ihn jedoch nur dann, wenn zwei gesetzlich festgelegte Voraussetzungen – fehlende rechtliche oder tatsächliche Möglichkeit zur Ausübung der Telekommunikationstätigkeit ohne die Infrastrukturmitbenutzung oder unverhältnismäßig hohe Auflagen beim Aufbau einer alternativen Telekommunikationsinfrastruktur – erfüllt sind. Die Beweislast für das Vorliegen dieser Ausschlussgründe liegt im Bereich des ein Mitbenutzungsrecht begehrenden Betreibers. Das polnische Telekommunikationsrecht sichert einem neuen Betreiber somit keine entsprechenden Wegerechte, die vormals dem Altmonopolisten gewährt wurden, sondern ermöglicht ihm lediglich die Mitbenutzung der bereits vorhandenen Infrastruktur des ehemaligen Nationalbetreibers zum Aufbau eines eigenen Netzes. Der vom polnischen Gesetzgeber hier gewählte Weg ist zwar anders als die deutsche Lösung, führt jedoch zum gleichen Endziel und unterstützt gleichermaßen den Ausbau neuer Alternativnetze.

Unter der Mitbenutzung versteht der Gesetzgeber die Einrichtung, Nutzung und Konservierung von Telekommunikationsgeräten. Diese Aufzählung ist keineswegs erschöpfend und bezieht sich sowohl auf die möglichen Handlungen als auch Geräte; dies resultiert aus der Verwendung des Begriffes "insbesondere". Problematisch ist, dass das Gesetz nach seinem Wortlaut lediglich Telekommunikationsgeräte von der Mitbenutzung umfasst. Damit könnten Kabel, Leitungen oder Zubehör nicht installiert, genutzt oder konserviert werden. Eine solch enge Wortlautauslegung widerspräche jedoch dem Zweck dieser Vorschrift, alternativen Betreibern die Möglichkeit zu bieten, bestehende Infrastrukturobjekte zum Aufbau neuer Telekommunikationsnetze zu nutzen[802] und damit den Wettbewerb zu fördern. Ein weiterer Grund für die weite Auslegung ist der Beispielcharakter der zur Mitbenutzung zählenden Handlungen und Objekte ("insbesondere"). Daher ist im vorliegenden Fall der weiten Auslegung zu folgen.[803] Ein weiteres Problem im Rahmen der Mitbenutzungsregelung ergibt sich daraus, dass Art. 96 Abs. 1 TKRG keine Umstände der tatsächlichen Möglichkeit der Mitbenutzung der Infrastruktur regelt. Die Vorschrift ist daher insoweit auszulegen, als die Gewährleistung eines Mitbenutzungsrechts das faktische Vorliegen von freien Beständen und Ressourcen voraussetzt.[804]

Zu der dem Mitbenutzungsrecht unterliegenden Infrastruktur zählt das Gesetz, wie bereits erwähnt, Gebäude, Leitungen, Kanalisationen, Säulen, Türme

---

802 *Piątek*, PrTelekom, Art. 96 Rdnr. 7.

803 In diesem Sinne auch *Piątek*, PrTelekom, Art. 96 Rdnr. 7.

804 *Piątek*, PrTelekom, Art. 96 Rdnr. 14.

und Masten. Es handelt sich um eine abschließende Aufzählung, die nicht die gesamte Infrastruktur eines Betreibers im telekommunikationsrechtlichen Sinne von Art. 2 Nr. 5 TKRG umfasst. Der Gesetzgeber bediente sich in dieser Vorschrift zwar des Begriffes Infrastruktur, dies sollte jedoch nur eine Gesamtbezeichnung der einzelnen Infrastrukturobjekte erleichtern.[805]

c) Befreiung von der Gewährleistungspflicht

Art. 96 Abs. 2 TKRG enthält eine Ausnahme zu der Pflicht zur Ermöglichung der Mitbenutzung. Sie bezieht sich auf die zur Telefondienstleistung dienende Verbindungsleitung zwischen dem Netzabschlusspunkt des Teilnehmers und den kommutierenden Geräten des Telekommunikationsnetzes des den Zugang ermöglichenden Betreibers. Aufgrund der unmittelbar geltenden europäischen Vorschriften zur Entbündelung der Teilnehmeranschlussleitung, um die es sich hier handelt, widerspricht diese Gesetzesvorschrift dem geltenden Gemeinschaftsrecht. Diese Diskrepanz soll durch das Änderungsgesetz zum TKRG abgeschafft werden, indem der entsprechende Absatz ersatzlos gestrichen wird.[806]

d) Rechtliche Ausgestaltung der gemeinsamen Infrastrukturnutzung

aa) Mitbenutzungsvertrag

Das polnische TKRG ordnet an, dass die Mitbenutzungsbedingungen in einem Vertrag zwischen dem Netzdisponenten und dem Mitnutzer bestimmt werden sollen (Art. 96 Abs. 3 TKRG). Dieser Mitbenutzungsvertrag sollte die essentialia negocii[807], wie die vom Mitbenutzungsrecht umfassten Infrastrukturobjekte, Handlungsarten der Mitbenutzung, Nutzungsweise der Infrastruktur als auch die Vergütung für den gewährten Infrastrukturzugang, beinhalten.[808] Ein Mitbenutzungsvertrag sollte innerhalb von 30 Tagen ab der Antragstellung geschlossen werden.

bb) Durchsetzungsmöglichkeiten

Das polnische TKRG sieht im Falle, dass ein Mitbenutzungsvertrag von den verhandelnden Parteien nicht zum Abschluss kommt, eine Eingriffsmöglichkeit des Regulierers vor und verweist auf die zusammenschaltungsrechtlichen Vorschriften zur Durchsetzung der beantragten Mitbenutzung. Die entsprechende Anwendung von Art. 79, Art. 80 Abs. 1 Nr. 1 und Abs. 4 sowie Art. 83 - 85 TKRG entspricht zwar den gemeinschaftsrechtlichen Vorgaben aus Art. 11 UAbs. 2 S. 2, UAbs. 3 i.V.m Art. 9 RL 97/33/EG, bringt jedoch einige Auslegungsprobleme mit sich. Voraussetzung für das Eingreifen des Präsidenten Reg-

805 *Piątek*, PrTelekom, Art. 96 Rdnr. 8.
806 Siehe Änderungsgesetz-E TKRG, SejmDrs. Nr. 779, Art. 1 Nr. 63.
807 Vgl. *Brox*, Rdnr. 217.
808 Vgl. *Piątek*, PrTelekom, Art. 96 Rdnr. 18.

TuP ist der Ablauf der in Art. 96 Abs. 3 TKRG genannten 30-tägigen Frist. Unklar ist bei der ersten Verweisung, ob ein marktbeherrschender Betreiber bereits vor Ablauf der Frist über ein bereits genehmigtes Rahmenmitbenutzungsangebot[809] verfügen sollte, auf dessen Grundlage das Mitbenutzungsverhältnis eventuell ausgestaltet wird, oder ob dieses Rahmenangebot erst nach Scheitern der kommerziellen Verhandlungen ausgearbeitet werden kann. Das Ziel dieser Verweisung, bei Diskrepanzen einen Vertrag mit gesetzlich bestimmten Voraussetzungen abzuschließen, spricht dafür, das Vorliegen eines genehmigten Mitbenutzungsangebots bereits im Vorfeld zu verlangen, um die Verhandlungen nicht unnötig in die Länge zu ziehen und nach 30 erfolglosen Verhandlungstagen zu einem Abschluss zu gelangen.[810] Das Gebot der Anwendung übersichtlicher und objektiver Gebührenbemessungskriterien gilt entsprechend Art. 80 Abs. 1 TKRG nur für öffentliche Betreiber und ist im Falle, dass der Antragsteller lediglich ein öffentliches Netz betreibt, nicht anwendbar.

Ein weiteres Interpretationsproblem ergibt sich bei der Verweisung auf Art. 83 - 85 TKRG, auf dessen Grundlage der Präsident RegTuP nach erfolglosen Verhandlungen einen entsprechenden Mitbenutzungsbescheid erlassen kann, der einen Mitbenutzungsvertrag von Rechts wegen ersetzt.[811] Vorliegend muss die Bedeutung der Frist aus Art. 83 Abs. 2 TKRG im Zusammenhang mit der Frist aus Art. 96 Abs. 3 TKRG geklärt werden. Nach der erstgenannten Vorschrift kann jede Partei einen Antrag auf Erteilung eines Bescheides, im vorliegenden Fall eines Mitbenutzungsbescheides, stellen, wenn ein entsprechender Vertragsabschluss nicht realisiert werden konnte und seit dem Vertragsantrag 90 Tage vergangen sind. Die andere, 30-tägige Frist, bestimmt demgegenüber die Zeitspanne, in der ein Vertrag geschlossen werden sollte. Diese Fristen laufen unabhängig von einander[812] gleichzeitig an, nämlich am Tage des ersten Vertragsangebots. Nach Ablauf der Vertragsabschlussfrist kann jede Partei entsprechend Art. 83 Abs. 2 TKRG einen Antrag auf Festsetzung einer Endfrist stellen, die nicht länger als 90 Tage seit Antragstellung sein kann. Verstreicht auch diese Frist, können die Parteien ihr Recht auf verwaltungsrechtliche Ausgestaltung des Mitbenutzungsverhältnisses ausüben.

e) Problem: Unentgeltlichkeit

Das polnische Infrastrukturmitbenutzungsrecht entspricht im vollen Umfang den europarechtlichen Vorgaben. Der polnische Gesetzgeber gewährt zwar anders als sein deutscher Nachbar keine Wegerechte für neue Anbieter, die diskri-

---

809 Zum Zusammenschaltungsangebot siehe Kapitel D.V.3.b).
810 Vgl. *Piątek*, PrTelekom, Art. 96 Rdnr. 21.
811 Siehe Art. 84 Abs. 2 TKRG.
812 In diesem Sinne auch *Piątek*, PrTelekom, Art. 96 Rdnr. 24.

minierungsfreie Einräumung zusätzlicher Wegerechte wird jedoch nach dem Wortlaut der Diensterichtlinie nur dann verlangt, wenn weitere Wegerechte überhaupt möglich sind.[813] In Polen räumt weder das Straßenrecht noch das Telekommunikationsrecht zusätzliche Wegerechte ein. Der Umstand, dass die Infrastrukturmitbenutzung gegen vertraglich festgelegtes Entgelt gewährleistet wird, ist nicht zu beanstanden und entspricht der allgemeinen Rechtspraxis. Daher ist die Frage, ob Wegerechte an öffentlichen Straßen und Wegen unentgeltlich gewährleistet werden sollten, obsolet.[814]

4. Nutzungsrechte an fremden Immobilien

Das Nutzungsrecht an fremden Immobilien wird telekommunikationsrechtlich in Art. 97 TKRG geregelt. Darüber hinaus kann in bestimmten Fällen das Gesetz vom 21. September 1997 über die Immobilienverwaltung (im Folgenden: ImmoVerwG)[815] herangezogen werden, auf das in Art. 97 Abs. 4 TKRG verwiesen wird. Nach den Grundsätzen „lex posterior derogat legi priori" sowie „lex specialis derogat legi generali" geht das TKRG dem ImmoVerwG vor.

a) Adressatenkreis

Zu den Berechtigten des Nutzungsrechts an fremden Immobilien zählen öffentliche Betreiber. Der Berechtigtenkreis ist vorliegend somit kleiner als im Rahmen der Infrastrukturmitbenutzung.

Verpflichtet sind nach Art. 97 Abs. 1 TKRG in erster Linie die Eigentümer einer Immobilie oder Inhaber eines vererbbaren Nießbrauchsrechts (aus Gründen der Übersichtlichkeit im Folgenden: Nießbraucher) an einer Immobilie. Darüber hinaus kann die Duldung der gewährleisteten Nutzungsrechte gemäß Art. 97 Abs. 5 TKRG auch von Benutzern, Mietern, Pächtern oder Dauerverwaltern einer Immobilie verlangt werden. Der persönliche Anwendungsbereich deckt sich mit dem von Art. 41 TKRG, der einen Zugangsschutz zu Diensten bezweckt. Als Pendant zu der hier besprochenen Nutzungsrechtsvorschrift verbietet Art. 41 TKRG die Behinderung berechtigter Immobiliennutzer bei der Inanspruchnahme von Telekommunikationsdiensten.

b) Umfang und Voraussetzungen der Duldungspflicht

Der Umfang der Pflicht zur Gewährleistung von Nutzungsrechten ergibt sich aus dem Gesetzestext. Zum Duldungstatbestand gehört demnach die Ermöglichung der Installation von Telekommunikationsgeräten auf der Immobilie, der

---

813 Art. 4d UAbs. 1 RL 90/388/EWG.

814 Zum Streitstand in Deutschland siehe *Demmel*, in: TKM-Komm., C § 50 Rdnr. 22-29.

815 Ustawa z dnia 21 sierpnia 1997 r. o gospodarce nieruchomościami (Dz. U. Nr. 115, Pos. 741 mit späteren Änderungen, konsolidierte Fassung in Dz. U. 2000 Nr. 46, Pos. 543).

Durchführung von Kabelleitungen unter, auf oder über der Immobilie als auch die Ermöglichung der Anbringung von Geräteinformationstafeln. Weiterhin ist die Nutzung und Wartung der angebrachten Infrastruktur zu dulden. Da es sich bei den Nutzungsrechten um Eingriffe in das verfassungsrechtlich geschützte Eigentumsrecht handelt, sind diese in jedem Fall eng auszulegen.[816]

Die einzige Voraussetzung, die im Rahmen der Nutzungsrechtsprüfung seitens der öffentlichen Betreiber erfüllt werden muss, ist die Sicherung einer vernünftigen Immobiliennutzung. Das Gesetz selbst enthält keine Präzisierung der Bewertungsart des Vernunftumstandes. Nach *Piątek* sollte die Vernunftsbewertung objektiviert werden, muss aber gleichzeitig die mit der tatsächlichen Nutzungsweise zusammenhängenden Eigentümerinteressen berücksichtigen.[817]

c) Rechtliche Ausgestaltung der gemeinsamen Immobiliennutzung

aa) Immobiliennutzungsvertrag

Das Nutzungsverhältnis zwischen dem öffentlichen Betreiber und dem Immobilieneigentümer bzw. -nutznießer wird ebenso wie bei der Infrastrukturnutzung grundsätzlich vertraglich festgelegt. Anders als bei der Infrastrukturnutzung bestimmt der Gesetzgeber hier jedoch, dass die Nutzung gebührenpflichtig ist, außer die angebrachten Leitungen und Geräte dienen einer beantragten Sicherstellung der eigenen Telekommunikation (Art. 97 Abs. 2 TKRG). Der Immobiliennutzungsvertrag sollte alle wesentlichen Vertragsbestandteile beinhalten und auch innerhalb von 30 Tagen geschlossen werden. Vertragsparteien sind der Betreiber und der Eigentümer bzw. Nießbraucher. Alle anderen, zur Duldung der Nutzung Verpflichteten, können ohne eine entsprechende Bevollmächtigung keinen Immobiliennutzungsvertrag abschließen.[818]

bb) Rechtsfolgen des Immobiliennutzungsverhältnisses

Die Rechtsfolgen eines Immobiliennutzungsverhältnisses werden nicht im Telekommunikationsrecht sondern im allgemeinen Zivilrecht geregelt. Nach Art. 49 ZGB sind Geräte zur Zuleitung oder Abführung von Wasser, Dampf, Gas, Strom sowie andere ähnliche Geräte keine wesentlichen Bestandteile eines Grundstücks oder Gebäudes[819], wenn sie zu einem Unternehmen oder Betrieb gehören. Telekommunikationsgeräte und -leitungen unterfallen wegen ihrem Netzcharakter der Kategorie der ähnlichen Geräte und werden somit trotz ihrer festen Verbindung mit der Immobilie nicht zu ihren wesentlichen Bestandteilen und gehen daher nicht zum Eigentum des Grundstückseigentümers über.[820]

---

816 *Piątek*, PrTelekom, Art. 97 Rdnr. 6.
817 *Piątek*, PrTelekom, Art. 97 Rdnr. 7.
818 *Piątek*, PrTelekom, Art. 97 Rdnr. 13.
819 Siehe zur Parallele im deutschen Zivilrecht §§ 93 - 95 BGB.
820 *Piątek*, PrTelekom, Art. 97 Rdnr. 5.

cc) Durchsetzungsmöglichkeiten

Den Betreibern gelingt es nicht immer, die gewünschten Nutzungsrechte an fremden Immobilien aufgrund privatrechtlicher Verträge zu erhalten. Aus diesem Grund sieht der Gesetzgeber eine verwaltungsrechtliche Möglichkeit zur Durchsetzung des Rechts aus Art. 97 Abs. 1 TKRG vor und verweist in Art. 97 Abs. 4 TKRG auf Art. 124 ImmoVerwG. Aufgrund des letztgenannten Artikels ist ein Bürgermeister zur Erteilung einer Genehmigung in Form eines Bescheides ermächtigt, durch den das Nutzungsrecht des Eigentümers oder Nießbrauchers an seiner Immobilie zugunsten eines öffentlichen Betreibers beschränkt wird. Das durch die Erlaubnis gewährte Nutzungsrecht erstreckt sich auf das Anbringen und Durchleiten von Telekommunikationsleitungen und -geräten sowie ihre Konservierung und Instandhaltung (Art. 124 Abs. 1 ImmoVerwG[821]). Im Falle, dass die Immobilie wegen des erteilten Nutzungsrechts nicht mehr wie bisher oder bestimmungsgemäß genutzt werden kann, besteht für den Eigentümer bzw. Nutznießer die Möglichkeit, eine Enteignung seiner Immobilie zu verlangen.[822]

Die Vergütung für das verwaltungsrechtlich zugesprochene Nutzungsrecht wird nicht vertraglich, sondern durch den Nutzungsbescheid des Bürgermeisters festgesetzt. Ihre Höhe richtet sich nach den Vorschriften des ImmoVerwG zur Entschädigung zugunsten einer enteigneten Person[823] und sollte dem Wert der erleideten Schäden entsprechen[824].

d) Infrastrukturnutzung

Die Frage der Mitbenutzung von sich auf fremder Immobilie befindender Telekommunikationsinfrastruktur regelt Art. 98 TKRG. Nach dessen Wortlaut sind die Vorschriften zur Nutzung fremder Immobilien auf die Infrastrukturmitbenutzung durch Betreiber, die eine Berechtigung zu ihrer Anbringung, Nutzung oder Wartung auf der fremden Immobilie erlangt haben, entsprechend anzuwenden.

---

821 Wortlaut der Vorschrift: „Starosta, wykonujący zadanie z zakresu administracji rządowej może ograniczyć, w drodze decyzji, sposób korzystania z nieruchomości przez udzielenie zezwolenia na zakładanie i przeprowadzanie na nieruchomości [...] przewodów [...] oraz urządzeń łączno-ści publicznej i sygnalizacji, a także innych podziemnych, naziemnych lub nadziemnych obiek-tów i urządzeń niezbędnych do korzystania z tych przewodów i urządzeń, jeżeli właściciel lub użytkownik wieczysty nieruchomości nie wyraża na to zgody." [Ein Bürgermeister, der eine Aufgabe aus dem Bereich der Regierungsverwaltung wahrnimmt, kann im Wege eines Bescheides die Nutzungsart einer Immobilie durch Erteilung einer Erlaubnis zur Anbringung und Durchleitung von Leitungen [...] sowie Geräten der öffentlichen Telekommunikation und Signalisierung auf der Immobilie [...] als auch anderer unter-, ober- und überirdischer Objekte und Geräte, die zur Nutzung dieser Leitungen und Geräte notwendig sind, beschränken, wenn der Eigentümer oder Nutznießer der Immobilie keine Zustimmung hierfür erteilt.].

822 Siehe Art. 124 Abs. 5 ImmoVerwG.

823 Art. 128 - 135 ImmoVersG.

824 Siehe Art. 128 Abs. 4 ImmoVerwG.

Im Sinne der Wortlautauslegung muss ein neuer Betreiber, der die bereits auf fremder Immobilie installierte Infrastruktur mitnutzen will, erst mit dem Berechtigten einen Immobiliennutzungsvertrag abschließen oder einen Nutzungsbescheid nach Art. 124 ImmoVerwG erwirken. Untermauert wird die vorliegende Auslegung durch die Notwendigkeit zum Schutz der Grundstückseigentümerinteressen, über eine weitergehende Nutzung ihrer Immobilie mit entscheiden zu können.[825]

---

[825] *Piątek*, PrTelekom, Art. 98 Rdnr. 2.

VIII. NUMMERNVERWALTUNG

1. Gemeinschaftsrechtliche und internationale Vorgaben

Der Nummerierungspolitik wird trotz des innerstaatlichen Charakters der Bestimmung nationaler Nummerierung sowohl durch den europäischen Gesetzgeber[826] als auch durch internationale Organisationen wie die Internationale Fernmeldeunion[827] eine überaus wichtige Rolle zugesprochen. Ein Grund hierfür ist die Schlüsselstellung der entsprechenden Politik für die Entwicklung der Informationsgesellschaft und die Entwicklung eines fairen und chancengleichen Wettbewerbs.[828] Darüber hinaus soll die internationale Erreichbarkeit von Teilnehmern in Telekommunikationsnetzen gewährleistet werden.[829]

Erste konkrete gemeinschaftsrechtliche Vorgaben bezüglich der Nummerierung sind in der Richtlinie zur Einführung des offenen Netzzugangs (ONP) beim Sprachtelefondienst vom 13. Dezember 1995 enthalten.[830] In Art. 21 Abs. 1 und 2 dieser Richtlinie wird verlangt, dass nationale Telefonnummerierungspläne durch die nationale Regulierungsbehörde zu kontrollieren und im Wesentlichen zu veröffentlichen sind und die Nummernvergabe objektiv, transparent und nichtdiskriminierend erfolgen soll. Die aufgestellten Nummernvergabekriterien wurden in nachfolgenden Richtlinien wiederholt und konkretisiert.[831]

Ein weiterer wichtiger Ausfluss der europäischen Nummerierungspolitik ist das an die Mitgliedstaaten gerichtete Erfordernis, für alle Telekommunikationsdienste ausreichend Nummern sowie Nummerierungsbereiche zur Verfügung zu stellen.[832] Aufgrund dieser Vorgabe sind Nummern seit Juli 1997 generell nicht mehr als knappe Ressource anzusehen. Allerdings gilt dies nicht für die „goldenen Nummern“[833], die wegen ihres wirtschaftlichen Wertes weiterhin als ein knappes Gut behandelt werden können.

---

826 Einen Überblick über EG-rechtliche Nummerierungsvorgaben beinhaltet u.a. *Bartosch*, NJW-CoR 1999, 103 ff.

827 International Telecommunications Union – ITU. Für Nummerierungsfragen ist die Abteilung ITU-S zuständig, wobei „S“ für Standardisierung steht. Siehe auch die Homepage der ITU unter http://www.itu.int.

828 Siehe dazu Mitteilung der Kommission „Auf dem Weg zu einem europäischen Nummerierungsumfeld – Grünbuch über ein Nummerierungskonzept für Telekommunikationsdienste in Europa“, November 1996, KOM (96) 590.

829 *Paul/Mellewigt*, in: Beck`scher TKG-Komm., § 43 Rdnr. 4.

830 Richtlinie 95/62/EG des Europäischen Parlaments und des Rates vom 13. Dezember 1995 zur Einführung des offenen Netzzugangs (ONP) beim Sprachtelefondienst, Abl. EG L 321/6 vom 30.12.95 (im Folgenden: RL 95/62/EG).

831 So z.B. Art. 1 Nr. 4 RL 96/19/EG, Art. 12 Abs. 3 RL 97/33/EG.

832 Art. 1 Nr. 4 RL 96/19/EG, Art. 12 Abs. 1 RL 97/33/EG.

833 Siehe Definition unter D.I.1.

Zur Sicherstellung eines funktionierenden Wettbewerbs wurde darüber hinaus zunächst durch Art. 12 Abs. 5 RL 97/33/EG die Nummernportabilität und wenig später die freie Auswahl des Verbindungsnetzbetreibers[834] eingeführt.[835] Ergänzt wird die Nummerierungspolitik durch zwei spezifische Harmonisierungsmaßnahmen zu Telefonnummern – es wurde eine einheitliche gemeinschaftsweite Notrufnummer „112“[836] und die Vorwahl „00“ für internationale Telefongespräche aus den Mitgliedstaaten[837] eingeführt.

Der internationale Einfluss auf die nationale Rufnummernstrukturierung ergibt sich aus den Empfehlungen der ITU. Diese sind zwar formal nicht bindend,[838] jedoch werden sie tatsächlich auch in Polen befolgt.[839] Nach dem Standard der Empfehlung E.164 kann eine Rufnummer bis zu 15 Stellen besitzen. Die nationale Rufnummer sollte dabei 14 Stellen nicht überschreiten. Die Struktur einer internationalen Rufnummer umfasst nach Empfehlungsvorgaben eine Landeskennzahl (country code – CC), eine nationale Bereichskennzahl (national destination code – NDC) sowie schließlich die Teilnehmerrufnummer (subscriber number – SN). Die Prefixe, ein- oder mehrziffrige Nummern zum Verlassen des eigenen Nummerierungsbereichs, werden nicht zu den Kennzahlen gerechnet.[840]

2. Polnische Nummernverwaltung im Überblick

Die Fragen der Nummerierungsstruktur und -ausgestaltung werden im polnischen Recht durch Art. 99 - 104 TKRG geregelt. Weitere Vorschriften, so zur Nummernmitnahme und Netzbetreiberauswahl, sind in Art. 43 Abs. 2 und 3 TKRG enthalten. Unter dem Begriff „Nummerierung“ versteht der polnische Gesetzgeber Nummerierungsbereiche sowie Orts-, Telekommunikationsnetz- oder Telekommunikationsdienstekennzahlen. Etwas allgemeiner, nämlich als Zeichenfolgen, die in Telekommunikationsnetzen Zwecken der Adressierung dienen, definiert der deutsche Gesetzgeber den Nummernbegriff.[841]

Die Verwaltung der nationalen Nummern basiert zunächst auf einer Verordnung des Infrastrukturministers nach Art. 99 Abs. 7 Nr. 1 TKRG, die ausführli-

---

834 Art. 12 Abs. 7 UAbs. 1 a.E. RL 97/33/EG in der Fassung der RL 98/61/EG.

835 Siehe dazu auch Kapitel D.II.2.e).

836 Entscheidung 91/396/EWG des Rates vom 29. Juli 1991 zur Einführung einer einheitlichen europäischen Notrufnummer, Abl. EG L 217/31 vom 6.8.1991.

837 Entscheidung 92/264/EWG des Rates vom 11. Mai 1992 zur Einführung einer gemeinsamen Vorwahlnummer für den internationalen Fernsprechverkehr in der Gemeinschaft, Abl. EG L 137/21 vom 20.5.1992.

838 *Demmel*, in: TKM-Komm., C § 43 Rdnr. 12.

839 *Piątek*, PrTelekom, Art. 99 Rdnr. 2; Die Konstitution und Konvention der ITU, die im Jahre 1995 ratifiziert wurden (Dz. U. 1998 Nr. 35, Pos. 197), wendet man aufgrund von Art. 87 Abs. 1, Art. 91 Abs. 1 der polnischen Verfassung unmittelbar an.

840 *Demmel*, in: TKM-Komm., C § 43 Rdnr. 12.

841 Siehe § 3 Nr. 10 TKG.

che Anforderungen an die Nummernverwaltung regeln soll. Zweiter Schritt ist die Bestimmung von Landesnummerierungsplänen für öffentliche Telefonnetze. Dies erfolgt ebenso auf dem Verwaltungswege (vgl. Art. 99 Abs. 7 Nr. 2 TKRG). Auf Grundlage des Landesnummerierungsplanes für Telefonnetze werden die Nummern den öffentlichen Betreibern zugeteilt. Diese Erstzuteilung nennt man auch primäre Zuteilung.[842] Die zugeteilten Nummern können von den Betreibern nun eigenständig verwaltet, darunter auch gemäß Art. 101 TKRG unter bestimmten Voraussetzungen im Rahmen der abgeleiteten Zuteilung anderen Betreibern und Telekommunikationsunternehmen zur Verfügung gestellt werden. Letzte Phase umfasst die Zuteilung individueller Rufnummern an die Teilnehmer oder Nutzer eines Netzes.

3. Landesnummerierungspläne

a) Öffentliches Telefonnetz

Der polnische Verordnungsgeber sah bisher von einer Regelung der ausführlichen Anforderungen an die nationale Nummernverwaltung gemäß Art. 99 Abs. 7 Nr. 1 TKRG ab und verabschiedete den Landesnummerierungsplan (im Folgenden: LNP) für öffentliche Telefonnetze[843] ohne der Aufstellung vorheriger detaillierter Nummernverwaltungsanforderungen. Die Landesnummerierungsplanverordnung (im Folgenden: LNP-VO)[844] berücksichtigt jedoch die allgemeinen telekommunikationsrechtlichen Vorgaben des TKRG. Darüber hinaus wurde der polnische Gesetzgeber dazu angehalten, insbesondere europäische und internationale Vereinbarungen hinsichtlich der Nummerierungspolitik in dem Landesnummerierungsplan zu berücksichtigen. Der Verweis auf die Umsetzung internationaler Vorschriften im Text der Ermächtigungsgrundlage entspricht den gemeinschaftsrechtlichen Vorgaben[845] sowie den durch die Republik Polen eingegangenen internationalen Verpflichtungen.

Das polnische Nummerierungssystem setzt sich aus Nummerierungsbereichen, Gebietskennzahlen sowie Netz- oder Dienstekennzahlen zusammen.[846] Anders als in Deutschland existieren in Polen zwei Nummerierungsebenen und daher zwei Nummerierungspläne – offen und geschlossen. Die Einteilung in die zwei Nummerierungsebenen entstand aufgrund der ursprünglichen Systematik

---

842 *Ura*, Art. 100 (S. 124); *Piątek*, PrTelekom, Art. 99 Rdnr. 5.

843 Unter den Anwendungsbereich dieses Landesnummerierungsplans fallen Telefonfestnetze und Mobilfunknetze.

844 Rozporządzenie Ministra Infrastruktury z dnia 5 września 2002 r. w sprawie planu numeracji krajowej dla publicznych sieci telefonicznych [Verordnung des Instrasturkturministers vom 5. September 2002 bezüglich des Landesnummerierungsplans für öffentliche Telefonnetze] (Dz. U. Nr. 145, Pos. 1223).

845 Siehe Art. 21 Abs. 3 RL 95/62/EG sowie Art. 12 Abs. 2 RL 97/33/EG.

846 § 1 Abs. 1 LNP-VO.

der geografischen Nummerierung und der später folgenden Einführung internationaler Standards. Der aufgrund der Übergangsvorschrift für Ausführungsvorschriften (Art. 150 Abs. 1 TKRG) bis zum Inkrafttreten der neuen LNP-VO am 15. September 2002 geltende Landesnummerierungsplan vom 7. Juni 2000[847] teilte das öffentliche Telefonnetz in 49 geografische Nummerierungszonen[848], denen jeweils eine zweistellige Kennzahl zugeordnet wurde. Eine Nummerierungszone bestand aus mehreren Telefonbezirken; jedem Bezirk teilte man einen Teil der entsprechenden Zonennummerierung zu. Auf diese Weise bildete sich die Zonennummerierungsebene, die keine Ortsnetzkennzahlen sondern Zonenkennzahlen unterschied und somit eine entsprechend geringe Nummernanzahl generieren konnte. Die geltende Landesnummerierungsplanverordnung beinhaltet nun übergangsweise zwei Nummerierungsebenen und bestimmt, dass ein offener Plan aus der sog. Zonennummerierung[849] und aus der Landesnummerierung[850] besteht. Der geschlossene Landesnummerierungsplan baut auf einer Ebene auf und enthält nur eine Landesnummerierung, wie beispielsweise in Deutschland, wo es neben der Landeskennzahl und der Teilnehmerrufnummer nur eine nationale Bereichskennzahl gibt. Zur Letztgenannten gehören Netzbetreiber-, Dienste- sowie Ortsnetzkennzahlen.[851] Nur ein geschlossener Nummerierungsplan entspricht den internationalen Standards der Nummernstruktur und soll entsprechend der Landesnummerierungsverordnung bis spätestens 31. Dezember 2005 in Polen vollständig eingeführt werden.[852] Aus der dargestellten Entwicklung ergeben sich in Polen aktuell folgende Nummerierungselemente: Landes- sowie internationales Prefix, Nummerierungszonenkennzahl, Netzkennzahl, Netzzugangsnummer, internationale Nummer, Landesnummer sowie Zonennummer.[853]

b) Sonstige öffentliche Netze

Für andere öffentliche Netze als Telefonnetze kann der zuständige Minister in Fernmeldeangelegenheiten ebenso im Wege der Verordnung Landesnummerierungspläne aufstellen. In einer solchen Verordnung, die aufgrund ihres fakultativen Charakters und damit einer geringeren Dringlichkeitsstufe in Anbetracht der fehlenden obligatorischen Ausführungsvorschriften noch nicht erlassen wurde, können auch Anforderungen an die Schaffung und Zurverfügungstellung von

---

847 Dz. U. Nr. 53, Pos. 644.

848 Die Nummerierungszonen deckten sich bis zur Neuordnung des Staatsgebietes im Jahre 1998 mit der damaligen Aufteilung in 49 Wojewodschaften, siehe dazu Fn. 396.

849 Polnisch: numeracja strefowa.

850 Polnisch: numeracja krajowa.

851 Vgl. *Scheurle*, in: *ders./Mayen*, TKG-Komm., § 43 Rdnr. 4; *Paul/Mellewigt*, in: Beck`scher TKG-Komm., § 43 Rdnr. 138.

852 Teil A Pkt. 5.4.1. Nr. 3 Anhang LNP-VO.

853 Siehe Teil A Pkt. 4.1. Anhang LNP-VO.

Teilnehmeridentifizierungszeichen[854] bestimmt werden. Entsprechend der Ermächtigungsgrundlage muss der Verordnungsgeber auch bei den Landesnummerierungsplänen für sonstige öffentliche Netze europäische und internationale Vorgaben beachten.

c) Europäische Notfallnummer und Auslandsvorwahl

Der polnische Gesetzgeber setzte die europarechtliche Forderung zur Einführung einer gemeinschaftsweiten Notfallnummer in Art. 102 Abs. 2 TKRG um. Danach gilt die Nummer „112“ als eine gemeinsame Notfallnummer für alle gesetzlich zur Hilfeleistung berufenen Dienste. Durch die Einführung des internationalen Prefixes „00“ im aktuellen Landesnummerierungsplan wurde schließlich die Auslandsvorwahl-Entscheidung der Europäischen Kommission[855] verbindlich umgesetzt. Die alte Regelung, bei der man zunächst „0“ wählen musste und erst nach einem sog. zweiten Meldesignal wiederum „0“ wählen konnte, um auf die internationale Nummerierungsebene zu gelangen, bleibt als Übergangslösung bis zur Einführung eines endgültigen geschlossenen Landesnummerierungsplanes erhalten.[856]

d) Veröffentlichungspflicht

Art. 100 TKRG verpflichtet den Präsidenten RegTuP zur Erstellung und Veröffentlichung einer Gesamtaufstellung der durch originäre Zuteilung vergebenen Nummerierung unter dem Titel „Nummerierungsverwaltungstafel“. Zweck dieser Vorschrift ist die Sicherstellung der Überschaubarkeit und Transparenz auf dem Gebiet der Nummernverwaltung. Ihre Aufnahme ins TKRG wurde von den gemeinschaftsrechtlichen Transparenz- und Veröffentlichungsgeboten hinsichtlich der Nummernvergabe[857] beeinflusst.

4. Nummernzuteilung

a) Originäre Zuteilung

aa) Erlaubnis bzw. Bescheid

Für die originäre Vergabe von Nummern ist der Präsident RegTuP als Regulierungsorgan zuständig. Sie hat in Übereinstimmung mit den Landesnummernplänen für öffentliche Netze zu erfolgen. Derzeit existiert lediglich ein LNP für Telefonnetze, so dass sich die Zuteilungstätigkeit des Präsidenten RegTuP nur auf diese Nummerierung beschränkt. Die Berufung auf etwaige Ausführungsvor-

---

854 Die Teilnehmeridentifizierungszeichen werden in Art. 3 Abs. 2 Nr. 2 d) TKRG als Adressen, Schlüssel oder Passwörter definiert.

855 Siehe oben Fn. 837.

856 Siehe Teil A Pkt. 4.1.2. Anhang LNP-VO.

857 Vgl. dazu Art. 21 Abs. 2 RL 95/62/EG, Art. 12 Abs. 4 RL 97/33/EG.

schriften des alten Fernmeldegesetzes ist unerheblich, da die Übergangszeit für ihre Anwendung bereits zum 31.12.2002 abgelaufen ist (vgl. Art. 150 Abs. 1 TKRG). Nach Art. 99 Abs. 1 erfolgt die Nummerierungszuteilung entweder in einer Erlaubnis oder durch Bescheid. Im ersten Fall handelt es sich um die Regelzuteilung. Die Vergabe aufgrund eines gesonderten Nummerierungszuteilungsbescheides gilt für nicht öffentliche Betreiber, die zu ihrer Telekommunikationstätigkeit keiner Erlaubnis bedürfen sowie für die Vergabe von Nummern für andere als Telefonnetze.[858] Ein weiterer Fall der Nummernvergabe durch Bescheid wurde gesetzlich ausdrücklich bestimmt und zwar für die in Art. 4 Abs. 1 Nr. 1-6 TKRG genannten staatlichen Stellen und Einheiten. Die Zuteilung der Nummerierung kann auch bestimmte Nummernnutzungs- und Nummernzurverfügungstellungsbedingungen beinhalten.[859]

bb) Besonderes Vergabeverfahren

Das geltende Telekommunikationsrecht sieht durch den in Art. 99 Abs. 3 TKRG enthaltenen Verweis auf entsprechende Vergabevorschriften bei der Frequenzreservierung[860] in Knappheitsfällen eine weitere mögliche Form der Nummernvergabe vor – die Ausschreibung bzw. Versteigerung. Danach soll die Nummerierung in Fällen der Nummernknappheit auf dem Ausschreibungs-/Versteigerungswege zugeteilt werden. Wegen gemeinschaftsrechtlicher Forderungen zur Schaffung ausreichender Nummerierungsbestände ist diese Vorschrift nicht europarechtskonform[861], auch wenn man, wie von *Piątek*[862] vorgeschlagen, diese Vergabemöglichkeit nur in der Übergangsphase bis zur Schaffung ausreichender Bestände anwenden sollte. Das geplante Änderungsgesetz berücksichtigt diesen Einwand; die Ausschreibungs-/Versteigerungsmöglichkeit bei der Nummernzuteilung soll durch Streichung des Art. 99 Abs. 3 TKRG ausgeschlossen werden.[863]

cc) Zuteilungsversagung und Rücknahme

Dem Präsidenten RegTuP steht neben den allgemeinen Versagungsgründen in zwei weiteren Fällen ein Recht zur Versagung der Nummernvergabe zu. Erster Versagungsumstand gründet im Fehlen von Nummern. Zweiter Fall bezieht sich auf den Umstand, dass die vom Betreiber beantragte Nummernbestimmung mit

858 *Piątek*, PrTelekom, Art. 99 Rdnr. 11.

859 Art. 99 Abs. 2 TKRG.

860 Zum besonderen Vergabeverfahren und seiner möglichen Ausgestaltung als Ausschreibung bzw. Versteigerung siehe ausführlich weiter unten im Abschnitt D.IX.6.b).

861 Vgl. oben D.VIII.1. sowie Art. 1 Nr. 4 RL 96/19/EG, Art. 12 Abs. 1 RL 97/33/EG; *Piotrowski*, Acquis communautaire inaczej, tele.net.forum 5/2001, 72 (73).

862 *Piątek*, PrTelekom, Art. 99 Rdnr. 14.

863 Vgl. Begründung zum Änderungsgesetz-E TKRG, SejmDrs. Nr. 779, S. 22.

dem geltenden Landesnummerierungsplan für öffentliche Netze nicht übereinstimmt (siehe Art. 99 Abs. 4).

Darüber hinaus wurde der Präsident RegTuP in Art. 99 Abs. 5 TKRG ermächtigt, die Nummernvergabe bei Vorliegen gesetzlich bestimmter Umstände durch Bescheid zurückzunehmen oder zu beschränken. Möglich ist dies nach einem erfolglosen Aufruf des Betreibers zur Beseitigung der Unrichtigkeit, wenn der zugeteilte Nummernbestand vom Betreiber nicht effektiv genutzt wird oder er die ihm zugeteilte Nummerierung entgegen den Vergabevoraussetzungen bzw. den Bestimmungen des geltenden Landesnummerierungsplans nutzt. Schließlich besitzt der Präsident RegTuP auch im Falle einer Änderung des geltenden Landesnummerierungsplanes ein Rücknahme- bzw. Änderungsrecht. Im Falle der Ausübung der genannten Rechte ist zu beachten, dass die Kontinuität der Telekommunikationsdienstleistungen des Betreibers, dem die Nummerierung zugeteilt wurde, nicht verletzt werden darf. Außerdem sollten im Rücknahme- bzw. Änderungsbescheid die legitimen Bedürfnisse der Betreiber berücksichtigt werden (Art. 99 Abs. 6 Nr. 1 und 2 TKRG).

dd) Gebühren

Der Gesetzgeber kann hinsichtlich zugeteilter Nummern zwei Arten von Gebühren festsetzen. Die jährliche Nummernnutzungsrechtgebühr wird von allen Subjekten verlangt, die eine Nummernzuteilung erhalten haben. Die zweite mögliche Gebühr, eine einmalige Nummernzuteilungsgebühr, gilt lediglich für die durch Ausschreibung bzw. Versteigerung erlangte Nummernzuteilung und soll aufgrund der geplanten TKRG-Novellierung wegfallen.[864]

b) Abgeleitete Zuteilung

Der Zugang zu der den Betreibern bereits zugeteilten Nummerierung (abgeleitete Zuteilung) wird in Art. 101 TKRG geregelt. Die Einführung dieser Vorschrift ins Telekommunikationsrecht, die das rechtliche Verhältnis zwischen dem originär Zuteilungsbegünstigten und dem nachfragenden Betreiber ausführlich regelt, stellt eine wichtige Weichenstellung für die Entwicklung eines funktionierenden Wettbewerbs. Allerdings stößt die polnische Regelung der abgeleiteten Zuteilung in einem Fall auf gemeinschaftsrechtliche Kritik. Nach der aktuellen Regelung können Telekommunikationsunternehmen, deren Tätigkeitsumfang auf das Gebiet einer Gemeinde beschränkt ist und sie daher keine Erlaubnis benötigen (sog. „Minibetreiber"), nur auf die Nummernbestände eines großen Betreibers zurückgreifen und im Rahmen der abgeleiteten Zuteilung nur dessen freie Nummernbestände in Anspruch nehmen. In dem vorliegenden Fall handelt es

[864] Umfassendere Ausführungen zu den im Falle einer Nummernzuteilung zu entrichtenden Gebühren unter D.I.6.b).

sich aus Sicht der EU daher um eine unzulässige spezifische Delegation der ausschließlichen Berechtigungen der Regulierungsbehörde auf einen Betreiber.[865]

Das alte Fernmeldegesetz enthielt zwar keine entsprechende Vorschrift zur Zurverfügungstellung der Nummerierung, jedoch wurde diese Vorgehensweise durch gängige Praxis begründet.[866] Nachteilig stellte sich dabei heraus, dass die rechtliche Ausgestaltung von den Parteien ausgehandelt werden musste und auf diese Weise der Stärkere – im vorliegenden Fall der nationale Anbieter TP S.A. – die Regeln diktieren und einen möglichen wirksamen Wettbewerb im Keim ersticken konnte.

Die eingeführte einfachgesetzliche Regulierung des TKRG sieht vor, dass ein Betreiber die ihm zugeteilte Nummerierung auf Grundlage eines schriftlichen Vertrages über die Zurverfügungstellung der Nummerierung (im Folgenden: Zurverfügungstellungsvertrag) auf Antrag zur Verfügung stellen muss. Die Pflicht des begünstigten Betreibers zur Gewährung des Zugangs zu der besessenen Nummerierung ergibt sich aus einer Zusammenschau von Art. 101 Abs. 1 und 3 TKRG – der Abschluss eines Zurverfügungstellungsvertrages kann nur in den gesetzlich bestimmten Fällen versagt werden. Unter der Zurverfügungstellung ist die Übertragung des Verfügungs- und Nutzungsrechts über die Nummerierung an ein anderes Subjekt zu verstehen.[867] Zu den Subjekten, die aufgrund der besprochenen Vorschrift den Zugang zur Nummerierung verlangen können, gehören Betreiber, die mit dem über die Nummerierung disponierenden Betreiber zusammenarbeiten sowie Subjekte, die Telekommunikationsdienste zur Verfügung stellen.[868] Zu den zusammenarbeitenden Betreibern im Sinne des Art. 101 Abs. 1 TKRG zählen Betreiber, die auf Grundlage eines Zusammenschaltungsvertrages ihre Netze zusammenschalten und somit gemeinsam Nutzen.[869]

Wegen der auch im Rahmen der abgeleiteten Nummernzuteilung besonderen Bedeutung der Objektivität und Nichtdiskriminierung, ermöglicht der Gesetzgeber die entsprechende Anwendung von ausgewählten Zusammenschaltungsvorschriften (Art. 101 Abs. 4 i.V.m. Art. 83 - 85 TKRG) zur Durchsetzung einer Nummernzuteilung. Die Vertragsparteien haben somit im Falle mangelnder Einigung das Recht, eine Entscheidung des Präsidenten RegTuP herbeizuführen und die beantragte Nummernzuteilung aufgrund eines „Nummernzuteilungsbescheides“ entsprechend einem Zusammenschaltungsbescheid zu erhalten.

---

865 *Piotrowski*, Acquis communautaire inaczej, tele.net.forum 5/2001, 72 (73).
866 *Piątek*, PrTelekom, Art. 101 Rdnr. 1 a.E.
867 *Piątek*, PrTelekom, Art. 101 Rdnr. 2.
868 Zur Definition siehe Art. 2 Nr. 24 TKRG.
869 *Piątek*, PrTelekom, Art. 101 Rdnr. 3.

5. Rechte und Pflichten der Teilnehmer und Betreiber

a) Nummernänderung

Es ist möglich, dass ein Betreiber die Nummerierung für bestimmte Bereiche seines Netzes (sei es die geografische Nummernzuteilung oder die Zuteilung persönlicher Teilnehmerrufnummern) aufgrund von Änderungen des Umfangs der Nummernvergabe im entsprechenden Landesnummerierungsplan oder aufgrund eines Um- bzw. Ausbaus des genutzten öffentlichen Netzes ändern muss. In einem solchen Fall stehen ihm gemäß Art. 104 TKRG bestimmte Rechte und Pflichten zu. Das Recht zur Nummernänderung gilt nach dem Wortlaut lediglich hinsichtlich der Teilnehmer seines Netzes. Eine Regelung des Änderungsrechts in Relation zu den Subjekten, denen ein Betreiber Nummerierungsbereiche zur Verfügung stellte sowie den Letztgenannten und ihren Teilnehmern, fehlt im Gesetz. Durch die fehlende Regulierung entsteht eine gesetzeswidrige Lücke in den aufgezählten Relationen, die eine analoge Anwendung von Art. 104 TKRG rechtfertigt.[870] Andernfalls wäre es kaum möglich, notwendige Änderungen der Nummerierungsstruktur vorzunehmen.

Auf der anderen Seite werden dem Betreiber einige Pflichten bezüglich einer Nummernänderung auferlegt. Die geplanten Änderungen sind somit mindestens 3 Monate vor dem beabsichtigten Einführungstermin einerseits öffentlich bekannt zu geben (Art. 104 Abs. 2 TKRG) und andererseits den Teilnehmern schriftlich mitzuteilen (Art. 104 Abs. 3 TKRG). Des Weiteren muss ein Betreiber nach Einführung der geplanten Änderungen eine unentgeltliche, automatische und mündliche Auskunft einrichten. Diese soll mindestens 12 Monate unter den früheren, nun geänderten, Nummern zugänglich sein.

b) Nummernportabilität und Betreiberauswahl

Der europäische Gesetzgeber verlangt in seiner telekommunikationsrechtlichen Regulierung die Einführung der Nummernportabilität und der Betreiberauswahl. Zu den polnischen Lösungsansätzen und ihrer Europarechtskonformität sei hier auf die obigen Ausführungen zum Kundenschutz im Abschnitt D. II. 2. e) bb) und cc) verwiesen.

---

870 So auch *Piątek*, PrTelekom, Art. 104 Abs. 1.

IX. FREQUENZVERWALTUNG

1. Internationale, europäische und gemeinschaftsrechtliche Vorgaben

Die Verwaltung der Frequenzen, wie die der Nummern, gehört zu den nationalen Aufgaben eines Staates. Dennoch ist sie zu einem erheblichen Teil durch internationale, gemeinschaftsrechtliche und europäische Harmonisierungsbemühungen geprägt. Diese Bemühungen spiegeln sich in internationalen sowie regionalen Frequenzbereichszuweisungen wider. Eine globale Koordination der Frequenznutzung ist angesichts des Umstandes, dass Funkwellen nicht vor Staatsgrenzen halt machen, sinnvoll und wünschenswert.[871] Darüber hinaus fördert die universelle Einsetzbarkeit von Endgeräten die Entstehung größerer Märkte und damit auch größerer Konkurrenz.[872]

Der wichtigste Akteur auf der internationalen Frequenzplanungsbühne ist die Internationale Fernmeldeunion (ITU). Als älteste Organisation im UNO-System regelt die ITU das Frequenzregime in internationalen Weltfunkkonferenzen (World Radio Conferences, WRC), in denen der bestehende Internationale Frequenzbereichsplan geändert oder ergänzt wird.[873] Der Internationale Frequenzbereichsplan ist als Bestandteil der Vollzugsanordnung für den Funkdienst (VO Funk) für die Mitgliedstaaten, darunter auch durch Ratifizierung der Konstitution und Konvention[874] für Polen, verbindlich.[875]

Europaweit erfolgt die Planung der Nutzung des Frequenzspektrums im Wesentlichen durch den Europäischen Funkausschuss (European Radiocommunication Committee, ERC) als Unterorganisation der Europäischen Konferenz der Verwaltungen für Post und Fernmeldewesen (European Conference of Postal and Telecommunications Administration, CEPT).[876] Die ERC bezweckt nicht nur die innereuropäische Abstimmung der Frequenzen, sondern auch eine wirkungsvolle Vertretung europäischer Interessen in den internationalen Funkkonferenzen der ITU.[877] Die ERC-Beschlüsse sind zwar rechtlich nicht verbindlich[878], jedoch

---

871 *Jenny*, in: *Heun* (Hrsg.), Handbuch Telekommunikation, Teil 2 Rdnr. 4, S. 96.

872 *Korehnke/Grotelüschen*, in: Beck'scher TKG-Komm., Vor § 44 Rdnr. 36.

873 Vgl. *Hahn*, in: *Scheurle/Mayen*, TKG-Komm., Vor § 44 Rdnr. 4; *Korehnke/Grotelüschen*, in: Beck'scher TKG-Komm., Vor § 44 Rdnr. 37 ff; *Geppert/Ruhle/Schuster*, Handbuch, Rdnr. 703 ff.

874 Dz. U. 1998 Nr. 35, Pos. 197.

875 *Geppert/Ruhle/Schuster*, Handbuch, Rdnr. 706; *Jenny*, in: *Heun* (Hrsg.), Handbuch Telekommunikation, Teil 2 Rdnr. 5, S. 96 f.

876 Siehe *Hahn*, in: *Scheurle/Mayen*, TKG-Komm., Vor § 44 Rdnr. 5 f.; *Jenny*, in: *Heun* (Hrsg.), Handbuch Telekommunikation, Teil 2 Rdnr. 6, S. 97.

877 *Demmel* in: TKM-Komm., C § 44 Rdnr. 7.

878 *Jenny*, in: *Heun* (Hrsg.), Handbuch Telekommunikation, Teil 2 Rdnr. 6, S. 97; *Hahn*, in: *Scheurle/Mayen*, TKG-Komm., Vor § 44 Rdnr. 24.

werden sie in den meisten Fällen durch ihre 43 Mitgliedstaaten auf einzelstaatlicher Ebene umgesetzt.[879]

Neben der internationalen und europaweiten Harmonisierung bestehen für einige Dienste Rechtsvorschriften auf Gemeinschaftsebene, mit denen die Frequenzzuweisung EU-weit harmonisiert wird.[880] Hierunter Fallen Richtlinien zur Bestimmung der Frequenzbereiche für GSM (Global System for Mobile Communications)[881], ERMES (European Radio Messaging System)[882] und DECT (Digital European Cordless Telecommunications)[883] sowie eine S-PCS-(Satellite Personal Communications Services)[884] und eine UMTS-Entscheidung[885]. In den letzten zehn Jahren hat die Gemeinschaft versucht, eine fortschreitende Harmonisierung der Frequenzbereiche in der EU durch die engen Beziehungen zum ERC zu gewährleisten und traf seit 1992 keine gemeinschaftsweiten Harmonisierungsmaßnahmen mehr.[886] Zur Erreichung eines einheitlichen europäischen Frequenzzuteilungsregimes erteilt die Kommission dem ERC und deren ständigem Exekutivbüro, dem European Radiocommunications Office (ERO), Mandate und Arbeitsaufträge.[887]

Die Fragen der Frequenzzuteilung und Genehmigungserteilung werden gemeinschaftsweit in der Diensterichtlinie[888] und der Genehmigungsrichtlinie[889] geregelt. Erstere sieht in Art. 3a Abs. 3 vor, dass der Zugang zu Funkfrequenzen

---

879 Vgl. Grünbuch der Europäischen Kommission zur Frequenzpolitik vom 9.12.1998, KOM (1998) 596 endg., S. 1.

880 Siehe die Übersicht im Grünbuch der Europäischen Kommission zur Frequenzpolitik vom 9.12.1998, KOM (1998) 596 endg., S. 16.

881 Richtlinie 87/372/EWG, des Rates vom 25. Juni 1987 über die Frequenzbänder, die die koordinierte Einführung eines europaweiten öffentlichen zellularen digitalen terrestrischen Mobilfunkdienstes in der Gemeinschaft bereitzustellen sind, ABl. EG L 196/85 vom 17.7.1987.

882 Richtlinie 90/544/EWG des Rates vom 9. Oktober 1990 über die Frequenzbänder für die koordinierte Einführung eines europaweiten terrestrischen öffentlichen Funkrufsystems in der Gemeinschaft, ABl. EG L 310/28 vom 9.11.1990.

883 Richtlinie 91/287/EWG des Rates vom 3. Juni 1991 über das Frequenzband, das für die koordinierte Einführung europäischer schnurloser Digital-Kommunikation (DECT) in der Gemeinschaft vorzusehen ist, ABl. EG L 144/45 vom 8.6.1991.

884 Entscheidung Nr. 710/97/EG des Europäischen Parlaments und es Rates vom 24. März 1997 über ein koordiniertes Genehmigungskonzept für satellitengestützte persönliche Kommunikationsdienste in der Gemeinschaft, ABl. EG L 105/4 vom 1.4.1997.

885 Entscheidung Nr. 128/1999/EG des Europäischen Parlaments und des Rates vom 14. Dezember 1998 über die Einführung eines Drahtlos- und Mobilkommunikationssystems (UMTS) der dritten Generation in der Gemeinschaft, ABl. EG L 17/1 vom 22.1.1999.

886 Siehe Entschließung 92/C 318/01 des Rates vom 19. November 1992 zur Anwendung der Beschlüsse des European Radiocomunications Committee in der Gemeinschaft, ABl. EG C 318/1 vom 4.12.1992.

887 Siehe Grünbuch der Europäischen Kommission zur Frequenzpolitik vom 9.12.1998, KOM (1998) 596 endg., S. 17 f.

888 In der Fassung der Mobilfunkrichtlinie 96/2/EG (siehe o. Fn. 17).

889 Richtlinie 97/13/EG.

nur beschränkt werden darf, wenn dies zur Erfüllung wesentlicher Anforderungen wie einer effektiven Nutzung des Frequenzspektrums und der Vermeidung von Störungen notwendig ist. Nach Art. 10 Abs. 1 RL 97/13/EG dürfen Mitgliedstaaten die Zahl der Genehmigungen, die sie für einen bestimmten Dienst erteilen, nur beschränken, wenn dieser Dienst Frequenzen nutzt.

2. Polnische Frequenzverwaltung im Überblick

Die geltende polnische Frequenzverwaltung basiert auf einigen Instrumenten, deren Anwendung ein störungsfreies Umfeld im Rahmen einer effektiven Nutzung der Frequenzen durch verschiedene Nutzer gewährleisten soll. Wie auch im deutschen Telekommunikationsrecht (vgl. § 2 Abs. 2 Nr. 5 TKG) gehört die störungsfreie und effektive Frequenznutzung zu den Zielen der Telekommunikationsregulierung (vgl. Art. 1 Abs. 3 Nr. 5 TKRG: der polnische Gesetzgeber umschreibt dieses Ziel mit dem Verlangen nach der Sicherung der Ordnung der Frequenzverwaltung). Zu dem weiten Begriff der Frequenzen zählt der polnische Gesetzgeber Frequenzen, Frequenzkanäle und Frequenzbereiche (siehe Art. 3 Abs. 2 Nr. 2 a) TKRG).

Das polnische Frequenzregime setzt sich aus drei Ebenen zusammen. Die erste Ebene in Form der Landesfrequenzbestimmungstafel ist zugleich das grundlegende Frequenzverwaltungsinstrument. Eine detailliertere Frequenzverwendung enthalten die auf Grundlage des Art. 106 TKRG erlassenen Frequenzverwaltungspläne als Instrumente mit planerischem Charakter. Letzte Ebene bekleidet die Zuteilung individueller Berechtigungen zur Frequenznutzung in Form der Frequenzreservierung (Art. 22 - 25 TKRG) sowie der Funkgenehmigung (Art. 17 - 21 TKRG)[890].

3. Landesfrequenzbestimmungstafel

Die Landesfrequenzbestimmungstafel wird gemäß Art. 105 Abs. 2 TKRG vom Ministerrat durch Verordnung bestimmt und unterliegt alle zwei Jahre einer Aktualisierung. Die aktuelle Tafel ist im Anhang Nr. 1 zur Verordnung vom 16. Januar 2003 (im Folgenden: FreqTafelVO neu)[891] enthalten und bestimmt die Zuordnung von Frequenzen und Frequenzspektren für bestimmte Funkkommunikationsdienste entsprechend den telekommunikationsrechtlichen Vorschriften. Diese Tafel dient der Grobeinteilung der Frequenznutzung und basiert auf Art. S5 VO Funk der ITU.[892] Damit werden in Polen die Vorgaben des internationalen

---

890 Siehe dazu Abschnitt D.I.4.

891 Rozporządzenie Rady Ministrów w sprawie Krajowej Tablicy Przeznaczeń Częstotliwości [Verordnung des Ministerrates bezüglich der Landesfrequenzbestimmungstafel], Dz. U. Nr. 22, Pos. 187.

892 Siehe Anmerkung zum Anhang Nr. 1 FreqTafelVO neu.

Frequenzbereichsplans umgesetzt und entsprechend der VO Funk Rangfolgen der Funkdienste in primäre und sekundäre Dienste[893] innerhalb der einzelnen Frequenzbänder festgesetzt.[894] Darüber hinaus berücksichtigt diese Frequenzbestimmungstafel die gemeinschaftsrechtlichen Vorgaben. Insbesondere ist hier die bedeutende Umgestaltung der Frequenznutzung hinsichtlich der international und EG-rechtlich vorgeschriebenen UMTS-Frequenzen[895] zu nennen – diese wurden bis zum Inkrafttreten der geltenden FreqTafelVO aufgrund der durch ihren Übergangscharakter hinsichtlich der UMTS-Frequenzen gekennzeichneten Vorgängerverordnung[896] noch hauptsächlich von den Streitkräften genutzt[897]. Nun stehen die notwendigen Frequenzblöcke ab dem 1. Januar 2006 für UMTS-Dienste zur Verfügung.[898] Die Beachtung internationaler Vorschriften ergibt sich bereits aus der ITU-Mitgliedschaft Polens, der Gesetzgeber nahm diese Anforderung jedoch zusätzlich in die Ermächtigungsgrundlage auf und verlangte, dass die Landesfrequenzbestimmungstafel die Staatspolitik bezüglich der Frequenzverwaltung, der Anforderungen an elektromagnetische Kompatibilität sowie der Telekommunikation unter Berücksichtigung internationaler Funkkommunikationsvorschriften realisieren soll. Die polnische Landesfrequenzbestimmungstafel entspricht dem deutschen Frequenzbereichszuweisungsplan nach § 45 TKG.

---

893 *Korehnke/Grotelüschen*, in: Beck`scher TKG-Komm., § 45 Rdnr. 24; *Holznagel/Enaux/Nienhaus*, S. 145. Zur Begriffsklärung siehe *Hahn*, in: *Scheurle/Mayen*, TKG-Komm., § 45 Rdnr. 10.

894 Die FreqTafelVO spricht hier wörtlich von Funkdiensten ersten und zweiten Ranges, siehe dazu Erläuterungen zu den Abkürzungen und Begriffen der Tafel am Ende des Anhangs Nr. 1. Die Aufteilung in primäre/sekundäre Dienste war bereits in der auf dem alten Fernmeldegesetz (Ermächtigungsgrundlage: Art. 9 Nr. 4 FernmeldeG) beruhenden Verordnung bezüglich der Frequenzbestimmung (Dz. U. 1999 Nr. 109, Pos. 1252) enthalten; auch die Idee einer Landesfrequenzbestimmungstafel ist nicht neu. Siehe dazu auch *Piątek*, PrTelekom, Art. 105 Rdnr. 2.

895 Dazu zählen die Frequenzbereiche 1900-2025 sowie 2110-2200, siehe ERC-Entscheidung ERC/DEC/(97)07 vom 30. Juni 1997 sowie Erwägungsgrund 16 UMTS-Entscheidung Nr. 128/1999/EG.

896 Rozporządzenie Rady Ministrów w sprawie Krajowej Tablicy Przeznaczeń Częstotliwości [Verordnung des Ministerrates bezüglich der Landesfrequenzbestimmungstafel], Dz. U. Nr. 137, Pos. 1533 (im Folgenden: FreqTafelVO alt); zum Übergangscharakter siehe Anhang Nr. 2 Anmerkung POL. 19 und 20 FreqTafelVO alt.

897 Siehe *Czarnecka*, UMTS – sprzedaż przyszłych możliwości, TELECOMforum 10/2000, abrufbar unter: http://www.telecomforum.pl/n0010/18htm. Die polnische Regierung versprach dem Verteidigungsministerium in Rahmen der Umstellung der Frequenznutzung zusätzliche Mittel zur Modernisierung der Armee, siehe *Lentowicz*, Wojskowy sprzęt za częstotliwości, Rzeczpospolita Nr. 239 vom 12.10.2000, S. A3; *ders.*, Dzielenie grosza za częstotliwości, Rzeczpospolita Nr. 250 vom 25.10.2000, S. B2.

898 Siehe Anhang Nr. 2 Anmerkung POL. 20, 21 FreqTafelVO neu.

4. Frequenzverwaltungsplan

Die vom Präsidenten RegTuP nach Art. 106 TKRG zu bestimmenden Frequenzverwaltungspläne bilden durch Konkretisierung der Bestimmungen der Landesfrequenzbestimmungstafel in ausgewählten Frequenzbereichen[899] die zweite Stufe der Frequenzverwaltung. Diese Art der planerischen Bestimmung der Frequenznutzung ist eine Novität im polnischen Telekommunikationsrecht.[900] Es ist anzunehmen, dass der Gesetzgeber sich hier ein Beispiel an dem Frequenznutzungsplan[901] des deutschen Telekommunikationsrechts nahm.

Die Pflicht zur Aufstellung der Frequenzverwaltungspläne für bestimmte Frequenzbereiche ergibt sich bereits unmittelbar aus dem Gesetzeswortlaut. Nach Art. 106 Abs. 1 Nr. 1 TKRG muss der Präsident RegTuP auf Antrag und im Einvernehmen mit dem Vorsitzenden des Landesmedienrates Frequenzverwaltungspläne für Frequenzen erstellen, die zur Verbreitung oder Verteilung von Funk- oder Fernsehprogrammen bestimmt sind und somit für diese reserviert wurden. Eine entsprechende Pflicht ergibt sich aus der Vorschrift des Art. 106 Abs. 1 Nr. 2 TKRG im Falle des Antrags eines Organs, für das eine Frequenzreservierung vorgenommen wurde. Mittelbar ergibt sich die Planaufstellungspflicht für alle Frequenzbereiche, die mittels einer Frequenzreservierung zugeteilt werden, aus Art. 23 Abs. 1 Nr. 2 TKRG, in dem festgestellt wird, dass in einer Frequenzreservierung die vom aufgestellten Frequenzverwaltungsplan umfassten Frequenzen bestimmt werden sollen. In allen übrigen Fällen entscheidet der Präsident RegTuP im eigenen Ermessen, ob er planerisch tätig wird.[902] Als Richtschnur dienen ihm Nutzerbedürfnisse und technische Möglichkeiten (siehe Art. 106 Abs. 1 Nr. 3 TKRG). In jedem der genannten Fälle muss vom Präsidenten RegTuP zuvorderst die Meinung des Telekommunikationsrates eingeholt werden.

In der Phase der Planaufstellung wird den interessierten Subjekten Möglichkeit zur Vorschlagseinreichung gegeben. Die Sicherstellung der Beteiligung der Öffentlichkeit an der planerischen Arbeit der RegTuP ergibt sich aus Art. 106 Abs. 5 TKRG. Der Präsident RegTuP veröffentlicht in diesem Zusammenhang Informationen über die geplanten Planausarbeitungen oder -änderungen im Bulletin RegTuP. Den unentgeltlichen Zugang zu Informationen über Möglichkeiten der Frequenznutzung gewährleistet die entsprechende Bestimmung des Art. 106 Abs. 4 TKRG, die an alle interessierten Subjekte gerichtet ist. Diese Regelung

---

899 *Piątek*, PrTelekom, Art. 106 Rdnr. 1 a.E.

900 Ursprünglich sollte diese Berechtigung dem Präsidenten der SFA (Staatliche Funkkommunikationsagentur) zustehen, man entschied sich jedoch zur Errichtung eines umfassenden Regulierers in Gestalt der RegTuP, der auch Fragen der Frequenznutzung regelt. Siehe Begründung zum TKRG-E, SejmDrs. Nr. 943, S. 111 sowie SejmDrs. Nr. 943-A vom 8. März 2000, S. 25 ff.

901 Vgl. § 46 Abs. 1, 2 TKG.

902 Vgl. *Piątek*, PrTelekom, Art. 106 Rdnr. 3 a.E.

entspricht den gemeinschaftsrechtlichen Transparenzgeboten und soll eine übersichtliche Frequenzverwaltung sicherstellen.

Die Determinanten eines endgültigen Frequenzverwaltungsplans werden in Art. 106 Abs. 2 und 3 TKRG genannt und stellen Ausgestaltungen und Ergänzungen der in Art. 1 Abs. 3 Nr. 5 TKRG enthaltenen Generaldirektive zur Sicherstellung der Ordnung in der Frequenzverwaltung dar. Frequenzverwaltungspläne bzw. ihre Änderungen haben demnach unter anderem die Staatspolitik auf dem Gebiet der Frequenzverwaltung, des Rundfunks und Fernsehens, der Telekommunikation, der Anforderungen an elektromagnetische Kompatibilität sowie auf dem Gebiet der Staatssicherheit und Verteidigungsfähigkeit zu beachten. Darüber hinaus sollen die Pläne den aktuellen Stand der Frequenzbewirtschaftung, d.h. die bereits ausgestellten Funkgenehmigungen bzw. Frequenzreservierungen, berücksichtigen. Aus der Vorschrift des Art. 106 Abs. 3 TKRG ergibt sich jedoch kein Verbot zur Änderung der Nutzung bereits verfügter Frequenzen.[903]

Im Zusammenhang mit den Frequenzverwaltungsplänen stellt sich schließlich die Frage nach ihrer Rechtsnatur und nach dem geeigneten Rechtsschutz. Da es sich bei den Plänen weder um Normativakte noch um Verwaltungsakte sondern um Verwaltungshandlungen ohne unmittelbare Außenwirkung (in der deutschen Rechtsterminologie spricht man hier von innerbehördlichen Verwaltungsvorschriften[904]) handelt[905], kann ihre Rechtmäßigkeit nicht im Wege eines verwaltungsgerichtlichen Verfahrens festgestellt werden. Nach polnischem Recht gibt es bei Verwaltungshandlungen wie dem Frequenzverwaltungsplan anders als in Deutschland, wo in solchen Fällen lediglich mittelbarer Rechtsschutz im Rahmen einer Inzidentkontrolle gewährleistet wird,[906] die Möglichkeit der unmittelbaren Legalitätsprüfung vor dem Hauptverwaltungsgericht[907].

5. Frequenzausnutzungsbedingungen

Ein weiteres Novum des polnischen Telekommunikationsrechts ist die in Art. 107 TKRG normierte Möglichkeit („kann“) des zuständigen Ministers in Fernmeldeangelegenheiten zur verordnungsmäßigen Bestimmung ausführlicher Anforderungen bezüglich der Ausübung bestimmter Funkkommunikationsdienste sowie bezüglich der Frequenzbereichsnutzung durch im Gewerbe, in der Medizin und der Wissenschaft genutzte Geräte.[908] Der Verordnungsgeber machte von dieser Ermächtigungsgrundlage bisher keinen Gebrauch.

---

903 *Piątek*, PrTelekom, Art. 106 Rdnr. 6.

904 Zur Parallele im deutschen Telekommunikationsrecht siehe *Hahn*, in: *Scheurle/Mayen*, TKG-Komm., § 46 Rdnr. 12 f.; *Korehnke/Grotelüschen*, in: Beck`scher TKG-Komm., § 46 Rdnr. 3.

905 Siehe *Piątek*, PrTelekom, Art. 106 Rdnr. 7

906 Vgl. *Korehnke/Grotelüschen*, in: Beck`scher TKG-Komm., § 46 Rdnr. 4.

907 Siehe Art. 16 Abs. 1 Nr. 4, Art. 20 Abs. 3, Art. 23 und Art. 34 Abs. 3 HVGG.

908 Vgl. Begründung zum TKRG-E, SejmDrs. Nr. 943, S. 111.

6. Frequenzreservierung

Die Frequenzreservierung, sprich Reservierung der Frequenzen oder Umlaufbahnbestände,[909] zählt neben der Funkgenehmigung zu der dritten und letzten Stufe der Frequenzverwaltung. Wegen ihrem individuellen Zuteilungscharakter wird sie im TKRG nicht im Abschnitt zur Frequenzverwaltung sondern im zweiten Kapitel über die telekommunikationsrechtlichen Berechtigungen geregelt (Art. 22 - 25 TKRG). Durch die Frequenzreservierung werden Frequenzen oder Umlaufbahnbestände bestimmt, die während ihrer Reservierungsdauer dem Subjekt zur Verfügung gestellt werden, für das die Reservierung durchgeführt wurde. Durch die Frequenzreservierung führte der polnische Gesetzgeber im Rahmen des Frequenzregimes ein drittes, neues Institut in das Telekommunikationsrecht ein.[910] Bei ausreichenden Frequenzbeständen wird ein reguläres Reservierungsverfahren, in allen übrigen Fällen eine Ausschreibung bzw. Versteigerung durchgeführt.

a) Reguläres Reservierungsverfahren

aa) Reservierungsorgan

Das zur Frequenzreservierung zuständige Organ richtet sich nach der Verwendung der zu reservierenden Frequenzen. Werden Frequenzen durch Erlaubnis oder andere Bescheide zugeteilt, wird die Reservierung, ihre Änderung oder Rücknahme vom Präsidenten RegTuP durchgeführt. Für die Reservierung der Frequenzen, die zur Verbreitung oder Verteilung von analogen Rundfunk- und Fernsehprogrammen nach dem Mediengesetz bestimmt sind, wird in Art. 22 Abs. 2 Nr. 2 TKRG die Zuständigkeit des Vorsitzenden des Landesmedienrates begründet. Sie erfolgt jedoch im Einvernehmen mit dem Präsidenten RegTuP. Genau umgekehrt ist die Zuständigkeitsverteilung im Rahmen der Frequenzzuteilung zur digitalen terrestrischen oder satellitengestützten Verbreitung und Verteilung von Programmen – diese Reservierungen werden vom Präsidenten RegTuP im Einvernehmen mit dem Vorsitzenden des Landesmedienrates vorgenommen.[911]

bb) Reservierungsvoraussetzungen

Eine Frequenzreservierung wird nur auf Antrag eines Subjekts, das die gesetzlichen Anforderungen erfüllt, vorgenommen. Weiterhin müssen die begehrten Frequenzen frei verfügbar sein und die Reservierung darf zu keiner Bedrohung des Staates, keiner Verletzung internationaler Verträge und keinen Arbeitsstö-

---

909 Siehe Legaldefinition in Art. 22 Abs. 1 TKRG.

910 Siehe Begründung zum TKRG-E, SejmDrs. Nr. 943, S. 110 sowie *Piątek*, PrTelekom, Art. 22 Abs. 1.

911 Ausführlich zu den Streitpunkten dieser Kompetenzverteilung siehe C.III.3.

rungen anderer Telekommunikationsnetze und -geräte führen.[912] Sie wird für eine bestimmte Zeit vorgenommen und ist öffentlich. Ihre Versagung richtet sich nach den Vorschriften zur Versagung einer Erlaubniserteilung.[913]

cc) Inhalt und Wirkung der Reservierung

Eine Frequenzreservierung beinhaltet gemäß Art. 23 Abs. 1 TKRG sechs obligatorische Informationen wie zum Beispiel das berechtigte Subjekt mit Sitz- bzw. Adressangabe, die reservierten Frequenzen oder Umlaufbahnbestände, das Nutzungsgebiet, die Nutzungsart und die Reservierungsdauer. Darüber hinaus kann sie auf Grund von Art. 20 TKRG an die Frequenznutzung aufgestellte Anforderungen bestimmen.

Neben den allgemeinen Möglichkeiten der Änderung von Verwaltungsakten nach dem Verwaltungsverfahrensgesetz gibt es zwei telekommunikationsrechtlich normierte Fälle, in denen eine Frequenzreservierung vom zuständigen Organ geändert oder zurückgenommen werden kann. Erste Rückname- bzw. Änderungsmöglichkeit ergibt sich aus einer Änderung der Erlaubnis, vorausgesetzt die Frequenzreservierung wurde in einer solchen erteilt (Art. 23 Abs. 3 TKRG). Diese Vorschrift sollte jedoch eng ausgelegt werden, denn nicht jede Erlaubnisänderung wirkt sich auch auf die Frequenznutzung aus. Somit sind nur solche Erlaubnisänderungen zu berücksichtigen, die auch eine Änderung der Frequenznutzung mit sich bringen.[914] Die zweite Änderungsmöglichkeit ergibt sich im Falle der Genehmigungsänderung aus der Verweisung auf Art. 21 Abs. 1-3 TKRG. Die gesetzliche Regelung der Änderungsmöglichkeiten bei Frequenzreservierungen ist insgesamt nicht sehr überschaubar, da die Genehmigungsänderungsvorschriften wiederum auf bestimmte Erlaubnisrücknahmevorschriften verweisen. Eine Änderung dieser Regelung ist im geplanten Novellierungsgesetz jedoch nicht vorgesehen.[915]

dd) Frequenzreservierung für Staatsorgane

Eine Sonderstellung hinsichtlich der Frequenzreservierung wird wiederum den in Art. 4 Abs. 1 Nr. 1-4 TKRG genannten Staatsorganen zugesprochen. Die Frequenzreservierung der für diese Organe bestimmten Frequenzbereiche soll durch eine durch Verordnung berufene Organisationseinheit der Regulierungsbehörde für Telekommunikation und Post durchgeführt werden (Art. 22 Abs. 8 TKRG). Von der dem zuständigen Minister in Fernmeldeangelegenheiten obliegenden Verordnungskompetenz wurde bisher kein Gebrauch gemacht. Dies wird

---

912 Vgl. Art. 22 Abs. 3 i.V.m. Art. 8 Abs. 1 Nr. 2 sowie Art. 18 Abs. 1 Nr. 2 TKRG.

913 Art. 22 Abs. 6 i.V.m. Art. 8 Abs. 2 TKRG. Siehe dazu auch Abschnitt D.I.3.b)aa).

914 Siehe *Piątek*, PrTelekom, Art. 23 Rdnr. 12.

915 Vgl. dazu die entsprechenden Vorschriften im Änderungsgesetz-E TKRG, SejmDrs. Nr. 779, S. 5.

sich voraussichtlich auch nicht ändern, denn das eingebrachte TKRG-Änderungsgesetz sieht die Streichung der vorliegenden Ermächtigungsnorm vor.[916]

b) Frequenzreservierung in Knappheitssituationen

Frequenzen zählen, anders als Nummern, zu den knappen Gütern. Aus diesem Grund sieht der polnische Gesetzgeber ein besonderes Reservierungsverfahren beim Fehlen ausreichender Frequenzen vor – die Ausschreibung bzw. Versteigerung. Der polnische Gesetzestext ordnet in diesem Zusammenhang einen „przetarg" an. Dieser Begriff hat jedoch zwei Bedeutungen: je nach Ausgestaltung des Vergabeverfahrens durch die Exekutive kann es sich um eine Ausschreibung oder eine Versteigerung handeln. Das Telekommunikationsrechtsgesetz nimmt in den entsprechenden Vorschriften keine nähere Bestimmung des Rechtscharakters des „przetarg" vor und überlässt diese Entscheidung dem Regulierer. Anders als im deutschen Recht,[917] kennt das polnische Rechtssystem die Institution der Versteigerung auch außerhalb des Telekommunikationsrechts. Dieses besondere Vergabeverfahren ist zum Beispiel im Falle des Immobilienverkaufs durch den Fiskus, bei Erteilung öffentlicher Aufträge oder bei Erteilung von Lizenzen zum Bau und Betrieb von Autobahnen zwingend anzuwenden.[918] Die genaue rechtliche Ausgestaltung eines Vergabeverfahrens als Versteigerung oder Ausschreibung ergibt sich aus den betreffenden Sondervorschriften. Aus diesem Grund sind bei dem telekommunikationsrechtlichen Vergabeverfahren auch nur die durch das Telekommunikationsrechtsgesetz gezeichneten Schranken und Vorgaben zu beachten und keine Analogie zu anderen Vergabevorschriften zu ziehen.[919] Nachfolgend wird, wenn allgemein die Rede von einem „przetarg" ist, der Begriff „Vergabeverfahren" verwendet. Bei Vorhandensein von Ausführungsvorschriften wird eine Unterscheidung zwischen den beiden möglichen Vergabearten vorgenommen.

Die Heranziehung der besonderen Vergabeverfahren in Gestalt der Ausschreibung bzw. Versteigerung zur Erteilung von Frequenzreservierungen in Knappheitsfällen basiert auf gemeinschaftsrechtlichen Vorgaben des Art. 10 RL 97/13/EG. Die Beschränkung von Einzelgenehmigungen soll unter anderem unter der Prämisse der Nutzenmaximierung für die Benutzer sowie der Wettbe-

---

916 Vgl. Art. 1 Nr. 12 Änderungsgesetz-E TKRG, SejmDrs. Nr. 779, S. 5.

917 Ein Versteigerungsverfahren zur Vergabe von knappen Ressourcen ist ein Novum des deutschen Wirtschaftsverwaltungsrechts, siehe *Geppert*, in: Beck`scher TKG-Komm., § 11 Rdnr. 16. Allgemein zum Versteigerungsverfahren nach dem TKG: *Hess*, Das Versteigerungsverfahren nach dem Telekommunikationsgesetz, S. 62 ff.

918 Vgl. dazu Art. 37 ff. ImmoVerwG, Art. 20a ff. Gesetz über öffentliche Aufträge, Art. 41 Gesetz über entgeltliche Autobahnen sowie die entsprechenden Ausführungsvorschriften.

919 *Piątek*, PrTelekom, Art. 24 Rdnr. 8 a.E.

werbsentwicklung erfolgen. Darüber hinaus sollen die Auswahlverfahren mittels objektiver, nichtdiskriminierender, detaillierter, transparenter und verhältnismäßiger Kriterien erfolgen (vgl. Art. 10 Abs. 3 RL 97/13/EG). Es wird allgemein angenommen, dass die Vergabeverfahren der Ausschreibung bzw. Versteigerung sich zur Erreichung der gesteckten Anforderungen eignen. Das polnische System entspricht somit den europarechtlichen Richtlinien hinsichtlich der Zuteilung knapper Frequenzen. Erwähnenswert erscheint hier noch, dass das Problem der beschränkten Frequenzen in Polen bereits seit der Novellierung des Fernmeldegesetzes im Jahre 1995 anhand von Vergabeverfahren („przetarg") gelöst wurde – die vor Inkrafttreten des neuen Telekommunikationsrechtsgesetzes zugeteilten GSM-Frequenzen wurden im Rahmen einer Ausschreibung[920] vergeben.[921] In Deutschland löste die Anwendung der Versteigerungsvorschriften zur Vergabe von UMTS-Lizenzen heftige Meinungsstreitigkeiten aus, unter anderem über die Verfassungsmäßigkeit von Versteigerungsverfahren nach deutschem Recht.[922]

aa) Arten des Vergabeverfahrens

Das TKRG unterscheidet zwischen obligatorischen und fakultativen Vergabeverfahren.[923] Das erstgenannte Verfahren ist im Falle der Frequenzreservierung von zur Telekommunikationstätigkeit[924] genutzten Frequenzspektren durchzuführen (Art. 24 Abs. 1 Nr. 1 TKRG). Handelt es sich um andere knappe Frequenzen oder Umlaufbahnbestände, können die beantragenden Subjekte durch ein Vergabeverfahren ausgewählt werden. Die Entscheidung über das „ob" liegt im letztgenannten Fall beim Präsidenten RegTuP.

bb) Verlauf der Ausschreibung/Versteigerung

Das „wie" der Vergabeverfahren wurde in einer erst Anfang 2003 in Kraft getretenen Verordnung über Vergabedurchführungsbedingungen bei Frequenzreservierungen (im Folgenden: VergabeVO)[925] bestimmt. Diese Rahmenverordnung verwendet weiterhin den umfassenden Begriff des „przetarg" und überlässt die Differenzierung dem Präsidenten RegTuP in der sog. Vergabeverfahrensdokumentation. Für die Durchführung des Vergabeverfahrens wird eigens eine

---

920 Zum Verlauf der GSM-Lizenzvergabe siehe weiter unten unter D.IX.6.c).

921 *Piątek*, Dostosowanie polskiego prawa telekomunikacyjnego do prawa wsólnotowego, in: *Saganek/Skoczny* (Hrsg.), Wybrane problemy i obszary dostosowania prawa polskiego do prawa Unii Europejskiej, 343 (349).

922 Siehe zur UMTS-Vergabe in Deutschland weiter unten sowie zur Verfassungsmäßigkeit der UMTS-Versteigerung *Varadinek*, CR 2001, 17 (22 ff.) sowie *Degenhart*, K&R 2001, 32 (35 ff.).

923 *Ura*, Art. 24 Punkt 2 (S. 53).

924 Siehe Legaldefinition in Art. 1 Abs. 1 Nr. 1 TKRG.

925 Rozporządzenie Ministra Infrastruktury z dnia 20 grudnia 2002 r. w sprawie szczegółowych warunków przeprowadzania przetargu na rezerwacje częstotliwości lub zasobów orbitalnych, Dz. U. Nr. 234, Pos. 1973.

Vergabeverfahrenskommission einberufen.[926] Das Vergabeverfahren gliedert sich in zwei Etappen – in der ersten überprüft man die formellen Voraussetzungen des Antragstellers wie die rechtzeitige Gebotsabgabe; der zweite Teil umfasst u.a. die Eignung und Glaubwürdigkeit des Offerenten oder sein wirtschaftlich-finanzielles Vermögen und begründet damit eine materielle Prüfung der Gebote.[927] Die endgültige Bewertung der Gebote spiegelt sich in der durch den Bietenden erreichten Endpunktzahl wider und ist dem jeweiligen Offerenten unverzüglich schriftlich mitzuteilen.[928]

Die VergabeVO ist jedoch nur eine Ausfüllung und Ergänzung der einfachgesetzlichen Vorschriften des Telekommunikationsrechtsgesetzes zum Verlauf des Vergabeverfahrens (vgl. Art. 25 TKRG). Ein „przetarg" soll unverzüglich, jedoch spätestens innerhalb von 12 Monaten[929] seit dem Eingang des ersten Antrags auf Reservierung knapper Frequenzen vom Präsidenten RegTuP ausgerufen und bekannt gegeben werden. Diese Vorschrift erlangte gem. Art. 151 Nr. 3 TKRG erst zum 1. Januar 2002 rechtliche Bindungswirkung. Grund für diese Verschiebung war die vom Gesetzgeber intendierte jährliche Übergangsfrist, in der keine neuen telekommunikationsrechtlichen Erlaubnisse ausgestellt werden durften. Die Bekanntgabe sowie die vom Regulierer zu erstellende Vergabedokumentation umfassen den Gegenstand, Umfang und die Teilnahmebedingungen des Vergabeverfahrens. Die Vergabedokumentation bietet zudem ausführliche Informationen über die Gebotsbewertungskriterien und kann von den Interessenten gegen eine kostentragende Gebühr bei der Regulierungsbehörde erworben werden.

Bei gröblicher Verletzung von Rechtsvorschriften oder Interessen der Teilnehmer eines Vergabeverfahrens besteht eine Möglichkeit, die Ausschreibung bzw. Versteigerung für ungültig zu erklären. Dies geschieht aufgrund eines ex tunc wirkenden, alle Folgen der vorgenommenen Handlungen im Zusammenhang mit dem Vergabeverfahren aufhebenden Bescheides des Präsidenten RegTuP[930]. Die Heranziehung des unbestimmten Rechtsbegriffes der gröblichen Rechtsverletzung als Entscheidungskriterium für die Ungültigkeitserklärung birgt jedoch zahlreiche Auslegungsschwierigkeiten in sich.[931] Ein Vergabeverfahren gilt nach Art. 25 Abs. 7 TKRG als unentschieden, wenn sich keiner der Offerenten qualifiziert, überhaupt kein Offerent ein fristgerechtes Gebot abgibt oder die

926 Vgl. § 2 VergabeVO.
927 Vgl. § 3 VergabeVO.
928 § 3 Abs. 5 i.V.m. § 4 Abs. 4 VergabeVO.
929 Das geplante Änderungsgesetz sieht eine Verkürzung dieser Frist auf 6 Monate vor, um die Dauer eines Vergabeverfahrens zu minimieren, vgl. Art. 1 Nr. 13 Änderungsgesetz-E TKRG, SejmDrs. Nr. 779, S. 5.
930 *Piątek*, PrTelekom, Art. 25 Rdnr. 16.
931 Siehe dazu ausführlich *Piątek*, PrTelekom, Art. 25 Rdnr. 9-11.

Zahl der Teilnehmer kleiner oder gleich der Zahl der verfügbaren Frequenzreservierungen ist. Im letztgenannten Fall wird ein reguläres Frequenzreservierungsverfahren nach den allgemeinen Vorschriften durchgeführt.[932]

c) Gebühren

Das polnische Telekommunikationsrechtsgesetz unterscheidet im Rahmen der Frequenzordnung zwischen zwei Arten von Gebühren – eine einmalig zu entrichtende Frequenzreservierungsgebühr im Falle einer Frequenzreservierung durch Vergabeverfahren (Ausschreibung oder Versteigerung) sowie eine jährliche Frequenznutzungsrechtsgebühr. Ausführungen zu diesem Themenkreis sind oben im Genehmigungsregimekapitel unter D. I. 6. c) enthalten.

d) Polnischer GSM-Mobiltelefonmarkt

Der erste Mobilfunkstandard wurde in Polen bereits Anfang der neunziger Jahre (1992) im Frequenzbereich 400 MHz in Gestalt des analogen Systems NMT 450 eingeführt.[933] Nach Durchführung einer Ausschreibung bekam die Firma Centertel, die zu diesem Zeitpunkt die Unternehmen TP S.A., France Telecom sowie Ameritech gruppierte, eine entsprechende Konzession und Frequenzzuteilung. Seit Einführung des GSM-Standards ist die Bedeutung des analogen Mobilfunksystems jedoch auch in Polen stetig gefallen.[934] Mit der Einführung des digitalen GSM-Standards – die ersten Lizenzen wurden im Jahre 1996 an die Firmen Plus GSM sowie Era GSM vergeben, gefolgt von einer Lizenz für Centertel im Jahre 1999[935] – verzeichnet der polnische Mobilfunkmarkt immer noch einen starken und stetigen Aufstieg. Die Teilnehmerzahl stieg von 50 Tausend Anfang 1996 auf 13,75 Mio. Ende 2002[936], wobei die Zahl Anfang 2001 noch bei ca. 6,5 Mio. lag.[937] Die Marktsättigung erreicht derzeit trotz der raschen Entwicklung lediglich 36 % der Bevölkerung, das ist nur die Hälfte des in den westeuropäischen Ländern erreichten Wertes.[938] Aus diesem Grund wird in Polen

---

932 Vgl. dazu die Regelung in Art. 25 Abs. 8 TKRG, der im vorliegenden Fall eine Anwendung des besonderen Vergabeverfahrens ausschließt. Siehe auch *Piątek*, PrTelekom, Art. 25 Rdnr. 20.

933 *Lüngen*, The Role of Mobile Telecommunications in Central-Eastern Europe, in: *Schenk/Müller/Schnöring* (Hrsg.), Mobile Telecommunications: Emerging European Markets, 193 (200, 202).

934 Siehe zum Ganzen *Zieliński*, TiTI 2/2001, 3 (8).

935 *Zieliński*, TiTI 2/2001, 3 (9).

936 Die aktuelle Mobilfunkteilnehmerzahl übersteigt sogar die Anzahl der Festnetzteilnehmer des Ex-Monopolisten TP S.A. (13,5 Mio.), vgl. *TP S.A.*, Jahresbericht 2001, S. 3; abrufbar unter: http://www.telekomunikacja.pl/korporacja/o_firmie/raport01pl/raport_roczny_2001.pdf.

937 *Rożyński*, Gazeta.pl vom 24.2.2003, abrufbar unter: http://www1.gazeta.pl/gospodarka/1,33181,1340756.html; *Zieliński*, TiTI 2/2001, 3 (3).

938 Siehe *Rożyński*, Gazeta.pl vom 24.2.2003, abrufbar unter: http://www1.gazeta.pl/gospodarka/1,33181,1340756.html.

für eine spätere Einführung des neuen UMTS-Standards plädiert. Auf diese Weise sollen zunächst alle Möglichkeiten des bestehenden Standards ausgenutzt werden.[939]

e) UMTS-Frequenzvergabe

aa) Verlauf des UMTS-Vergabeverfahrens

Die Vergabe von UMTS-Frequenzen sorgte in Polen, ebenso wie in Deutschland, für heftige Auseinandersetzungen. Anders als in Deutschland, wo sich der Schwerpunkt der Diskussionen auf juristische Fragen verlagerte,[940] bestritt man in Polen hauptsächlich den tatsächlichen Ablauf der Frequenzzuteilung. Das ehemalige Fernmeldeministerium erstellte bereits im Juli 2000, also vor der Verabschiedung des neuen Telekommunikationsrechtsgesetzes, ein Zeitdiagramm, nach dem das UMTS-Vergabeverfahren noch im Jahre 2000 und damit vor Inkrafttreten des neuen TKRG durchgeführt werden sollte.[941] Grund für die beabsichtigte rasche Vergabe von UMTS-Lizenzen war eine Regelung des neuen TKRG, wonach im Jahre 2001 keine neuen Erlaubnisse erteilt werden durften. Das genannte ministerielle Zeitdiagramm enthielt jedoch noch keine genauen Angaben über die Vergabeart, die Anzahl oder den Preis der Lizenzen. Diese für die Interessenten überaus wichtigen Informationen wurden erst Anfang September 2000 in einer Pressemitteilung bekannt gegeben – es sollten 5 Lizenzen in einem Ausschreibungsvergabeverfahren mit Versteigerungscharakter zu einem Preis von je mindestens 750 Mio. Euro[942] erteilt werden.[943] Es folgte eine entsprechende UMTS-Verordnung, die am 29. September 2000 erlassen wurde[944] und die Durchführung des Vergabeverfahrens spätestens bis zum 21. Dezember 2000 anordnete. Insgesamt wurden 19 Vergabedokumentationen verkauft, wobei man zunächst mit sechs Angeboten rechnete. Zu den möglichen Offerenten zählten die drei polnischen GSM-Mobilfunkbetreiber sowie die spanische Telefonica, Hutchison Whampoa und Netia; die zwei zuletzt genannten sahen jedoch noch im Oktober 2000 von der Teilnahme an der UMTS-Ausschreibung ab. Diesem Bei-

---

939 *Zieliński*, TiTI 2/2001, 3 (13).

940 Ausführlich zur Rechtswidrigkeit des Versteigerungsverfahrens im Allgemeinen und des UMTS-Versteigerungsverfahrens im Besonderen *Piepenbrock/Müller*, in: *ders./Schuster* (Hrsg.), UMTS-Lizenzvergabe, 14 (34 ff.).

941 *Świderek*, Harmonogram polskiego UMTS, Rzeczpospolita Nr. 169 vom 21.7.2000, S. B2.

942 Durch die endgültige Vergabedokumentation wurde der Lizenzpreis auf 650,25 Mio. Euro gesenkt, vgl. *Świderek*, Będzie pięć licencji, Rzeczpospolita Nt. 238 vom 11.10.2000, S. B1.

943 *Czarnecka*, UMTS – sprzedaż przyszłych możliwości, TELECOMforum 10/2000, abrufbar unter: http://www.telecomforum.pl/n0010/18htm.

944 Rozporządzenie Ministra Łączności z dnia 29 września 2000 r. w sprawie zarządzenia prztargu w celu wyboru podmiotów, którym będą wydane koncesje na świadczenie usług telekomunikacyjnych według standartu UMTS, oraz określenia trybu i warunków przeprowadzenia tego przetargu, Dz. U. Nr. 82, Pos. 925.

spiel folgte einen Monat später das Konsortium der Telefonica. Das Zurücktreten wurde meist mit wirtschaftlich unattraktiven und rechtlich unklaren Vergabebedingungen begründet.[945] Schließlich wurde das Ausschreibungsverfahren am 6. Dezember 2000 vom damaligen Fernmeldeminister für ungültig erklärt und die drei bestehenden GSM-Lizenzen um die UMTS-Frequenzen erweitert.[946]

bb) Kritikpunkte am UMTS-Vergabeverfahren

Das meist als überstürzt bezeichnete Vorgehen[947] des damaligen Fernmeldeministeriums wurde heftig kritisiert. Zu den Hauptkritikpunkten zählten die Höhe der Lizenzgebühren, die tatsächlich fehlende Verfügbarkeit der UMTS-Frequenzblöcke sowie die unklare rechtliche Regelung des nationalen Roamings. Der erste Punkt, die Höhe der Lizenzgebühren, führte auch in Deutschland zu kontroversen Meinungsstreitigkeiten. Der Bund erzielte durch die Lizenzgebühren von fast 100 Mrd. DM (ca. 50 Mrd. Euro) zusätzliche Einnahmen,[948] deren Verfassungsmäßigkeit in Frage gestellt wurde.[949] Mit dem Streit um die Höhe der Gebühren, der mit dem Stichwort „Kommerzialisierung der Verwaltung“[950] gleichgesetzt wurde, ging die Diskussion um die Rechtmäßigkeit der Wahl des Versteigerungsverfahrens in Deutschland einher.[951] Da das polnische Vergabeverfahren in Form einer Ausschreibung („beauty contest“) mit gewissen Versteigerungselementen nicht zu Ende geführt wurde, konzentrierte sich die Literatur auf die Kritik der Vorgehensweise des Fernmeldeministeriums. Es wurde ähnlich wie in Deutschland befürchtet, dass sich Lizenzgebühren eines solchen Ausmaßes (650 Mio. Euro pro Lizenz) negativ auf die spätere Entwicklung des sich damals anders als in Deutschland gerade erst im Aufbau befindenden polnischen GSM-Marktes auswirken könnten.[952] Bedenken wurden nicht nur für den Tele-

---

945 Siehe zum Ganzen *Świderek*, Nie będzie przetargu, Rzeczpospolita Nr. 280 vom 2.12.2000, S. B1.

946 Siehe *Zieliński*, TiTI 2/2001, 3 (11); *Świderek*, Przetarg unieważniony, Rzeczpospolita Nr. 285 vom 7.12.2000, S. B1.

947 Siehe *Czarnecka*, UMTS – sprzedaż przyszłych możliwości, TELECOMforum 10/2000, abrufbar unter: http://www.telecomforum.pl/n0010/18htm: das gesamte Vergabeverfahren wurde in Polen innerhalb von knapp 3 Monaten abgewickelt, in Deutschland dauerte es im Vergleich doppelt so lang.

948 Die Lizenzversteigerungserlöse entsprachen einem Fünftel des deutschen Bundeshaushalts für das Jahr 2000, vgl. *Schwarz*, RTkom 2001, 141 ff., der sogar eine Beteiligung der Länder an den erzielten Einnahmen fordert.

949 Es wurde vom Ergebnis her argumentiert, dass die Höhe der Versteigerungserlöse gegen die Grundrechte aus Art. 3 Abs. 1, Art. 12 Abs. 1 sowie gegen Art. 87 f GG verstoße, siehe dazu *Degenhart*, K&R 2001, 33 (37 ff.); *Koenig*, K&R 2001, 41 (52 ff.)

950 *Schumacher*, NJW 2000, 3096 (3099).

951 Vgl. *Degenhart*, K&R 2001, 33 (39 ff.), *Koenig*, K&R 2001, 41 (47 ff.); a.A. *Klöck*, RTkom 2000, 280 (286 ff.).

952 *Piotrowski*, Prawym sierpowym w UMTS, TELECOMforum 10/2000, abrufbar unter: http://www.telecomforum.pl/n0010/22.htm.

kommunikationssektor, sondern auch für die Volkswirtschaft geäußert – die Kosten der Kapitalbeschaffung und der erhöhte Kreditbedarf der Lizenznehmer hätten die Position des Staates im Rahmen des Kreditrankings negativ beeinflussen können.[953] In Deutschland befürchtete man zudem die Gemeinschaftsrechtswidrigkeit der überhöhten Lizenzgebühren[954] angesichts der in der UMTS-Entscheidung nochmals zusammengefassten Ziele der Entwicklung eines gemeinschaftsweiten dynamischen Marktes und eines wettbewerbsfähigen Diensteangebots[955].

Der zweite Kritikpunkt bezog sich auf die Vergabe von Frequenzen, die zum Zeitpunkt des Vergabeverfahrens noch nicht verfügbar waren, sondern erst vom Militär freigestellt werden sollten.[956] Inzwischen enthält die Landesfrequenzbestimmungstafel entsprechende Bestimmungen hinsichtlich der für UMTS-Netze vorgesehenen Frequenzen.[957]

Der letzte nennenswerte Kritikpunkt war die Problematik des nationalen Roamings. Die GSM-Betreiber wehrten sich mit aller Vehemenz gegen die Auferlegung einer Pflicht zur Zusammenschaltung ihrer Netze mit anderen, neu dazu kommenden Mobilfunkbetreibern. Es wird vermutet, dass diese starre, zugangs- und vor allem wettbewerbshindernde Haltung der GSM-Anbieter u.a. zum Rückzug der interessierten ausländischen Unternehmen führte. Eine solche Konsequenz war nur verständlich angesichts der sich widersprechenden rechtlichen Gutachten bezüglich der nationalen Roaming-Frage.[958] Das Fernmeldeministerium blieb jedoch bei der Ansicht, das nationale Roaming erforderlichenfalls administrativ durchsetzen zu können. Dies entspricht auch den Vorgaben der UMTS-Entscheidung, nach deren Art. 4 Abs. 2 die Mitgliedstaaten Maßnahmen

---

953 Vgl. *Piotrowski*, Prawym sierpowym w UMTS, TELECOMforum 10/2000, abrufbar unter: http://www.telecomforum.pl/n0010/22.htm.

954 Vgl. dazu *Koenig*, K&R 2001, 41 (44 ff., 52 ff.)

955 Vgl. Erwägungsgrund 10 Entscheidung Nr. 128/1999/EG (UMTS-Entscheidung).

956 *Izdebski*, Aktualne problemy prawne dotyczące wdrażania UMTS, TELECOMforum 11/2000, 34 (34).

957 Siehe oben unter D.IX.3.

958 Aus einem Gutachten von White & Case ging hervor, dass die Betreiber aufgrund des neuen TKRG vom Regulierer zu einem Zusammenschluss ihrer Netze für Zwecke des innerstaatlichen Roamings verpflichtet werden können. Davon ging das Fernmeldeministerium aus und ordnete in der Vergabedokumentation ein sehr liberales System für nationales Roaming an. Vgl. *Świderek*, Będzie pięć licencji, Rzeczpospolita Nr. 238 vom 11.10.2000, S. B1; Ein Gegengutachten von *Piątek* verneinte die Möglichkeit der regulatorischen Einwirkung auf die Zusammenarbeit der UMTS-Betreiber mit der Begründung, beim nationalen Roaming handle es sich nicht um Zusammenschaltungen, die telekommunikationsrechtlich beeinflusst werden können. Vgl. dazu *Świderek*, Roaming kluczem do przetargu, Rzeczpospolita Nr. 254 vom 30.10.2000, S. B3.

treffen können, um auch in weniger dicht besiedelten Gebieten das volle UMTS-Diensteangebot sicherzustellen.[959]

cc) Ausblick

Die vom ehemaligen Fernmeldeminister für das Jahr 2002 angekündigte Vergabe einer vierten UMTS-Erlaubnis[960] fand nicht statt. Vielmehr wurde der Zeitpunkt der UMTS-Dienst-Pflichteinführung aufgrund der weltweiten technischen und infrastrukturellen Schwierigkeiten[961] um ein weiteres Jahr auf den 1. Januar 2005 verschoben.[962] Die polnischen Mobilfunkbetreiber befürworten derzeit eine wiederholte Verschiebung des Einführungszeitpunktes um ein weiteres Jahr. Darüber hinaus fordern sie, dass der Anwendungsbereich des Gesetzes über die Restrukturierung der Lizenzverpflichtungen vom 23. November 2002,[963] das Betreibern öffentlicher Telefonfestnetze eine Tilgung der ausstehenden Lizenzgebühren unter der Bedingung der Vornahme von Investitionsausgaben für den Ausbau der Telekommunikationsinfrastruktur ermöglicht, auf Mobilnetzbetreiber ausgedehnt wird.[964] Das Ansehen der noch kürzlich so hoch gelobten UMTS-Technologie ist drastisch gefallen, es bleibt weiterhin abzusehen, ob sich die sowohl in Deutschland als auch in Polen übertrieben hohen Lizenzkosten in Zukunft auszahlen werden oder ob durch die Frequenz- und Lizenzvergabeverfahren lediglich unerfüllbare Hoffnungen zugeteilt wurden.

---

959 Siehe dazu auch Erwägungsgrund 19 Entscheidung Nr. 128/1999/EG (UMTS-Entscheidung), in dem das nationale Roaming explizit genannt wird.

960 Siehe *Zieliński*, TiTI 2/2001, 3 (11).

961 Vgl. *Morsztyn*, tele.net.forum 4/2001, 34 f.

962 Vgl. *RegTuP*, Pressemitteilung vom 25. April 2002, abrufbar unter: http://www.urt.gov.pl/serwis.asp.

963 Ustawa z dnia 23 listopada 2002 r. o restrukturyzacji zobowiązań koncesyjnych operatorów stacjonarnych publicznych sieci telefonicznych, Dz. U. Nr. 233, Pos. 1956. Siehe auch *Redecker/Kühl*, Chronik der Rechtsentwicklung – Polen, WiRO 5/2003, 153 (154).

964 Siehe zu den Forderungen der Mobilfunkbetreiber *Rożyński*, Gazeta.pl vom 24.2.2003, abrufbar unter: http://www1.gazeta.pl/gospodarka/1,33181,1340756.html.

E. Entwicklung des polnischen Telekommunikationssektors am Beispiel der Festnetztelefonie

Der Telekommunikationsmarkt erleidete in den letzten zwei Jahren einen unvorhergesehenen Einbruch. 2002 sprach man von einem „schwarzen Jahr der Telekommunikation“.[965] Als einen der Gründe für die schlechte Lage der Telekommunikation wurden immer wieder die unverhältnismäßig hohen Ausgaben für die UMTS-Lizenzen und die sich immer während verspätende Implementierung des mobilen Telekommunikationssystems der dritten Generation angeführt.[966] Der polnische Telekommunikationsmarkt wurde und wird gleichzeitig mit anderen schwer wiegenden Problemen konfrontiert – dem tatsächlichen Monopol des Nationalbetreibers und der damit verbundenen minimalen Entwicklung des Wettbewerbs[967] in dem teilweise bereits seit vielen Jahren liberalisierten Sektor.[968]

Die Liberalisierung des Marktes für Ferngespräche zum Beispiel brachte bis März 2003 lediglich drei neue Betreiber und damit Konkurrenten für die TP S.A. hervor. Man erinnere sich nur an die unzähligen neuen Anbieter in Deutschland, die uns mit ihrem Angebot überfluteten – es war unmöglich, über alle Anbieter einen Überblick zu behalten, geschweige denn über ihre Netzzugangsnummern oder Tarife.[969] Die „Neuen“ auf dem polnischen Fernverbindungsmarkt (Interzonenmarkt) – Netia 1, NOM[970] und Energis Polska[971] – stießen von Anfang an an erschwerte Marktbedingungen. Sie erhielten ihre Lizenzen zunächst erst ein halbes Jahr nach der erfolgreich abgeschlossenen Ausschreibung.[972] Seit Inkrafttreten des neuen Telekommunikationsrechtsgesetzes versuchte der Ex-Monopolist

---

965 So bereits die Überschrift des Artikels von *Zdanowicz*, tele.net.forum 6/2002, 65-70.

966 Vgl. *Zdanowicz*, tele.net.forum 6/2002, 65 (66); Entsprechend einer WIK-Studie zu den Entwicklungstrends im Telekommunikationssektor bis 2010 gehen die Verfasser davon aus, dass der Netzaufbau sehr schnell geschehen wird und nicht nur die Mindestversorgungsdichte von 50% bis Ende 2005 erreicht werden wird. Diese Prognose ergibt sich aus der Notwendigkeit der Erwirtschaftung der hohen Lizenzgebühren. Vgl. *Büllingen/Stamm*, S. 57.

967 „Solange nicht zumindest ein [richtiger] Wettbewerber auftaucht, wird die Regulierungsbehörde weiterhin das groteske Spektakel abspielen unter dem Titel ‚die Regierung kämpft mit dem Monopol der TP S.A.'“, *Horodeński*, tele.net.forum 5/2002, 66 (68).

968 Diese Zeitangabe beruht auf dem Zeitpunkt des Inkrafttretens des neuen Telekommunikationsrechtsgesetzes.

969 Im August 1999, über ein Jahr nach der Marktöffnung und somit vergleichbar mit dem Status des entsprechenden polnischen Telekommunikationsmarktes, besaßen in Deutschland bereits 71 Alternativbetreiber sowohl eine Sprachtelefondienstlizenz als auch eine Verbindungsnetzbetreiberkennziffer und boten meist Ferngesprächsdienste an, siehe *Streżyńska*, S. 7.

970 Niezależny Operator Międzystrefowy [Unabhängiger Interzonenbetreiber].

971 Siehe *Węglewki*, Świat Telekomunikacji 12/2001, 18 (18) mit einer Tarifübersicht der neuen Betreiber und des Nationalbetreibers TP S.A. auf Seite 20.

972 *Maj*, telekabel 1/2003, 60 (61).

den Marktzugang der neuen Betreiber mit einer Verzögerungstaktik zu erschweren, indem er sich über Abrechnungsmodelle und -tarife oder den Defizitausgleich nicht einigen konnte bzw. wollte.[973] Aus diesen Gründen verzögerte sich das tatsächliche Angebot von Ferngesprächen ganz erheblich – der erste Interzonenanbieter begann seine Tätigkeit erst am 1. Juli 2001 (NOM), gefolgt von Netia 1 am 1. August 2001 und als Schlusslicht Energis Polska im November 2001.[974]

Die Alternativbetreiber befürchten, dieses altbekannte Szenario wird sich auch hinsichtlich des ab dem 1. Januar 2003 liberalisierten Marktes für internationale Gespräche wiederholen. TP S.A. versucht es wiederum mit der altbekannten Verzögerungstaktik, denn es handelt sich um die Öffnung ihres lukrativsten[975] Sektors. Im Januar dieses Jahres bot erst ein Drittel aller Teilnehmeranschlüsse[976] die technische Möglichkeit zur Ausübung des Rechts zur Wahl eines anderen Betreibers für internationale Gespräche. Mitte des Jahres soll die Hälfte der Teilnehmer über einen Alternativbetreiber ins Ausland telefonieren können und allen Teilnehmern wird diese Möglichkeit erst Ende 2005 zustehen.[977] Trotz der technischen Möglichkeit konnte jedoch Anfang dieses Jahres kein anderer Betreiber als die TP S.A. Auslandsgespräche vermitteln, da die notwendigen Zusammenschaltungsverträge zu diesem Zeitpunkt noch nicht unter Dach und Fach waren.

Obwohl der polnische Telekommunikationsmarkt vollständig liberalisiert wurde, kommt der Wettbewerb nicht aus den Startlöchern. Wie bereits erwähnt, wird der Altmonopolist als einer der Verursacher dieses unglücklichen Zustandes gesehen.[978] Auf der anderen Seite gibt man der trägen Haltung des polnischen Regulierers und zugleich dem Gesetzgeber auch einen Großteil der Schuld für die aufgezeichnete Entwicklung.[979] Es bleibt zu hoffen, dass der Quasi-Monopolist die Vorteile eines funktionierenden Wettbewerbs in naher Zukunft erkennt und der polnische Regulator die ihm durch das geplante Novellierungsgesetz zugesprochenen weitergehenden Kompetenzen sowie die bereits bestehenden Eingriffsmöglichkeiten in einem stärkeren Maße in Anspruch nimmt,[980] um den be-

---

973 *Janiszewski*, Świat Telekomunikacji 11/2000, 18 (19); *Urbanek*, Net World 12/2001, 73 (77); *Maj*, telekabel 1/2003, 60 (61).

974 Siehe *Urbanek*, Net World 12/2001, 73 (76).

975 Im Vergleich kann ein Pole für sein Landesdurchschnittseinkommen 20 Stunden mit seinem Freund aus den USA telefonieren, ein Schwede kann sich hierfür 200 Stunden leisten, vgl. *Maj*, telekabel 1/2003, 60 (61).

976 Dies entspricht 3,5 Mio. Teilnehmern der TP S.A., vgl. *Świderek*, Papierowa liberalizacja, Rzeczpospolita Nr. 296 vom 20.12.2002, S. B4.

977 *Świderek*, Papierowa liberalizacja, Rzeczpospolita Nr. 296 vom 20.12.2002, S. B4.

978 Vgl. *Streżyńska*, Polska na tle krajów UE, tele.net.forum 4/2002, 61 (63).

979 *Węglewki*, Świat Telekomunikacji 12/2001, 18 (18); *Maj*, telekabel 1/2003, 60 (60).

980 In einer Pressemitteilung der *RegTuP* vom 10. Dezember 2002 gesteht der derzeitige Präsident der Behörde, Witold Graboś, dass er mit der Deregulierung des polnischen Marktes unzufrieden

reits im Jahre 1990 initiierten Liberalisierungsprozess endlich abzuschließen und der polnischen Telekommunikation auf das Weltniveau zu verhelfen.

sei und fordert eine größere Aktivität der Alternativbetreiber. Die ihm vorgeworfene Regulierungsuntätigkeit erklärt er mit den Worten: „Als ich die Behörde im April 2002 übernahm war das Telekommunikationsrecht praktisch tot und alle Entscheidungen wurden von der TP S.A. angefochten. Die Regulierungsmechanismen sind sehr jung, daher kommt ihre bisherige geringe Wirksamkeit gegenüber langwierigen rechtlichen Prozessen", abrufbar unter http://www.urtip.gov.pl/10grudnia2002.html.

F. Zusammenfassung der Ergebnisse der Arbeit

1. Das geltende polnische Telekommunikationsrecht in Ausprägung des neuen Telekommunikationsrechtsgesetzes, das am 1. Januar 2001 in Kraft trat, orientiert sich stark an den europarechtlichen Vorgaben für den Telekommunikationssektor. Jedoch bezieht sich die Angleichung an den acquis communautaire des größtenteils nur noch bis Ende Juli 2003 geltenden Telekommunikationsrechtsrahmens. Aus diesem Grund erwartet das polnische Telekommunikationsrecht eine umfassende Novellierung zum Zeitpunkt der Unionsmitgliedschaft dieses Beitrittskandidaten im Mai 2004.

2. Im geplanten und sich derzeit im Gesetzgebungsverfahren befindenden Änderungsgesetz zum TKRG werden die Besonderheiten des neuen gemeinschaftsweiten TK-Rechtsrahmens nicht berücksichtig. Das Novellierungsgesetz soll lediglich eine bessere Umsetzung der europarechtlichen Vorgaben in der Fassung des geltenden Richtlinienpaketes herbeiführen sowie sprachliche und gesetzestechnische Unklarheiten beseitigen.

3. Bemerkenswert ist die frühe rechtliche Liberalisierung des Telekommunikationsmarktes in Polen. Bereits das Fernmeldegesetz von 1990 stellte einen vergleichsweise großen Schritt in Richtung eines liberalisierten TK-Umfelds dar. Die tatsächliche Entwicklung bot allerdings ein ganz anderes Bild: trotz weiterer Liberalisierungsmaßnahmen im Jahre 1995 verzeichnete Polen zum Zeitpunkt des Inkrafttretens des neuen Telekommunikationsrechtsgesetzes, also nach gut zehn Jahren, immer noch die geringste Telefondichte aller OECD-Länder. Dem zum damaligen Zeitpunkt liberalsten Telekommunikationsrecht wurde von der politischen Führung und dem Nationalbetreiber TP S.A. kein Raum zur Entfaltung geboten.

4. Das neue Gesetz TKRG wird aufgrund der vom Gesetzgeber gewählten stufenweise eintretenden Geltung bestimmter Vorschriften erst am 1. Januar 2004 seine uneingeschränkte Rechtswirkung entfalten. Wegen der gewählten Gesetzessystematik konnten die ersten telekommunikationsrechtlichen Erlaubnisse für Ferngesprächsdienste erst im Januar 2002 erteilt werden. Der Markt für internationale Telefonverbindungen wurde zum 1. Januar 2003 liberalisiert. Dies ist einer der Gründe für den sich schleppend entwickelnden polnischen Telefondienstmarkt.

5. Das TKRG zeichnet sich durch einen dem deutschen Vorbild entnommenen ähnlichen Gesetzesaufbau aus. Gleiches gilt für die gewählten Regulierungsinstrumente, die sich zudem aus den gemeinschaftsrechtlichen Vorgaben für einen demonopolisierten Telekommunikationsmarkt ergeben.

6. Geringe gesetzgeberische Tätigkeit zeigte sich hinsichtlich der aufgrund der telekommunikationsgesetzlichen Ermächtigungsgrundlagen zu erlassenden Ausführungsvorschriften. Lediglich rund die Hälfte der Verordnungen wurde bis zur ersten Dekade dieses Jahres erlassen, der Großteil davon kurz vor dem Ablauf der Fortgeltungsfrist für fernmeldegesetzliche Durchführungsvorschriften. Diese „passive Haltung der Exekutive" spiegelt sich in der schlechten Entwicklung des polnischen Wettbewerbs im Telekommunikationssektor wider.

7. Aufgrund des Telekommunikationsrechtsgesetzes wurde in Polen in Umsetzung der gemeinschaftsrechtlichen Vorgaben ein unabhängiges Organ zur Regulierung der Telekommunikation und Post eingerichtet. Dabei orientierte sich der Gesetzgeber an der deutschen Regulierungsbehörde für Post und Telekommunikation und erweiterte bereits nach Inkrafttreten des TKRG den ursprünglichen Aufgabenbereich des Telekommunikationsregulierers um die Postregulierung – nun gibt es in Polen auch eine Regulierungsbehörde für Telekommunikation und Post. Der Regulierer in Person des Präsidenten RegTuP wurde allerdings mit vergleichsweise schwachen Eingriffsbefugnissen ausgestattet. Das geplante Änderungsgesetz soll diesen Umstand ändern und dem Präsidenten RegTuP mehr Rechte verleihen.

8. Entgegen den europarechtlichen Vorgaben, die einen zweistufigen asymmetrischen Ansatz verfolgen, zeichnet sich das polnische bereichsspezifische Wettbewerbsrecht des Telekommunikationsrechtsgesetzes durch einen dreistufigen asymmetrischen Regulierungsansatz aus – Betreiber ohne besondere Pflichten, Betreiber mit beträchtlicher Marktstellung und solche mit marktbeherrschender Stellung auf den entsprechenden Telekommunikationsmärkten. Diese EU-Rechtswidrigkeit soll in Folge der Gesetzesnovellierung beseitigt werden, indem die dritte Ansatzstufe (die marktbeherrschende Stellung) herausgenommen wird und die darin enthaltenen Pflichten den Betreibern mit beträchtlicher Marktstellung auferlegt werden.

9. Aufgrund schlechter Erfahrungen mit der Telekommunikationsversorgung während und nach der Flutkatastrophe von 1997 beschloss der polnische Gesetzgeber, Vorschriften über die Telekommunikationsgewährung in „Situationen besonderer Gefahren" in das TKRG aufzunehmen. In diesem Punkt unterscheiden sich das polnische und deutsche Telekommunikationsgesetz.

10. Das neue polnische Genehmigungsregime bedient sich der auf europarechtlicher Basis vorgegebenen Instrumente wie der grundsätzlichen Allgemeingenehmigung (Anzeige) und der Einzelgenehmigung in bestimmten Ausnahmefällen (Erlaubnis). Neu in diesem Zusammenhang ist die Funkgenehmigung, die sich jedoch nicht auf eine Telekommunikationstätigkeit, sondern auf die Benutzung einer Funkanlage bezieht. Darüber hinaus entsprechen die Genehmigungs-

vorschriften, unter Annahme einer restriktiven Anwendung der Ausschreibungsvorschriften bei der Nummernvergabe, den geltenden europäischen Vorgaben.

11. Im Rahmen der polnischen Kundenschutzvorschriften besteht weiterhin Umsetzungsbedarf. Die polnische Ausgestaltung der gemeinschaftsrechtlich geforderten Nummernportabilität entspricht nicht den Richtlinienvorgaben, denn eine Nummernmitnahme ist nach aktueller Rechtslage lediglich beim Wohnortwechsel des Teilnehmers im Nummern- und Netzbereich desselben Betreibers möglich. Darüber hinaus müssen die Vorschriften bezüglich der Betreiberwahl und -vorauswahl modifiziert und auf den Ortsnetzbereich ausgedehnt werden. Die genannten Unstimmigkeiten zum zu Grunde liegenden EU-Recht sollen durch das geplante Änderungsgesetz ausgeräumt werden.

12. Neben den kundenschutzrechtlichen Vorschriften weist auch das polnische Universaldienstregime Verbesserungsbedarf auf. Die Definition der Universaldienste entspricht zwar vollumfänglich den gemeinschaftsrechtlichen Vorgaben. Jedoch bietet die unglücklich gewählte Formulierung der Legaldefinition Raum für schwer wiegende Übersetzungsfehler und soll im Zuge der Novellierung neu und klar gefasst werden. Zweiter Kritikpunkt ist die allen den Universaldienst erbringenden Betreibern auferlegte Universaldienstverpflichtung ohne Berücksichtigung ihrer Marktstellung. Die gewählte Vorgehensweise ist zwar gemeinschaftsrechtlich möglich, stellt aber eine unzumutbare Härte für kleine Betreiber dar. Deswegen sieht der Gesetzesänderungsentwurf die Auferlegung der Universaldienstverpflichtung lediglich an Betreiber mit beträchtlicher Marktstellung vor.

13. Das Geheimnis des Kommunizierens wird in Polen telekommunikationsrechtlich durch Art. 67 Abs. 1 TKRG gewährleistet. Die datenschutzrechtlichen Vorschriften entsprechen im Großen und Ganzen den gemeinschaftsrechtlichen Vorgaben. Einzig nicht geregelter und auch nicht im Änderungsgesetz vorgesehener Bereich betrifft unerbetene Anrufe.

14. Wie das europäische sowie das deutsche Recht unterscheidet das TKRG beim offenen Netzzugang zwischen allgemeinem und besonderem Zugang. Die Zusammenschaltungsvorschriften regeln die Zusammenschaltungsvoraussetzungen, Kostenrechnungsgrundsätze sowie die Zusammenschaltungspflicht und die Instrumente zu ihrer Durchsetzung größtenteils gemeinschaftsrechtskonform. Jedoch fehlen Vorschriften zum entbündelten Zugang zur Teilnehmeranschlussleitung vollkommen. Aufgrund des Änderungsgesetzes soll ein entsprechender Abschnitt eingefügt werden. Problematisch aus der Sicht des europäischen Telekommunikationsrechts erscheint hier die beabsichtigte Aufnahme einer Vorschrift zur Defizitabgabe. Es bleibt abzuwarten, wie die endgültige Entscheidung des Gesetzgebers ausfällt.

15. Angeregt durch das Gemeinschaftsrecht wurde das alte Homologieverfahren hinsichtlich der Zertifizierung von TK-Geräten sowie der TK-Infrastruktur durch das Konformitätsbewertungssystem abgelöst. In diesem Bereich gibt es zwar noch kleine Unstimmigkeiten und Unklarheiten, sie sollen jedoch aufgrund der Novellierung gemeinschaftsrechtskonform beseitigt werden.

16. Im Gegensatz zum deutschen Recht kennt das TKRG keine „Wegerechte". Den Betreibern werden aber entsprechende Nutzungs- und Mitbenutzungsrechte an bestehender Infrastruktur gewährleistet. Das polnische Telekommunikationsrecht unterscheidet in dieser Hinsicht zwischen der Mitbenutzung eigener Infrastruktur, der Infrastrukturnutzung und Mitbenutzungsrechten an fremden Immobilien.

17. Im Rahmen der Nummernzuteilung knapper Nummerierungsbestände sieht das TKRG ein auf der Versteigerung bzw. Ausschreibung beruhendes Vergabeverfahren vor. Diese Praxis entspricht nicht den gemeinschaftsrechtlichen Vorgaben, wonach Nummern, außer bei den sog. „goldenen Nummern", nicht mehr zu den knappen Gütern gezählt werden. Im Übrigen entspricht das polnische Nummernverwaltungssystem dem international und europaweit gesetzten Rahmen und geht von der bisher verwendeten Zonennummerierung zu der weltweit üblichen Landesnummerierung über.

18. Ebenso wie die Nummern, werden Frequenzen in Polen entsprechend den internationalen Verpflichtungen und dem geltenden europäischen Telekommunikationsrecht verwaltet. Die Frequenzzuteilung als letztes Glied in der Frequenzordnung erfolgt durch eine Frequenzreservierung, die in Knappheitssituationen in einem Vergabeverfahren vorgenommen wird. Der zuständige Verordnungsgeber kann bei der Wahl des Vergabeverfahrens zwischen einer Ausschreibung und einer Versteigerung entscheiden.

19. Die Vergabe von UMTS-Lizenzen stieß in Polen wie in Deutschland und anderen europäischen Ländern auf heftige Kritik. Allerdings rückte in Polen, anders als in Deutschland, nicht die Rechtmäßigkeit des gewählten Vergabeverfahrens, sondern seine tatsächliche Durchführung ins Rampenlicht. Insbesondere wurde die Vergabe von den Streitkräften zur Verfügung stehenden und damit belegten Frequenzen, kritisiert. Nach der bereits während des Vergabeverfahrens für ungültig erklärten UMTS-Ausschreibung wurden drei Lizenzen an die GSM-Betreiber vergeben. Die beabsichtigte Erteilung einer vierten UMTS-Erlaubnis blieb bisher ganz aus. Grund hierfür ist unter anderem die weltweit schleppende UMTS-Infrastrukturentwicklung.

20. Abschließend ist festzustellen, dass der Deregulierungsgrad des polnischen Telekommunikationssektors als nicht zufrieden stellend beurteilt werden

muss. Dies gilt hauptsächlich für den Sprachtelefonmarkt im Festnetz. Insbesondere ist zu betonen, dass sich auf dem Telefonfestnetzsektor in Polen, trotz der frühen rechtlichen und inzwischen vollständigen Liberalisierung durch das TKRG, kein wirksamer Wettbewerb herausbilden konnte. Es bleibt zu hoffen, dass die geplante Gesetzesnovellierung und eine offenere Haltung des Ex-Monopolisten zu mehr Wettbewerb auf dem polnischen Telekommunikationsmarkt beitragen werden.

Anhang

GESETZ TELEKOMMUNIKATIONSRECHT
vom 21. Juli 2000 (Dz. U. Nr. 73, Pos. 852, geändert durch Dz. U. 2001 Nr. 122, Pos. 132, Nr. 154, Pos. 1800 und 1802, 2002 Nr. 25, Pos. 253, Nr. 74, Pos. 676, Nr. 166, Pos. 1360 sowie 2003 Nr. 50, Pos. 424)

TEIL I. Allgemeine Vorschriften

Art. 1. [Umfang und Ziele des Gesetzes]

1. Dieses Gesetz bestimmt die Grundsätze:
1) der Ausführung und der Kontrolle der Tätigkeit, die auf Leistung oder Zugänglichmachung von Telekommunikationsdiensten sowie auf den Betrieb von Telekommunikationsnetzen, nachfolgend „Telekommunikationstätigkeit" genannt, beruht,
2) der Nutzung und der Nutzungskontrolle von Funkanlagen,
3) der Funktionsfähigkeit von Regulierungsorganen in der Telekommunikation,
4) der Nummernverwaltung,
5) der Verwaltung der Funkwellenfrequenzspektrum- sowie Umlaufbahnbestände.
2. Die Gesetzesvorschriften bestimmen auch die:
1) Anforderungen, denen Telekommunikationsgeräte entsprechen müssen
2) Anforderungen, denen Geräte oder Sachen im Bereich der elektromagnetischen Kompatibilität entsprechen müssen,
3) Regeln des Inverkehrbringens der von den Anforderungen des Gesetzes umfassten Geräte und Sachen.
3. Ziel des Gesetzes ist die Schaffung der Voraussetzungen für:
1) die Sicherung des allgemeinen Zugangs zu Telekommunikationsdiensten auf dem gesamten Gebiet der Republik Polen,
2) den Schutz der Interessen der Telekommunikationsnutzer,
3) die Unterstützung einer gleichberechtigten und effektiven Konkurrenz auf dem Gebiet der Telekommunikationsdienstleistungen,
4) die Entwicklung einer modernen Telekommunikationsinfrastruktur, die Telekommunikations-, Informations- und audiovisuelle Dienste integriert und einen Zugang zu gesamteuropäischen und internationalen Telekommunikationsnetzen und -diensten ermöglicht,
5) die Sicherung der Ordnung in der Verwaltung der Nummern-, Funkwellenfrequenzspektrum- und Umlaufbahnbestände,
6) den Schutz des Staatsinteresses im Bereich der Verteidigungsfähigkeit, der Staatssicherheit und der öffentlichen Sicherheit und Ordnung.

Art. 2. [Begriffsbestimmungen]

Die im Gesetz verwendeten Begriffe bedeuten:
1) Teilnehmer – ein Subjekt, das Partei eines Vertrages über Telekommunikationsdienstleistungen ist, der schriftlich mit dem Betreiber oder einem Subjekt, das Telekommunikationsdienstleistungen ermöglicht, geschlossen wurde,
2) Apparatur – Geräte, die elektrische oder elektronische Unterverbindungen besitzen sowie Installationen, Kabel und Zubehör,
3) Miete von Telekommunikationsleitungen – Telekommunikationsdienst beruhend auf der Sicherung der Möglichkeit der Signalübermittlung zwischen bestimmten Punkten des Telekommunikationsnetzes, ohne die auf Verlangen des Nutzers durchgeführte oder von ihm kontrollierte Kommutation und unter Beibehaltung der gleichen Signalart: Eingangs- und Ausgangssignal,
4) Betrieb der Telekommunikationsnetze – faktische und unmittelbare Verfügungsgewalt über die Gesamtheit der Funktionen der die Telekommunikation sichernden Geräte und Netze,

5) Telekommunikationsinfrastruktur – Telekommunikationsgeräte, die keine Endeinrichtungen sind, Leitungen, Kanalisation, Pfosten, Türme, Masten, Kabel, Leiter sowie Zubehör, die zur Sicherung der Telekommunikation genutzt werden,
6) Interoperabilität der Netze – die Fähigkeit der Telekommunikationsnetze zur effektiven Zusammenarbeit zur Sicherung eines gemeinsamen Zugangs der Nutzer zu in diesen Netzen erbrachten Diensten,
7) elektromagnetische Kompatibilität – die Fähigkeit der Apparatur oder des Systems zur zufrieden stellenden Arbeit in ihrem elektromagnetischen Umfeld ohne von ihrer Seite elektromagnetische Störungen mit Werten, die die elektromagnetische Verträglichkeit anderer Apparatur oder anderer Systeme in diesem Umfeld übersteigt, hervorzurufen,
8) Kommutation – Verbindungszusammenstellung durch Auswahl des Zielnetzabschlusspunktes unter vielen möglichen Abschlusspunkten,
9) internationale Funkkommunikationsvorschriften – Vorschriften über Aufgaben und Ausführungsgrundsätze von Funkkommunikationsdiensten, die in von der Republik Polen ratifizierten und im Gesetzesblatt der Republik Polen veröffentlichten internationalen Verträgen bestimmt sind,
10) Notfallnummer – im Gesetz oder im Landesnummernplan für öffentliche Telefonnetze festgesetzte verkürzte Nummer, die zur Verbindungsherstellung mit gesetzlich festgesetzten Notfalldiensten bestimmt ist,
11) elektromagnetische Verträglichkeit – Fähigkeit, im Umfeld von elektromagnetischen Störungen entsprechend der Widmung ohne Beschränkung der ausgeführten Funktionen arbeiten zu können,
12) Betreiber – ein Unternehmer, der auf der Grundlage besonderer Vorschriften zur unternehmerischen Tätigkeit auf dem Gebiet der Republik Polen berechtigt ist und eine Tätigkeit ausübt, die auf dem Betrieb des öffentlichen Netzes oder auf Telekommunikationsdienstleistungen im öffentlichen Netz beruht,
13) öffentlicher Betreiber – Betreiber, der Telekommunikationsdienste auf der Grundlage einer Erlaubnis erweist,
14) Zusammenschaltung von Telekommunikationsnetzen – eine physische und funktionelle Zusammenschaltung von Telekommunikationsnetzen, die von einem oder mehreren Betreibern zur Gewährleistung der Telekommunikation für die Nutzer dieser Netze oder der Telekommunikationsdienstleistungen durch Betreiber von zusammengeschalteten Netzen sowie durch andere Subjekte, die Zugang zum Netz haben, betrieben werden,
15) öffentliches Telefonnetz – öffentliches Netz, das die Technik der Kommutation anwendet, eine Verwendung des Nummernbestandes erfordert und unter anderem:
a) Telefondienste,
b) Faxübertragung,
c) Datenübertragung im Sprachband mit Hilfe von Modems
- zwischen Abschlusspunkten des Netzes mit festem Standort, nachfolgend „öffentliches Telefonfestnetz" genannt, oder zwischen Abschlusspunkten des Netzes mit wechselndem Standort, nachfolgend „mobiles Telefonnetz" genannt, sicherstellt,
16) Funkkommunikationsdienst – das Senden, Übersenden oder Empfangen von Funkwellen zur Ausübung der in internationalen Funkkommunikationsvorschriften für die entsprechenden Dienste bestimmten Aufgaben,
17) Amateurfunkkommunikationsdienst – Funkkommunikationsdienst, der das Herstellen von gemeinsamen Verbindungen, technische Untersuchungen sowie individuelle Schulung zum Ziel hat, ausgeführt ohne Gewinnerzielungsabsicht durch berechtigte Personen ausschließlich zum eigenen Bedarf,
18) stationäre Satellitenanlage – auf der Erdoberfläche situierte Funkanlage oder eine Zusammenstellung von Funkanlagen, die zur Verbindung mit anderen auf der Erdumlaufbahn situierten Funkanlagen oder Zusammenstellungen von Funkanlagen bestimmt ist,
19) öffentliches Netz – Telekommunikationsnetz, ohne ein internes Netz zu sein, das zur Erbringung von Telekommunikationsdiensten dient,
20) Telekommunikationsnetz – Telekommunikationsgeräte und Telekommunikationsleitungen, die auf eine Art zusammengestellt und verbunden sind, die die Signalübertragung zwischen bestimmten

Netzabschlusspunkten mit Hilfe von Leitungen, Funk- oder Audiowellen oder anderen Mitteln, die elektromagnetische Energie nutzen, ermöglicht,
21) internes Netz – von einem Subjekt betriebenes, ausschließlich zum eigenen Bedarf oder in einem auf einem Grundstück zu anderen als Wohnzwecken stehenden Gebäude installiertes Telekommunikationsnetz,
22) Nummernbereich – geografischer Bereich, für den man im Landesnummernplan für öffentliche Telefonnetze eine Ortskennzahl festgesetzt hat,
23) Telekommunikation – das Senden, Empfangen oder die Übermittlung von Informationen jeglicher Natur, insbesondere von Signalen, Zeichen, Schrift, Bildern oder Tönen, mit Hilfe von Leitungen, Funk- oder Audiowellen oder anderen Mitteln, die elektromagnetische Energie nutzen,
24) Zugang zu Telekommunikationsdiensten – eine auf der Sicherung des Zugangs zu vom Betreiber erbrachten Telekommunikationsdiensten beruhende wirtschaftliche Tätigkeit,
25) Endeinrichtung – Telekommunikationsgerät oder dessen elektronisches Bauelement, das zur Zusammenarbeit mit einem öffentlichen Netz durch unmittelbaren oder mittelbaren Anschluss an die Abschlusseinrichtung eines öffentlichen Netzes bestimmt ist,
26) Telekommunikationsanlage – elektrische oder elektronische Einrichtung zur Sicherung der Telekommunikation,
27) Funkanlage – eine Funkwellen verwendende Telekommunikationsanlage,
28) internationaler Dienst – ein auf der Übermittlung oder Weiterleitung von Signalen zum Netzabschluss oder einem Netzpunkt, der keinen Abschlusspunkt darstellt und sich außerhalb der Grenzen der Republik Polen befindet, beruhender Telekommunikationsdienst,
29) Interzonendienst – ein auf der Übermittlung oder Weiterleitung von Signalen zum Abschlusspunkt, der sich in einem anderen Nummernbereich befindet, beruhender Telekommunikationsdienst,
30) Sprachtelefondienst – ein auf der direkten Vermittlung von Sprachsignalen in Echtzeit, mittels eines öffentlichen Netzes oder öffentlicher Netze, die die Technik der Kommutation verwenden, wobei jeder Nutzer die an einen bestimmten Netzabschlusspunkt angeschlossene Endeinrichtung zur Kommunikation mit einem anderen Nutzer einer anderen, an einen anderen Netzabschlusspunkt angeschlossenen Endeinrichtung verwenden kann, beruhender Telekommunikationsdienst,
31) Telekommunikationsdienst – eine auf der Übermittlung oder Weiterleitung von Signalen in Telekommunikationsnetzen beruhende wirtschaftliche Tätigkeit,
32) Nutzer – ein Subjekt, das Telekommunikationsdienste in Anspruch nimmt, das Erbringen von diesen oder den Zugang zu diesen fordert,
33) Endnutzer – ein Subjekt, das Telekommunikationsdienste in Anspruch nimmt, das Erbringen von diesen oder den Zugang zu diesen zur Befriedigung eigener Bedürfnisse fordert,
34) elektromagnetische Störung – jede elektromagnetische Erscheinung, insbesondere elektromagnetisches Rauschen, unerwünschtes elektromagnetisches Signal oder unerwünschte Änderung der propagierten Umgebungseigenschaft, die zu einer Störung des normalen Betriebes der Apparatur oder des Systems führt,
35) Netzabschluss – Telekommunikationsnetzpunkt, der zur Sicherung des Netzzugangs des Nutzers bestimmt ist,
36) Umlaufbahnbestände – Positionen auf einer geostationären Umlaufbahn oder Satellitenumlaufbahnen, die zur Positionierung von künstlichen Erdsatelliten zur Sicherung der Telekommunikation verwendet werden oder werden können.

TEIL II. Berechtigung zur Telekommunikationstätigkeit sowie zur Nutzung von Funkanlagen
Abschnitt 1. Allgemeine Vorschriften

Art. 3. [Erlaubnis, Anzeige und Genehmigung]

1. Unter Vorbehalt des Art. 4 und Art. 5 erfordert der Betrieb:
1) des öffentlichen Telefonnetzes,
2) des zur Verbreitung oder Verteilung von Rundfunk- oder Fernsehprogrammen verwendeten öffentlichen Netzes
- einer Telekommunikationserlaubnis, nachfolgend „Erlaubnis“ genannt.

2. Die Erlaubnis berechtigt zum Erbringen von sämtlichen Telekommunikationsdienstleistungen auf dem gesamten Landesgebiet mittels des von der Erlaubnis umfassten Netzes, wenn:
1) die Vorschriften dieses Gesetzes kein Verbot oder Beschränkung bestimmter Arten von Telekommunikationsdienstleistungen bestimmen,
2) der Betreiber die bei bestimmten Telekommunikationsdienstleistungen erforderlichen Berechtigungen zur Verfügung oder Verwendung besitzt:
a) Frequenzen, Frequenzkanäle oder Frequenzbereiche, nachfolgend „Frequenzen" genannt,
b) Umlaufbahnbestände,
c) Nummernbereiche sowie Orts-, Telekommunikationsnetz- oder Telekommunikationsdienstekennzahlen, nachfolgend „Nummerierung" genannt,
d) Teilnehmer- oder Netzabschlussidentifizierungszeichen, insbesondere Adressen, Schlüssel oder Passwörter, nachfolgend „Teilnehmeridentifizierungszeichen" genannt,
3) in der Erlaubnis das Gebiet der Telekommunikationstätigkeit oder die Art der Telekommunikationsdienste in dem von der Erlaubnis umfassten Netz nicht beschränkt wurde.
3. Die Telekommunikationstätigkeit in einem öffentlichen Netz, die keiner Erlaubnis bedarf, ist schriftlich dem Präsident der Regulierungsbehörde für Telekommunikation und Post, nachfolgend „Präsident RegTuP" genannt, mindestens 28 Tage vor dem geplanten Beginn dieser Tätigkeit anzuzeigen.
4. Unter Vorbehalt des Art. 4 und Art. 6 erfordert die Benutzung von Funkanlagen einer Funkgenehmigung, nachfolgend „Genehmigung" genannt.

Art. 4. [Telekommunikationstätigkeit der Verwaltung]
1. Die Vorschriften des Art. 3 werden bei Ausübung der Telekommunikationstätigkeit sowie der Benutzung von Funkanlagen durch:
1) vom Verteidigungsminister überwachte oder ihm unterstellte Organisationsstellen und -einheiten sowie vom zuständigen Innenminister überwachte oder ihm unterstehende Organisationseinheiten – zum eigenen Bedarf,
2) dem zuständigen Innenminister unterstehende Organisationseinheiten – bezüglich des betriebenen Telefonnetzes für den Bedarf der Präsidentenkanzlei, der Parlamentskanzlei, der Senatskanzlei und der Regierungsverwaltung,
3) Streitkräfte anderer Staaten sowie Organisationseinheiten anderer ausländischer Staatsorgane, die zeitweise auf dem Gebiet der Republik Polen aufgrund von Verträgen, deren Partei Republik Polen ist, verbleiben – für die Zeit des Aufenthaltes,
4) Organisationseinheiten der Agentur für innere Sicherheit und Nachrichtendienstagentur – zum eigenen Bedarf,
5) dem zuständigen Außenminister unterstellte Organisationseinheiten – zum eigenen Bedarf,
6) diplomatische Vertretungen, Konsulate, ausländische Sondermissionen sowie Vertretungen internationaler Organisationen, die aufgrund von Gesetzen, Verträgen und internationalen Bräuchen von Sonderrechten und Immunitäten Gebrauch machen und ihren Sitz auf dem Gebiet der Republik Polen haben – ausschließlich im mit der diplomatischen Tätigkeit dieser Subjekte zusammenhängenden Umfang, unter Vorbehalt des Abs. 2,
7) Organisationseinheiten der Gefängniskräfte – zum eigenen Bedarf,
nicht angewendet.
2. Der zuständige Minister in Fernmeldeangelegenheiten bestimmt durch Verordnung im Einvernehmen mit dem zuständigen Außenminister, unter Beachtung von Völkerrechtsnormen sowie des mit Führung diplomatischer Tätigkeit verbundenen Aufgabenbereiches, die Art und ausführliche Voraussetzungen der Telekommunikationstätigkeit sowie der Benutzung von Funkanlagen durch die in Abs. 1 Nr. 1-6 genannten Subjekte, ihre Personalmitglieder als auch andere, ihnen gleichgestellte Personen .
3. Der Verteidigungsminister sowie der zuständige Innenminister können im Einvernehmen mit dem zuständigen Minister in Fernmeldeangelegenheiten durch Verordnung im Rahmen ihrer Zuständigkeiten genaue Voraussetzungen der in Abs. 1 Nr. 1-3 genannten Telekommunikationstätigkeit sowie der Benutzung von Funkanlagen durch unterstellte, überwachte und untergeordnete Organisati-

onseinheiten sowie die in Abs. 1 Nr. 3 genannten Einheiten unter Berücksichtigung des durch diese Einheiten ausgeführten Aufgabenbereiches, bestimmen.
4. Der Ministerpräsident kann durch Verordnung die genauen Prinzipien der in Abs. 1 Nr. 4 genannten Telekommunikationstätigkeit sowie der Benutzung von Funkanlagen durch Organisationseinheiten der Agentur für innere Sicherheit und Nachrichtendienstagentur unter Berücksichtigung des durch diese Einheiten ausgeführten Aufgabenbereiches, bestimmen.

Art. 5. [Beschränkungen des Erlaubnisumfangs]
1. Der Betrieb
1) des öffentlichen Telefonnetzes, dessen Telekommunikationsinfrastruktur sowie alle Netzabschlusspunkte sich insgesamt auf dem Gebiet einer Gemeinde befinden,
2) des öffentlichen Telefonfestnetzes, das den vom öffentlichen Betreiber aufgrund von in Art. 101 genannten Verträgen zur Verfügung gestellten Nummernbestand nutzt,
3) des in einem Wohngebäude eingerichteten öffentlichen Netzes zur Verteilung oder Verbreitung von Rundfunk- oder Fernsehprogrammen
bedarf keiner Erlaubnis.
2. Der zuständige Minister in Fernmeldeangelegenheiten kann durch Verordnung die Arten der Telekommunikationstätigkeiten, die die in Art. 3 Abs. 1 genannten Kriterien erfüllen und nicht erlaubnispflichtig sind, bestimmen, mit dem Ziel, den Bereich der auf Grundlage einer Erlaubnis ausgeführten Telekommunikationstätigkeit einzuschränken.
3. Die zur Ausführung der in Abs. 2 genannten Telekommunikationstätigkeit erteilten Erlaubnisse werden am Tage des Inkrafttretens der Verordnung unwirksam. Die von diesen Erlaubnissen erfasste Telekommunikationstätigkeit kann weiterhin unter Beachtung der Bestimmungen des vorliegenden Gesetzes ausgeführt werden.

Art. 6. [Befreiung von der Genehmigungspflicht]
1. Unter Vorbehalt des Abs. 2 bedarf die Nutzung von Funkanlagen, die ausschließlich zum Empfang vorgesehen sind, keiner Genehmigung.
2. Abs. 1 ist auf die Benutzung von Radiogeräten, die den Empfang von für Funkkommunikationsdienste bestimmten Frequenzbereichen ermöglichen, die eine nicht zum öffentlichen Empfang bestimmte Informationsübertragung durchführen, nicht anwendbar.
3. Keiner Genehmigung bedarf die Nutzung von Sende- und/oder Empfangsfunkgeräten:
1) durch ausländische Luft- oder See- und Binnenschifffahrtfunkkommunikationsdienste, wenn das Gerät zur Nutzung durch das zuständige Landes- oder ausländische Organ zugelassen wurde,
2) durch Amateurfunkdienst in Übereinstimmung mit internationalen Funkkommunikationsbestimmungen, wenn das Gerät zur Nutzung durch das zuständige Landes- oder ausländische Organ für einen Zeitraum von höchstens 3 Monaten zugelassen wurde,
3) als Endeinrichtungen, die international vereinbarte Frequenzbereiche nutzen sowie durch das zuständige Landes- oder ausländische Organ zur Nutzung zugelassen:
a) und zum Netzabschlusspunkt des Telekommunikationsnetzes eines öffentlichen Betreibers angeschlossen sind,
b) und zur Verbindungsaufrechterhaltung mit sich kurzfristig auf dem Gebiet der Republik Polen oder sich im Transit befindenden ausländischem Fahrzeug, Hochsee- oder Binnenschiff oder Luftfahrzeug dienen, wobei sie fest an dieses Fahrzeug oder Schiff befestigt sind.
4. Der zuständige Minister in Fernmeldeangelegenheiten kann durch Verordnung den Bereich der Sende und/oder Empfangsfunkgeräte, die zu ihrer Nutzung keiner Genehmigung bedürfen, erweitern, geleitet von dem Grundsatz, die Zahl der Arten solcher Geräte zu vergrößern.
5. Genehmigungen, die die in Abs. 4 genannten Geräte betreffen, werden am Tage des Inkrafttretens der Verordnung unwirksam. Die von diesen Genehmigungen umfassten Funkanlagen können unter Beachtung der Bestimmungen des vorliegenden Gesetzes weiterhin genutzt werden.

Abschnitt 2. Telekommunikationserlaubnis

Art. 7. [Erlaubnisantrag]

1. Der Präsident RegTuP ist das zuständige Organ in Erlaubnisangelegenheiten.
2. Die in Art. 3 Abs. 1 Nr. 2 genannte Erlaubniserteilung wird durch einen schriftlichen Antrag eingeleitet, der Folgendes beinhalten sollte:
1) Bezeichnung des Unternehmers, seinen Sitz und Adresse,
2) Unternehmerregisternummer,
3) Bestimmung der Art und des Umfangs der Telekommunikationstätigkeit, für die die Erlaubnis erteilt werden soll.
3. Der zuständige Minister in Fernmeldeangelegenheiten bestimmt durch Verordnung einen Musterantrag auf Erlaubniserteilung sowie den Ablauf der Antragstellung und gleichfalls die zur Entscheidung über den Antrag erforderlichen Dokumente unter Berücksichtigung der zur Entscheidung unentbehrlichen Informationen.

Art. 8. [Voraussetzungen der Erlaubniserteilung]

1. Der Präsident RegTuP erteilt dem Betreiber die Erlaubnis nach Art. 3 Abs. 1 Nr. 2, der aufgrund besonderer Vorschriften zur Ausübung wirtschaftlicher Tätigkeit auf dem Gebiet der Republik Polen befähigt ist und die Ausübung der Telekommunikationstätigkeit gemäß Art. 3 Abs. 1 Nr. 2 beabsichtigt, wenn folgendes nicht vorliegt:
1) die durch dieses Gesetz vorgesehenen Fälle, die eine Versagung der Erteilung der Frequenzreservierung begründen,
2) begründende Fälle führend zu:
a) einer Bedrohung der Verteidigungsfähigkeit, Staatssicherheit oder öffentlicher Sicherheit und Ordnung,
b) einer Verletzung internationaler Verträge, deren Partei Republik Polen ist,
c) Arbeitsstörungen anderer Telekommunikationsanlagen und Telekommunikationsnetze.
2. Die Versagung der Erlaubniserteilung aufgrund der in Abs. 1 Nr. 2 lit. a) genannten Umstände erfolgt nach der Meinungseinholung des Verteidigungsministers oder des Präsidenten der Agentur für innere Sicherheit und Nachrichtendienstagentur im Rahmen ihrer Zuständigkeiten. Die feststellende Ansicht des Verteidigungsministers oder des Präsidenten der Agentur für innere Sicherheit und Nachrichtendienstagentur, dass Umstände eintreten, die zu einer Bedrohung der Verteidigungsfähigkeit oder der Staatssicherheit führen, bedarf keiner Begründung.
3. Erlaubnisse werden für eine bestimmte Zeit, nicht kürzer als 10 Jahre und nicht länger als 25 Jahre, erteilt, es sei denn der Antragsteller möchte die Tätigkeit in einer kürzeren Zeitspanne ausüben.

Art. 9. [Erlaubnis für öffentliche Telefonnetze]

Zur Ausstellung und Versagung der Erlaubniserteilung nach Art. 3 Abs. 1 Nr. 1 werden die Bestimmungen der Art. 7 und Art. 8 entsprechend angewendet.

Art. 10. [Erlaubnisinhalt]

1. In der Erlaubnis wird bestimmt:
1) der berechtigte Betreiber sowie sein Sitz und Adresse,
2) die Art des von der Erlaubnis umfassten Netzes,
3) die Gültigkeitsdauer.
2. In der Erlaubnis können bezeichnet werden:
1) die Arten von Telekommunikationsdiensten, die in dem von der Erlaubnis umfassten Netz angeboten werden können im Falle
a) dass der Antragsteller die Telekommunikationstätigkeit in einem kleineren Umfang als sich aus der Netzbestimmung ergibt zu erbringen beabsichtigt,
b) des Art. 142 Abs. 4 sowie Art. 146 Abs. 2,

2) das Gebiet, auf dem die von der Erlaubnis erfasste Telekommunikationstätigkeit ausgeübt wird, wenn der Antragsteller beabsichtigt, die Tätigkeit nicht auf dem gesamten Landesgebiet auszuführen, unter Vorbehalt des Abs. 3, sowie im Falle des Art. 142 Abs. 4,
3) der Umfang der Verpflichtungserfüllung oder Ausführung der vom Gesetz vorgesehenen Aufgaben,
4) der Anfangstermin für die Telekommunikationsdienstleistungen,
5) die Gültigkeitsdauer.
3. Im Falle, dass es sich um eine Erlaubnis zur Nutzung des öffentlichen Telefonnetzes handelt, sollte der Bereich, in dem die Telekommunikationstätigkeit ausgeübt wird, zusammenhängend sein.
4. In der Erlaubnis kann eine Beschreibung des von der Erlaubnis umfassten Netzes im vom Antrag ausgehenden Umfang erfolgen.
5. Die Erlaubnis kann die Frequenzreservierung, Zuteilung der Nummern oder der Teilnehmeridentifikationszeichen beinhalten.
6. Falls besondere Vorschriften nichts anderes bestimmen, ist die Erlaubnis öffentlich.
7. Der Präsident RegTuP veröffentlicht im Bulletin der Regulierungsbehörde für Telekommunikation und Post, nachfolgend „Bulletin RegTuP" genannt, eine Aufstellung erteilter Erlaubnisse, nicht seltener als ein Mal im Kalenderjahr.

Art. 11. [Wiedererteilung der Erlaubnis]
1. Ein Antrag des Berechtigten auf Wiedererteilung der Erlaubnis, der nicht später als 6 Monate vor Ablauf der Gültigkeitsdauer der Erlaubnis gestellt wurde, wird nicht abgelehnt, wenn in der Nutzungszeit keinerlei Umstände aufgetreten sind, die eine Versagung, Rücknahme oder Beschränkung des Erlaubnisumfangs begründen.
2. Der zuständige Minister in Fernmeldeangelegenheiten kann im Zuge einer Verordnung ausführliche Grundsätze zur Änderung der Erlaubnisbedingungen durch Aufhebung bestimmter Beschränkungen oder Erweiterung des Umfangs der erteilten Erlaubnisse bestimmen, um den Angleichungsprozess der erteilten Berechtigungen an die geänderten Vorschriften bezüglich der Liberalisierung des Telekommunikationsmarktes zu beschleunigen.

Art. 12. [Rücknahme oder Beschränkung der Erlaubnis]
1. Die Erlaubnis wird vom Präsidenten RegTuP zurückgenommen, wenn:
1) ein rechtswirksames Urteil ergangen ist, das dem Betreiber die von der Erlaubnis umfasste wirtschaftliche Tätigkeit verbietet,
2) der Betreiber die rechtlichen Anforderungen, die zur Erlaubniserteilung erforderlich sind, nicht mehr erfüllt, unter Vorbehalt des Abs. 4,
3) der Betreiber zum gesetzten Termin den mit Rechtsvorschriften nicht übereinstimmenden faktischen oder rechtlichen Zustand nicht beseitigte.
2. Die Erlaubnis kann vom Präsidenten RegTuP zurückgenommen oder ihr Gegenstand oder Betätigungsumfang beschränkt werden, wenn:
1) der Betreiber die Vorschriften des Gesetzes verletzt,
2) der Betreiber die Erlaubnisbedingungen oder andere aufgrund dieses Gesetzes erteilten Entscheidungen verletzt,
3) ein Liquidationsbeschluss gefasst wurde oder die Zahlungsunfähigkeit des Betreibers erklärt wurde,
4) der Betreiber der Entrichtung der durch dieses Gesetz vorgesehenen Gebühren nicht nachkommt.
3. Der Präsident RegTuP kann den Gegenstand oder Betätigungsumfang beschränken, wenn der Betreiber keine Kontinuität der Universaldiensterbringung sichert.
4. Im Falle, dass der Betreiber die in Art. 8 Abs. 1 Nr. 2 lit. a) genannte Bedingung nicht mehr erfüllt, wird die Erlaubnis auf Antrag des Verteidigungsministers oder des Präsidenten der Agentur für innere Sicherheit und Nachrichtendienstagentur im Rahmen ihrer Zuständigkeiten zurückgenommen. Der Antrag des Verteidigungsministers oder des Präsidenten der Agentur für innere Sicherheit und Nachrichtendienstagentur bedarf keiner Begründung.

5. Mit Ausnahme von unaufschiebbaren Fällen sowie von unumkehrbaren Vorfällen kann der Bescheid über Erlaubnisrücknahme oder Beschränkung des Tätigkeitsgegenstandes, -umfanges oder -gebietes nach einem erfolglosen Aufruf an den Betreiber zur Beseitigung der die Erteilung solcher Bescheide begründenden Umstände vorgenommen werden.
6. Der Bescheid über Erlaubnisrücknahme oder Beschränkung des Tätigkeitsgegenstandes oder -gebietes kann Bedingungen bezüglich der Aufrechterhaltung der Kontinuität der Telekommunikationsdienstleistungen bestimmen.
7. Der Präsident RegTuP informiert den Vorsitzenden des Landesmedienrates über die Absicht, die Vorschriften der Abs. 1-6 auf Betreiber anzuwenden, denen eine Erlaubnis zum Betreiben von Telekommunikationsnetzen, die zur Verbreitung oder Verteilung von Rundfunk- oder Fernsehprogrammen bestimmt sind, erteilt wurde.

Art. 13. [Mitteilung des Stimmrechts]
1. In der Erlaubnis kann der Gesellschaft die Pflicht zur jeweiligen Meldung der Erwerbsfälle von mehr als 10%, 30%, 50% der Stimmen auf der Hauptversammlung durch einen einzigen Aktionär innerhalb von 14 Tagen seit Kenntniserlangung in dieser Sache an den Präsidenten RegTuP auferlegt werden.
2. Die Vorschriften des Abs. 1 werden bei Aktionärsgemeinschaften sowie Erwerb oder Übernahme von Anteilen oder Anteilsrechten entsprechend angewendet.
3. Die Vorschriften der Abs. 1 und 2 beeinflussen nicht die Vorschriften des Gesetzes vom 24. Februar 1999 über Gegenmaßnahmen zu monopolistischen Praktiken und zum Verbraucherschutz (Dz. U. 1999 Nr. 52, Pos. 547).

Abschnitt 3. Anzeige der Telekommunikationstätigkeit

Art. 14. [Inhalt und Art der Anzeige]
1. Die Anzeige der Telekommunikationstätigkeit im öffentlichen Netz, die keiner Erlaubnis erfordert, nachfolgend „Anzeige" genannt, sollte beinhalten:
1) die Bezeichnung des Unternehmers, seinen Sitz und Adresse,
2) die Bezeichnung der Rechtsform des Unternehmers, Unternehmerregisternummer,
3) die Bezeichnung der Art und des Umfanges der geplanten Telekommunikationstätigkeit,
4) das Gebiet der Ausführung der Telekommunikationstätigkeit,
5) den Zeitpunkt des Tätigkeitsbeginns.
2. Der Präsident RegTuP erhebt durch Bescheid einen Einspruch gegen die Vornahme der angezeigten Telekommunikationstätigkeit innerhalb von 21 Tagen ab Eingang der Anzeige, wenn
1) die Anzeige gegen Gesetzesvorschriften verstößt,
2) unvollständig ist oder die in ihr enthaltenen Daten mit dem faktischen Stand nicht übereinstimmen,
3) die Vornahme der von der Anzeige umfassten Telekommunikationstätigkeit eine Bedrohung für die Verteidigungsfähigkeit, Staatssicherheit oder öffentliche Sicherheit und Ordnung darstellt.
2a. Im Falle des Abs. 2 Nr. 3 erhebt der Präsident RegTuP den Einspruch nach Einholung der Meinung des Verteidigungsministers oder des Präsidenten der Agentur für innere Sicherheit und Nachrichtendienstagentur im Rahmen ihrer Zuständigkeiten. Die feststellende Meinung des Verteidigungsministers oder des Präsidenten der Agentur für innere Sicherheit und Nachrichtendienstagentur, dass Umstände, die zur Gefährdung der Verteidigungsfähigkeit oder Sicherheit des Staates führen, vorliegen, bedarf keiner Begründung.
3. Zur Bestätigung der Anzeigenvornahme werden die Vorschriften des Verwaltungsverfahrensgesetzes über die Bestätigungserteilung entsprechend angewendet.

Art. 14a. [Einspruch des Präsidenten RegTuP]
1. Der Präsident RegTuP erhebt durch Bescheid einen Einspruch gegen die von der Anzeige umfasste ausgeführte Telekommunikationstätigkeit, wenn

1) der Betreiber die Gesetzesvorschriften verletzt und den unrechtmäßigen Umstand im durch den aufgrund des Verfahrens des Art. 119 erteilten Bescheid des Präsidenten RegTuP bestimmten Termin nicht beseitigte,
2) die in Art. 8 Abs. 1 Nr. 2 lit. a) genannten Umstände vorliegen.
2. Im Falle des Abs. 1 Nr. 2 erhebt der Präsident RegTuP einen Einspruch nach Einholung der Meinung des Verteidigungsministers oder des Präsidenten der Agentur für innere Sicherheit und Nachrichtendienstagentur im Rahmen ihrer Zuständigkeiten. Die feststellende Meinung des Verteidigungsministers oder des Präsidenten der Agentur für innere Sicherheit und Nachrichtendienstagentur, dass Umstände, die zur Gefährdung der Verteidigungsfähigkeit oder Sicherheit des Staates führen, vorliegen, bedarf keiner Begründung.

Art. 15. [Aktualisierung der Anzeige]
1. Ein Unternehmer, der im öffentlichen Netz eine Telekommunikationstätigkeit ohne Erlaubnispflicht ausführt, ist zur Anzeige der seit der letzten Anzeige eingetretenen Änderungen des von der Anzeige umfassten faktischen und rechtlichen Zustandes an den Präsidenten RegTuP innerhalb von 14 Tagen seit Entstehen der Änderung verpflichtet, so bezüglich des Einstellens der von der Anzeige umfassten Telekommunikationstätigkeit durch den Unternehmer.
2. Auf die Änderungsanzeige werden die Vorschriften des Art. 14 entsprechend angewendet.

Art. 16. [Verbot der nicht angezeigten Tätigkeit]
Die Ausführung der anzeigepflichtigen Telekommunikationstätigkeit ohne Anzeige, die mit der Anzeige nicht übereinstimmt oder vom in Art. 14 Abs. 2 und 2a sowie in Art. 14a genannten Einspruch des Präsidenten RegTuP erfasst ist, ist verboten.

Abschnitt 4. Funkgenehmigungen

Art. 17. [Genehmigungserteilung]
1. Das zur Genehmigungserteilung zuständige Organ ist der Präsident RegTuP.
2. Das Genehmigungserteilungsverfahren wird auf schriftlichen Antrag eingeleitet.
3. Die Genehmigung kann zusammen mit der Erlaubnis erteilt werden.
4. Der zuständige Minister in Fernmeldeangelegenheiten kann durch Verordnung einen Musterantrag auf Genehmigungserteilung sowie den Ablauf der Antragstellung und gleichfalls die zur Entscheidung über den Antrag erforderlichen Dokumente unter Berücksichtigung der Eigenart von Funkkommunikationsdiensten, Telekommunikationsnetzen oder Telekommunikationsdiensten, in denen die Funkanlagen genutzt werden, bestimmen.

Art. 18. [Genehmigungsvoraussetzungen]
1. Die Genehmigung wird einem Subjekt erteilt, der die vom Gesetz bestimmten Anforderungen erfüllt sowie wenn:
1) die in Art. 8 Abs. 1 Nr. 2 genannten Umstände nicht vorliegen,
2) die vom Antrag umfassten Frequenzen:
a) zugänglich sind,
b) in der Landefrequenzzuordnungstafel für den beantragten Funkkommunikationsdienst bestimmt wurden sowie der Frequenznutzungsplan ihre Verwendung in Übereinstimmung mit dem Antrag vorsieht,
c) von Störungen geschützt werden können,
d) international im Umfang und Form durch internationale Funkkommunikationsvorschriften oder Verträge, deren Partei Republik Polen ist, vereinbart wurden,
3) der Antragsteller folgendes vorlegt:
a) ein Dokument oder Kennzeichen, die die Erfüllung der in Art. 88 Abs. 2 Nr. 2 genannten grundlegenden Anforderungen bestätigen, wenn das Gerät einer Pflichtverträglichkeitsprüfung unterliegt,
b) das geforderte Zeugnis des Funkbetreibers,
c) die geforderte Erlaubnis, zu deren Ausführung das Gerät genutzt wird,

d) die Frequenzreservierung, falls sie vorgenommen wurde.
2. Genehmigungen werden für höchstens 10 Jahre erteilt.
3. Der Präsident RegTuP versagt nach der Einholung der Meinung des Verteidigungsministers oder des Präsidenten der Agentur für innere Sicherheit und Nachrichtendienstagentur im Umfang ihrer Zuständigkeiten die Genehmigungserteilung, wenn die in Art. 8 Abs. 1 Nr. 2 lit. a) genannten Umstände vorliegen. Die Meinung des Verteidigungsministers oder des Präsidenten der Agentur für innere Sicherheit und Nachrichtendienstagentur, die den Eintritt der zur Gefährdung der Verteidigungsfähigkeit oder Staatssicherheit führenden Umstände feststellt, bedarf keiner Begründung.
4. Bezüglich der Genehmigungen werden die Vorschriften des Art. 11 entsprechend angewendet.
5. Die Genehmigung ist öffentlich.

Art. 19. [Genehmigungsinhalt]
1. Die Genehmigung bestimmt:
1) das berechtigte Subjekt sowie seinen Sitz und Adresse,
2) die Art und Identifizierungsmerkmale der Funkanlage,
3) die Anforderungen der Frequenzausnutzung,
4) die Anforderungen der Gerätenutzung, insbesondere die Art des Funkkommunikationsdienstes oder des Telekommunikationsnetzes, in dem das Gerät genutzt werden kann,
5) die Gültigkeitsdauer.
2. In der Genehmigung können bestimmt werden:
1) die Gerätenutzungsgrundsätze und Nutzerverpflichtungen in bestimmten Bedrohungssituationen,
2) das Entgeltzahlungsverfahren für das Frequenznutzungsrecht.
3. Die Genehmigung kann die Zuteilung von Identifizierungssignalen oder Rufzeichen beinhalten.
4. Die Genehmigung ermächtigt zur Benutzung der umfassten Frequenzen, Identifizierungszeichen sowie Rufzeichen.

Art. 20. [Frequenznutzungsbedingungen]
1. Die Frequenznutzungsbedingungen sollten insbesondere bestimmen:
1) für eine terrestrische Funkanlage oder für die Frequenzreservierung für Telekommunikationsdienstleistungen anhand solcher Geräte:
a) die Frequenz oder Grenzfrequenzen der Frequenzkanäle, Frequenzspektren oder Kanalnummern,
b) entsprechend, die Standortbestimmung des Gerätes oder das Gebiet dessen Verlagerung,
c) entsprechend, die Strahlungsleistung oder Ausgangsleistung,
d) entsprechend, die Polarisation, Aufhängehöhe oder Strahlungscharakteristik der Sendeantenne,
e) die Signalart und technische Parameter seiner Ausstrahlung,
2) für eine terrestrische Satellitenanlage oder Frequenzreservierung für Telekommunikationsdienstleistungen anhand einer auf dem künstlichen Satellit der Erde situierten Sende- und Empfangsfunkanlage:
a) den Namen des genutzten Satelliten und seine Lage,
b) entsprechend, die Standortbestimmung der terrestrischen Satellitenanlage oder das Gebiet deren Verlagerung,
c) die Frequenzen oder Grenzfrequenzen der Frequenzspektren oder Frequenzkanäle oder Kanalnummern, die zur Signalübertragung in den Richtungen Weltall – Erde und Erde – Weltall benutzt werden,
d) die Signalart und technische Parameter seiner Ausstrahlung.
2. Die Frequenznutzungsbedingungen können den Anfangstermin der Frequenznutzung bestimmen.

Art. 21. [Rücknahme oder Änderung der Genehmigung]
1. Auf die Rückname oder Änderung der Genehmigung wendet man die Vorschriften des Art. 12 Abs. 1, 2 und 4-7 entsprechend an.

2. Der Präsident RegTuP kann die Genehmigung ebenso zurücknehmen oder die Frequenznutzungsbedingungen ändern im Falle:
1) der Feststellung, dass die Nutzung der Funkanlage gemäß der Genehmigung die Arbeit anderer Geräte oder Telekommunikationsnetze stört,
2) der Änderung der Bestimmung der von der Genehmigung umfassten Frequenzen in der Landestabelle der Frequenzbestimmung,
3) des Nichtbeginns der von der Genehmigung erfassten Frequenznutzung innerhalb von 12 Monaten ab dem Tag der Genehmigungserteilung oder dem in der Genehmigung bestimmten Tag des Beginns ihrer Nutzung.
3. Der Präsident RegTuP kann die Frequenznutzungsbedingungen ändern, wenn:
1) die von der Genehmigung erfassten Frequenzen im niedrigen Maße oder ineffektiv genutzt sind,
2) die Arbeit der Funkanlage von anderen Geräten oder Telekommunikationsnetzen gestört ist.
4. Die Genehmigung verliert ihre Rechtskraft im Falle der Beendigung der Frequenzreservierung.

Abschnitt 5. Frequenzreservierung

Art. 22. [Durchführung der Reservierung]
1. Die Reservierung der Frequenzen oder Umlaufbahnbestände, im Gesetz „Frequenzreservierung" genannt, bestimmt die Frequenzen oder Umlaufbahnbestände, die in der Zeit der Reservierung in Disposition des Subjektes verbleiben, für das die Reservierung vorgenommen wurde.
2. Die Frequenzreservierung nimmt vor, ändert oder nimmt zurück:
1) der Präsident RegTuP – in der Erlaubnis oder aufgrund anderer Bescheide, unter Vorbehalt des Abs. 4,
2) der Vorsitzender des Landesmedienrates, im Einvernehmen mit dem Präsidenten RegTuP – im vom Gesetz vom 29. Dezember 1992 über Rundfunk und Fernsehen bestimmten Rahmen (Dz.U. 1993 Nr. 7, Pos. 34, 1995 Nr. 66, Pos. 335, Nr. 142, Pos. 701, 1996 Nr. 106, Pos. 496, 1997 Nr. 88, Pos. 554 und Nr. 121, Pos. 770 sowie 1999 Nr. 90, Pos. 999).
3. Die Frequenzreservierung wird für ein Subjekt vorgenommen, das die gesetzlichen Anforderungen erfüllt sowie wenn die in Art. 8 Abs. 1 Nr. 2 genannten Umstände nicht eintreten sowie wenn die in Art. 18 Abs. 1 Nr. 2 bestimmten Voraussetzungen erfüllt sind.
4. Die Reservierung der Frequenzen, die zur digitalen Verbreitung und Verteilung von Programmen auf dem terrestrischen oder satellitengestützten Verbreitungsweg bestimmt sind, wird im Einvernehmen mit dem Vorsitzenden des Landesmedienrates im betreffenden Bereich vorgenommen:
1) Bestimmung der Fernseh- oder Rundfunkprogramme, die ein komplexes Signal bilden, das mittels der reservierten Frequenz verbreitet und verteilt wird, nachfolgend „Multiplexsignal" genannt,
2) Anordnung der Programme im Multiplexsignal gemäß Nr. 1, nachfolgend „audiovisuelle Bestandteile des Multiplexsignals" genannt,
3) Anteilsproportion der audiovisuellen Bestandteile in dem Multiplexsignal,
4) Gebiet, in dem das Multiplexsignal verbreitet und verteilt werden kann.
5. Die Frequenzreservierung wird auf bestimmte Zeit vorgenommen.
6. Die Versagung der Frequenzreservierung erfolgt gemäß den Vorschriften des Art. 8 Abs. 2.
7. Die Frequenzreservierung ist öffentlich.
8. Der zuständige Minister in Fernmeldeangelegenheiten bestimmt durch Verordnung eine zur Koordinierung der Frequenzreservierung berufene Organisationseinheit der RegTuP der für die in Art. 4 Abs. 1 Nr. 1-4 genannten Nutzer bestimmten Frequenzbereiche, insbesondere der von ihnen freigegebenen oder für sie neu gewährten oder mit anderen Nutzern gemeinsam genutzten Frequenzbereiche.

Art. 23. [Inhalt und Wirkung der Reservierung]
1. In der Frequenzreservierung wird bestimmt:
1) das berechtigte Subjekt sowie sein Sitz und Adresse,
2) die vom festgesetzten, in Art. 106 Abs. 1 Nr. 1 genannten Frequenzverwaltungsplan umfassten Frequenzen oder Umlaufbahnpositionen,
3) das Gebiet, auf dem die Frequenzen genutzt werden können,

4) die Art des Funkkommunikationsdienstes, des Telekommunikationsnetzes oder des Telekommunikationsdienstes, in dem die von der Reservierung umfassten Frequenzen genutzt werden können,
5) audiovisuelle Bestandteile des Multiplexsignals, ihre Anordnung im Multiplexsignal sowie ihre Anteilsproportionen im Multiplexsignal im Falle des Art. 22 Abs. 4,
6) die Reservierungsdauer.
2. Die Frequenzreservierung kann Frequenznutzungsanforderungen nach Art. 20 bestimmen.
3. Die Frequenzreservierung kann im Falle der Erlaubnisänderung, in der sie erteilt wurde oder in den Fällen des Art. 21 Abs. 1-3 geändert oder zurückgenommen werden.
4. Die Frequenzreservierung tritt im Falle der Rücknahme oder des Erlöschens der Berechtigung mit der sie erteilt wurde außer Kraft.
5. In der Gültigkeitsdauer der Frequenzreservierung kann man die Erteilung einer Genehmigung auf Nutzung einer Funkanlage, die die von der Reservierung umfassten Frequenzen nutzt, nicht aufgrund von Umständen nach Art. 8 Abs. 1 Nr. 2 oder aufgrund der Nichterfüllung der Voraussetzungen gemäß Art. 18 Abs. 1 Nr. 2 versagen, außer der der Reservierung zu Grunde gelegte faktische oder rechtliche Zustand unterlag einer Änderung.
6. Die Vorschriften des Abs. 1 Nr. 4 sowie der Abs. 3-5 werden bei Frequenzreservierung durch in Art. 4 Abs. 1 genannte Stellen und Einheiten nicht angewendet.

Art. 24. [Ausschreibungs-/Versteigerungspflicht]
1. Im Falle fehlender ausreichender Frequenzspektren werden die eine Frequenzreservierung beantragenden Subjekte:
1) im Falle der zur Telekommunikationstätigkeit genutzten Frequenzspektren auf dem Ausschreibungs-/Versteigerungswege auserkoren,
2) in anderen Fällen können sie auf dem Ausschreibungs-/Versteigerungsweg auserkoren werden.
2. Die Ausschreibungen/Versteigerungen werden vom Präsidenten RegTuP ausgerufen und geleitet.
3. Die Vorschriften des Abs. 1 und Abs. 2 wendet man auf Änderungen der Frequenzreservierung entsprechend an.
4. Bei der Wiedererteilung einer Frequenzreservierung wird eine Ausschreibung/Versteigerung nicht durchgeführt.

Art. 25. [Verlauf der Ausschreibung/Versteigerung]
1. Die Ausschreibung/Versteigerung wird unverzüglich, jedoch nicht später als innerhalb von 12 Monaten ab dem Eingangstag des ersten Antrages auf Vornahme einer von der Ausschreibung/Versteigerung umfassten Frequenzreservierung bekannt gemacht.
2. In der Bekanntmachung der Ausschreibung/Versteigerung werden ihr Gegenstand, Umfang sowie Teilnahmebedingungen genannt.
3. Der Präsident RegTuP bestimmt in der Ausschreibungs-/Versteigerungsdokumentation die ausführlichen Ausschreibungs-/Versteigerungsbedingungen, darunter Teilnahmebedingungen an der Ausschreibung/Versteigerung sowie ausführliche Gebotsbewertungskriterien.
4. Die Ausschreibungs-/Versteigerungsdokumentation kann Bedingungen der Telekommunikationstätigkeit, die die Nutzung der von der Ausschreibung/Versteigerung umfassten Frequenzspektren erfordert, bestimmen.
5. Die Ausschreibungs-/Versteigerungsdokumentation wird gegen eine Gebühr, die die Erstellungskosten der Dokumentation nicht übersteigen darf, zugänglich gemacht. Die Gebühr wird von der Regulierungsbehörde für Telekommunikation und Post erhoben, nachfolgend „RegTuP" genannt.
6. Der Präsident RegTuP erklärt die Ausschreibung/Versteigerung durch Bescheid für ungültig, wenn Rechtsvorschriften oder Interessen der Ausschreibungs-/Versteigerungsteilnehmer gröblich verletzt wurden.
7. Der Präsident RegTuP erklärt die Ausschreibung/Versteigerung durch Bescheid für unentschieden, wenn:
1) keiner der Teilnehmer die Ausschreibungs-/Versteigerungsteilnahmebedingungen erfüllt hat oder keiner die Mindestanforderungen der Ausschreibungs-/Versteigerungsdokumentation erreicht hat,

2) kein Subjekt im in der Ausschreibungs-/Versteigerungsdokumentation ausgewiesenem Termin zur Ausschreibung/Versteigerung angetreten ist,
3) die Zahl der Ausschreibungs-/Versteigerungsteilnehmer kleiner oder gleich der Zahl der zur Erlangung einer Frequenzreservierung berechtigten Subjekte ist.
8. Die Vorschriften des Art. 24 Abs. 1 wendet man auf die in Abs. 7 Nr. 3 genannten Ausschreibungs-/Versteigerungsteilnehmer nicht an.
9. Der zuständige Minister in Fernmeldeangelegenheiten bestimmt durch Verordnung die ausführlichen Ausschreibungs-/Versteigerungsdurchführungsbedingungen und garantiert insbesondere dass:
1) die Art der Ausschreibungs-/Versteigerungsbekanntgabe eine angemessene Information der an der Ausschreibung/Versteigerung interessierten Subjekte gewährleistet,
2) die Ausschreibungs-/Versteigerungsteilnahmebedingungen Subjekte, die die Anforderungen zur Vornahme einer Frequenzreservierung erfüllen, nicht eliminieren,
3) die Gebote objektiv, offen und nicht diskriminierend bezüglich keines der Ausschreibungs-/Versteigerungsteilnehmer bewertet werden.

Abschnitt 6. Funkanlagenbetreiberzertifikate

Art. 26. [Betreiberzertifikat]
Die Nutzung von Sende- und/oder Empfangsfunkgeräten zum Flugfunkdienst, See- und Binnenschifffahrtfunkdienst sowie Amateurfunkdienst bedarf eines Funkanlagenbetreiberzertifikats.

Art. 27. [Ausstellungsvoraussetzungen der Zertifikate]
1. Der Präsident RegTuP erteilt das Funkanlagenbetreiberzertifikat aufgrund eines positiven Ergebnisses der Prüfung von Wissen und Können einer sich um das Funkanlagenbetreiberzertifikat bewerbenden Person sowie nach Bestätigung der erforderlichen Praxis durch diese Person.
2. Die Prüfungen der sich um das Funkanlagenbetreiberzertifikat bewerbenden Personen werden vom Präsidenten RegTuP durchgeführt.
3. Für die Durchführung der Prüfung sowie für die Ausstellung des Funkanlagenbetreiberzertifikates sind Gebühren zu erheben. Diese werden von der RegTuP erhoben.
4. Der zuständige Minister in Fernmeldeangelegenheiten bestimmt durch Verordnung im Einvernehmen mit dem zuständigen Transportminister und dem zuständigen Seewirtschaftsminister:
1) die Arten und Musterbeispiele von Funkanlagenbetreiberzertifikaten, Umfang der Prüfungsanforderungen sowie den Umfang, Gang und Dauer erforderlicher Schulungen und Praktika unter Berücksichtigung internationaler Funkkommunikationsvorschriften sowie Vorschriften der europäischen Telekommunikationsorganisationen,
2) den genauen Prüfungsablauf sowie die Höhe der Gebühren für die Prüfungsdurchführung und Zertifikatsausstellung, geleitet von dem Grundsatz, dass sie für die an der Benutzung von Funkanlagen interessierten Personen kein Hindernis darstellen sollten.

Art. 28. [Ausländische Zertifikate]
Personen, die ein geeignetes, vom Präsidenten RegTuP oder vom berechtigten ausländischen Organ ausgestelltes Funkanlagenbetreiberzertifikat besitzen, können in Übereinstimmung mit internationalen Telekommunikationsvorschriften auf dem Gebiet der Republik Polen Sende- und/oder Empfangsfunkgeräte, die im ausländischen Flug-, See- oder Binnenschifffahrtsfunkdienst arbeiten, bedienen.

Abschnitt 7. Gebühren für die Ausstellung oder den Besitz von Berechtigungen

Art. 29. [Erlaubnisgebühren]
1. Für die Ausstellung der Erlaubnis wird eine einmalige Gebühr erhoben. Die Gebühr zählt zu den Einnahmen des Fiskus.
2. Der zuständige Minister in Fernmeldeangelegenheiten bestimmt durch Verordnung im Einvernehmen mit dem zuständigen Finanzminister die Höhe und Zahlungstermine der Erlaubnisgebühren

unter Berücksichtigung des Grundsatzes, dass diese Gebühren die Ausstellungskosten der Erlaubnis nicht übersteigen dürfen.

Art. 30. [Gebühren für die Nummernzuteilung und den Besitz von Erlaubnissen]

1. Ein Subjekt, das ein Nummernnutzungsrecht bei der Nummernzuteilung erhalten hat, zahlt:
1) eine einmalige Nummernzuteilungsgebühr, wenn die Wahl des Subjektes im Wege der Ausschreibung/Versteigerung erfolgte,
2) jährliche Gebühren für das Nummernnutzungsrecht,
- im Falle des Verzugs bei Zahlung dieser Gebühren werden vertragliche Zinsen dazuberechnet.
2. Ein öffentlicher Betreiber, dem kein Nummernnutzungsrecht zusteht, entrichtet die jährlichen Erlaubnisbesitzgebühren; im Falle eines Verzugs bei Zahlung dieser Gebühren werden die vertraglichen Zinsen dazuberechnet.
3. Die in Abs. 1 und Abs. 2 genannten Gebühren werden von der RegTuP erhoben.
4. Der zuständige Minister in Fernmeldeangelegenheiten bestimmt durch Verordnung im Einvernehmen mit dem zuständigen Finanzminister die Höhe, Termine und Art der Gebührenentrichtung nach Abs. 1 und Abs. 2, entsprechend dem Gegenstand und Umfang der durch die Betreiber geführten Telekommunikationstätigkeit, darunter die Besonderheiten der Nutzung der Nummernbestände in der Annahme, dass diese Gebühren durch die Kosten der Regulierung und Kontrolle der betreffenden Telekommunikationstätigkeit begründet werden sollten.

Art. 31. [Frequenzgebühren]

1. Ein Subjekt, das aufgrund der Genehmigung ein Frequenznutzungsrecht oder Frequenzverfügungsrecht aufgrund der Frequenzreservierung erhalten hat, zahlt:
1) eine Gebühr für die Vornahme der Frequenzreservierung, wenn die Wahl des Subjektes aufgrund einer Ausschreibung/Versteigerung erfolgte,
2) jährliche Gebühren für das Frequenznutzungsrecht,
- im Falle des Verzugs bei Zahlung dieser Gebühren werden vertragliche Zinsen dazuberechnet.
2. Die Gebühren gemäß Absatz 1 werden von der RegTuP erhoben.
3. Der zuständige Minister in Fernmeldeangelegenheiten bestimmt durch Verordnung unter Beachtung der Kosten der Frequenzverwaltung:
1) im Einvernehmen mit dem zuständigen Finanzminister, die Höhe, Termine und Art der in Abs. 1 Nr. 1 genannten Gebührenentrichtung,
2) Höhe, Termine und Art der in Abs. 1 Nr. 2 genannten Gebührenentrichtung,
a) und im Einvernehmen mit dem zuständigen Finanzminister, dem Verteidigungsminister sowie dem zuständigen Innenminister, die von den in Art. 4 Abs. 1 Nr. 1 - 3 genannten Organisationsstellen und Organisationseinheiten getragenen Gebühren unter Berücksichtigung der besonderen Frequenznutzung durch diese Einheiten,
b) im Einvernehmen mit dem zuständigen Finanzminister in übrigen Fällen.

Art. 32. [Besondere Verwendung]

1. Die Gebühren nach Art. 25 Abs. 5, Art. 27 Abs. 3 sowie Art. 30 bilden eine Sondereinnahmequelle der RegTuP mit Bestimmung für:
1) die Finanzierung der Durchführung der Funkanlagenbetreiberzertifikatsprüfungen,
2) die Finanzierung der mit der Durchführung der in Art. 24 und 25 genannten Ausschreibungen/Versteigerungen zusammenhängenden Kosten, darunter Kosten für die Vorbereitung der Ausschreibungs-/Versteigerungsunterlagen,
3) den Einkauf der Mess- und Kontrollapparatur,
4) die Finanzierung von Forschungsarbeiten aus dem Bereich der Frequenzverwaltung sowie der elektromagnetischen Kompatibilität,
5) die Prämien für die Mitarbeiter der RegTuP - bis zur Höhe von 20% der auf dem gesonderten Konto der Sondermittel gesammelten Mittel.
2. Der Präsident RegTuP bestimmt unter Vorbehalt des Art. 112 Abs. 5 und 6 die genaue Verfügungsweise der zur Sondereinnahmequelle zählenden Einnahmen.

Art. 33. [Gebührenvollstreckung]
Auf die in Art. 30 und Art. 31 genannten Gebühren wendet man die Vorschriften über Verwaltungsvollstreckungsmaßnahmen bei Vollstreckung von Geldforderungen an.

TEIL III. Erbringen und Zugänglichmachung von Telekommunikationsdiensten
Abschnitt 1. Grundsätze der Telekommunikationsdienstleistungen und des Zugangs zu Telekommunikationsdiensten

Art. 34. [Dienstleistungsvertrag]
1. Die Telekommunikationsdienstleistung wird aufgrund eines Telekommunikationsdienstleistungsvertrages erbracht.
2. Der Betreiber kann den Abschluss des Telekommunikationsdienstleistungsvertrages sowie die Telekommunikationsdienstleistungen nicht abhängig machen von:
1) dem Abschluss eines Vertrages über Durchführung anderer Dienste oder über den Erwerb eines Gerätes vom bestimmten Lieferanten durch den Nutzer,
2) dem Nichtabschluss eines Telekommunikationsdienstvertrages mit einem anderen Betreiber,
3) der Erteilung von anderen als in Art. 69 Abs. 1 und 2 bestimmten Informationen oder Daten.
3. Der Betreiber kann unter dem Vorbehalt des Art. 51 Abs. 3 den Abschluss des Telekommunikationsdienstleistungsvertrages von einer vorherigen Bestätigung der in Art. 69 Abs. 2 genannten Nutzerdaten durch einen offiziellen Betreiber abhängig machen.
3a) Der Betreiber kann aufgrund der Beurteilung der Zahlungsfähigkeit, die auf Grundlage von Informationen, die durch das Büro für Wirtschaftsinformation zur Verfügung gestellt wurden, entsprechend dem im Gesetz vom 14. Februar 2003 über die Zurverfügungstellung von Wirtschaftsinformationen (Dz. U. Nr. 50, Pos. 424) bestimmten Verfahren erstellt wurde oder in dem Fall, der in Art. 15 Abs. 2 dieses Gesetzes genannt ist, einem Nutzer den Vertragsabschluss versagen oder einen solchen Vertrag mit für den Nutzer weniger vorteilhaften Bedingungen abschließen.
4. Die Voraussetzungen des Telekommunikationsdienstleistungsvertrages dürfen dem Nutzer die Inanspruchnahme des Rechts zum Wechsel des Telekommunikationsdienstbetreibers nicht unmöglich machen oder erschweren.
5. Im Falle, dass der Abschluss des Telekommunikationsdienstleistungsvertrages im Zusammenhang mit einer Ermäßigung für den Nutzer vorgenommen wurde, kann der Anspruch unter Vorbehalt des Art. 51 Abs. 7 wegen der einseitigen Vertragskündigung durch den Nutzer vor Ablauf der bestimmten Vertragsdauer den Wert der dem Nutzer gewährten Ermäßigung nicht übersteigen.
6. Im Falle der Telekommunikationsdienstleistung mittels öffentlich zugänglicher Endeinrichtungen sind die Telekommunikationsdienstleistungsbedingungen in einer dem Nutzer zugänglichen Weise öffentlich bekannt zu geben.
7. Der zuständige Minister in Fernmeldeangelegenheiten kann durch Verordnung ausführliche Telekommunikationsdienstleistungsbedingungen bestimmen, darunter Grundsätze ihrer Qualität, geleitet von den Anforderungen europäischer Normungsorganisationen, und im Falle fehlender solcher Anforderungen, von den Anforderungen anderer internationaler Angleichungsorganisationen, deren Mitglied Republik Polen ist.

Art. 35. [Dienstleistungspreise]
1. Die Telekommunikationsdienstleistungspreise werden von den Betreibern festgesetzt, außer dieses Gesetzt schreibt etwas anderes vor.
2. Die Telekommunikationsdienstleistungspreise werden aufgrund von übersichtlichen und objektiven Kriterien festgesetzt, die die Gleichbehandlung von Nutzern gewährleisten.
3. Im Falle der Telekommunikationsdienstleistungspreisänderung ist der Betreiber zur schriftlichen Benachrichtigung des Nutzers über den Änderungsumfang und den Einführungszeitpunkt mindestens eine Abrechnungsperiode im Voraus verpflichtet.

4. Der Betreiber ist auf Verlangen des Präsidenten RegTuP im von diesem bestimmten Termin zur Vorlage der aktuellen Preisliste für Telekommunikationsdienstleistungen, nachfolgend „Preisliste" genannt, verpflichtet.

Art. 36. [Daten über die ausgeführten Dienste]
1. Der Betreiber ist zur Aufzeichnung der Daten über ausgeführte Telekommunikationsdienste in einem solchen Umfang, der die Feststellung der Verbindlichkeiten für diese Dienstleistungen sowie die Überprüfung einer Beschwerde ermöglicht, verpflichtet.
2. Der Betreiber ist dem Nutzer zur Bereitstellung von Rechnungen für die ausgeführten Telekommunikationsdienste in einer Form, die einen direkten Zugang zu den enthaltenen Informationen durch Dritte unmöglich macht, verpflichtet.
3. Der Betreiber hat dem Nutzer in gesetzlich vorgesehenen oder durch einen Telekommunikationsdienstleistungsvertrag begründeten Fällen, bei gerechtfertigten Beschwerden unentgeltlich, eine ausführliche Aufstellung der ausgeführten Telekommunikationsdienste zugänglich zu machen.
4. Der Betreiber muss die in Abs. 1 genannten Daten mindestens 12 Monate, im Falle einer Beschwerde so lange, wie es zur Streitentscheidung notwendig ist, speichern.

Art. 37. [Berichte und Informationen]
1. Betreiber, deren Einnahmen aus Telekommunikationsdienstleistungen im letzten Kalenderjahr den Gegenwert von 2 Millionen EURO überstiegen, sind dem Präsidenten RegTuP bis zum 30. Juni zur Vorlage eines Berichtes über die Telekommunikationstätigkeit des letzten Kalenderjahres, der einen Finanzjahresbericht, Informationen zu den herangezogenen Kostenkalkulationssystemen sowie Daten bezüglich der Art und des Umfangs der Telekommunikationstätigkeit und der Verkaufsgröße der Telekommunikationsdienste beinhaltet, verpflichtet.
2. Betreiber, deren Einnahmen aus Telekommunikationsdienstleistungen im letzten Kalenderjahr dem Gegenwert von 2 Millionen EURO entsprach oder geringer war, sind dem Präsidenten RegTuP bis zum 31. März zur Vorlage einer schriftlichen Information über die Art und den Umfang der Telekommunikationstätigkeit verpflichtet.
3. Den Gegenwert der in Abs. 1 und 2 genannten EURO-Beträge berechnet man in „złote" nach dem Durchschnittskurs der Polnischen Nationalbank für den EURO, der am 1. Januar des vom Bericht oder der Information umfassten Kalenderjahres gilt.

Art. 38. [Zugang zu Diensten]
Die Vorschriften der Art. 34 - 37 werden auf die Zugänglichmachung von Telekommunikationsdiensten sowie auf Subjekte, die diese Dienste zugänglich machen, entsprechend angewendet.

Art. 39. [Dienstleistungen für diplomatische Dienste]
1. Die Betreiber sind zur Realisierung der Beschlüsse der in Wien am 18. April 1961 gefassten Wiener Konvention über diplomatische Beziehungen sowie anderer internationaler Verträge, deren Partei Republik Polen ist, im Rahmen der Sicherstellung der Kommunikationsmittel an die diplomatischen Vertretungen, Konsularbehörden, Sondermissionen sowie Vertretungen von internationalen Organisationen, die ihren Sitz auf dem Tätigkeitsgebiet des Betreibers haben und die aufgrund von Gesetzen, Verträgen oder internationalen Bräuchen Vorrechte und Immunitäten genießen, verpflichtet.
2. Der zuständige Minister in Fernmeldeangelegenheiten bestimmt durch Verordnung im Einvernehmen mit dem zuständigen Außenminister die ausführliche Vorgehensweise bei in Abs. 1 genannten Angelegenheiten unter Berücksichtigung des mit der diplomatischen Tätigkeit verbundenen Aufgabenumfangs.

Art. 40. [Tätigkeiten für die Verteidigung]
1. Die Betreiber sind im Rahmen und mit Bedingungen gemäß dieses Gesetzes oder Sondergesetze zur Ausübung von Aufgaben der Verteidigung, Staatssicherheit sowie öffentlicher Sicherheit und Ordnung verpflichtet.

2. Die in Abs. 1 genannte Pflicht betrifft die Sicherung technischer und organisatorischer Möglichkeiten zur Durchführung von Aufgaben der Staatsanwaltschaft, der Gerichte sowie der dem Verteidigungsminister untergeordneten berechtigten Organisationseinheiten, der dem zuständigen Innenminister, dem zuständigen Finanzminister und dem Präsidenten der Agentur für innere Sicherheit und Nachrichtendienstagentur untergeordneten berechtigten Organisationseinheiten in dem Telekommunikationsnetz des Betreibers, beginnend mit dem Tag der Inbetriebnahme des Netzes, außer der Präsident RegTuP bestimmt auf Antrag eines interessierten Betreibers einen späteren Termin.
3. Der zuständige Minister in Fernmeldeangelegenheiten bestimmt durch Verordnung im Einvernehmen mit dem Verteidigungsminister, Justizminister, dem zuständigen Innenminister, dem zuständigen Finanzminister und nach Einholung der Meinung des Präsidenten der Agentur für innere Sicherheit und Nachrichtendienstagentur:
1) Fälle, in denen ein Subjekt eine in Abs. 2 genannte Aufschiebung beantragen kann, die Bedingungen, die zur Erteilung einer Aufschiebung erfüllt sein müssen sowie die maximale Dauer der Aufschiebungen, unter Berücksichtigung der Art und des Umfangs der von dem Subjekt ausgeführten Telekommunikationstätigkeit,
2) ausführliche Anforderungen und Art der in Abs. 1 und 2 genannten Pflichtenerfüllung unter Ausschluss der in Art. 242 Strafprozessgesetzbuch geregelten Angelegenheiten und geleitet von dem Prinzip der Zielerreichung mit geringsten Auflagen.

Art. 41. [Schutz des Zugangs zu Diensten]
1. Der Eigentümer oder vererbbarer Nutznießer einer Immobilie darf den Personen, die einen Rechtstitel zur Nutzung der Immobilie oder eines Teiles besitzen, die Inanspruchnahme von Telekommunikationsdiensten, die den Nutzern von öffentlichen Betreibern angeboten werden, nicht unmöglich machen oder erschweren.
2. Die Vorschrift des Abs. 1 wird bei Benutzung, Miete, Pacht oder Dauerverwaltung entsprechend angewendet.

Art. 42. [Zuschaltung von Endeinrichtungen]
1. Der Nutzer darf Endeinrichtungen an zugängliche Abschlusspunkte des öffentlichen Netzes auf rechtmäßige Weise anschließen, die die grundlegenden Anforderungen des Art. 88 Abs. 2 Nr. 2 erfüllen.
2. Handlungen, die das Anbieten oder die Nutzung von Telekommunikationsdienstleistungen unmöglich machen oder erschweren sind verboten, insbesondere:
1) der Anschluss von Telekommunikationsgeräten an das öffentliche Netz, die die in Art. 88 Abs. 2 Nr. 2 genannten grundlegenden Anforderungen nicht erfüllen oder von Geräten, die zum Anschluss an das öffentliche Netz nicht vorgesehen sind, auch wenn sie die grundlegenden Anforderungen nach Art. 88 Abs. 2 Nr. 2 erfüllen,
2) der Anschluss von Telekommunikationsgeräten an das öffentliche Netz an Punkten, die keine Abschlusspunkte sind, mit Ausnahme von Handlungen, die vom Betreiber im Rahmen der Nutzung dieses Netzes oder aufgrund von Art. 62 oder Art. 77 Abs. 3 erfolgen,
3) Arbeitsstörungen von Telekommunikationsnetzen.

Art. 43. [Nummernmitnahme und Betreiberwechsel]
1. Der Teilnehmer des öffentlichen Telefonnetzes kann die Änderung der zugeteilten Nummer verlangen, wenn er beweist, dass die Nutzung der zugeteilten Nummer erschwerlich ist.
2. Der Teilnehmer des öffentlichen Telefonnetzes kann den Erhalt der zugeteilten Nummer im Falle des Wechsels des Wohnsitzes, des Tätigkeitssitzes oder -ortes, zumindest im Netznummernbereich desselben Betreibers, verlangen.
3. Der Teilnehmer eines Telefonnetzes kann einen öffentlichen Betreiber, der internationale Telefondienste, im Falle des Festnetzes auch Ferngespräche, anbietet, wählen. Wegen des Wechsels des öffentlichen Betreibers, der Fern- oder internationale Gespräche anbietet, durch den Teilnehmer, entsteht kein Anspruch gegen den Teilnehmer.

4. Der zuständige Minister in Fernmeldeangelegenheiten bestimmt durch Verordnung unter Beachtung des Zugangs zu Telekommunikationsdiensten, der technischen Möglichkeiten der öffentlichen Telefonnetze sowie der vorliegenden Nummernbestände die genauen Voraussetzungen der Inanspruchnahme der in Abs. 1-3 genannten Berechtigungen durch den Teilnehmer.

Art. 44. [Bedingungen der Berechtigungsdurchführung]
1. Ein Telefondienstbetreiber ist zur Sicherung der technischen Möglichkeiten zur Verwirklichung der in Art. 43 genannten Teilnehmerberechtigungen, im Falle, dass solche Möglichkeiten bestehen, zur Sicherung des Genusses dieser Berechtigungen verpflichtet.
2. Der Präsident RegTuP kann auf Antrag des Telefondienstbetreibers unter Bestimmung eines Zeitplanes für die Anpassung des Netzes zur Verwirklichung der vom Antrag umfassten Berechtigung durch Bescheid die Verwirklichung aussetzen oder den Verwirklichungsumfang einer in Art. 43 genannten bestimmten Berechtigung auf bestimmte Zeit beschränken, wenn technische Möglichkeiten des Netzes des Antragstellers die Verwirklichung der Berechtigung ganz oder teilweise nicht erlauben.

Art. 45. [Verbindungen mit Notfallnummern]
1. Ein öffentlicher Telefondienstanbieter ist zur Sicherung der unentgeltlichen Verbindungen zu Notfallnummern durch seine Teilnehmer verpflichtet.
2. Der Betreiber ist zur Weiterleitung der mit Hilfe der Notfallnummer initiierten Verbindungen an die räumlich zuständige Diensteinheit, der diese Nummer zugeteilt wurde, verpflichtet.

Art. 46. [Netzzugangsdienstleistungen]
1. Auf Verträge über Telekommunikationsdienstleistungen, die auf der Zugänglichmachung öffentlicher Netze für Nutzer zur gewinnorientierten Erlangung, Wiedergabe, Verarbeitung, Speicherung, Nutzung oder Zurverfügungstellung von Informationen, nachfolgend „Netzzugangsdienste" genannt, basieren, wendet man die Vorschriften der Art. 79, Art. 81 Nr. 4 sowie Art. 83 - 85 entsprechend an.
2. Im Vertrag über Netzzugangsdienste bestimmt man insbesondere die technischen Voraussetzungen des Anschlusses von Teilnehmerendeinrichtungen sowie die Grundsätze der Abrechnungen zwischen dem Betreiber und dem Nutzer.
3. Der Betreiber ist gegenüber den Nutzern, die den Abschluss der in Abs. 1 genannten Verträge verlangen, zur Bereitstellung von zum Vertragsschluss über Telekommunikationsdienstleistungen unabdingbaren Daten sowie zum Angebot von keinen schlechteren Telekommunikationsdienstleistungsbedingungen für die übrigen Vertragsseiten, als die selbst im Rahmen des eigenen Betriebes oder im Verhältnis zu abhängigen Subjekten im Sinne des Gesetzes vom 21. August 1997 – Recht des öffentlichen Wertpapierhandels (Dz. U. Nr. 118, Pos. 754 und Nr. 141, Pos. 945, 1998 Nr. 107, Pos. 669 und Nr. 113, Pos. 715 sowie 2000 Nr. 22, Pos. 270) angewendeten, verpflichtet.

Art. 47. [Dienstleistungen im internen Netz]
Die Vorschriften über Telekommunikationsdienstleistungen wendet man bei in internen Netzen geführter Tätigkeit nicht an.

Art. 48. [Bestätigung der Telegrammaufgabe]
Die Bestätigung der Telegrammaufgabe, ausgestellt von einer Organisationseinheit des nationalen Betriebes öffentlicher Nutzung „Polnische Post", hat die Kraft einer öffentlichen Urkunde.

Abschnitt 2. Universaldienste

Art. 49. [Umfang der Universaldienstleistungen]
1. Telefondienste unter Einschluss der Netzzugangsdienste, Faxdienste sowie Datenübertragungsdienste im Sprachband anhand von Modems, die von öffentlichen Betreibern in Telefonfestnetzen angeboten werden als auch Zusatzdienste beruhend auf:

1) der Informationserteilung der Teilnehmernummern, nachfolgend „Nummernauskunft" genannt,
2) Erleichterungen für behinderte Personen,
3) der Zustellung einer detaillierten Aufstellung der ausgeführten Telekommunikationsdienste auf schriftlichen Antrag des Teilnehmers,
- nachfolgend „Universaldienste" genannt, sollten jedem Nutzer bei Beibehaltung der vorausgesetzten Qualität und zu einem erschwinglichen Preis auf dem gesamten Landesgebiet zugänglich sein.
2. Der zuständige Minister in Fernmeldeangelegenheiten bestimmt durch Verordnung die ausführlichen Voraussetzungen der Universaldienstleistungen, darunter Voraussetzungen bezüglich ihrer Qualität und Zugänglichkeit als auch die Zahl der öffentlich zugänglichen, behindertengerechten Telefone, bei denen die Verbindung automatisch gezahlt ist, insbesondere mit Hilfe von Geldstücken, Jetons, Telefonkarten oder Zahlungskarten, nachfolgend „öffentliche Einrichtung" genannt.

Art. 50. [Allgemeine Geschäftsbedingungen]
1. Der Betreiber von Universaldienstleistungen ist zur Bestimmung des Umfangs und der Voraussetzungen dieser in allgemeinen Geschäftsbedingungen, die öffentlich bekannt gemacht und unentgeltlich jedem Teilnehmer zusammen mit dem Universaldienstvertrag oder auf sein Verlangen zugeleitet werden, verpflichtet.
2. Die allgemeinen Universaldienstgeschäftsbedingungen sollten ausführlich:
1) die Arten der Telekommunikationsdienstleistungen sowie der Zusatzdienste und -leistungen,
2) die Voraussetzungen der Ausführung der Telekommunikationsdienste und technische Anforderungen an die Netzabschlusspunkte,
3) die Voraussetzungen des Abschlusses und der Auflösung von Telekommunikationsdienstleistungsverträgen,
4) die spätesten Anfangstermine der vom Vertrag umfassten Telekommunikationsdienstleistungen,
5) den Verfahrensgang bei Beschwerden, regeln.
3. Der Betreiber ist zur Universaldienstleistung gemäß den im Abs. 1 genannten allgemeinen Geschäftsbedingungen verpflichtet.

Art. 51. [Vertragsschluss]
1. Der Universaldienstbetreiber kann den Vertragsschluss über diese Dienste nicht versagen, wenn der Nutzer die sich aus den allgemeinen Geschäftsbedingungen für Telekommunikationsdienste ergebenden Voraussetzungen erfüllt.
2. Der Universaldienstvertrag sollte innerhalb von 30 Tagen nach Antrag auf seinen Abschluss geschlossen werden und insbesondere die Zeit für den Dienstleistungsbeginn bestimmen.
3. Auf Universaldienstverträge wird die Vorschrift des Art. 34 Abs. 3 nicht angewendet.
4. Wegen der durch den Betreiber verschuldeten Nichteinhaltung:
1) des Vertragsabschlusstermins über Universaldienste oder
2) des im mit dem Nutzer geschlossenen Universaldienstvertrag bestimmten Zeitpunktes des Dienstleistungsbeginns für diesen Nutzer, der keinen Zugang zu Universaldiensten aufgrund eines anderen Universaldienstvertrages hat,
- steht dem Nutzer für jeden Tag der Terminverzögerung eine Entschädigung vom Betreiber in Höhe von 1/30 der im Vertrag bestimmten, vom Betreiber bei zeitweise zu zahlenden Universaldiensten angewendeten monatlichen Teilnehmergebühr zu.
5. Auf das Beschwerdeverfahren wegen Nichteinhaltung der in Abs. 4 genannten Termine wendet man die Vorschriften der Art. 74 und 75 entsprechend an.
6. Zur Verpflichtungsübernahme aus dem Dienstleistungsvertrag durch einen anderen Universaldienste leistenden Betreiber wird außer beim Verfahren nach Art. 54 eine Zustimmung des Teilnehmers verlangt.
7. Dem Betreiber steht wegen der vorzeitigen Kündigung des Universaldienstvertrages durch den Teilnehmer kein Entschädigungsanspruch gegen den Teilnehmer zu.

Art. 52. [Dienste für Behinderte]

1. Die Betreiber, die Universaldienste leisten, sind gegenüber behinderten Personen zur Sicherstellung des Zugangs zu ihren Universaldiensten durch die Bereitstellung von behindertengerechten öffentlichen Einrichtungen sowie durch das Angebot von behindertengerechten Endeinrichtungen verpflichtet, wenn die Nutzung eines solchen Gerätes zur Gewährleistung des Zugangs zu Universaldiensten unabdingbar ist.
2. Der zuständige Minister in Fernmeldeangelegenheiten kann durch Verordnung im Einvernehmen mit dem zuständigen Gesundheitsminister und dem zuständigen Sozialminister den genauen Umfang der Verwirklichung der Pflichten aus Abs. 1, unter Beachtung der Eigenart der Bedürfnisse von Personen mit unterschiedlichen Arten von Behinderungen, bestimmen.

Art. 53. [Unterbrechung oder Einstellung der Dienste]

1. Ein Universaldienstbetreiber kann die Leistung der Universaldienste unterbrechen oder im beträchtlichen Maße beschränken oder die Voraussetzungen der Universaldienste ändern, wenn begründete Umstände die Erfüllung von grundlegenden Anforderungen unmöglich machen bezüglich der:
1) Aufrechterhaltung der Kontinuität der Telekommunikationsdienstleistungen im Falle einer Störung des Telekommunikationsnetzes oder in besonderen Gefährdungssituationen,
2) Aufrechterhaltung der Netzintegrität,
3) Interoperabilität des Netzes,
4) Aufrechterhaltung des Fernmeldegeheimnisses oder des Datenschutzes im Netz,
5) effektiven Nutzung der Frequenzspektren und Erfüllung der Anforderungen bezüglich der elektromagnetischen Kompatibilität.
2. In den in Abs. 1 genannten Fällen steht den Teilnehmern des Netzbetreibers ein Beschwerderecht in diesen Angelegenheiten an den Präsidenten RegTuP zu, der die Beschwerde innerhalb einer Woche ab dem Eingangstag prüft.
3. Der Universaldienstbetreiber kann:
1) die Telekommunikationsdienstleistungen, die in erster Linie keine Universaldienste sind, unter Aufrechterhaltung der Dienste, die den Teilnehmer nicht mehr verschulden, darunter die Weiterleitung der Verbindung an den Teilnehmer oder unentgeltliche Verbindungen, wenn der Teilnehmer weiterhin im Zahlungsverzug für die ausgeführten Telekommunikationsdienste länger als 45 Tage verbleibt, beschränken,
2) die Telekommunikationsdienstleistungen beschränken oder unterbrechen, wenn der Teilnehmer unentwegt die Voraussetzungen der Allgemeinen Geschäftsbedingungen oder des Telekommunikationsdienstleistungsvertrages verletzt oder Handlungen unternimmt, die die Leistung oder Nutzung der Telekommunikationsdienste erschwert oder unmöglich macht.
4. Der Universaldienstbetreiber kann den Vertrag mit einem Teilnehmer, dem er die Leistung der Telekommunikationsdienste beschränkt oder unterbrochen hat, einseitig aufheben, nach einem vorherigen Aufruf des Teilnehmers zur:
1) Zahlung der Verbindlichkeit in einem Termin von mindestens 15 Tagen, im Falle des Zahlungsverzugs für Telekommunikationsdienste,
2) Beseitigung der Gründe der Einstellung oder Beschränkung der Dienstleistungen in den im Abs. 3 Nr. 2 genannten Fällen.

Art. 54. [Betreiberwechsel]

1. Der Betreiber kann die Leistung der Universaldienste so lange nicht aussetzen, bis sie ein anderer Betreiber übernommen hat.
2. Ein Universaldienstbetreiber, der die Einstellung dieser Dienste plant, ist verpflichtet, die Teilnehmer seines Netzes, nachfolgend „Teilnehmer des zu übernehmenden Netzes" genannt, sowie den Präsidenten RegTuP schriftlich über seine Absicht, sowie über Handlungen, die zur Kontinuität der Universaldienste führen, zu informieren. Der Betreiber hat das Recht, den öffentlichen Betreiber, der die Universaldienste übernimmt, zu empfehlen.
3. Der Präsident RegTuP erteilt die Erlaubnis oder erweitert entsprechend den Umfang der Erlaubnis auf Universaldienstleistungen an die Teilnehmer des zu übernehmenden Netzes für den Betreiber,

der die Universaldienste einzustellen beabsichtigt, an den empfohlenen Betreiber, wenn der genannte öffentliche Betreiber den entsprechenden Antrag stellt und die gesetzlichen Anforderungen erfüllt.
4. Im Falle, dass die Übernahme der Leistung der Universaldienste an die Teilnehmer des zu übernehmenden Netzes aufgrund der Vorschrift des Abs. 3 nicht möglich ist, erteilt oder erweitert der Präsident RegTuP entsprechend die Erlaubnis zur Universaldienstleistung an die Teilnehmer des zu übernehmenden Netzes für den öffentlichen Betreiber oder die öffentlichen Betreiber, die entsprechende Anträge stellen sowie die gesetzlichen Anforderungen erfüllen, nach einer Befragung der beantragenden Betreiber.
5. Im Falle, dass die Übernahme der Leistung der Universaldienste an die Teilnehmer des zu übernehmenden Netzes aufgrund der Vorschriften des Abs. 3 oder 4 nicht möglich ist, erlässt der Präsident RegTuP einen Bescheid, der den öffentlichen Betreiber mit dem größten Marktanteil auf dem von dem Bescheid umfassten Gebiet dieser Dienstleistungen zur Universaldienstsleistung an die Teilnehmer des zu übernehmenden Netzes verpflichtet.

Art. 55. [Teilnehmerverzeichnis]

Ein Universaldienstbetreiber ist nicht seltener als alle 2 Jahre zur Zustellung eines aktuellen Teilnehmerverzeichnisses aus dem Vorwahlbereich, in dem sich der Netzabschlusspunkt des Teilnehmers befindet, zu einem die Kosten berücksichtigenden Preis, verpflichtet.

Art. 56. [Nummernauskunft]

1. Ein Betreiber des öffentlichen Telefonnetzes ist dem Betreiber eines anderen öffentlichen Telefonnetzes auf seinen Antrag und auf Grundsätzen, die keinen von beiden diskriminieren, zur Gewährung von Daten, die zur Nummernauskunft auf dem von der Dienstleistungstätigkeit des Antragstellers umfassten Gebiet unabdingbar sind, verpflichtet. Die Gewährung der Daten erfolgt aufgrund eines Vertrages, auf den die Vorschriften der Art. 83 - 85 entsprechend angewendet werden.
2. Der Betreiber eines öffentlichen Telefonfestnetzes mit dem größten Anteil auf dem Markt der Universaldienste auf dem Gebiet der Republik Polen ist allen Nutzern der öffentlichen Telefonnetze, einschließlich der Nutzer der öffentlichen Einrichtungen zur Nummernauskunft, die alle Teilnehmer dieser Netze umfasst, verpflichtet.
3. Der Präsident RegTuP bestimmt durch Bescheid den in Abs. 2 genannten Betreiber und die genauen Anforderungen der Nummernauskunft.
4. Auf die Nummernauskunftsdienstleistungen sowie auf die Errichtung des Teilnehmerverzeichnisses und der damit verbundenen Gewährung von Daten wendet man die Vorschriften der Art. 69 und 70 an.

Abschnitt 3. Subjekte mit beherrschender und beträchtlicher Marktstellung

Art. 57. [Marktstellung der Betreiber]

1. Im Umfang nach Abs. 4 bestimmt der Präsident RegTuP im Einvernehmen mit dem Präsidenten der Verbraucher- und Wettbewerbsschutzbehörde durch Bescheid, dass auf dem im Bescheid ausgewiesenen Gebiet ein öffentlicher Betreiber:
1) der eine marktbeherrschende Stellung im Sinne des Gesetzes über Gegenmaßnahmen zu monopolistischen Praktiken und zum Schutz der Verbraucherinteressen, auf dem Markt der Leistung bestimmter Telekommunikationsdienste auf diesem Gebiet, besitzt,
2) ein Betreiber mit einer beträchtlichen Marktstellung auf dem Gebiet der Leistung bestimmter Telekommunikationsdienste ist, wenn der Anteil des Betreibers auf dem Markt des bestimmten Dienstes auf diesem Gebiet gleich oder größer als 25% ist, unter Vorbehalt des Abs. 3.
2. Im Umfang nach Abs. 4 kann der Präsident RegTuP im Einvernehmen mit dem Präsidenten der Verbraucher- und Wettbewerbsschutzbehörde durch Bescheid bestimmen, dass auf dem im Bescheid ausgewiesenen Gebiet ein öffentlicher Betreiber mit einem kleineren Anteil als 25% auf dem Markt der Leistung des bestimmten Telekommunikationsdienstes, ein Betreiber mit einer beträchtlichen Marktstellung im Umfang der Leistung dieses Telekommunikationsdienstes ist, wenn man insgesamt die:

1) Fähigkeit des Betreibers auf das Funktionieren des Marktes einzuwirken,
2) Einnahmen des Betreibers in Bezug zur Größe des Marktes,
3) Zugangsmöglichkeiten des Betreibers zu den Endnutzern,
4) Dienstleistungserfahrung des Betreibers auf dem Telekommunikationsmarkt
in Betracht zieht.

3. Der Präsident RegTuP kann im Einvernehmen mit dem Präsidenten der Verbraucher- und Wettbewerbsschutzbehörde durch Bescheid bestimmen, dass auf dem im Bescheid ausgewiesenen Gebiet ein öffentlicher Betreiber, der die Voraussetzungen nach Abs. 1 Nr. 2 erfüllt, kein Betreiber mit beträchtlicher Marktstellung im Umfang der bestimmten Telekommunikationsdienstleistung unter zusammenfassender Beachtung der in Abs. 2 genannten Faktoren ist.

4. Der Präsident RegTuP trifft die in Abs. 1-3 genannten Bescheide im Rahmen der Leistung:
1) der Universaldienste,
2) der Miete von Telekommunikationsleitungen,
3) des Telefondienstes, der in öffentlichen mobilen Telefonnetzen geleistet wird,
4) die auf dem nationalen Markt der Interbetreiberverbindungen geleistet wird.

5. Der Präsident RegTuP erstellt Verzeichnisse der Betreiber, die eine beherrschende oder eine beträchtliche Marktstellung besitzen und veröffentlicht sie mindestens ein Mal im Jahr im Bulletin RegTuP.

6. Der Präsident RegTuP hebt im Einvernehmen mit dem Präsidenten der Verbraucher- und Wettbewerbsschutzbehörde den in Abs. 1-3 genannten Bescheid von Amts wegen oder auf Antrag eines Betreibers auf, wenn der Betreiber die Voraussetzungen, die den Erlass eines solchen Bescheides begründen, nicht erfüllt.

7. Gegen die in Abs. 1-3 sowie Abs. 6 genannten Beschlüsse des Präsidenten der Verbraucher- und Wettbewerbsschutzbehörde besteht ein Einspruchsrecht zum Bezirksgericht - Antimonopolgericht - in Warschau.

8. Die Vorschriften bezüglich der Betreiber mit einer beträchtlichen Marktstellung wendet man auf einen Betreiber mit marktbeherrschender Stellung entsprechend an.

9. Der zuständige Minister in Fernmeldeangelegenheiten bestimmt durch Verordnung die ausführlichen Voraussetzungen zur Bestimmung des Anteils des Betreibers auf dem Markt der bestimmten Telekommunikationsdienstleistung sowie die Art der Bestimmung dieses Anteils unter Beachtung des Gegenstandes und der Eigenheit der Leistung jedes der in Abs. 4 genannten Dienstes.

Art. 58. [Kontrolle der Musterverträge und Allgemeiner Geschäftsbedingungen]

1. Ein Betreiber, der eine marktbeherrschende Stellung auf dem Gebiet der Universaldienste besitzt, hat dem Präsidenten RegTuP vorzulegen:
1) die Musterverträge über Universaldienste oder ihre Änderung,
2) den Entwurf der Allgemeinen Geschäftsbedingungen oder ihre Änderungen mindestens 3 Monate vor dem geplanten Inkrafttreten.

2. Der Präsident RegTuP kann durch Bescheid innerhalb von 30 Tagen ab dem Tag der Vorlage des Mustervertrages oder dessen Änderung oder des Entwurfs der Allgemeinen Geschäftsbedingungen oder deren Änderung einen Einspruch gegen ihre Bestimmungen einlegen, wenn sie gegen Rechtsvorschriften verstoßen oder Nutzerrechte verletzen.

3. Die Allgemeinen Geschäftsbedingungen oder ihre vom Einspruch des Präsidenten RegTuP umfassten Änderungen treten nicht in Kraft.

4. Der Mustervertrag oder seine Änderung, die im ganzen oder teilweise vom Einspruch des Präsidenten RegTuP umfasst sind, können nicht verwendet werden.

5. Ein Betreiber, der auf dem Gebiet der Universaldienste eine marktbeherrschende Stellung besitzt ist zum Abschluss von Verträgen über Dienste unter Bedingungen, die für die andere Seite nicht schlechter sind als die in den Musterverträgen bestimmten, vom Einspruch des Präsidenten RegTuP nicht umfassten, verpflichtet.

Art. 59. [Universaldienstleistungspreise]

1. Die Universaldienstleistungspreise der Betreiber mit einer beträchtlichen Marktstellung sollten die Kosten ihrer Ausführung berücksichtigen und von der Art der Dienstleistungsausführung unabhängig sein, wenn der Nutzer keine Zusatzleistungen verlangt.

2. Die Betreiber mit marktbeherrschender Stellung auf dem Gebiet der Universaldienste oder dem Gebiet der Miete von Telekommunikationsleitungen sind zu einer getrennten Kostenkalkulation verpflichtet für:

1) jeden Dienst, bei dem sie eine marktbeherrschende Stellung besitzen,

2) die Abrechnungen aus mit anderen Betreibern geschlossenen Verträgen über Netzzusammenschaltung.

3. Der zuständige Finanzminister bestimmt durch Verordnung im Einvernehmen mit dem zuständigen Minister in Fernmeldeangelegenheiten die Arten der Kostenkalkulation, die von den in Abs. 2 genannten Betreibern verwendet werden können, sowie die Zeitpunkte ihrer Einführung unter Grundsatzannahme, dass die Arten der Kostenkalkulation vergleichbar sein sollten als auch die Aufteilung der Betreiberkosten für jeden Dienst, bei dem er eine marktbeherrschende Stellung besitzt, von den Kosten, die keinem bestimmten Dienst sowie anderen Telekommunikationsdienstleistungen zugeschrieben werden können, ermöglichen sollten.

Art. 60. [Kontrolle der Preislisten]

1. Ein Betreiber mit einer beträchtlichen Stellung auf dem Universaldienstmarkt ist dem Präsidenten RegTuP zur Vorlage des Entwurfs der Preisliste für Universaldienste oder ihre Änderung mit Begründung mindestens 30 Tage vor dem geplanten Einführungstermin für die Preisliste oder ihre Änderung, verpflichtet.

2. Der Präsident RegTuP kann durch Bescheid innerhalb von 14 Tagen ab dem Vorlagetag des Preislistenentwurfs einen Einspruch gegen den Preislistenentwurf oder seine Änderung erklären, wenn der Entwurf oder seine Änderungen mit den Vorschriften dieses Gesetzes nicht vereinbar sind.

3. Die Preisliste oder ihre Änderungen, die vom Einspruch des Präsidenten RegTuP umfasst sind, treten nicht in Kraft.

4. Preislisten oder ihre Änderungen sind auf Kosten des Betreibers im Bulletin RegTuP zu veröffentlichen.

5. Die Vorschriften der Abs. 1-3 berühren nicht die Vorschriften des Gesetzes über Gegenmaßnahmen zu monopolistischen Praktiken und zum Schutz der Verbraucherinteressen.

Art. 61. [Leitungsmiete]

1. Die Betreiber mit einer beträchtlichen Stellung auf dem Markt der Miete von Telekommunikationsleitungen sind zu dieser Leistung unter Einhaltung der entsprechenden Qualität, der in Art. 53 Abs. 1 bestimmten Anforderungen sowie in einer jedem Nutzer zugänglichen Weise auf dem in dem in Art. 57 Abs. 1-3 genannten Beschluss ausgewiesenen Bereich, verpflichtet.

2. Der Betreiber, der Mietdienste von Telekommunikationsleitungen leistet kann wegen Nichterfüllung der technischen Anforderungen durch Endeinrichtungen des Nutzers die Dienstleistung nicht verweigern, wenn diese Geräte die in Art. 88 Abs. 2 Nr. 2 genannten Grundanforderungen erfüllen.

3. Die Beendigung von Mietdiensten von Telekommunikationsleitungen bedarf einer vorherigen Befragung der interessierten Nutzer.

4. Im Falle, dass ein in Abs. 1 genannter Betreiber einen Vertragsschluss über diesen Dienst versagt, die Dienstleistung beendet oder die Anzahl der gemieteten Telekommunikationsleitungen aufgrund von Nichtbeachtung der Mietbedingungen durch den Nutzer verringert, kann der Nutzer beim Präsidenten RegTuP einen Antrag auf Streitentscheid stellen. Der Präsident RegTuP erlässt nach Durchführung des Verwaltungsverfahrens einen Bescheid, der den Umfang der Dienstleistungspflicht bestimmt.

5. Der Preis für die Miete von Telekommunikationsleitungen sollte von der Nutzungsart durch den Nutzer unabhängig sein und ausschließlich:

1) die Telekommunikationsleitungen, die sich zwischen den Netzpunkten befinden, zu denen der Nutzer Zugang hat,

2) die Verbindlichkeiten für die Zusammenstellung der Leitungen sowie periodische Verbindlichkeiten für ihre Miete, betreffen.

6. Die Preise für Mietdienste von Telekommunikationsleitungen durch Betreiber mit einer beträchtlichen Marktstellung sollten die Kosten ihrer Leistung berücksichtigen und von der Dienstleistungsausführungsart unabhängig sein, wenn der Nutzer keine Zusatzleistungen verlangt. Auf die Preisliste für Mietdienste von Telekommunikationsleitungen wendet man Art. 60 entsprechend an.

7. Betreiber mit einer marktbeherrschenden Stellung auf dem Markt der Mietdienste von Telekommunikationsleitungen sind zur Ausarbeitung eines Angebots, das die Rahmenbedingungen von Verträgen über Mietdienste von Telekommunikationsleitungen bestimmt, verpflichtet. Auf dieses Angebot wendet man die Vorschriften der Art. 79 sowie Art. 81 Nr. 4 entsprechend an.

8. Der zuständige Minister in Fernmeldeangelegenheiten bestimmt durch Verordnung eine minimale Zusammenstellung der Zusammenschaltungsarten, die im Rahmen der Miete von Telekommunikationsleitungen angeboten werden sollten samt den entsprechenden technischen und nutzungsbedingten Anforderungen als auch einen Mindestumfang des in Abs. 7 genannten Angebots, geleitet vom Ziel der Schaffung von Umständen zur effektiven Dienstleistung.

Art. 62. [Netzzugang]

Ein Betreiber, der auf dem Markt der Universaldienste oder der Miete von Telekommunikationsleitungen eine marktbeherrschende Stellung besitzt, ist einem anderen Betreiber zur Sicherung des Zugangs zu seinem Netz an jedem technisch begründeten Netzpunkt, der keinen Netzabschlusspunkt bildet, verpflichtet, außer es existieren andere, aus dem technischen und ökonomischen Gesichtspunkt alternative Möglichkeiten der Ausführung des Zugangs oder die Erfüllung des Verlangens ist mit unverhältnismäßig hohen Kosten verbunden. Auf die Sicherung des Zugangs wendet man Art. 78 - 85 entsprechend an.

Art. 63. [Strukturelle Separierung]

Subjekte mit marktbeherrschender Stellung im Sinne der Vorschriften des Gesetzes über Gegenmaßnahmen zu monopolistischen Praktiken und zum Schutz von Verbraucherinteressen auf anderen Märkten als dem Telekommunikationsmarkt sind zur Führung der Telekommunikationstätigkeit durch ein gesondertes Subjekt verpflichtet.

Abschnitt 3. Situationen besonderer Gefahren

Art. 64. [Handlungspläne]

1. Die Betreiber sind bei Planung, Bau, Erweiterung, Nutzung oder Verbindung von Telekommunikationsnetzen verpflichtet, die Möglichkeiten des Eintritts von Situationen besonderer Gefahren zu berücksichtigen, insbesondere die Einführung des Kriegszustandes, des Ausnahmezustandes oder des Katastrophenzustandes.

2. Die öffentlichen Betreiber sind zum Besitz eines aktuellen Handlungsplanes in Situationen besonderer Gefahren verpflichtet, insbesondere bezüglich:

1) der Zusammenarbeit der Betreiber mit Koordinationsstellen für Rettungshandlungen, gesetzlich vorgesehenen Einheiten zur Hilfeleistung sowie Streitkräften,

2) der Sicherungsmaßnahmen vor den Gefahrauswirkungen für Telekommunikationsnetze und Telekommunikationsgeräte,

3) der Sicherung der Kontinuität der Telekommunikationsdienstleistungen, vor allem für Rettungsdienste,

4) der Ausführungsart der gesetzlich vorgegebenen Sachleistungen durch Betreiber der Telekommunikationsnetze und Personen, die Telekommunikationsgeräte nutzen,

5) der Aufstellung und Ansammlung von Reserven.

3. Der zuständige Minister in Fernmeldeangelegenheiten bestimmt durch Verordnung unter Beachtung des Umfangs der durch die Betreiber ausgeübten Telekommunikationstätigkeit als auch der in Abs. 2 bestimmten Anforderungen die ausführliche Vorgehensweise bei der in Abs. 2 genannten Planerstellung sowie seiner Aktualisierung.

Art. 65. [Ausführung der Pläne]

1. In einer Situation besonderer Gefahr unternehmen die öffentlichen Betreiber unverzüglich die im Plan nach Art. 64 Abs. 2 bestimmten Handlungen unter Aufrechterhaltung oder Wiederherstellung von Telekommunikationsdienstleistungen in erster Linie für Dienste zur Rettung menschlichen Lebens und dann für Staatsverwaltungs- oder Selbstverwaltungsorgane, Polizei, Streitkräfte, Zivilschutz, Gefängnisdienst sowie die übrigen Nutzer, sowohl die des eigenen Netzes als auch die der Telekommunikationsnetze anderer Betreiber, insbesondere durch unentgeltliche Leihe von Telekommunikationsgeräten für die Zeit der Rettungsaktion im Rahmen der Möglichkeiten.
2. Die Vorschriften des Abs. 1 wendet man auf Personen, die Sende- und/oder Empfangsfunkgeräte, die in Funkkommunikationsdiensten genutzt werden, verwenden, entsprechend an.
3. Die Vorschriften des Abs. 1 wendet man während internationalen Rettungsmaßnahmen oder Katastrophenbeseitigungsmaßnahmen zumindest im von Verträgen, deren Partei Republik Polen ist, bestimmten Umfang entsprechend an.

Art. 66. [Einem Bescheid unterliegende Verpflichtungen]

1. Im Falle der Einführung des Kriegszustandes, des Ausnahmezustandes oder des Katastrophenzustandes kann der zuständige Minister in Fernmeldeangelegenheiten durch Bescheid:
1) den öffentlichen Betreibern bestimmte Verpflichtungen bezüglich der Aufrechterhaltung der Kontinuität der Telekommunikationsdienstleistungen auferlegen,
2) die Notfallnummern für bestimmte Dienste oder Subjekte bestimmen,
3) den öffentlichen Zugang zu manchen Telekommunikationsdiensten beschränken,
4) den Nutzungsumfang der Telekommunikationsnetze oder der Sende- und/oder Empfangsfunkgeräte unter Ausschluss der von Stellen und Einheiten nach Art. 4 Abs. 1 genutzten Funkanlagen, beschränken,
5) im bestimmten Umfang eine unentgeltliche Leistung von Telekommunikationsdiensten aus öffentlichen Einrichtungen auferlegen.
2. Die aufgrund von Abs.1 ergangenen Bescheide verlieren ihre Rechtskraft am Tage der Aufhebung des Kriegszustandes, des Ausnahmezustandes oder des Katastrophenzustandes.

Abschnitt 5. Fernmeldegeheimnis und Datenverarbeitung in der Telekommunikation

Art. 67. [Fernmeldegeheimnis]

1. Das Geheimnis des Kommunizierens in der Telekommunikation, nachfolgend „Fernmeldegeheimnis“ genannt, umfasst die in Telekommunikationsnetzen übermittelten Informationen, Daten bezüglich der Nutzer sowie Daten bezüglich der Tatsache, der Umstände und der Art der Verbindung, der Verbindungsversuche zwischen bestimmten Netzabschlusspunkten als auch der Identifizierung oder Lokalisierung der Netzabschlusspunkte, zwischen denen eine Verbindung hergestellt wurde.
2. Alle Personen, die wegen der Telekommunikationstätigkeit Zugang zu den in Abs. 1 genannten Informationen und Daten haben, sind zur Wahrung des Fernmeldegeheimnisses verpflichtet.
3. Mit Ausnahme der gesetzlich vorgesehenen Fälle verletzt die Veröffentlichung oder Verarbeitung von Informationen oder Daten, die vom Fernmeldegeheimnis umfasst sind, die Pflicht zur Wahrung des Fernmeldegeheimnisses.
4. Die Vorschriften der Abs. 2 und 3 werden auf Informationen und Daten, die ihrem Wesen oder ihrer Bestimmung nach öffentlich oder durch einen gerichtlichen Beschluss, eine Entscheidung des Staatsanwalts oder aufgrund besonderer Vorschriften veröffentlicht werden, nicht angewendet.
5. Die eine Telekommunikationstätigkeit führenden Subjekte sind im durch technische oder wirtschaftliche Gründe begründeten Umfang verpflichtet, bei der Sicherung von Telekommunikationsgeräten, Telekommunikationsnetzen oder Datensammlungen vor der Offenlegung des Fernmeldegeheimnisses die nötige Sorgfalt zu wahren.
6. Ein die Telekommunikationstätigkeit führendes Subjekt ist zur Information der Nutzer darüber, dass die durch ihn verwendeten technischen Mittel die Sicherheit der Informationsübermittlung nicht garantieren und zur Information über die existierenden Möglichkeiten der Gewährleistung dieser Sicherheit und die damit verbundenen Kosten, verpflichtet.

Art. 68. [Wahrung des Geheimnisses]

1. Eine Person, die während der Nutzung einer Funkanlage für sie nicht bestimmte Informationen erlangt hat, ist zur Wahrung des Fernmeldegeheimnisses verpflichtet. Die Vorschriften des Art. 67 Abs. 3 und 4 werden entsprechend angewendet.

2. Die Aufzeichnung einer Information, die durch ein Organ zur Kontrolle der Telekommunikationstätigkeit in der Art des Abs. 1 zur Dokumentation der Tatsache der Verletzung einer Vorschrift des vorliegenden Gesetzes erlangt wurde, stellt keine Verletzung des Fernmeldegeheimnisses dar.

3. Die im Namen des Betreibers tätigen Personen können sich, unter der Bedingung der Signalisierung dieser Tatsache, an die an der Verbindung teilnehmenden Personen, einer bestehenden Verbindung, wenn dies zur Beseitigung von einem Defekt, von Störungen oder zu einem anderen Ziel, der mit der Instandhaltung der Telekommunikationsnetze oder der Telekommunikationsdienstleistung zusammenhängt, unumgänglich ist, aufschalten.

Art. 69. [Informations- und Datenverarbeitung]

1. Unter Vorbehalt des Abs. 2 können die vom Fernmeldegeheimnis umfassten Informationen oder Daten nur dann gesammelt, gespeichert, aufbewahrt, bearbeitet, verändert, gelöscht oder übermittelt werden, wenn diese Tätigkeiten, nachfolgend „Verarbeitung“ genannt, Gegenstand eines dem Nutzer geleisteten Dienstes oder zu seiner Ausführung unabdingbar sind. Die Informations- und Datenverarbeitung zu anderen Zwecken ist nur aufgrund von gesetzlichen Vorschriften zulässig.

2. Die Verarbeitung von Nutzerpersonendaten, die natürliche Personen sind, kann betreffen:

1) Nachnamen und Vornamen des Nutzers,
2) Vornamen der Eltern des Nutzers,
3) Geburtsort und -datum des Nutzers,
4) Ort des ständigen Aufenthaltes des Nutzers,
5) Registernummer PESEL des Nutzers,
6) Namen und Nummern der die Identität des Nutzers bestätigenden Dokumente,
7) Steuernummer NIP des Nutzers, auf seinen Antrag,
8) Kontonummer oder Zahlungskartennummer des Nutzers, auf seinen Antrag.

3. Der Betreiber oder ein Subjekt, das Telekommunikationsdienste erbringt, ist verpflichtet, den Nutzer mit dem er einen Dienstleistungsvertrag abschließt, über die Art der Nutzerdaten, die durch den Betreiber verarbeitet werden, zu informieren.

Art. 70. [Persönliche Daten in den Teilnehmerverzeichnissen]

1. Die im öffentlich zugänglichen Teilnehmerverzeichnis enthaltenen als auch durch Informationsdienste des Betreibers zur Verfügung gestellten persönlichen Daten sollten beschränkt werden auf:

1) die Teilnehmernummer oder Teilnehmeridentifikationszeichen,
2) den Nach- und Vornamen des Teilnehmers,
3) den Namen des Ortes, in dem sich der dem Teilnehmer zur Verfügung gestellte Netzabschlusspunkt befindet,
4) den Namen der Straße, in der sich der dem Teilnehmer zur Verfügung gestellte Netzabschlusspunkt befindet.

2. Die Erweiterung des in Abs. 1 genannten Datenumfangs erfordert einer Zustimmung des Teilnehmers.

3. Ein Teilnehmer, der eine natürliche Person ist, kann einen Vorbehalt gegen die Veröffentlichung bestimmter, den Teilnehmer identifizierender Daten, insbesondere des Nachnamens, Vornamens, Geschlechts oder Adresse oder Teile der Adresse als auch ihrer Vermittlung durch Informationsdienste des Betreibers, erklären.

4. Wegen des in Abs. 3 genannten Vorbehalts ist der Betreiber berechtigt, eine Gebühr zu verlangen. Die Gebühr sollte den Kosten der Vorbehaltsausführung entsprechen und ihre Höhe darf kein Hindernis zur Ausübung des Rechts darstellen.

5. Die Zurverfügungstellung von Identifizierungsdaten anderer als der in Abs. 3 genannten Teilnehmer im öffentlich zugänglichen Teilnehmerverzeichnis oder durch Informationsdienste, darf berechtigte Interessen dieser Subjekte nicht verletzen.

Art. 70a. [Zurverfügungstellung von Nutzerdaten]
Ein Betreiber oder ein Subjekt, das Telekommunikationsdienste zur Verfügung stellt, kann Nutzerdaten nach den Regeln und im Verfahren, die im Gesetz vom 14. Februar 2003 über die Zurverfügungstellung von Wirtschaftsinformationen (Dz. U. Nr. 50, Pos. 424) bestimmt sind, zur Verfügung stellen.

Art. 71. [Teilnehmeridentifikation]
1. Der Betreiber des öffentlichen Telefonnetzes, das eine Identifikation des Netzabschlusspunktes ermöglicht, aus dem die Verbindung initiiert oder vorgenommen wurde, nachfolgend „Identifikation der Ausgangsleitung" genannt, ist mittels einfacher Mittel verpflichtet:
1) dem anrufenden Teilnehmer die Möglichkeit der Ausschaltung der Identifikation der Ausgangsleitung bei dem angerufenen Teilnehmer während der Initiierung und der Verbindung oder dauerhaft beim Betreiber zu gewährleisten,
2) dem angerufenen Teilnehmer die Möglichkeit der Ausschaltung der Identifikation der Ausgangsleitung für ankommende Verbindungen, und im Falle wenn eine solche Identifikation vor dem Beginn der eingehenden Verbindung zugänglich ist, auch die Möglichkeit der Blockierung der von einem Teilnehmer oder Nutzer, der die Ausschaltung der Identifikation der Ausgangsleitung verwendet, zu gewährleisten.
2. Der Betreiber des öffentlichen Telefonnetzes, das die Identifikation des Netzabschlusspunktes, zu dem die Verbindung geleitet wird oder wurde, nachfolgend „Identifikation der Eingangsleitung" genannt, gewährleistet, ist dem angerufenen Teilnehmer zur Gewährleistung der Möglichkeit der Ausschaltung der Identifikation der Eingangsleitung beim anrufenden Nutzer mittels einfacher Mittel verpflichtet.
3. Der Betreiber des öffentlichen Telefonnetzes, das die automatische Anrufweiterleitung gewährleistet, ist dem Teilnehmer zur Gewährleistung der Möglichkeit der Blockierung der automatischen Anrufweiterleitung der Anrufe zur Endeinrichtung dieses Teilnehmers durch einen Dritten mittels einfacher Mittel, verpflichtet.
4. Der Betreiber des öffentlichen Telefonnetzes ist zur Information der Teilnehmer darüber, dass das durch ihn genutzte Netz die Identifikation der Ausgangs- oder Eingangsleitung gewährleistet sowie über die in Abs. 1-3 genannten Möglichkeiten verpflichtet.
5. Für die Nutzung der in Abs. 1-3 genannten Möglichkeiten durch den Teilnehmer wird keine Gebühr erhoben.
6. Die Ausschaltung der Identifikation der Ausgangsleitung kann aufgehoben werden durch:
1) gesetzlich einberufene Rettungsdienste sowie Staatsorgane, die Aufgaben der Verteidigung, Staatssicherheit als auch öffentlicher Sicherheit und Ordnung wahrnehmen, im Umfang und mit Bedingungen, die in besonderen Vorschriften bestimmt sind, mit dem Ziel der Ermöglichung der Anrufannahme,
2) Netzbetreiber, auf Antrag des Teilnehmers, wenn der Antragsteller wahrscheinlich macht, dass zu seiner Endeinrichtung erschwerende oder Drohungen beinhaltende Verbindungen geleitet werden, mit dem Ziel der Nummernidentifikation der Nutzer, die diesen Teilnehmer anrufen.
7. Die Daten, die die in Abs. 6 genannten anrufenden Nutzer identifizieren, werden aufgezeichnet auf Verlangen von:
1) in Abs. 6 Nr. 1 genannten Organen,
2) in Abs. 6 Nr. 2 genannten Teilnehmern.
8. Die in Abs. 6 genannten Daten verbleiben zur Disposition des Betreibers, der sie den Staatsorganen zur Verfügung stellt, die Aufgaben der öffentlichen Sicherheit und Ordnung im Umfang und unter Bedingungen, die in besonderen Vorschriften bestimmt sind, wahrnehmen.

Abschnitt 6. Verantwortung für die Nicht- oder Schlechtleistung in der Telekommunikation

Art. 72. [Verantwortung des Betreibers]
1. Bei Betreiberverantwortung für Nicht- oder Schlechtleistung des Telekommunikationsdienstes wendet man unter Vorbehalt des Abs. 2 sowie der Vorschrift des Art. 75 Abs. 1 die Vorschriften des Zivilgesetzbuches an.
2. Ein Universaldienstbetreiber haftet für seine Nicht- oder Schlechtleistung lediglich im durch Gesetz bestimmten Rahmen.
3. Die Vorschrift des Abs. 2 wird nicht angewendet, wenn die Nicht- oder Schlechtleistung das Ergebnis vorsätzlichen Verschuldens, grober Fahrlässigkeit des Betreibers oder die Folge einer unerlaubten Handlung war.
4. Ein Betreiber, der internationale Dienste erbringt, haftet für ihre Nicht- oder Schlechtleistung im Umfang und unter Bedingungen, die in internationalen Verträgen, deren Partei Republik Polen ist, vereinbart wurden.

Art. 73. [Schadensersatz bei Unterbrechung]
1. Für jeden Tag der Unterbrechung der zeitweise zu zahlenden Universaldienstleistung steht dem Teilnehmer eine Entschädigung in Höhe von 1/30 der durchschnittlichen Monatsgebühr, die aufgrund von Abrechnungen der letzten drei Abrechnungszeiträume, jedoch nicht länger als dem Zeitraum der letzten 12 Monate berechnet wird, zu.
2. Dem Teilnehmer steht keine Entschädigung zu, wenn die Gesamtzeit der Unterbrechung im Abrechnungszeitraum kürzer als 48 Stunden war.
3. Unabhängig von der Entschädigung steht dem Teilnehmer das Recht auf Rückerstattung von 1/30 der monatlichen Teilnehmergebühr für jeden Tag der Unterbrechung der zeitweise zu zahlenden Telefondienstleistung.

Art. 74. [Beschwerden]
1. Der zuständige Minister in Fernmeldeangelegenheiten bestimmt durch Verordnung die ausführlichen Bedingungen, denen die Beschwerde wegen der:
1) Nichteinhaltung der in Art. 51 Abs. 4 genannten Termine aus Verschulden des Betreibers,
2) Nicht- oder Schlechtleistung des Universaldienstes, entsprechen sollte
- sowie den genauen Gang des Beschwerdeverfahrens unter Beachtung des unerlässlichen Schutzes des Teilnehmerinteresses.
2. Das Beschwerdeverfahren gilt als erschöpft, wenn der Betreiber die geltend gemachten Forderungen innerhalb von 3 Monaten ab dem Tag der Beschwerdeeinlegung nicht beglichen hat.

Art. 75. [Beschwerde und Verjährung]
1. Das Recht auf Geltendmachung der im Gesetz bestimmten Ansprüche im gerichtlichen Verfahren, die sich aus Verhältnissen mit Betreibern von Telekommunikationsdienstleistungen ergeben, steht dem Nutzer nach der Erschöpfung des Beschwerdeverfahrens zu.
2. Die aufgrund des Gesetzes geltend gemachten Ansprüche verjähren mit Ablauf von 12 Monaten ab dem Ende des Abrechnungszeitraums, im dem die Unterbrechung der Telekommunikationsdienstleistung beendet wurde, oder ab dem Tag, an dem der Dienst ausgeführt wurde oder ausgeführt werden sollte.
3. Der Lauf der Anspruchsverjährungsfrist wird für die Zeit zwischen der Einlegung der Beschwerde bis zum Tag der Antworterteilung auf die Beschwerde, jedoch nicht länger als für die Zeit, die zur Erledigung der Beschwerde vorgesehen ist, ausgesetzt.

TEIL IV. Zusammenschaltungen und Zusammenarbeit der Netzbetreiber

Art. 76. [Zusammenschaltungspflicht]
1. Ein öffentlicher Betreiber mit einer beträchtlichen Marktstellung kann die Zusammenschaltung seines Telekommunikationsnetzes mit dem Telekommunikationsnetz eines anderen Betreibers nicht versagen, wenn das dazugeschaltete Telekommunikationsnetz im Einklang mit Rechtvorschriften erbaut wurde.
2. Unter Vorbehalt des Art. 77 Abs. 3 kann jeder technisch begründete Punkt der Netze ein Zusammenschaltungspunkt dieser Telekommunikationsnetze sein, der sich auf dem Tätigkeitsgebiet des Betreibers des dazugeschalteten Telekommunikationsnetzes befindet, außer es existiert ein Alternativpunkt, der sich auf dem Tätigkeitsgebiet des Betreibers des zusammengeschalteten Netzes befindet, der für beide Betreiber wirtschaftlich gleichwertig ist.

Art. 77. [Zusammenschaltungsvoraussetzungen]
1. Die Zusammenschaltungen und die damit verbundene Zusammenarbeit der Betreiber sollten auf keinen die Subjekte diskriminierenden Grundsätzen geführt werden.
2. Die Betreiber der zusammengeschalteten Telekommunikationsnetze sind zur:
1) Einhaltung der in Art. 53 Abs. 1 genannten Anforderungen,
2) Ermöglichung eines gemeinsamen Zugangs zu der besessenen Telekommunikationsinfrastruktur, die zur Zusammenschaltung von Telekommunikationsnetzen dient sowie der Miete von Telekommunikationsleitungen mit zur ordentlichen Leistung der Telekommunikationsdienste entsprechender Qualität, Anzahl und Durchflussvermögen, aufgrund von in Art. 61 bestimmten Grundsätzen,
3) Weiterleitung der Informationen bezüglich der gemeinsam angebotenen Telekommunikationsdienste in zusammengeschalteten Netzen, in einem Umfang, der zur Vornahme der Abrechnung wegen dieses Anspruchs unabdingbar ist,
4) gegenseitigen Information, mit einer zumindest jährlichen Vorlauffrist, wenn die Betreiber nichts anderes vereinbart haben, über geplante Änderungen im eigenen Telekommunikationsnetz, die eine Einführung von Änderungen oder Anpassungen im Telekommunikationsnetz des zusammenarbeitenden Betreibers erfordern, verpflichtet.
3. Bei der Zusammenschaltung ist ein Betreiber mit einer marktbeherrschenden Stellung zur Erfüllung aller begründeten Forderungen bezüglich des Netzzugangs zu seinem Netz verpflichtet, einschließlich der Forderung auf Gewährleistung des Zugangs zu seinem Netz an jedem technisch begründeten Punkt, der kein Netzabschlusspunkt ist.
4. Zusammenarbeitende Betreiber dürfen keine technischen, wirtschaftlichen oder organisatorischen Handlungen, die die Erfüllung ihrer Rechte oder Pflichten bezüglich der Zusammenschaltung ihrer Netze erschweren oder unmöglich machen, vornehmen.

Art. 78. [Zusammenschaltungsvertrag]
1. Die Voraussetzungen der Netzzusammenschaltung oder der damit verbundenen Zusammenarbeit vereinbaren die Betreiber in einem Zusammenschaltungsvertrag.
2. Ein Zusammenschaltungsvertrag sollte schriftlich geschlossen werden und zumindest Bestimmungen bezüglich der:
1) Lokalisierung der Zusammenschaltungspunkte der Telekommunikationsnetze,
2) technischen Voraussetzungen der Zusammenschaltungen der Telekommunikationsnetze,
3) Ansprüche wegen der:
a) Gewährleistung des Zugangs und der gemeinsamen Nutzung des Telekommunikationsnetzes,
b) Nicht- oder Schlechterfüllung der beiderseitig geleisteten Telekommunikationsdienste,
4) Art der Erfüllung der Anforderungen:
a) aus Art. 53 Abs. 1 Nr. 1-4,
b) bezüglich der elektromagnetischen Kompatibilität,
5) Vorgehensweisen bei Streitentscheidungen,
6) Verfahren bei:
a) Änderung des Vertragsinhalts,

b) Messungen der Interoperabilität der zusammengeschalteten Telekommunikationsnetze, mit einer besonderen Berücksichtigung der Qualitätsmessung der Telekommunikationsdienste,
c) Umbau der zusammengeschalteten Telekommunikationsnetze,
d) Änderung des Angebots der Telekommunikationsdienste,
e) Nummerierungsänderung,
7) Vertragsauflösungsvoraussetzungen, insbesondere bezüglich der Kontinuität der Telekommunikationsdienstleistungen, wenn sie in zusammengeschalteten Telekommunikationsnetzen geleistet werden, des Schutzes der Verbraucherinteressen als auch die Notwendigkeiten der Verteidigungsfähigkeit, der Staatssicherheit sowie der öffentlichen Sicherheit und Ordnung, beinhalten.
3. Der Zusammenschaltungsvertrag kann, entsprechend den Arten der zusammengeschalteten Netze, ebenso Vereinbarungen bezüglich der:
1) Arten der gegenseitig geleisteten Telekommunikationsdienste sowie der mit ihnen verbundenen Zusatzdienste als auch Hilfsdienste und fortgeschrittenen Dienste,
2) Aufrechterhaltung der Qualität der Telekommunikationsdienstleistungen,
3) effektiven Nutzung der Frequenzspektren,
4) Mitbenutzung der Nummernbestände, darunter die Gewährleistung:
a) des gleichen Zugangs zu den Diensten der Nummernauskunft, zu Notfallnummern sowie zu anderen international vereinbarten Nummerierungen,
b) der Nummernmitnahme,
5) Aufrecherhaltung der Übereinstimmung mit technischen Anforderungen,
6) Gewährleistung der Kontinuität der Universaldienste im Falle der Vertragsauflösung, beinhalten.
4. Der Präsident RegTuP bestimmt durch Beschluss auf Antrag einer der Verhandlungsseiten über den Vertragsschluss über Zusammenschaltung oder im Falle der Notwendigkeit von Amts wegen welche der unter Abs. 3 genannten Voraussetzungen vom Zusammenschaltungsvertrag umfasst werden sollten.
5. Der Betreiber ist den Betreibern, die mit ihm einen Zusammenschaltungsvertrag abschließen wollen, zur Erteilung von zur Vorbereitung eines solchen Vertrages notwendigen Informationen als auch zum Angebot von Zusammenschaltungsbedingungen für Telekommunikationsnetze, die für die restlichen Vertragsparteien nicht schlechter sind, als die selbst im Rahmen des eigenen Betriebes oder im Verhältnis zu abhängigen Subjekten im Sinne des in Art. 46 Abs. 3 genannten Gesetzes angewendeten, verpflichtet.
6. Die Parteien des Zusammenschaltungsvertrages, deren eine Partei ein Betreiber mit einer beträchtlichen Marktstellung ist, die den Vertrag auflösen wollen, sind verpflichtet, den Präsidenten RegTuP mindestens 30 Tage vor dem Tag der Vertragsauflösung zu benachrichtigen.

Art. 79. [Zusammenschaltungsangebote]
1. Ein Betreiber mit einer marktbeherrschenden Stellung auf dem Gebiet der Universaldienstleistung oder auf dem Gebiet der Miete von Telekommunikationsleitungen ist verpflichtet, Angebote zu erarbeiten, die die Rahmenbedingungen der Zusammenschaltungsverträge mit anderen Betreibern bestimmen.
2. Der in Abs. 1 genannte Betreiber legt die Entwürfe der Angebote oder ihre Änderungen dem Präsidenten RegTuP zur Genehmigung vor.
3. Der Präsident RegTuP kann durch Bescheid die Genehmigung des Angebotsentwurfs oder seiner Änderung innerhalb von 30 Tagen ab dem Tag der Übermittlung des Angebotsentwurfs oder seiner Änderung versagen, wenn der Angebotsentwurf oder seine Änderung Rechtsvorschriften verletzt.
4. Der Präsident RegTuP veröffentlicht die genehmigten Angebote oder seine Änderungen im Bulletin RegTuP auf Kosten des Betreibers.
5. Der in Abs. 1 genannte Betreiber ist zum Abschluss von Zusammenschaltungsverträgen unter keinen schlechteren Bedingungen für die restlichen Vertragsparteien, als die in dem genehmigten Angebot bestimmten, verpflichtet.

Art. 80. [Gebühren für die Netznutzung]

1. Die Gebühren für die gemeinsame Nutzung der zusammengeschalteten Telekommunikationsnetze durch die Parteien des Zusammenschaltungsvertrages, der von öffentlichen Betreibern abgeschlossen wurde, sollten:

1) aufgrund übersichtlicher und objektiver Kriterien, die gleiche Behandlung der Nutzer gewährleisten, vereinbart werden,

2) begründete Kosten, die eng mit der Ausführung der Telekommunikationsdienste zusammenhängen, unabhängig von der Art ihrer Ausführung berücksichtigen – im Falle des Betreibers mit einer marktbeherrschenden Stellung, unter Vorbehalt des Abs. 2.

2. Die Vorschrift des Abs. 1 Nr. 2 wendet man auf Gebühren für Dienste des Netzzugangs nicht an.

3. Auf die Gebühren für die gemeinsame Nutzung der zusammengeschalteten Telekommunikationsnetze durch Parteien eines zwischen einem öffentlichen Betreiber und einer in Art. 4 Abs. 1 genannten Organisationsstelle oder -einheit geschlossenen Zusammenschaltungsvertrages wendet man unter Vorbehalt des Art. 87 die Vorschriften des Abs. 1 entsprechend an.

4. Der Präsident RegTuP kann von den Vertragsparteien die Vorlegung einer Begründung der Höhe der in Abs. 1 genannten angewendeten Gebühren und im Falle eines Betreibers mit einer marktbeherrschenden Stellung auch einer Begründung der Höhe der beim Austausch von Telekommunikationsdiensten anfallenden Kosten verlangen.

Art. 81. [Ermächtigungen]

Der zuständige Minister in Fernmeldeangelegenheiten bestimmt durch Verordnung die ausführlichen Anforderungen bezüglich der Netzzusammenschaltungen umfänglich:

1) der Erfüllung der mit der Zusammenschaltung der Netze verbundenen Verpflichtungen, insbesondere der Erfüllung der in Art. 53 Abs. 1 genannten Anforderungen,

2) der Abrechnungen für die gegenseitige Nutzung der Telekommunikationsnetze durch die Betreiber, darunter die Gebührenkalkulation diesbezüglich im Falle eines Betreibers mit einer marktbeherrschenden Stellung,

3) des Umfangs und der Grundsätze der Begleichung des durch den Bau und die Nutzung der zusammengeschalteten Leitungen, die den Teilnehmern durch den Betreiber zur Verfügung gestellten Netzendpunkte mit Telekommunikationsgeräten dieses Betreibers zur Ausführung der Kommutation zu tragenden Defizits der Betreiber von öffentlichen Telefonfestnetzen, darunter diesbezügliche Gebührenkalkulation, unter Beachtung des Prinzips der Trennung dieser Gebühren von in Nr. 2 genannten Gebühren,

4) des in Art. 79 genannten Angebotsumfangs.

Art. 82. [Offenlegung des Vertragsinhalts]

1. Der Zusammenschaltungsvertrag, dessen eine Partei ein Betreiber mit beträchtlicher Marktstellung ist, muss von der die Zusammenschaltung beantragenden Partei innerhalb von 14 Tagen ab Vertragsunterzeichnung dem Präsidenten RegTuP zugeleitet werden.

2. Die Texte der in Abs. 1 genannten Zusammenschaltungsverträge werden vom Präsidenten RegTuP allen interessierten Betreibern unentgeltlich zur Verfügung gestellt, vorbehaltlich des Abs. 3.

3. Der Präsident kann Teile des Zusammenschaltungsvertrages bestimmen, die der Zurverfügungstellung nicht unterliegen. Dies darf ausschließlich die Angelegenheiten bezüglich der gegenseitigen Abrechnungen für die Netzzusammenschaltung und der in Art. 53 Abs. 1 genannten Anforderungserfüllung auf dem Gebiet der Universaldienste nicht umfassen.

Art. 83. [Antrag auf Bescheiderteilung]

1. Der Präsident RegTuP kann durch Beschluss auf schriftlichen Antrag jeder Verhandlungspartei über den Abschluss eines solchen Vertrages den Endzeitpunkt der Verhandlungen über Abschluss eines Zusammenschaltungsvertrages bestimmen, nicht länger als 90 Tage ab dem Tag der Anfrage auf Zusammenschaltung, oder von Amts wegen wenn eine der Vertragsparteien ein Betreiber mit beträchtlicher Marktstellung ist.

2. Im Falle der Versagung des Abschlusses des Zusammenschaltungsvertrages durch eine Partei oder wenn der Zusammenschaltungsvertrag nicht termingerecht nach Abs. 1 geschlossen wurde oder nach Ablauf von 90 Tagen seit der Anfrage auf Zusammenschaltung von Telekommunikationsnetzen, kann jede Partei beim Präsidenten RegTuP einen Antrag auf Erteilung eines Bescheides in der Angelegenheit der Vereinbarung von Zusammenschaltungsbedingungen sowie Abrechnungen für die gegenseitige Nutzung der Telekommunikationsnetze, nachfolgend „Bescheid über Netzzusammenschaltung" genannt, stellen.
3. Der Antrag sollte den Entwurf des Zusammenschaltungsvertrages, der die Standpunkte der Parteien auf dem Gebiet der gesetzlich bestimmten Vereinbarungen enthält, mit Anmerkung der Vertragsteile, wegen der die Parteien nicht übereingekommen sind, beinhalten.
4. Die Vertragsparteien sind auf Verlangen des Präsidenten RegTuP innerhalb von 14 Tagen zur Vorlage der Standpunkte bezüglich der Diskrepanzen sowie der zur Entscheidung über den Antrag unabdingbaren Unterlagen verpflichtet.

Art. 84. [Bescheid über Netzzusammenschaltung]
1. Der Präsident RegTuP erlässt nach Durchführung eines Verwaltungsverfahrens einen Bescheid über die Netzzusammenschaltung innerhalb von 60 Tagen ab dem Tag der in Art. 83 Abs. 2 genannten Antragstellung, unter Berücksichtigung unter anderem:
1) der Nutzerinteressen der zusammengeschalteten Netze,
2) der auf die Betreiber von zusammengeschalteten Netzen auferlegten Verpflichtungen,
3) des Bemühens, den Nutzern von zusammengeschalteten Netzen den umfangreichsten Zugang zu Telekommunikationsdiensten zu gewährleisten,
4) der Förderung moderner Telekommunikationsdienste,
5) des Charakters der aufgetretenen Diskrepanzen sowie der praktischen Möglichkeit der Einführung von Lösungen bezüglich der technischen und wirtschaftlichen Aspekte der Netzzusammenschaltungen, die sowohl von Betreibern von zusammengeschalteten Netzen vorgeschlagen wurden als auch die, die Alternativlösungen darstellen könnten,
6) der Gewährleistung:
a) der Integrität und Interoperabilität der zusammengeschalteten Netze,
b) der Gleichheit des Zugangs,
c) der Entwicklung eines konkurrierenden Telekommunikationsmarktes,
7) der Marktstellungen der Betreiber der zusammengeschalteten Netze auf dem Telekommunikationsdienstmarkt,
8) des öffentlichen Interesses, darunter Umweltschutzes,
9) der Aufrechterhaltung der Kontinuität der Universaldienstleistung.
2. Der Zusammenschaltungsbescheid ersetzt den Zusammenschaltungsvertrag.
3. Im Falle der Unterzeichnung des Zusammenschaltungsvertrages durch die interessierten Parteien, verliert der Zusammenschaltungsbescheid seine Rechtsmacht im durch den Vertrag umfassten Umfang.
4. Bezüglich der Stellung materieller Ansprüche wegen der Nicht- oder Schlechtleistung der sich aus dem Zusammenschaltungsbescheid ergebenden Verpflichtungen ist der Rechtsweg eröffnet.

Art. 85. [Pflicht zur Vertragsänderung]
1. Der Präsident RegTuP kann die Parteien des Zusammenschaltungsvertrages zu jedem Zeitpunkt durch Beschluss zur Änderung seines Inhalts mit dem Ziel der Sicherstellung einer effektiven Konkurrenz und Interoperabilität des Netzes verpflichten.
2. Gegen den in Abs. 1 genannten Beschluss besteht Einspruchsrecht.

Art. 86. [Vertragsänderungen]
Auf die Änderungen der Zusammenschaltungsverträge wendet man die Vorschriften der Art. 82 - 84 entsprechend an.

Art. 87. [Zusammenschaltungen mit Netzen der Verwaltung]

Der Ministerpräsident bestimmt durch Verordnung die ausführlichen Voraussetzungen der Zusammenarbeit der in Art. 4 Abs. 1 genannten Organisationsstellen und -einheiten mit öffentlichen Betreibern bezüglich der Netzzusammenschaltungen, geleitet von den in Art. 76 - 85 genannten Grundsätzen sowie unter Berücksichtigung der Eigenheit der durch diese Einheiten geführten Tätigkeit.

TEIL V. Telekommunikationsinfrastruktur und Endeinrichtungen
Abschnitt 1. Anforderungen an Telekommunikationsnetze und -geräte

Art. 88. [Grundlegende Geräteanforderungen]

1. Telekommunikationsgeräte sowie Kabel, Leitungen und Zubehör, die in Telekommunikationsnetzen genutzt oder an sie angeschlossen werden, sollen:
1) bei der Benutzung sicher sein,
2) die Fähigkeit zur Kompatibilität mit anderen im Telekommunikationsnetz genutzten oder daran angeschlossenen Telekommunikationsgeräten besitzen, insbesondere keine Schäden des Telekommunikationsnetzes verursachen oder seine Arbeit stören,
3) die Frequenzspektren oder im Falle von Funkanlagen die Umlaufbahnbestände effektiv ausnutzen,
4) die Anforderungen an die elektromagnetische Kompatibilität im sich aus der Bestimmung ergebenden Umfang erfüllen.
2. Der zuständige Minister in Fernmeldeangelegenheiten kann durch Verordnung:
1) zusätzliche Anforderungen bestimmen, mitunter die:
a) Gewährleistung des Schutzes des Fernmeldegeheimnisses,
b) Sicherung vor unbefugter Benutzung,
c) Ermöglichung des Zugangs zu Geräten oder Netzen für die gesetzlich berufenen Kräfte zur Hilfeleistung,
d) Anpassung zur Nutzung durch behinderte Personen, betreffend
- die unabhängig von den in Abs. 1 genannten Anforderungen durch Geräte bestimmter Art oder durch eine bestimmte Klasse von Geräten erfüllt werden sollten, unter Bestimmung des Termins bis zu dem die Geräte, die in Übereinstimmung mit dem Recht vor dem Tag des Verordnungserlasses in Umlauf gebracht wurden und die die in der Verordnung bestimmte Anforderungen nicht erfüllen, benutzt werden können,
2) ausführliche technische und Nutzungsanforderungen für Telekommunikationsgeräte sowie Telekommunikationsnetze bestimmen, darunter technische und Nutzungsanforderungen für gewöhnlich verwendete Abschlusspunkte der öffentlichen, analogen oder digitalen Netze, insbesondere für Netzabschlusspunkte in digitalen, integrierten Datenübermittlungsnetzen im Umfang der in Nr. 1 sowie Abs. 1 genannten Anforderungserfüllung für Telekommunikationsgeräte und Telekommunikationsnetze, nachfolgend „grundlegende Anforderungen" genannt, – geleitet von den Anforderungen europäischer Normungsorganisationen, und im Falle des Fehlens solcher Anforderungen – den Anforderungen anderer internationaler Normungsorganisationen, deren Mitglied Republik Polen ist.
3. Der zuständige Minister in Fernmeldeangelegenheiten bestimmt durch Verordnung im Einvernehmen mit dem Verteidigungsminister, dem Justizminister, dem zuständigen Finanzminister sowie dem zuständigen Innenminister nach Einholung der Meinung des Präsidenten der Agentur für innere Sicherheit und Nachrichtendienstagentur die ausführlichen technischen und Nutzungsanforderungen für Telekommunikationsnetze und Telekommunikationsgeräte bezüglich ihrer Anpassung zur in Art. 40 Abs. 2 genannten Pflichterfüllung durch die Betreiber, unter Berücksichtigung, dass die durch die Betreiber genutzten Telekommunikationsnetze und Telekommunikationsgeräte den berechtigten Organen Zugang zu den in Art. 67 Abs. 1 genannten Informationen sowie Daten gewährleisten sollten, als auch ihrer Aufzeichnung, geleitet von den Anforderungen europäischer Normungsorganisationen und im Falle des Fehlens solcher Anforderungen – den Anforderungen anderer internationaler Normungsorganisationen, deren Mitglied Republik Polen ist.

Art. 89. [Berechtigungen]

1. Der zuständige Minister in Fernmeldeangelegenheiten bestimmt durch Verordnung im Einvernehmen mit dem zuständigen Wirtschaftsminister, dem zuständigen Seewirtschaftsminister sowie dem zuständigen Transportminister die Voraussetzungen für den Bau der Telekommunikationsinfrastruktur in Ortschaften, entlang öffentlicher Strassen, Kanäle und Wasserstrassen sowie in der Nähe von Flughäfen und bestimmt auch die Voraussetzungen, denen diese Infrastruktur im Falle der Mitbenutzung, Kreuzung oder Annäherung an Bahngleise, öffentliche Strassen, Wasserstrassen und Kanäle, energetische Leitungen und Geräte sowie Geräte zur Leitung von Flüssigkeiten und Gasen entsprechen sollte, unter Beachtung der Erleichterung des Bauprozesses der Telekommunikationsinfrastruktur sowie der Gewährleistung der Sicherheit ihrer Nutzung als auch der Sicherheit von Dritten.

2. Der zuständige Minister in Fernmeldeangelegenheiten bestimmt durch Verordnung im Einvernehmen mit dem zuständigen Wirtschaftsminister, dem zuständigen Seewirtschaftsminister sowie dem zuständigen Transportminister die Voraussetzungen, denen die Telekommunikationsinfrastruktur sowie energetische Leitungen, elektrische Leitungen und Geräte zur Überleitung von Flüssigkeiten und Gasen im Falle ihrer Mitbenutzung, ihrer Kreuzung oder Annäherung entsprechen sollten, unter Beachtung der Gewährleistung des Funktionierens der Telekommunikationsinfrastruktur im Falle eines Defekts dieser Geräte als auch des Schutzes vor aus energetischen oder elektrischen Leitungen stammenden Störungen.

Art. 90. [Gerätezweck]

1. Ein Subjekt, das ein Telekommunikationsgerät auf den Markt bringt, ist verpflichtet, dem Präsident RegTuP auf dessen Verlangen Erläuterungen bezüglich des Zwecks des Telekommunikationsgerätes und seiner technischen und Nutzungsdaten zu erteilen als auch den Anwendungsbereich unter Vorbehalt des Abs. 1a, anzuzeigen.

1a. Ein Subjekt, das ein Funkgerät auf den Markt bringt, ist verpflichtet, dem Präsidenten RegTuP mindestens 28 Tage vor dem geplanten Inverkehrbringen des Gerätes, über die Absicht des Inverkehrbringens eines solchen Gerätes zu informieren. Die Mitteilung sollte notwendige Informationen bezüglich des Zwecks, der technischen und Nutzungsdaten sowie des Anwendungsbereiches des in Verkehr zu bringenden Funkgerätes enthalten.

2. Die Vorschrift des Abs. 1, 1a und 3 wird auf die durch die in Art. 4 Abs. 1 Nr. 1-6 genannten Stellen und Einheiten genutzten Telekommunikationsgeräte nicht angewendet.

3. Der zuständige Minister in Fernmeldeangelegenheiten bestimmt durch Verordnung:

1) die Arten von Funkgeräten, die von der im Abs. 1a genannten Pflicht umfasst sind, unter Berücksichtigung der durch das Gerät genutzten Frequenzbestände,

2) die Art, den Umfang und das Erteilungsverfahren der in Abs. 1a genannten Information, darunter ein Musterformular für die Anzeige einer solchen Information unter Berücksichtigung, dass der Umfang der erteilten Information unabdingbar ist für die Durchführung einer effektiven Kontrolle über in Verkehr gebrachte Funkgeräte.

Abschnitt 2. Konformitätsbewertung bei Telekommunikationsgeräten

Art. 91. [Konformitätsbewertung]

1. Die zum Anschluss an Abschlusspunkte des öffentlichen Netzes bestimmten Endeinrichtungen, das zum Anschluss der Endeinrichtungen an das Telekommunikationsnetz bestimmte Zubehör sowie Sende- und/oder Empfangsfunkgeräte unterliegen, falls das Gesetz nichts anderes bestimmt, dem Erfordernis der Konformitätsprüfung.

2. Ein Dokument oder Kennzeichen, das bestätigt, dass das in Abs. 1 genannte Gerät die grundlegenden Anforderungen erfüllt, ist:

1) ein durch ein berechtigtes Organ ausgestelltes Konformitätszertifikat oder Konformitätskennzeichen des Gerätes mit den grundlegenden Anforderungen,

2) ein durch ein berechtigtes Organ eines anderen Staates ausgestelltes, durch ein zuständiges Organ in Angelegenheiten der Zertifizierung zugelassenes Konformitätszertifikat oder Konformitätskennzeichen des Gerätes mit den grundlegenden Anforderungen unter Vorbehalt des Abs. 3,

3) eine durch den Hersteller oder seinen Vertreter ausgestellte Deklaration der Konformität des Gerätes mit den grundlegenden Anforderungen unter Vorbehalt des Abs. 3,
3a) ein technischer Bericht, der einen Bericht über die technischen Untersuchungen des Funkgerätes samt einer die Erfüllung der grundlegenden Anforderungen durch das Gerät bestätigenden Beurteilung, die durch ein akkreditiertes Untersuchungslaboratorium einem individuellen Nutzer des Funkgerätes, das keinen Gegenstand eines Verkaufsangebotes darstellt, erteilt wurde,
4) ein auf der Grundlage des in Art. 131 genannten Gesetzes ausgestelltes Konformitätszeugnis oder Kennzeichen, das das Vorhandensein eines solchen Zeugnisses für das Gerät anzeigt.
3. Die Vorschriften des Abs. 2 Nr. 2 und 3 wendet man auf Sende- und/oder Empfangsfunkgeräte, deren Nutzung keiner Genehmigung bedarf, die zur Arbeit mit Frequenzbereichen bestimmt sind, die auf dem Gebiet der Republik Polen zur Nutzung durch Funkkommunikationsdienste, für die das Gerät bestimmt wurde, nicht zugelassen sind, nicht an.
4. Die Vorschriften des Abs. 1 werden bei:
1) Geräten, die zur ausschließlichen Nutzung im Amateurfunkkommunikationsdienst angepasst sind und kein Gegenstand eines Handelsangebotes sind,
2) Funkanlagen, die ausschließlich zum Empfang von Funk- oder Fernsehsignalen angepasst sind,
3) Geräten, die durch die in Art. 4 Abs. 1 Nr. 1-6 genannte Stellen und Einheiten genutzt werden, nicht angewendet.
5. Der zuständige Minister in Fernmeldeangelegenheiten kann durch Verordnung andere Arten von den in Abs. 1 genannten Geräten bestimmen, die keiner Pflichtkonformitätsprüfung unterliegen, wenn die Wirkungs- oder Konstruktionsart dieser Geräte die Erfüllung der grundlegenden Anforderungen gewährleistet.

Art. 92. [Verweisung]
Die Grundsätze der Durchführung der Konformitätsprüfung, der Erteilung der Konformitätszertifikate, der Auszeichnung mit dem Konformitätskennzeichen als auch die Sanktionen für die Erteilung des Konformitätskennzeichens für ein Gerät, das die grundlegenden Anforderungen nicht erfüllt, regeln besondere Vorschriften.

Art. 93. [Befreiung von der Zulassungsbeurteilung]
Der Präsident RegTuP kann durch Bescheid die zeitliche Nutzung eines Telekommunikationsgerätes, das einer Pflichtkonformitätsprüfung unterliegt, ohne des die Erfüllung der grundlegenden Anforderungen bestätigenden Dokumentes oder Kennzeichens:
1) auf Antrag des die Untersuchung des Gerätes durchführenden Laboratoriums zur Durchführung der Konformitätsbewertung,
2) zu experimentellen Zwecken, im vom Präsidenten RegTuP bestimmten Umfang,
3) zur Gewährleistung der gelegentlichen Datenübermittlung,
- unter den im Bescheid und im Falle von Funkanlagen – in der Genehmigung bestimmten Voraussetzungen, zulassen.

Art. 94. [Gerätekennzeichnung]
1. Die in Verkehr gebrachten, der Pflichtkonformitätsprüfung unterliegenden Telekommunikationsgeräte sollten in einer Weise gekennzeichnet werden, die die Erfüllung der grundlegenden Anforderungen anzeigt.
2. Das Inverkehrbringen von der Pflichtkonformitätsprüfung unterliegenden Telekommunikationsgeräten, die kein Kennzeichen besitzen, das die Erfüllung der grundlegenden Anforderungen bestätigt, ist verboten.
3. Der zuständige Minister in Fernmeldeangelegenheiten bestimmt durch Verordnung die Kennzeichnungsweise der Geräte, denen ein Konformitätszertifikat erteilt wurde, unter Beachtung, dass die Bezeichnung für den Käufer eindeutig und lesbar ist.

Abschnitt 3. Nachweis und Mitbenutzung der Telekommunikationsinfrastruktur

Art. 95. [Informationen über die Netze]
Die eine Telekommunikationstätigkeit führenden Subjekte sind dem Präsidenten RegTuP auf Verlangen zur Erteilung von Informationen über die Telekommunikationsnetze oder Telekommunikationsgeräte, die von diesen Subjekten genutzt werden, verpflichtet.

Art. 96. [Mitbenutzung der Infrastruktur]
1. Ein öffentlicher Betreiber ist verpflichtet, den Betreibern von öffentlichen Netzen die Mitbenutzung von besessenen Gebäuden, Leitungen, Kanalisationen, Säulen, Türmen und Masten, insbesondere die Einrichtung, Nutzung und Konservierung von Telekommunikationsgeräten zu ermöglichen, wenn die Durchführung dieser Tätigkeiten ohne die Infrastrukturmitbenutzung unmöglich oder mit unverhältnismäßig hohen Auflagen verbunden ist.
2. Die in Abs. 1 genannte Verpflichtung betrifft nicht die Mitbenutzung der Verbindungsleitung zur Telefondienstleistung zwischen dem Teilnehmer vom Betreiber zugänglich gemachten Netzabschlusspunkt mit den die Kommutierung durchführenden Geräten des Telekommunikationsnetzes dieses Betreibers.
3. Die Voraussetzungen der Mitbenutzung der Telekommunikationsinfrastruktur im in Abs. 1 genannten Umfang vereinbaren die Betreiber im Vertrag, der innerhalb von 30 Tagen ab dem Tag des Abschlussangebotes geschlossen werden sollte.
4. Im Falle, dass die Parteien den Vertrag nicht termingerecht nach Abs. 3 abschließen, wendet man die Vorschriften Art. 79, Art. 80 Abs. 1 Nr. 1 und Abs. 4 sowie Art. 83 - 85 entsprechend an.

Art. 97. [Benutzung einer fremden Immobilie]
1. Der Eigentümer oder der vererbbare Nießbraucher einer Immobilie ist den öffentlichen Betreibern zur Ermöglichung der Installation von Telekommunikationsgeräten auf der Immobilie, der Durchführung von Kabelleitungen unter, auf oder über der Immobilie als auch ihrer Nutzung und Wartung sowie der Anbringung von Geräteinformationstafeln, wenn dies eine vernünftige Immobiliennutzung nicht unmöglich macht, verpflichtet.
2. Die Nutzung der Immobilie im in Abs. 1 genannten Umfang ist gebührenpflichtig, außer die Leitung oder die Telekommunikationsgeräte dienen der Gewährleistung der Telekommunikation des Immobilieneigentümers oder -nießbrauchers auf ihren Antrag.
3. Die Voraussetzungen der Nutzung der Immobilie durch den Betreiber werden im Vertrag geregelt, der innerhalb von 30 Tagen ab dem Abschlussangebot des Betreibers geschlossen werden sollte.
4. Im Falle, dass die Parteien den Vertrag nicht termingerecht abschließen, wendet man die Vorschriften des Art. 124 des Gesetzes vom 21. September 1997 über Immobilienverwaltung (Dz. U. Nr. 115, Pos. 741, 1998 Nr. 106, Pos. 668, 1999 Nr. 49, Pos. 484 und Nr. 86, Pos. 966 sowie 2000 Nr. 6, Pos. 70) an.
5. Die Vorschriften der Abs. 1-4 wendet man entsprechend an, wenn die Immobilie Gegenstand der Benutzung, Miete, Pacht oder Dauerverwaltung ist.

Art. 98. [Infrastruktur auf fremder Immobilie]
Auf Mitbenutzung der Telekommunikationsinfrastruktur durch Betreiber, die die Berechtigung zu ihrer Anbringung, Nutzung oder Wartung auf fremder Immobilie erlangt haben, wendet man die Vorschriften des Art. 97 entsprechend an.

TEIL VI. Nummern- und Frequenzverwaltung
Abschnitt 1. Nummernverwaltung

Art. 99. [Nummernvergabe und -pläne]
1. Der Präsident RegTuP erteilt die Nummerierung:
1) den Betreibern in der Erlaubnis oder im Bescheid, in Übereinstimmung mit den Landesnummernplänen für öffentliche Netze,

2) den in Art. 4 Abs. 1 Nr. 1-6 genannten Stellen und Einheiten auf ihren Antrag durch Bescheid.
2. Die Zuteilung der Nummerierung kann Bedingungen der Nummernnutzung und -zurverfügungstellung bestimmen.
3. Auf die Nummernvergabe wendet man die Vorschriften der Art. 24 Abs. 1 Nr. 1, Abs. 2-4 sowie Art. 25 entsprechend an.
4. Der Präsident RegTuP versagt die Nummernvergabe im Falle des Fehlens der Nummerierung oder wenn die beantragte Nummernbestimmung mit dem zuständigen Landesnummernplan für öffentliche Netze nicht übereinstimmt.
5. Der Präsident RegTuP kann die Nummernvergabe zurücknehmen oder ihren Umfang beschränken, wenn:
1) im geltenden Landesnummernplan für öffentliche Netze Änderungen vorgenommen wurden,
2) der Betreiber den zugeteilten Nummernbestand nicht effektiv nutzt,
3) der Betreiber die zugeteilte Nummerierung entgegen den Voraussetzungen der Nummernvergabe oder ihrer Bestimmung im geltenden Landesnummernplan für öffentliche Netze nutzt.
6. Der Rücknahmebescheid bezüglich der Nummernvergabe oder ihrer Umfangbeschränkung:
1) darf eine Verletzung der Kontinuität der Telekommunikationsdienstleistungen durch den Betreiber, dem die Nummerierung zugeteilt wurde, nicht verursachen,
2) sollte die gegenwärtigen und sich aus der Erlaubnis ergebenden Betreiberbedürfnisse berücksichtigen,
3) kann nach einem erfolglosen Aufruf des Betreibers zur Beseitigung der Ursache der Unrichtigkeit in den in Abs. 5 Nr. 2 und 3 genannten Fällen erlassen werden.
7. Der zuständige Minister in Fernmeldeangelegenheiten bestimmt durch Verordnung:
1) die ausführlichen Anforderungen bezüglich der Nummernverwaltung,
2) den Landesnummernplan für öffentliche Telefonnetze,
- unter Berücksichtigung der gegenwärtigen und prognostizierten Bedürfnisse der öffentlichen Betreiber sowie Nutzer, darunter der in Art. 102 genannten Dienste, der Vereinbarungen europäischer Telekommunikationsorganisationen, insbesondere die langfristigen, gesamteuropäischen Nummernpläne betreffend, als auch der Vereinbarungen in Verträgen, deren Partei Republik Polen ist.
8. Der zuständige Minister in Fernmeldeangelegenheiten kann die Landesnummernpläne für öffentliche Netze andere als öffentliche Telefonnetze, sowie die ausführlichen Anforderungen bezüglich der Schaffung und Zurverfügungstellung von Teilnehmeridentifizierungszeichen durch Verordnung bestimmen, unter Berücksichtigung der gegenwärtigen und prognostizierten Bedürfnisse der öffentlichen Betreiber sowie Nutzer, der Vereinbarungen europäischer Telekommunikationsorganisationen, insbesondere die langfristigen, gesamteuropäischen Nummernpläne betreffend, als auch der Vereinbarungen von Verträgen, deren Partei Republik Polen ist.

Art. 100. [Nummerierungsverwaltungstafel]
1. Der Präsident RegTuP erarbeitet eine Gesamtaufstellung der den Betreibern zugeteilten Nummerierung in der Form der Nummerierungsverwaltungstafel. Die Tafel ist öffentlich.
2. Die RegTuP erteilt den interessierten Subjekten unentgeltlich Informationen über zugängliche Nummerierung.

Art. 101. [Zugang zur Nummerierung]
1. Der Betreiber stellt die zugeteilte Nummerierung den mit seinem Telekommunikationsnetz zusammenarbeitenden Betreibern sowie Subjekten, die Telekommunikationsdienste zur Verfügung stellen, auf ihren Antrag auf Grundlage eines schriftlichen Vertrages über Zurverfügungstellung der Nummerierung zur Verfügung.
2. Der Vertrag über Zurverfügungstellung der Nummerierung kann die Nutzungsvoraussetzungen der zur Verfügung gestellten Nummerierung regeln.
3. Der Abschluss des Vertrages über Zurverfügungstellung der Nummerierung wird im Falle des Fehlens der Nummerierung oder wenn die Zurverfügungstellung der Nummerierung die Ausführung der Erlaubnis durch den öffentlichen Betreiber oder einen Betreiber, dem die Nummerierung früher zur Verfügung gestellt wurde, erschweren oder beschränken könnte, versagt.

4. Auf den Vertrag werden die Vorschriften der Art. 80 Abs. 1 und 4 sowie Art. 83 - 85 entsprechend angewendet.

Art. 102. [Notfallnummern]
1. Den gesetzlich zur Hilfeleistung berufenen Diensten steht ein Recht auf Zuteilung von Notfallnummern zu.
2. Die Nummer „112" wird als gemeinsame Notfallnummer für alle gesetzlich zur Hilfeleistung berufenen Dienste bestimmt.

Art. 103. [Teilnehmeridentifizierungszeichen]
Auf die Zuteilung, Zuteilungsversagung oder Zuteilungsrücknahme von Teilnehmeridentifizierungszeichen oder ihre Zurverfügungstellung oder Versagung der Zurverfügungstellung wendet man die Vorschriften der Art. 99 sowie Art. 101 entsprechend an.

Art. 104. [Nummernänderung]
1. Der Betreiber kann im Falle der Änderung des Umfangs der Nummernvergabe oder des Umbaus oder Ausbaus des genutzten öffentlichen Netzes eine unumgängliche Nummernänderung für bestimmte Gebiete seines öffentlichen Netzes oder Änderung persönlicher Teilnehmernummern dieses Netzes vornehmen.
2. Die geplanten Nummernänderungen für bestimmte Gebiete des Telekommunikationsnetzes sollten durch den Betreiber mindestens 3 Monate vor dem beabsichtigten Einführungstermin für die Änderungen zur öffentlichen Kenntnis gestellt werden.
3. Der Betreiber ist zur schriftlichen Benachrichtigung der Teilnehmer über die geplante Änderung ihrer persönlichen Nummern sowie über ihre neuen Nummern mindestens 3 Monate vor dem beabsichtigen Einführungstermin der Änderungen verpflichtet. Die Verkürzung dieser Frist bedarf der Zustimmung des Präsidenten RegTuP.
4. Der Betreiber ist zur Gewährleistung einer unentgeltlichen, automatischen, mündlichen Auskunft über die in Abs. 1-3 genannten eingeführten Nummernänderungen, die unter den früheren Nummern in einer Zeitspanne von mindestens 12 Monaten zugänglich sein sollten, verpflichtet.

Abschnitt 2. Frequenzverwaltung

Art. 105. [Landesfrequenzbestimmungstafel]
1. Die Zuordnung von Frequenzen oder Frequenzspektren für bestimmte Funkkommunikationsdienste wird in der Landesfrequenzbestimmungstafel festgesetzt.
2. Der Ministerrat bestimmt durch Verordnung die Landesfrequenzbestimmungstafel und realisiert dadurch die Staatspolitik auf dem Gebiet der Frequenzverwaltung, der Anforderungserfüllung bezüglich der elektromagnetischen Kompatibilität sowie der Telekommunikation, unter Berücksichtigung internationaler Funkkommunikationsvorschriften und Anforderungen bezüglich der:
1) Gewährleistung der Voraussetzungen für eine harmonische Entwicklung der Funkkommunikationsdienste sowie der Wissenschaft und Technik, die Frequenzspektren nutzen,
2) Einführung neuer, effektiver Telekommunikationstechniken,
3) Sicherheit und Verteidigungsfähigkeit des Staates.
3. Die Landesfrequenzbestimmungstafel unterliegt mindestens ein Mal alle 2 Jahre der Aktualisierung.

Art. 106. [Frequenzverwaltungsplan]
1. Der Präsident RegTuP bestimmt nach Einholung der Meinung des Telekommunikationsrates die Frequenzverwaltungspläne sowie Änderungen dieser Pläne:
1) auf Antrag und im Einvernehmen mit dem Vorsitzenden des Landesmedienrates, im Falle von zur Verbreitung oder Verteilung von Rundfunk- oder Fernsehprogrammen bestimmten Frequenzen,
2) auf Antrag eines Organs für das eine Frequenzreservierung vorgenommen wurde, in Zusammenarbeit mit diesem Organ,

3) in übrigen Frequenzspektren im Rahmen der Bedürfnisse und technischen Möglichkeiten.
2. Die Frequenzverwaltungspläne sowie ihre Änderungen berücksichtigen insbesondere die Staatspolitik auf dem Gebiet der Frequenzverwaltung, des Rundfunks und Fernsehens, der Telekommunikation, der Anforderungserfüllung bezüglich elektromagnetischer Kompatibilität sowie der Verteidigungsfähigkeit und Sicherheit des Staates, als auch die in Anträgen der in Abs. 1 Nr. 1 genannten Organe enthaltenen Annahmen der Grundsätze der Ausstellung von Berechtigungen, die einer Frequenzreservierung erfordern.
3. Die Frequenzverwaltungspläne sowie ihre Änderungen dürfen ausgestellte Genehmigungen oder vorgenommene Frequenzreservierungen nicht verletzen.
4. Die RegTuP erteilt den interessierten Subjekten unentgeltlich Informationen über Möglichkeiten der Frequenznutzung.
5. Der Präsident RegTuP veröffentlicht im Bulletin RegTuP Informationen über den Beginn der Ausarbeitung des Frequenzverwaltungsplanes für ein bestimmtes Frequenzspektrum oder der Ausarbeitung seiner Änderung. Die an einer Frequenznutzung interessierten Subjekte können Vorschläge zum Plan oder seinen Änderungen vorbringen.

Art. 107. [Bedingungen der Frequenzausnutzung]
1. Der zuständige Minister in Fernmeldeangelegenheiten kann durch Verordnung die ausführlichen Anforderungen der Ausführung bestimmter Funkkommunikationsdienste in für sie vorgesehenen Frequenzbereichen, unter Berücksichtigung der bei Bestimmung der Landesfrequenzbestimmungstafel angewendeten Anforderungen, bestimmen.
2. Der zuständige Minister in Fernmeldeangelegenheiten kann durch Verordnung die ausführlichen Anforderungen der Frequenzbereichsnutzung für die im Gewerbe, in der Medizin und Wissenschaft verwendeten Geräte bestimmen, unter Berücksichtigung der bei Bestimmung der Landesfrequenzbestimmungstafel angewendeten Anforderungen.

Art. 108. [Apparatur]
1. Die Apparatur sollte so konstruiert werden, dass:
1) sie in ihrer Umgebung keine elektromagnetischen Störungen mit Werten hervorruft, die die Widerstandsfähigkeit gegen diese Störungen bei anderer Apparatur oder anderen Systemen, die in dieser Umgebung auftreten, übersteigen,
2) sie die geforderte Widerstandsfähigkeit gegen elektromagnetische Störungen besitzt.
2. Der zuständige Minister in Fernmeldeangelegenheiten oder der zuständige Wirtschaftsminister kann durch Verordnung im Rahmen seiner Zuständigkeit die ausführlichen technischen und Nutzungsanforderungen bestimmen, denen die Apparatur entsprechen sollte, um die in Abs. 1 genannten Anforderungen zu erfüllen, geleitet von den Anforderungen europäischer Normungsorganisationen, und im Falle des Fehlens solcher Anforderungen – von Anforderungen anderer internationaler Normungsorganisationen, deren Mitglied Republik Polen ist.
3. Die Apparatur unterliegt einer Pflichtübereinstimmungsprüfung der in Abs. 1 genannten Anforderungen, nachfolgend „Grundanforderungen elektromagnetischer Kompatibilität" genannt, unter Ausschluss der in Art. 91 Abs. 4 Nr. 1 und 3 genannten Geräte.
4. Auf die Apparatur, die der Pflichtübereinstimmungsprüfung der Grundanforderungen elektromagnetischer Kompatibilität unterliegt, wendet man die Vorschriften der Art. 91 Abs. 2 und 3, Art. 93 sowie Art. 94 Abs. 1 und 2 entsprechend an.

TEIL VII. Regulierungs- und Kontrollorgane
Abschnitt 1. Präsident der Regulierungsbehörde für Telekommunikation und Post

Art. 109. [Präsident RegTuP]
1. Der Präsident RegTuP ist das Regulierungsorgan auf dem Gebiet der Telekommunikationstätigkeit und der Frequenzverwaltung sowie das Kontrollorgan bezüglich der Anforderungserfüllung der elektromagnetischen Kompatibilität.
2. Der Präsident RegTuP ist ein zentrales Organ der Regierungsverwaltung.

3. Der Ministerpräsident ernennt auf Antrag des zuständigen Ministers in Kommunikationsangelegenheiten den Präsidenten RegTuP. Der Präsident RegTuP wird vom Ministerpräsidenten abbestellt.
4. Der Präsident RegTuP wird für 5 Jahre ernannt.
5. Für die Position des Präsidenten RegTuP kann eine Person, die ausschließlich die polnische Staatsangehörigkeit besitzt, dauerhaft auf dem Territorium der Republik Polen wohnhaft ist, eine Hochschulausbildung sowie Erfahrung auf dem Gebiet der Telekommunikations- oder Posttätigkeit besitzt, ernannt werden.
6. Der Präsident RegTuP kann vor Ablauf der Zeit, für die er ernannt wurde, ausschließlich im Falle:
1) einer groben Gesetzesverletzung,
2) einer Gerichtsentscheidung mit dem Verbot der Besetzung von Führungspositionen oder der Ausführung von Funktionen mit besonderer Verantwortung in Staatsorganen,
3) der Begehung eines vorsätzlichen, von Amts wegen verfolgten Verbrechens, das durch eine rechtskräftige Entscheidung bestätigt wurde,
4) einer dauernd an der Aufgabenerfüllung hindernden Krankheit,
5) des Rücktritts, abberufen werden.
7. Im Falle der Abberufung des Präsidenten RegTuP vor Ablauf der Regierungsperiode beruft der Ministerpräsident seinen Nachfolger für die Zeit bis zum Ende der Regierungsperiode.
8. Der zuständige Minister in Fernmeldeangelegenheiten benennt auf Antrag des Präsidenten RegTuP die Stellvertreter des Präsidenten RegTuP für Angelegenheiten des Telekommunikationsdienstmarktes und des Postdienstmarktes. Die Stellvertreter des Präsidenten RegTuP werden vom zuständigen Minister in Fernmeldeangelegenheiten abberufen.
9. Der Präsident RegTuP ist das Exekutivorgan auf dem Gebiet der Verwaltungsvollstreckung nichtvermögensrechtlicher Verpflichtungen.

Art. 110. [Tätigkeitsumfang]
1. Zum Tätigkeitsumfang des Präsidenten RegTuP gehört insbesondere:
1) die Aufgabenerfüllung auf dem Gebiet der Regulierung der Telekommunikationstätigkeit und der Frequenzverwaltung sowie der Kontrolle der Anforderungserfüllung bezüglich der elektromagnetischen Kompatibilität, die durch Gesetz oder aufgrund der Vorschriften des Gesetzes vorgesehen sind,
1a) die Aufgabenerfüllung auf dem Gebiet der Regulierung der im Gesetz sowie in den Fernmeldewesenvorschriften bestimmten Posttätigkeit,
2) Bearbeitung der vom zuständigen Minister in Fernmeldeangelegenheiten im Rahmen seiner Zuständigkeit vorgelegten Entwürfe von Rechtsakten,
3) die Beurteilung des Funktionierens des Telekommunikations- und Postdienstleistungsmarktes sowie des Apparatur-, darunter des Telekommunikationsgerätemarktes,
4) die Vornahme von Interventionen in Angelegenheiten des Funktionierens des Telekommunikations- und Postdienstleistungsmarktes sowie des Apparaturmarktes, darunter des Marktes der Telekommunikationsgeräte aus eigener oder aus von interessierten Subjekten, insbesondere von Nutzern und Betreibern, angetragener Initiative und darunter die Bescheidvornahme in diesen Angelegenheiten im durch dieses Gesetz bestimmten Umfang,
5) die Schaffung der Voraussetzungen für die Entwicklung von Landesfunkkommunikationsdiensten durch die Gewährleistung der nötigen Frequenzzuteilungen sowie des Zugangs zu Umlaufbahnbeständen für die Republik Polen,
6) die Ausführung der Staatsverteidigungs- und Staatssicherheitsverpflichtungen,
7) die Zusammenarbeit mit internationalen Telekommunikationsorganisationen und Postorganisationen als auch mit zuständigen Organen anderer Staaten im Zuständigkeitsbereich des Präsidenten RegTuP,
8) die Entscheidung der in besonderen Gesetzen bestimmten Angelegenheiten der beruflichen Berechtigungen auf dem Gebiet der Telekommunikation,
9) die Inspirierung und Unterstützung der Wissenschaftsforschung,

10) die Zusammenarbeit mit dem Präsidenten der Verbraucher- und Wettbewerbsschutzbehörde in Angelegenheiten bezüglich der Beachtung von Rechten von Objekten, die Postdienste in Anspruch nehmen sowie bezüglich der Gegenmaßnahmen bei den Wettbewerb beschränkenden Praktiken und wettbewerbswidriger Konzentrationen von Betreibern und ihren Verbänden.

2. Der Präsident RegTuP legt dem zuständigen Minister in Fernmeldeangelegenheiten bis Ende April einen jährlichen Bericht über seine Tätigkeit im Vorjahr vor sowie übermittelt Informationen über seine Tätigkeit auf Verlangen dieses Ministers.

3. *gestrichen*

Art. 111. [Verwaltungsverfahren und Prozessordnung]

1. Beim Verfahren vor dem Präsidenten RegTuP wendet man vorbehaltlich der Abs. 2-4 die Vorschriften des Verwaltungsverfahrensgesetzes an.

2. Wegen der in Art. 57 Abs. 1-3, Art. 84 Abs. 1, Art. 124 Abs. 2 sowie Art. 125 Abs. 1 genannten Bescheide des Präsidenten RegTuP kann das Bezirksgericht – das Antimonopolgericht in Warschau innerhalb von 14 Tagen ab Zustellung des Bescheides angerufen werden.

3. Das Verfahren der Anrufung des Gerichts wegen der in Abs. 2 genannten Bescheide des Präsidenten RegTuP verläuft nach den Vorschriften des Zivilprozessgesetzbuches über das Verfahren in Handelssachen.

4. Auf die Beschlüsse des Präsidenten RegTuP, gegen die ein Einspruch eingelegt werden kann, wendet man die Vorschriften der Abs. 2 und 3 entsprechend an, jedoch ist der Einspruch innerhalb von 7 Tagen einzulegen.

Art. 112. [Regulierungsbehörde für Telekommunikation und Post]

1. Der Präsident RegTuP führt die Aufgaben mit Hilfe der RegTuP aus.

2. Der Präsident RegTuP führt die Finanztätigkeit aufgrund von für Haushaltseinheiten bestimmten Grundsätzen aus.

3. Die Ausgaben der RegTuP werden aus dem Staatshaushalt in der jährlich durch das Haushaltsgesetz bestimmten Höhe beglichen.

4. *gestrichen*

5. Den Mitarbeitern RegTuP kann eine Prämie zuerkannt werden, die vom ausgesonderten Konto des in Art. 32 Abs. 1 Nr. 5 bestimmten Sondermittels ausgezahlt wird.

6. Der Präsident RegTuP bestimmt das ausführliche Verfahren der Gewährung, Höhenbestimmung sowie Auszahlung der in Abs. 5 genannten Prämie an die Angestellten RegTuP in einer vom zuständigen Minister in Fernmeldeangelegenheiten genehmigten Ordnung, unter Berücksichtigung des in Art. 32 Abs. 1 Nr. 5 genannten Vorbehaltes und unter Zugrundelegung des Grundsatzes, dass die Gewährung und die Höhe der Prämie mit der persönlichen Beurteilung der prämierten Person, die Umfang und Qualität der anvertrauten Pflichten sowie den Engagementgrad der Verwirklichung berücksichtigen sollte, verbunden sein sollten.

7. *gestrichen*

8. *gestrichen*

9. Der zuständige Minister in Fernmeldeangelegenheiten verleiht durch Anordnung die Satzung RegTuP unter Bestimmung der Organisationseinheiten und -stellen.

Art. 113. [Bezirksabteilungen]

1. Die RegTuP setzt sich aus Bezirksabteilungen RegTuP zusammen.

2. Die Satzung RegTuP bestimmt unter Berücksichtigung der grundlegenden territorialen Aufteilung des Staates die Sitze der Bezirksabteilungen, ihre sachliche und örtliche Zuständigkeit.

3. Die Bezirksabteilung wird von einem Direktor der Bezirksabteilung geleitet.

4. Die Präsidenten der Bezirksabteilungen werden vom Präsidenten RegTuP ernannt und abberufen.

Art. 114. [Telekommunikationsrat]

1. Neben dem Präsidenten RegTuP wirkt ein Telekommunikationsrat als ein Auskunfts- und Beratungsorgan des Präsidenten RegTuP in Angelegenheiten der Telekommunikationstätigkeit, der Frequenzverwaltung sowie der Erfüllung der Grundanforderungen elektromagnetischer Kompatibilität.

2. Der Telekommunikationsrat bekundet seine Anschauung in vom zuständigen Minister in Fernmeldeangelegenheiten sowie vom Präsidenten RegTuP eingebrachten Angelegenheiten. Der Rat kann aus eigener Initiative Ansichten in Angelegenheiten, die zum Aufgabenbereich des Präsidenten RegTuP gehören, darlegen, mit Ausnahme der Angelegenheiten bezüglich der Vornahme von Verpflichtungen zum Besten der Verteidigungsfähigkeit und Sicherheit des Staates sowie zum Besten der öffentlichen Sicherheit und Ordnung durch den Präsidenten RegTuP.

3. Der Präsident RegTuP holt die Meinung des Telekommunikationsrates in Angelegenheiten der:

1) Gewährleistung des Zugangs zu Universaldiensten,

2) Qualität der Universaldienstleistungen,

3) Bestimmung der Grundsätze der Zusammenschaltung der Telekommunikationsnetze sowie der damit verbundenen Zusammenarbeit der Betreiber, ein.

4. Der Telekommunikationsrat setzt sich aus 15 Personen zusammen, die vom zuständigen Minister in Fernmeldeangelegenheiten auf Antrag des Präsidenten RegTuP berufen werden. Die Mitglieder des Telekommunikationsrates werden vom zuständigen Minister in Fernmeldeangelegenheiten abberufen.

5. Der zuständige Minister in Fernmeldeangelegenheiten beruft in den Telekommunikationsrat:

1) seinen Vertreter sowie je einen Vertreter des Verteidigungsministers, des zuständigen Innenministers, des Vorsitzenden des Landesmedienrates, des Präsidenten der Agentur für innere Sicherheit und Nachrichtendienstagentur sowie des Präsidenten der Verbraucher- und Wettbewerbsschutzbehörde, der durch diese Organe genannt wurde,

2) Personen, die sich durch Wissen und Erfahrungen in Angelegenheiten, die Gegenstand der Ratstätigkeit sind, auszeichnen, darunter solche von Verbandsorganisationen, Schuleinrichtungen, Forschungsstellen als auch von Betreiber-, Nutzerorganisationen, Subjekten, die Telekommunikationsdienste zugänglich machen, Telekommunikationsgeräteproduzenten oder -lieferanten sowie Subjekten des Telekommunikationsbaus vorgeschlagene.

6. Der Vorsitzende des Telekommunikationsrates wird aus der Mitte der Mitglieder des Telekommunikationsrates vom Ministerpräsidenten berufen und abberufen. Die Berufung erfolgt auf Antrag des Präsidenten RegTuP.

7. Die Amtsperiode des Telekommunikationsrates endet mit dem Ablauf der Amtsperiode des Präsidenten RegTuP.

Art. 115. [Organisation des Telekommunikationsrates]

1. Die Organisation und der Arbeitsgang des Telekommunikationsrates werden in der vom Rat zu beschließenden Arbeitssatzung bestimmt.

2. Die Versorgung des Telekommunikationsrates sichert der Präsident RegTuP.

3. Für die Teilnahme an Sitzungen des Telekommunikationsrates erhalten die Mitglieder eine Vergütung sowie eine Kostenrückerstattung anhand der bei der Bestimmung der den Arbeitnehmern wegen Dienstfahrten zustehenden Beträge geltenden Grundsätze.

4. Der Arbeitgeber ist zur Freistellung des Arbeitnehmers von der Arbeit zur Erfüllung der Aufgaben des Mitglieds des Telekommunikationsrates verpflichtet.

5. Der zuständige Minister in Fernmeldeangelegenheiten bestimmt durch Verordnung die Höhe der Vergütung für die Teilnahme an Sitzungen des Telekommunikationsrates insbesondere unter Beachtung des Pflichtenumfangs der Ratsmitglieder.

Art. 115a. [Postdiensterat]

1. Für den Präsidenten RegTuP ist ein Postdiensterat, nachfolgend „Rat" genannt, als ein Auskunfts- und Beratungsorgan des Präsidenten RegTuP in Postangelegenheiten tätig.

2. Der Rat bekundet seine Anschauung in vom zuständigen Minister in Fernmeldeangelegenheiten sowie vom Präsidenten RegTuP eingebrachten Angelegenheiten. Der Rat kann aus eigener Initiative

Ansichten in Angelegenheiten, die zum Aufgabenbereich des Präsidenten RegTuP gehören, darlegen, mit Ausnahme der Angelegenheiten bezüglich der Vornahme von Verpflichtungen zum Besten der Verteidigungsfähigkeit und Sicherheit des Staates sowie zum Besten der öffentlichen Sicherheit und Ordnung durch den Präsidenten RegTuP.
3. Der Rat setzt sich aus 9 Mitgliedern zusammen, die vom zuständigen Minister in Fernmeldeangelegenheiten auf Antrag des Präsidenten RegTuP benannt werden. Die Mitglieder des Rates werden vom zuständigen Minister in Fernmeldeangelegenheiten abberufen.
4. Der zuständige Minister in Fernmeldeangelegenheiten beruft in den Rat:
1) seinen Stellvertreter,
2) einen Stellvertreter des Präsidenten der Verbraucher- und Wettbewerbsschutzbehörde aus den von diesem Organ genannten Kandidaten,
3) einen Stellvertreter des öffentlichen Betreibers aus den von diesem Subjekt genannten Kandidaten,
4) Personen, die sich durch ihr Wissen und ihre Erfahrung auf dem Gebiet der Posttätigkeit auszeichnen, aus den von Organisationen, die Betreiber oder Postdienste beanspruchende Subjekte repräsentieren, von Fachorganisationen, Forschungseinrichtungen, Wissenschaftsinstituten, sowie von anderen mit der Posttätigkeiten verbundenen Organisationen, genannten Kandidaten.
5. Der zuständige Minister in Fernmeldeangelegenheiten beruft und abberuft den Ratspräsidenten. Die Berufung erfolgt auf Antrag des Präsidenten RegTuP aus den Ratsmitgliedern.
6. Die Amtszeit des Rates endet mit dem Ablauf der Amtszeit des Präsidenten RegTuP.

Art. 115b. [Organisation des Postdiensterates]
1. Auf den Rat werden die Vorschriften des Art. 115 Abs. 1-4 entsprechend angewendet.
2. Der zuständige Minister in Fernmeldeangelegenheiten bestimmt durch Verordnung die Vergütungshöhe für die Teilnahmen an den Sitzungen des Rates, insbesondere unter Beachtung des Aufgabenumfangs seiner Mitglieder.

Art. 116. [Bulletin]
1. Der Präsident RegTuP veröffentlicht ein Bulletin RegTuP.
2. Im Bulletin RegTuP veröffentlicht man die gesetzlich angeordneten Informationen und Bescheide des Präsidenten RegTuP, Empfehlungen bezüglich der Anwendung von Normen oder technischen Anforderungen, jährliche Berichte über die Qualität der Universaldienstleistungen der Betreiber, Informationen über die Arten der von Betreibern mit einer beträchtlichen Stellung auf dem Gebiet der Dienstleistungen in öffentlichen Telefonnetzen oder auf dem Gebiet der Miete von Telekommunikationsleitungen anwendbaren Kostenkalkulation, Verzeichnisse der erteilten Erlaubnisse, Informationen und Bekanntmachungen bezüglich der Nutzung von Frequenzen und der elektromagnetischen Kompatibilität sowie andere Informationen im vom Präsidenten RegTuP geregelten Umfang.

Abschnitt 2. Kontrolle und Nachkontrollverfahren

Art. 117. [Kontrollumfang]
1. Der Präsident RegTuP ist zur Kontrolle der Einhaltung der Vorschriften, Beschlüsse und Bescheide aus dem Bereich der Telekommunikation, der Frequenzbestandswirtschaft oder der Erfüllung der Anforderungen elektromagnetischer Kompatibilität verpflichtet.
2. Der Präsident RegTuP ist in der Funktion eines spezialisierten Organs im Sinne des Gesetzes vom 30. August 2002 über das Konformitätsbewertungssystem (Dz. U. 2002 Nr. 166, Pos. 1360) ebenso zur Kontrolle der Apparatur, darunter der Telekommunikationsgeräte, die sich im Handelsverkehr befindet, ermächtigt.

Art. 118. [Durchführung der Kontrolle]
1. Die Angestellten RegTuP haben nach dem Vorzeigen des Dienstausweises und der schriftlichen Ermächtigung das Recht auf:

1) Zugang zu Materialien, Dokumenten und anderen zur Durchführung der Kontrolle notwendigen Daten, als auch auf Erstellung von Kopien,
2) Zutritt zu allen Objekten und Immobilien sowie Räumen der kontrollierten Einheit,
3) Durchführung von Besichtigungen der kontrollierten Telekommunikationsnetze und der Apparatur, darunter der Telekommunikationsgeräte,
4) Sicherung vor weiterer Ingebrauchnahme oder Annahme zur Verwahrung von Funkanlagen, die ohne die erforderliche Genehmigung genutzt oder von einer nicht berechtigten Person bedient werden,
5) zeitliche Übernahme der Apparatur im Verfahren gemäß Art. 121 zur Durchführung von Untersuchungen zur Bestimmung der Störungsursachen,
5a) Unentgeltliche Probenentnahme der in den Handelsverkehr gebrachten Apparatur, darunter Telekommunikationsgeräte, zur Durchführung Messungen im Umfang der Erfüllung der grundlegenden Anforderungen durch die Apparatur,
6) Durchführung von Kontroll- und Messtätigkeiten, Untersuchungen der Telekommunikationsnetze, der Telekommunikationsgeräte sowie anderer Apparatur, als auch der Kontrolle der Qualität der geleisteten Telekommunikationsdienstleistungen.
2. Die Präsidenten der kontrollierten Einheiten sind den in Abs. 1 genannten Angestellten RegTuP zur Erteilung aller benötigten Informationen sowie zur Gewährleistung:
1) von Bedingungen zur leistungsfähigen Kontrolldurchführung,
2) des Zugangs zu in Abs. 1 genannten Materialien, Dokumenten, Daten von Geräten, Apparatur und Netzen,
3) des Zugangs zu in Abs. 1 genannten Objekten, Immobilien und Räumen,
4) der unentgeltlichen Zugänglichmachung der kontrollpflichtigen Telekommunikationsnetze oder Telekommunikationsgeräte sowie anderer Apparatur zur Durchführung von Untersuchungen der Telekommunikationsnetze oder Telekommunikationsgeräte, verpflichtet.
3. Auf kontrollierte natürliche Personen wendet man die Vorschriften des Abs. 2 Nr. 1 und 2 entsprechend an.
3a) Auf die Probenentnahme und -untersuchung der Apparatur im Umfang ihrer Erfüllung der grundlegenden Anforderungen gemäß Abs. 1 Nr. 5a), wendet man die Vorschriften der Art. 27 - 31 des Gesetzes vom 15. Dezember 200 über die Handelsinspektion (Dz. U. 2001 Nr. 4, Pos. 25 und Nr. 110, Pos. 1189 sowie 2002 Nr. 166, Pos. 1360) entsprechend an.
4. Der Präsident RegTuP kann die Vorlegung der in Abs. 1 Nr. 1 genannten Materialien, Dokumenten oder Daten verlangen sowie die Kontrolle in Zusammenarbeit mit anderen staatlichen Kontrollorganen durchführen.
5. Die Kontrolltätigkeiten können aus der Ferne durchgeführt werden. Die Ergebnisse der Fernmessungen sollten Daten enthalten, die eine Identifizierung der Kontrollinstrumente ermöglichen. Auf die Fernkontrolle wendet man die Vorschrift des Abs. 7 nicht an.
6. Das die Kontrolle durchführende Organ ist zur Erstellung eines durch den kontrolldurchführenden Mitarbeiter unterschriebenen Kontrollprotokolls verpflichtet.
7. Das in Abs. 6 genannte Protokoll ist auch vom Leiter der kontrollierten Einheit oder einer von ihm berechtigten Person oder der kontrollierten natürlichen Person zu unterschreiben.
8. Auf die in Abs. 1-5 genannten Kontroll- und Messtätigkeiten wendet man die Vorschriften über den Datenschutz sowie über das Fernmeldegeheimnis an.

Art. 119. [Anordnung zur Beseitigung von Regelwidrigkeiten]

Im Falle der Feststellung eines Verstoßes gegen Vorschriften, Bescheide oder Beschlüsse aus dem Gebiet der Telekommunikation, der Frequenzbestandsverwaltung oder der Erfüllung der Anforderungen elektromagnetischer Kompatibilität erlässt der Präsident RegTuP einen Bescheid, der den Umfang der Verletzungen sowie den Termin zur Beseitigung der Regelwidrigkeiten bestimmt.

Art. 120. [Aussetzung der Gerätenutzung]

1. Im Falle der Feststellung der Nutzung einer Funkanlage ohne die erforderliche Genehmigung oder der Bedienung dieses Gerätes durch eine unberechtigte Person erteilt der Präsident RegTuP an

den Gerätenutzer einen Bescheid, der eine Aussetzung der Nutzung oder Bedienung der Funkanlage durch eine unberechtigte Person vorschreibt. Der Bescheid unterliegt der sofortigen Vollstreckung.
2. Der aufgrund von Abs. 1 erteilte Bescheid kann einen Beschluss über die Sicherung der Funkanlage vor weiterem Gebrauch oder Bedienung oder über die Verwahrungsannahme des Gerätes beinhalten.
3. Der Präsident RegTuP hebt den Beschluss über die Sicherung der Funkanlage wegen:
1) einer fehlenden Genehmigung – mit dem Tag der Genehmigungsausstellung an den Nutzer, außer das Gericht hat die Einziehung des Gerätes angeordnet,
2) seiner Bedienung durch eine unberechtigte Person – unverzüglich nach dem Nachweis, dass die die Funkanlage bedienende Person das geforderte Funkanlagenbetreiberzertifikat besitzt.
4. Eine in Verwahrung genommene Funkanlage wegen:
1) einer fehlenden Genehmigung – wird dem Nutzer nach Erteilung der Genehmigung zurückgegeben, außer das Gericht hat die Einziehung des Gerätes angeordnet,
2) seiner Bedienung durch eine unberechtigte Person – wird dem Nutzer unverzüglich nach dem Nachweis, dass die die Funkanlage bedienende Person das geforderte Funkanlagenbetreiberzertifikat besitzt, zurückgegeben.

Art. 120a. [Rücknahme aus dem Handelsverkehr]
Im Falle der Feststellung, dass die in Verkehr gebrachte Apparatur, darunter Telekommunikationsgeräte, die grundlegenden Anforderungen nicht erfüllen:
1) erlässt der Präsident RegTuP einen Bescheid über die Rücknahme der Apparatur aus dem Handelsverkehr, die mit den in anderen Vorschriften bestimmten Anforderungen nicht übereinstimmt,
2) übermittelt der Präsident RegTuP die Ergebnisse der Kontrolle samt der entsprechenden Dokumentation sowie eine Kopie des in Nr. 1) genannten Bescheides unverzüglich dem Kontrollorgan.

Art. 121. [Beseitigung von elektromagnetischen Störungen]
1. Im Falle der Feststellung, dass die elektromagnetische Felder erzeugende Apparatur eine Arbeitsstörung anderer Apparatur, die die Anforderungen der elektromagnetischen Kompatibilität erfüllt, verursacht, kann der Präsident RegTuP in einem Bescheid nach Art. 119:
1) die zeitliche Aussetzung der Nutzung der die Störungen verursachenden Apparatur,
2) die Änderung der Nutzungsart der Apparatur,
3) die Anwendung technischer Mittel zur Beseitigung der Störungen auf Kosten des Subjektes, für welches der Bescheid ergangen ist, auferlegen, sowie über die zeitliche Wegnahme der Apparatur zur Durchführung der zur Bestimmung der Störursachen notwendigen Untersuchungen beschließen. Der Bescheid unterliegt der sofortigen Vollstreckung.
2. Der Präsident RegTuP kann die Herausgabe der weggenommenen Apparatur von der Zustimmung seines Nutzers auf Beseitigung der Störursachen auf Kosten des Nutzers abhängig machen.
3. Die RegTuP führt die Untersuchungen der weggenommenen Apparatur in einer Zeitperiode von höchstens 30 Tagen ab dem Tag seiner Wegnahme durch.

Art. 122. [Kontrolle in der Verwaltung]
1. Die Vorschriften der Art. 118 - 121 werden auf die in Art. 4 Abs. 1 Nr. 1-6 genannten Organisationsstellen und -einheiten, die in diesen Vorschriften bestimmte Aufgaben in eigener Zuständigkeit ausführen, nicht angewendet.
2. Der Ministerpräsident bestimmt durch Verordnung die ausführliche Verfahrensweise im Falle der Feststellung, dass die elektromagnetische Felder erzeugende, von den in Art. 4 Abs. 1 Nr. 1-6 genannten Organisationsstellen und -einheiten genutzte Apparatur eine Arbeitsstörung anderer Apparatur, die die Anforderungen elektromagnetischer Kompatibilität erfüllt, verursacht, unter Berücksichtigung der Art der durch diese Einheiten durchgeführten Aufgaben sowie des berechtigten Interesses des Apparaturnutzers, dessen Arbeit gestört wird.
3. Der zuständige Minister in Fernmeldeangelegenheiten bestimmt durch Verordnung im Einvernehmen mit dem Justizminister die ausführlichen Realisierungsarten der Vorschriften der Art. 118 - 121 in Bezug auf die Organisationseinheiten des Gefängnisdienstes unter Berücksichtigung des Auf-

gabencharakters der durch diese Einheiten verwirklichten Aufgaben sowie des berechtigten Interesses des Apparaturnutzers, dessen Arbeit gestört wird.

TEIL VIII. Strafvorschriften, Änderungen in geltenden Vorschriften, Übergangs- und Schlussvorschriften
Abschnitt 1. Strafvorschriften und Bußgelder

Art. 123. [Strafrechtliche Haftung]
1. Wer ohne die erforderliche Genehmigung ein Sende- und/oder Empfangsfunkgerät benutzt, unterliegt einer Geldstrafe, einer Freiheitsentziehungs- oder Freiheitsbeschränkungsstrafe bis zu 2 Jahren.
2. Das Gericht kann die Einziehung der Geräte, die zur Ausführung der in Abs. 1 genannten Tat bestimmt sind, anordnen, auch wenn sie kein Eigentum des Täters sind.
3. Das Gericht ordnet die Einziehung der Geräte oder Gegenstände, die zur Ausführung der in Abs. 1 genannten Tat bestimmt sind, auch wenn sie kein Eigentum des Täters sind, an, wenn ihre Benutzung das Leben oder die Gesundheit von Menschen bedroht. Die Vorschrift des Art. 195 Strafgesetzbuch wendet man unabhängig vom Wert der Gegenstände, deren Einziehung angeordnet wurde, an.

Art. 124. [Bußgelder]
1. Einer Geldstrafe unterliegt ein Subjekt, welches:
1) den Bescheid des Präsidenten RegTuP bezüglich der Führung der Telekommunikationstätigkeit ohne die erforderliche Erlaubnis oder ohne die erforderliche Anzeige oder unter Verletzung der Vorschrift des Art. 16 nicht ausführt,
2) dem Präsidenten RegTuP Änderungen des von der Anzeige umfassten faktischen oder rechtlichen Zustandes nicht anzeigt,
3) dem Präsidenten RegTuP die erforderliche Information über die Einnahmen aus Telekommunikationsdienstleistungen oder die zur Bestimmung des Verkaufsvolumens einzelner Telekommunikationsdienste sowie des Marktanteils erforderlichen Informationen oder Dokumente nicht erteilt oder unrichtige Informationen liefert,
4) eine Kostenkalkulation entgegen den gesetzlichen Vorschriften durchführt,
5) den erforderlichen Bericht über die Telekommunikationstätigkeit oder die erforderliche Information über den Umfang dieser Tätigkeit nicht vorlegt,
6) die durch Bescheid aufgrund der in Art. 54 Abs. 5 auferlegten oder in Art. 56 Abs. 3 bestimmten Verpflichtungen nicht erfüllt,
7) die Entwürfe der Universaldienstverträge oder ihre Änderungen, der Preisliste für Telekommunikationsdienste oder ihre Änderung oder den Entwurf der Allgemeinen Geschäftsbedingungen für Telekommunikationsdienstleistungen oder ihre Änderungen nicht in gesetzlich bestimmter Art und Umfang vorlegt,
8) trotz der technischen Möglichkeiten den Teilnehmern die Inanspruchnahme der in Art. 43 sowie Art. 56 Abs. 3 bestimmten Berechtigungen unmöglich macht,
9) die Anforderungen bezüglich der Erleichterungen für behinderte Personen, die Universaldienste in Anspruch nehmen, nicht erfüllt,
10) die Universaldienste vor ihrer Übernahme durch einen anderen Betreiber aussetzt,
11) die Verpflichtungen oder Aufgaben der Staatsverteidigung und -sicherheit sowie der öffentlichen Sicherheit und Ordnung im durch Gesetz oder im aufgrund Gesetzes ergangenen Bescheid bestimmten Umfang und Voraussetzungen nicht erfüllt,
12) die Verpflichtungen oder Anforderungen bezüglich der Zusammenschaltungen der Telekommunikationsnetze nicht erfüllt,
13) die Verpflichtungen bezüglich der Angebote, die Rahmenbedingungen der Verträge über Zusammenschaltungen oder über Telekommunikationsdienstleistungen bestimmen, nicht erfüllt,
14) den Vertrag über Zusammenschaltung entgegen den Rechtsvorschriften auflöst,
14a) Telekommunikationsgeräte in Verkehr bringt ohne dem Präsidenten RegTuP die Informationen im Verfahren und Umfang gemäß Art. 90 Abs. 1 übermittelt zu haben,

15) Telekommunikationsgeräte, die einer Pflichtübereinstimmungsprüfung mit den Grundanforderungen unterliegen, die das erforderliche Dokument oder Kennzeichen zur Bestätigung der Erfüllung der Grundanforderungen nicht besitzen oder falsch oder fälschlich ausgezeichnet sind, in Verkehr bringt,
16) Apparatur in Verkehr bringt, die die Anforderungen der elektromagnetischen Kompatibilität nicht erfüllt,
16a) die durch Bescheid gemäß Art. 119 oder Art. 120a Nr. 1) auferlegten Verpflichtungen nicht erfüllt,
17) die im auf Grundlage des Art. 84 Abs. 1 ergangenen Bescheid bestimmten Bedingungen der Zusammenschaltung der Telekommunikationsnetze sowie der Abrechnungen wegen der gemeinsamen Nutzung der Telekommunikationsnetze nicht beachtet,
18) Postdienste ohne die erforderliche Erlaubnis oder Anzeige erbringt,
19) ohne ein öffentlicher Betreiber zu sein, vorbehaltene Dienste erbringt,
20) die Verpflichtungen und Aufgaben zum Besten der Verteidigungsfähigkeit und Sicherheit des Staates sowie der öffentlichen Sicherheit und Ordnung nicht im durch Gesetz bestimmten Umfang und unter im Gesetz bestimmten Bedingungen erfüllt.
2. Unabhängig von der in Abs. 1 genannten Geldstrafe kann der Präsident RegTuP dem Leiter des Wirtschaftssubjektes eine Geldstrafe in Höhe von bis zu 300% seiner monatlichen Vergütung, die als Äquivalent für den Erholungsurlaub berechnet wird, in den in Abs. 1 Nr. 2-7 und 17 genannten Fällen auferlegen.
3. Die Berechnung der Geldstrafe schließt die Möglichkeit der Anwendung der Vorschriften des Art. 12 Abs. 1 Nr. 1 und 2 sowie Abs. 3 nicht aus.
4. Geldstrafen unterliegen der Einziehung aufgrund der Vorschriften über Verwaltungsvollstreckungsverfahren auf dem Gebiet der Vollstreckung von Geldforderungen.

Art. 125. [Höhe des Bußgeldes]
1. Die in Art. 124 Abs. 1 genannte Geldstrafe wird vom Präsidenten RegTuP durch Bescheid in der Höhe von bis zu 3% der Einnahmen des bestraften Subjektes, die im letzten Kalenderjahr erzielt wurden, auferlegt. Der Bescheid über Auferlegung einer Geldstrafe kann nicht der sofortigen Vollstreckung unterworfen werden.
2. Bei der Bestimmung der Bußgeldhöhe berücksichtigt der Präsident RegTuP die Stufe der Schädlichkeit der Tat, die Stufe des Verschuldens, die bisherige Tätigkeit des Subjektes und seine finanziellen Möglichkeiten.
3. Das Subjekt ist dem Präsidenten RegTuP auf sein Verlangen innerhalb von 30 Tagen ab Erhalt des Verlangens zur Zustellung der zur Bestimmung der Grundlage für die Strafgeldhöhenbemessung notwendigen Daten verpflichtet. Im Falle der Nichtzustellung der Daten oder wenn die gelieferten Daten die Bestimmung der Grundlage für die Strafgeldhöhenbemessung unmöglich machen, kann der Präsident die Grundlage für die Strafgeldhöhenbemessung schätzungsweise bestimmen, die jedoch nicht niedriger ist als:
1) die Höhe der in Art. 114 Abs. 5 bestimmten Vergütung – im Falle einer in Art. 124 Abs. 2 genannten Strafe,
2) der Gegenwert von 100 Tausend EURO – in restlichen Fällen.
4. Im Falle, dass die Tätigkeitsperiode des Subjektes kürzer als ein Kalenderjahr ist, wird der Gegenwert von 100 Tausend EURO als Grundlage für die Bemessung der Strafe angenommen.
5. Die Geldstrafe stellt Staatseinnahmen dar.
6. Der in Abs. 3 und 4 genannte Gegenwert der in EURO ausgedrückten Beträge wird in Złote aufgrund des durch die Polnische Nationalbank veröffentlichten Durchschnittskurses für den EURO am Tage der Bescheiderteilung über die Strafauferlegung umgerechnet.

Abschnitt 2. Änderung geltender Vorschriften

Art. 126. - Art. 134. *(vom Abdruck wurde abgesehen)*

Abschnitt 3. Übergangs-, Angleichungs- und Schlussvorschriften

Art. 135. [Begrenzungen zum Ende des Jahres 2002]
1. Bis zum 31. Dezember 2002 ist nicht erlaubt:
1) die Leistung von internationalen Telefondiensten,
2) die Leistung von internationalen Diensten mit Hilfe von durch ein ausländisches Subjekt oder eine Gesellschaft mit Beteiligung ausländischer Subjekte betriebener Netze.
2. Die Vorschriften des Abs. 1 werden bezüglich der Gesellschaft Telekomunikacja Polska AG, nachfolgend „TP AG" genannt, sowie bezüglich der Rechtnachfolger der TP AG oder der aufgrund ihrer Aufteilung oder Umgestaltung entstandenen Subjekte entsprechend des für sie bestimmten Dienstleistungstätigkeitsumfangs und -gebiets nicht angewendet.
3. Die Vorschrift des Abs. 1 Nr. 2 wird nicht auf Dienste angewendet, die keine internationalen Telefondienste sind, die mittels Funkanlagen, die eine Funkverbindung mit einem die Grenzen der Republik Polen überschreitenden Umfang herstellen, geleistet werden.
4. Der Ministerrat kann durch Verordnung die in Abs. 1 genannten Beschränkungen zum Teil oder im Ganzen aufheben, geleitet vom Bemühen der Entwicklung eines Konkurrenzmarktes für Telekommunikationsdienste, unter Beachtung, dass die Beschränkungsaufgabe stufenweise, unter Berücksichtigung des notwendigen Schutzes des polnischen Interesses, erfolgen sollte.

Art. 136. [Einrichtung der RegTuP und Ernennung des Präsidenten]
1. Es wird die RegTuP gegründet.
2. Der Ministerpräsident ernennt den Präsidenten RegTuP innerhalb von 30 Tagen ab dem Bekanntgabetag dieses Gesetzes.
3. Der zuständige Finanzminister wird zur Vornahme von entsprechenden Änderungen im Staatshaushalt für das Jahr 2000 ermächtigt, die die Finanzierung der RegTuP im zur Ausführung der Bestimmungen dieses Gesetzes notwendigen Umfang gewährleisten.

Art. 137. [Abschaffung der Staatlichen Telekommunikations- und Postinspektion]
1. Es wird die Staatliche Telekommunikations- und Postinspektion, nachfolgend STPI genannt, aufgehoben.
2. Die Mitarbeiter der STPI werden zu Mitarbeitern der RegTuP.
3. Das Vermögen der STPI wird zum Vermögen der RegTuP.

Art. 138. [Abschaffung der Staatlichen Funkkommunikationsagentur]
1. Es wird die Staatliche Funkkommunikationsagentur, nachfolgend SFA genannt, aufgehoben.
2. Die Mitarbeiter der SFA werden zu Mitarbeitern der RegTuP.
3. Das Vermögen der SFA wird zum Vermögen der RegTuP.

Art. 139. [Arbeitsverhältnisse]
1. Die Mitarbeiter der RegTuP, die bei der STPI vor dem Tag der Auflösung der STPI als Beamte angestellt waren:
1) werden von Rechts wegen Angestellte des Zivildienstes,
2) behalten die Arbeitsverhältnisse, die aufgrund der Ernennung unter den im Gesetz vom 16. September 1982 über Angestellte von Staatsbehörden (Dz. U. Nr. 31, Pos. 214, 1984 Nr. 35, Pos. 187, 1988 Nr. 19, Pos. 132, 1989 Nr. 4, Pos. 24, Nr. 34, Pos. 178 und 182, 1990 Nr. 20, Pos. 121, 1991 Nr. 55, Pos. 234, Nr. 88, Pos. 400 und Nr. 95, Pos. 425, 1992 Nr. 54, Pos. 254 und Nr. 90, Pos. 451, 1994 Nr. 136, Pos. 704, 1995 Nr. 132, Pos. 640, 1996 Nr. 89, Pos. 402 und Nr. 106, Pos. 496, 1997 Nr. 98, Pos. 604, Nr. 133, Pos. 882 und 883 und Nr. 141, Pos. 943, 1998 Nr. 131, Pos. 860, Nr. 155, Pos. 1016 und Nr. 162, Pos. 1118 sowie 1999 Nr. 49, Pos. 483 und Nr. 70, Pos. 778) bestimmten Voraussetzungen, höchstens bis zum 31. Dezember 2003, außer dass diese Verhältnisse früher auf eine im Gesetz vom 18. Dezember 1998 über den zivilen Dienst (Dz. U. 1999 Nr. 49, Pos. 483, Nr. 70, Pos. 778 und Nr. 110, Pos. 1255) bestimmte Art umgewandelt, aufgelöst werden oder erlöschen.

2. Auf die in Abs. 1 genannten Angestellten, die aufgrund der Ernennung unter den im Gesetz über Angestellte von Staatsbehörden bestimmten Voraussetzungen angestellt sind, werden die Vorschriften der Art. 10 Abs. 1a, 1b und 5, Art. 13 - 16 sowie Art. 27 Abs. 3 dieses Gesetzes angewendet.
3. Die bei der STPI vor der Auflösung der STPI angestellten Personen, die von der Funktion des Staatsverwaltungsorgans oder einer anderen leitenden Stellung in der Staatsverwaltung abberufen wurden, die vor der Ernennung zu dieser Funktion oder Stellung gemäß den Vorschriften des Gesetzes über Angestellte von Staatsbehörden ernannte Staatsbeamte waren, werden zu Angestellten des Zivildienstes und auf sie wird Art. 45 Abs. 2 des Gesetzes über Angestellte von Staatsbehörden entsprechend angewendet.

Art. 140. [Arbeitsverhältnisse]
Auf die Angestellten der RegTuP, die vor dem Tag der Auflösung der SFA bei der SFA als Staatsbeamte angestellt waren, wird die Vorschrift des Art. 139 entsprechend angewendet.

Art. 141. [Auflösung der STPI und SFA]
1. Der zuständige Minister in Fernmeldeangelegenheiten bestimmt den Liquidator der STPI. Der Liquidator erstellt eine Schlussbilanz der STPI.
2. Der zuständige Minister in Fernmeldeangelegenheiten bestimmt den Liquidator der SFA. Der Liquidator erstellt eine Schlussbilanz der SFA.

Art. 142. [Umgestaltung der Berechtigungen]
1. Unter Vorbehalt der Abs. 2 und 3:
1) werden die aufgrund des Gesetzes über Fernmeldewesen erteilten:
a) Konzessionen auf Telekommunikationsdienstleistungen samt der Erlaubnis auf Einrichtung und Nutzung der in Art. 3 Abs. 1 genannten Netze von Rechts wegen Erlaubnisse im Sinne des vorliegenden Gesetzes,
b) Erlaubnisse auf Einrichtung und Nutzung von Geräten und Netzen zum gesamten Kabelempfang von Rundfunk- und Fernsehprogrammen von Rechts wegen Erlaubnisse im Sinne des vorliegenden Gesetzes,
c) Erlaubnisse auf Einrichtung und Nutzung der Sende– und/oder Empfangsfunkkommunikationsgeräte, die mit der Frequenzzuteilung für diese Geräte erteilt wurden, von Rechts wegen Genehmigungen im Sinne des vorliegenden Gesetzes,
d) Erlaubnisse auf Einrichtung und Nutzung der zur Verbreitung oder Übermittlung von Rundfunk- oder Fernsehprogrammen dienender Sende– und/oder Empfangsfunkkommunikationsgeräte von Rechts wegen Genehmigungen im Sinne des vorliegenden Gesetzes,
2) werden die in Abs. 1 Nr. 1) lit. a) und b) genannten Konzessionen und Erlaubnisse sowie die in Bescheiden über Frequenzzuteilung enthaltenen Frequenzzuteilungen von Rechts wegen Frequenzreservierungen,
3) werden die in Konzessionen auf Übermittlung oder Verbreitung von Fernseh- oder Rundfunkprogrammen enthaltenen Frequenzzuteilungen, die vom Vorsitzenden des Landesmedienrates vor dem Tag des Inkrafttretens des vorliegenden Gesetzes erteilt wurden, von Rechts wegen Frequenzreservierungen.
2. Die Vorschriften des Abs. 1 Nr. 1 wendet man auf die aufgrund des Gesetzes über Fernmeldewesen erteilten Konzessionen und Erlaubnisse, bezüglich der Ausübung der in Abs. 4 und 5 genannten Tätigkeiten nicht an. Diese Berechtigungen erlöschen von Rechts wegen.
3. Die Vorschriften des Abs. 1 wendet man auf die in den im Abs. 1 genannten Konzessionen, Erlaubnissen sowie Frequenzzuteilungen enthaltenen Bestimmungen, deren Ausübung eine Verletzung der Vorschriften des Gesetzes darstellen würde, nicht an. Zur Feststellung des Erlöschens dieser Bestimmungen werden die Vorschriften des Art. 162 des Verwaltungsverfahrensgesetzbuches entsprechend angewendet.
4. Die in den im Abs. 1 genannten Konzessionen, Erlaubnissen sowie Frequenzzuteilungen enthaltenen Voraussetzungen der Ausübung der Telekommunikationstätigkeit sowie der Nutzung der

Funkkommunikationsgeräte unterliegen, unter Ausschluss der in Abs. 2 und 3 genannten, keiner Änderung.

5. Andere als die in Abs. 1 genannten, aufgrund des Gesetzes über Fernmeldewesen erteilten Konzessionen auf Telekommunikationsdienstleistung, Erlaubnisse sowie Frequenzzuteilungen erlöschen von Rechts wegen.

6. Ein Subjekt, dem eine dem Erlöschen aus in Abs. 2, 3 oder 5 genannten Gründen unterliegende Berechtigung erteilt wurde, kann die Telekommunikationstätigkeit im bisherigen Umfang auf in diesem Gesetz bestimmten Grundsätzen:

1) bis zum Zeitpunkt des Bescheides des Präsidenten RegTuP über den Antrag des Subjektes über die Anpassung der besessenen Berechtigung an die Vorschriften des vorliegenden Gesetzes oder der Erteilung der entsprechenden Berechtigung, unter der Bedingung der Stellung eines solchen Antrags innerhalb von 12 Monaten ab dem Tag des Inkrafttretens des vorliegenden Gesetzes – im Falle, dass die vom Subjekt betriebene Telekommunikationstätigkeit einer Erlaubnis, Genehmigung oder Frequenzreservierung erfordert,

2) falls er innerhalb von 3 Monaten ab Inkrafttreten des vorliegenden Gesetzes die Anzeige der ausgeübten Telekommunikationstätigkeit vornimmt und der Präsident RegTuP den im Art. 14 Abs. 2 genannten Einspruch nicht erhebt – im Falle, dass die vom Subjekt geführte Telekommunikationstätigkeit einer Anzeige erfordert, betreiben.

7. Der Präsident RegTuP ist das zuständige Organ zur Anpassung oder Erteilung der in Abs. 6 Nr. 1 genannten Erlaubnis.

Art. 143. [Konformitätszertifikate]

1. Die aufgrund des Gesetzes über Fernmeldewesen erteilten Konformitätszertifikate für Telekommunikationsgeräte:

1) behalten ihre Gültigkeit im Falle von Telekommunikationsgeräten, die einer Pflichtübereinstimmungsprüfung mit Grundvoraussetzungen unterliegen,

2) erlöschen von Rechts wegen für die übrigen Telekommunikationsgeräte.

2. Telekommunikationsgeräte, deren Homologisierungszeugnisse dem Erlöschen unterliegen, können nach Grundsätzen des vorliegenden Gesetzes genutzt werden.

3. Telekommunikationsgeräte mit Ausschluss der Funkanlagen, die vor dem Tag des Inkrafttretens des in Art. 131 genannten Gesetzes rechtmäßig installiert wurden, können ohne die erforderliche Homologisierungserklärung bis zum Zeitpunkt ihrer technischen Abnutzung genutzt werden.

Art. 144. [Erlaubnisantrag für TP AG]

1. TP AG legt dem Präsidenten RegTuP innerhalb von 3 Monaten ab dem Tag der Bekanntmachung des vorliegenden Gesetzes einen schriftlichen Antrag auf Erteilung der Gesellschaft einer Erlaubnis auf Betreiben aller eine Erlaubnis benötigenden öffentlichen Telefonnetze sowie öffentlichen Netze zur Verbreitung oder Verteilung von Rundfunk- oder Fernsehsignalen, die von der TP AG am Tage der Antragstellung betrieben werden.

2. TP AG fügt dem Erlaubnisantrag Verzeichnisse der in Abs. 1 bestimmten öffentlichen Netze sowie Dokumente, die den Besitz der Berechtigungen zur Ausnutzung der zur Leistung der beantragten Telekommunikationsdienste benötigten Frequenzbestände, Nummernbestände oder Teilnehmeridentifizierungszeichenbestände bestätigen, hinzu.

3. Die Vorschriften der Abs. 1 und 2 werden ebenso auf Rechtsnachfolger der TP AG oder Subjekte, die wegen ihrer Teilung oder Umgestaltung entstanden sind, entsprechend dem für sie geregelten Diensttätigkeitsumfang und -gebiet entsprechend angewendet.

4. Der zuständige Minister in Fernmeldeangelegenheiten bestimmt durch Bescheid innerhalb von 30 Tagen ab Bekanntgabe des Gesetzes:

1) den in Abs. 1 genannten Musterantrag,

2) die Form der Verzeichnisse sowie die Art der in Abs. 2 genannten Dokumente.

Art. 145. [Genehmigungsantrag für TP AG]
1. TP AG stellt innerhalb von 2 Monaten ab Inkrafttreten des Gesetzes einen schriftlichen Antrag beim Präsidenten RegTuP auf Erteilung der Genehmigungen zur Nutzung der durch die Gesellschaft betriebenen und von den besessenen Genehmigungen nicht umfassten Funkanlagen an die Gesellschaft gemäß dem faktischen Stand am Tage der Antragstellung.
2. TP AG fügt dem Genehmigungsantrag die Verzeichnisse der in Abs. 1 bestimmten Geräte bei.

Art. 146. [Nutzungserlaubnisse]
1. Der Präsident RegTuP erteilt der TP AG innerhalb von 2 Monaten ab dem Tag des Inkrafttretens des Gesetzes die Erlaubnis auf Betreiben der in Art. 144 Abs. 1 bestimmten öffentlichen Netze durch die TP AG für die Dauer von 25 Jahren.
2. Im Falle, dass die TP AG den in Art. 144 genannten Antrag nicht stellt, erteilt der Präsident RegTuP innerhalb von 2 Monaten ab dem Tag des Inkrafttretens des Gesetzes eine Erlaubnis auf Betreiben von öffentlichen Telefonfestnetzen durch die TP AG, die am Tag des Inkrafttretens von der TP AG betrieben werden, die zur Leistung von lediglich nationalen und internationalen Telefondiensten für die Dauer von 25 Jahren ermächtigt.
3. Die in Abs. 1 oder 2 genannten Erlaubnisse werden mit den entsprechenden Frequenzreservierungen, Nummerzuteilungen sowie Zuteilungen anderer Teilnehmer- oder Netzabschlussidentifikationszeichen im zur Ausübung der Erlaubnis unabdingbaren Umfang erteilt.
4. Für die Erteilung der in Abs. 1 oder 2 genannten Erlaubnisse werden keine Gebühren erhoben.

Art. 147. [Genehmigung für TP AG]
1. Der Präsident RegTuP erteilt der TP AG innerhalb von 12 Monaten ab dem Tag des Inkrafttretens des Gesetzes im durch den gestellten Antrag der TP AG bestimmten Umfang und in der in Art. 145 Abs. genannten Frist die Genehmigung auf Nutzung der Sende- und/oder Empfangsfunkgeräte für die Dauer von höchstens 10 Jahren.
2. Die in Abs. 1 genannten Genehmigungen werden samt den entsprechenden Identifizierungssignalen oder Sendezeichen erteilt.

Art. 148. [Berechtigungen der TP AG im Übergangszeitraum]
1. Bis zum Zeitpunkt des Inkrafttretens der in Art. 146 genannten Erlaubnisse steht der TP AG die aufgrund des Gesetzes über Fernmeldewesen erworbene Berechtigung zur Führung der Telekommunikationstätigkeit zu, unter Berücksichtigung der Bestimmungen der vom zuständigen Minister in Fernmeldeangelegenheiten aufgrund des Gesetzes über Fernmeldewesen mit der TP AG geschlossenen Verträge.
2. Bis zum Zeitpunkt des Inkrafttretens der in Art. 147 genannten Genehmigungen stehen der TP AG die aufgrund des Gesetzes über Fernmeldewesen erworbenen Berechtigungen zur Nutzung der Funkanlagen zu.
3. Für die in Art. 146 und Art. 147 nicht genannten Berechtigungen gelten die allgemeinen Bewerbungsgrundsätze.
4. TP AG führt die erlaubnisfreie Telekommunikationstätigkeit nach allgemeinen Grundsätzen aus.

Art. 149. [Rechtsnachfolger der TP AG]
Die Vorschriften der Art. 145 - 148 werden ebenso auf Rechtsnachfolger der TP AG oder Subjekte, die wegen ihrer Teilung oder Umgestaltung entstanden sind, entsprechend dem für sie geregelten Diensttätigkeitsumfang und -gebiet entsprechend angewendet.

Art. 150. [Fortgeltung der Ausführungsvorschriften]
1. Bis zum Zeitpunkt des Erlasses der im vorliegenden Gesetz vorgesehenen Ausführungsvorschriften, jedoch nicht länger als für die Dauer von 2 Jahren ab Inkrafttreten des vorliegenden Gesetzes, gelten die aufgrund des in Art. 131 genannten Gesetzes erlassenen Ausführungsvorschriften fort, falls sie den Vorschriften des vorliegenden Gesetzes nicht widersprechen.

2. Auf die vor dem Tag des Inkrafttretens des Gesetzes eingeleiteten und nicht durch einen endgültigen Bescheid beendeten Angelegenheiten werden die Vorschriften des Gesetzes mit Ausnahme des Art. 124 und 125 angewendet.

Art. 151. [Inkrafttreten]

Das Gesetz tritt am 1. Januar 2001 in Kraft, mit Ausnahme der Vorschriften:

1) des Art. 131 Nr. 3 und 4, Art. 136 Abs. 2, Art. 141 sowie Art. 144, die am Tag der Bekanntgabe des Gesetzes in Kraft treten,

2) des Art. 109 Abs. 2-9, Art. 112 Abs. 1-4 und 8, Art. 113, Art. 131 Nr. 2 lit. b), Nr. 8 lit. a), Nr. 9 und 12, Art. 136 Abs. 1 und 3, Art. 137 sowie Art. 139, die nach Ablauf von 30 Tagen ab dem Bekanntgabetag in Kraft treten,

3) des Art. 9 sowie Art. 25 Abs. 1, die am 1. Januar 2002 in Kraft treten,

4) des Art. 32, Art. 59 Abs. 1 sowie Art. 112 Abs. 5 und 6, die am 1. Januar 2004 in Kraft treten.

Adler, Madeleine, Universaldienstleistungen nach dem TKG – Verfassungsrechtliche Grundlagen und Fragen des Rechtsschutzes, Aachen 2000.

Balawejder, Agnes/Redecker, Niels von, Chronik der Rechtsentwicklung in Osteuropa - Polen, WiRO 2003, 217 f.

Bartosch, Andreas, Nummernmanagement, NJW-CoR 1999, S. 103-110.

Bedronek, Czesław, Organizacja i administracja łączności [Organisation und Verwaltung des Fernmeldewesens], 3. Auflage, Warszawa 1984.

Bernstein, Herbert/Drobing, Ulrich/Kötz, Hein (Hrsg.), Festschrift für Konrad Zweigert zum 70. Geburtstag, Tübingen 1981.

Beutler, Bengt/Bieber, Roland/Pipkorn, Jörn (Hrsg.), Die Europäische Union, 5. Auflage, Baden-Baden 2001.

Bialik, Wojciech, Telecommunication Law in Poland, .in: Scherer, Joachim (Hrsg.), Telecommunication Laws in Europe, Fourth edition, London 1998, S. 383-398.

Bieber, Roland, in: Beutler, Bengt/Bieber, Roland/Pipkorn, Jörn u.a. (Hrsg.), Die Europäische Union, 5. Auflage, Baden-Baden 2001 (zit.: *Bieber,* in: *Beutler/Bieber/Pipkorn* u.a. (Hrsg.)).

Bogus, Paweł/Heil, Helmut, Europäischer Datenschutz in Polen, DuD 1998, S. 463-464.

Bogus, Paweł/Heil, Helmut, Polnisches Datenschutzgesetz vom 29. August 1997 – Gesetz über den Schutz personenbezogener Daten, DuD 1998, S. 465-471.

Borowski, Adam, System oceny zgodności urządzeń telekomunikacyjnych [Konformitätsbewertungssystem für Telekommunikationsgeräte], tele.net.forum 2/2002, S. 48.

Breidenbach, Stephan (Hrsg.), Handbuch Wirtschaft und Recht in Osteuropa, Band 2 Länderteil Polen (PL), München 2003.

Brox, Hans, Allgemeiner Teil des BGB, 22. Auflage, Köln - Berlin - Bonn - München 1998.

Brunner, Georg (Hrsg.), Verfassungs- und Verwaltungsrecht der Staaten Osteuropas, Band I 1 Ostmitteleuropa, Loseblatt-Ausgabe, Berlin Stand 22. Lfg. Januar 1999.

Büchner, Wolfgang (Hrsg.), Beck'scher TKG Kommentar, 2. Auflage, München 2000 (zit.: *Büchner,* in: Beck'scher TKG-Komm.).

Budziewicz, Agnieszka, Sposoby podwyższania jakości świadczonych usług na polskim rynku telekomunikacyjnym na tle rynku globalnego [Arten der Verbesserung der Dienstequalität auf dem polnischen Telekommunikationsmarkt im Hinblick auf den globalen Markt], in: Panasiuk, Alexander (Hrsg.), Sektor turystyczny w społeczeństwie informacyjnym - Turystyka - poczta - telekomunikacja [Die Tourismusbranche in der Informationsgesellschaft - Tourismus - Post - Telekommunikation], Szczecin 2001, S. 125-128.

Büllingen, Franz/Stamm, Peter, Entwicklungstrends im Telekommunikationssektor bis 2010, Studie im Auftrag des Bundesministeriums für Wirtschaft und Technologie, Bad Honnef April 2001.

Choi, Jay Pil, Telecommunications Reform in Central and Eastern Europe, Wien 1995.

Cullen International SA/Wissenschaftliches Institut für Kommunikationsdienste, Study on Universal Service in the Accession Countries, Country Report Poland, Namur 2001, S. 186-215 (zit.: *Cullen/WIK*, Universal Service in the Accession Countries).

Czarnecka, Marlena, Co nowego w prawie telekomunikacyjnym? [Was gibt es Neues im Telekommunikationsrecht?], tele.net.forum 7/2002, S. 57-58.

Czarnecka, Marlena, Co zmieni dominująca pozycja TP SA? [Was wird die marktbeherrschende Stellung der TP SA ändern?], tele.net.forum 9/2001, S. 70-71.

Czarnecka, Marlena, *e*Europa i *e*Polska [*e*Europa und *e*Polen], TELECOMforum 9/2000, abrufbar unter: http://www.telecomforum.pl/0009/14.htm.

Czarnecka, Marlena, UMTS – sprzedaż przyszłych możliwości [UMTS – Verkauf künftiger Möglichkeiten], TELECOMforum 10/2000, abrufbar unter: http://www. telecomforum.pl/n0010/18.htm.

Czarnecka, Marlena, URT a Ministerstwo Łączności [URT und Fernmeldeministerium], tele.net.forum 1/2001, S. 63-64.

Daig, Hans-Wolfram, Zur Rechtsvergleichung und Methodenlehre im Europäischen Gemeinschaftsrecht, in: Bernstein, Herbert/Drobing, Ulrich/Kötz, Hein (Hrsg.), Festschrift für Konrad Zweigert zum 70. Geburtstag, Tübingen 1981, S. 395-415 (zit.: *Daig*, in: FS für Konrad Zweigert).

Degenhart, Christoph, Versteigerung der UMTS-Lizenzen – Telekommunikationsrecht und Telekommunikationsverfassungsrecht, K&R 2001, S. 32-41.

Demmel, Annette, in: Manssen, Gerrit (Hrsg.), Telekommunikations- und Multimediarecht, Ergänzbarer Kommentar zum Telekommunikationsgesetz, Mediendienste-Staatsvertrag, Teledienstegesetz, Teledienstedatenschutzgesetz, Signaturgesetz, einschließlich Gesetzes- und Verordnungstexten und europäischen Vorschriften, Band 1, Berlin Stand 9. Lfg. März 2003 (zit.: *Demmel*, in: TKM-Komm.).

Diemer-Benedict, Tanja, Übersetzung des Gesetzes über das Hauptverwaltungsgericht, in: Brunner, Georg (Hrsg.), Verfassungs- und Verwaltungsrecht der Staaten Osteuropas, Band I 1 Ostmitteleuropa, Loseblatt-Ausgabe, Berlin Stand 22. Lfg. Januar 1999 (zit.: VSO Nr. 3.4.).

Ehmer, Jörg, in: Büchner, Wolfgang u.a. (Hrsg.), Beck`scher TKG Kommentar, 2. Auflage, München 2000 (zit.: *Ehmer*, in: Beck´scher TKG-Komm.).

Etling-Ernst, Martina, Praxiskommentar zum Telekommunikationsgesetz TKG, Ratingen 1999.

Friedrich, Dirk, Die Verpflichtung privater Telekommunikationsunternehmen, die staatliche Überwachung und Aufzeichnung der Telekommunikation zu ermöglichen, Aachen 2001.

Geppert, Martin, in: Büchner, Wolfgang u.a. (Hrsg.), Beck`scher TKG Kommentar, 2. Auflage, München 2000 (zit.: *Geppert*, in: Beck´scher TKG-Komm.).

Geppert, Martin/Ruhle, Ernst-Olav/Schuster, Fabian, Handbuch Recht und Praxis der Telekommunikation, EU, Deutschland, Österreich, Schweiz, 2. Auflage, Baden-Baden 2002 (zit.: *Geppert/Ruhle/Schuster*, Handbuch).

Giera, Janusz, Wyłączność usługowa poczty Polskiej w świetle działalności organizacyjnej państwa w latach 1558-2001 [Das Ausschließlichkeitsrecht der polnischen Post im Lichte der Organisationstätigkeit des Staates in den Jahren 1558-2001], in: Panasiuk, Alexander (Hrsg.), Sektor turystyczny w społeczeństwie informacyjnym - Turystyka - poczta - telekomunikacja [Die Tourismusbranche in der Informationsgesellschaft - Tourismus - Post - Telekommunikation], Szczecin 2001, S. 149-155.

Glahs, Heike, in: Scheurle, Klaus-Dieter/Mayen, Thomas (Hrsg.), Telekommunikationsgesetz (TKG) - Kommentar, München 2002 (zit.: *Glahs*, in: *Scheurle/Mayen*, TKG-Komm.).

Godula, Stanisław, Ryzyko zakazywania telefonii IP [Risiko beim Verbot der Internet-Telefonie], tele.net.forum 9/2001, S. 64-66.

Godula, Stanisław, Tango z unbundlingiem [Entbündelungstango], tele.net.forum 11/2001, S. 74-76.

Gospodarek, Jerzy, Komentarz do ustawy o łączności i ordynacji pocztowej [Kommentar zum Fernmeldewesengesetz und zur Postordnung], Warszawa 1994.

Gospodarek, Jerzy, Prawo pocztowe i telekomunikacyjne [Post- und Telekommunikationsrecht], Zielona Góra 1996.

Gospodarek, Jerzy, Ustawa o łączności z 1990 roku i jej zmiany na drodze Polski do Unii Europejskiej [Das Fernmeldegesetz von 1990 und seine Änderungen auf Polens Weg zur Europäischen Union], in: Jasiński, Piotr/Skoczny, Tadeusz (Hrsg.), Telekomunikacja [Telekommunikation], Warszawa 1997, S. 287-306.

Gounalakis, Georgios, Der Mediendienste-Staatsvertrag der Länder, NJW 1997, S. 2993-3000.

Gramlich, Ludwig, Entwicklungen der staatlichen Wirtschaftsaufsicht – Das Telekommunikationsrecht als Modell? VerwArch 88 (1997), S. 598-644.

Gronowski, Stanisław, Ustawa antymonopolowa – Komentarz [Antimonopolgesetz – Kommentar], 2. Auflage, Warszawa 1999.

Hahn, Rüdiger, in: Scheurle, Klaus-Dieter/Mayen, Thomas (Hrsg.), Telekommunikationsgesetz (TKG) – Kommentar, München 2002 (zit.: *Hahn*, in: *Scheurle/Mayen*, TKG-Komm.).

Haß, Edeltraud, in: Manssen, Gerrit (Hrsg.), Telekommunikations- und Multimediarecht, Ergänzbarer Kommentar zum Telekommunikationsgesetz, Mediendienste-Staatsvertrag, Teledienstegesetz, Teledienstedatenschutzgesetz, Signaturgesetz, einschließlich Gesetzes- und Verordnungstexten und europäischen Vorschriften, Band 1, Berlin Stand 9. Lfg. März 2003, (zit.: *Haß*, in: TKM-Komm.).

Heimlich, Jörn, Die Abgabepflichten des Telekommunikationsgesetzes, NVwZ 1998, S. 122-125.

Hess, Philipp, Das Versteigerungsverfahren nach dem Telekommunikationsgesetz, Frankfurt am Main u.a. 2003.

Heßler, Christina, Der Verbraucherschutz im Telekommunikationsgesetz, Frankfurt am Main u.a. 2002.

Heun, Sven-Erik (Hrsg.), Handbuch Telekommunikationsrecht, Köln 2002.

Heyl, Cornelius von, Teledienste und Mediendienste nach Teledienstegesetz und Mediendienste-Staatsvertrag, ZUM 1998, S. 115-120.

Hoeren, Thomas, Wegerechte auf dem Prüfstand – § 57 und die Nachverlegung von Lichtwellenleiterkabeln, MMR 1998, S. 1-6.

Hofmann, Mahulena/Küpper, Herbert (Hrsg.), Kontinuität und Neubeginn - Staat und Recht in Europa zu Beginn des 21. Jahrhunderts, Festschrift für Georg Brunner aus Anlass seines 65. Geburtstags, Baden-Baden 2001.

Holznagel, Bernd/Enaux, Christoph/Nienhaus, Christian, Grundzüge des Telekommunikationsrechts, Rahmenbedingungen, Regulierungsfragen, Internationaler Vergleich, 2. Auflage, München 2001.

Horodeński, Andrzej, Dokąd zmierza TP SA? [Was gedenkt die TP SA?], tele.net.forum 5/2002, S. 66-68.

Immenga, Ulrich, Marktabgrenzung und Marktbeherrschung, in: Immenga, Ulrich/Kirchner, Christian/Knieps, Günter/Kruse, Jörn (Hrsg.), Telekommunikation im Wettbewerb – Eine ordnungspolitische Konzeption nach erfolgreicher Marktöffnung, München 2001, S. 57-71 (zit.: *Immenga* in: *ders./Kirchner/Knieps/Kruse*).

Immenga, Ulrich/Kirchner, Christian, Zur Neugestaltung des deutschen Telekommunikationsrechts, TKMR 2002, S. 340-355.

Immenga, Ulrich/Kirchner, Christian/Knieps, Günter/Kruse, Jörn (Hrsg.), Telekommunikation im Wettbewerb – Eine ordnungspolitische Konzeption nach erfolgreicher Marktöffnung, München 2001.

Izdebski, Hubert, Aktualne problemy prawne dotyczące wdrażania UMTS [Aktuelle rechtliche Probleme der UMTS-Einführung], TELECOMforum 11/2000, S. 34-36.

Izdebski, Hubert, Nowa ustawa – Prawo telekomunikacyjne [Neues Gesetz – Telekommunikationsrecht], TELECOMforum 9/2000, abrufbar unter: http://www.telecomforum.pl/0009/21.htm.

Izdebski, Hubert, Przepisy wchodzą w życie [Vorschriften treten in Kraft], TELECOMforum 10/2000, abrufbar unter: http://www.telecomforum.pl/n0010/28.htm.

Janiszewski, Jarosław M., Liberalizacja – dla czy przeciw klientowi? [Liberalisierung – für oder gegen den Kunden?], Świat Telekomunikacji 11/2000, S. 18-20.

Jasiński, Piotr/Skoczny, Tadeusz (Hrsg.), Telekomunikacja [Telekommunikation], Warszawa 1997.

Jasiński, Piotr/Skoczny, Tadeusz, Liberalizacja łączności międzystrefowej w Polsce [Liberalisierung der Interzonengespräche in Polen], in: Szablewski, Andrzej T. (Hrsg.), Liberalizacja sektora energetycznego i telekomunikacyjnego [Liberalisierung des Energie- und Telekommunikationssektors], Warszawa 1998, S. 147-169.

Jenny, Valerian, Frequenzverwaltung, in: Heun, Sven-Erik (Hrsg.), Handbuch Telekommunikationsrecht, Köln 2002, S. 95-232 (zit.: *Jenny*, in: *Heun* (Hrsg.), Handbuch Telekommunikation).

Kalina-Prasznic, Urszula (Hrsg.), Encyklopedia Prawa, Wydanie drugie zaktualizowane i poszerzone [Enzyklopädie des Rechts, Zweite aktualisierte und erweiterte Auflage], Warszawa 2000 (zit.: Encyklopedia Prawa).

Kilian, Alina, Wörterbuch der Rechts- und Wirtschaftssprache, Teil I Polnisch-Deutsch, München 2000.

Klein, Christina, in: Manssen, Gerrit (Hrsg.), Telekommunikations- und Multimediarecht, Ergänzbarer Kommentar zum Telekommunikationsgesetz, Mediendienste-Staatsvertrag, Teledienstegesetz, Teledienstedatenschutzgesetz, Signaturgesetz, einschließlich Gesetzes- und Verordnungstexten und europäischen Vorschriften, Band 1, Berlin Stand 9. Lfg. März 2003 (zit.: *Klein*, in: TKM-Komm.).

Klöck, Oliver, Rechtliche Probleme der Versteigerung von UMTS-Lizenzen, RTkom 2000, S. 280-290.

Köbler, Gerhard, Rechtspolnisch, München 2001.

Koenig, Christian, Die Versteigerung der UMTS-Lizenzen auf dem Prüfstand des deutschen und europäischen Telekommunikationsrechts, K&R 2001, S. 41-55.

Koenig, Christian/Neumann, Andreas, Der Arbeitsentwurf zur Novellierung des TKG und die regulatorischen Herausforderungen des Internet-Zeitalters, K&R 2003, S. 217-220.

Koenig, Christian/Röder, Ernst, Plädoyer zur Überwindung der zersplitterten Aufsicht über neue Informations- und Kommunikationsmedien, K&R 1998, S. 417-421.

Kontkiewicz-Chachulska, Hanna, Ewolucja operatorów telekomunikacyjnych w perspektywie wyłaniającego się globalnego rynku [Evolution der Telekommunikationsbetreiber in der Perspektive eines aufkommenden globalen Marktes], in: Szablewski, Andrzej T. (Hrsg.), Liberalizacja sektora energetycznego i telekomunikacyjnego [Liberalisierung des Energie- und Telekommunikationssektors], Warszawa 1998, S. 119-146.

Kontkiewicz-Chachulska, Hanna/Kubasik, Jerzy, Przemiany w sektorze telekomunikacyjnym w Polsce po roku 1989 [Umgestalungen des Telekommunikationssektors in Polen nach 1989], in: Jasiński, Piotr/Skoczny, Tadeusz (Hrsg.), Telekomunikacja [Telekommunikation], Warszawa 1997, S. 235-286.

Korehnke, Stephan/Grotelüschen, Gerd-Hinrich, in: Büchner, Wolfgang u.a. (Hrsg.), Beck`scher TKG Kommentar, 2. Auflage, München 2000 (zit.: *Korehnke/Grotelüschen*, in: Beck'scher TKG-Komm.).

Krause-Junk, Gerold, Der Euro und die Osterweiterung der EU, DPJZ 1/2002, S. 5-15.

Krupa, Piotr/Kuźnicki, Wojciech, Prawo telekomunikacyjne – Komentarz [Telekommunikationsrecht – Kommentar], Wrocław 2001.

Kruse, Jörn, Lizenzierungsoptionen für die osteuropäische Telekommunikation, Stuttgart 1994.

Kubasik, Jerzy, Integration objectives, current status and abilities of the Central European telecommunications networks, in: Schenk, Karl-Ernst/Schmidtchen, Dieter/Streit, Manfred E. (Hrsg.), Jahrbuch für Neue Politische Ökonomie, Tübingen 1997, S. 261-284.

Kubasik, Jerzy, Liberalization of Telecommunications in Central Europe, in: Welfens, Paul J.J./Yarrow, George/Grinberg, Ruslan/Graack, Cornelius (Hrsg.), Towords Competition in Network Industries - Telecommunications, Energy and Transportation in Europe and Russia, Berlin - Heidelberg 1999, S. 171-187.

Kubasik, Jerzy, Mobile Telecommunications in Poland, in: Schenk, Karl-Ernst/Müller, Jürgen/Schnöring, Thomas (Hrsg.), Mobile Telecommunications: Emerging European Markets, Boston - London 1995, S. 119-142.

Kubasik, Jerzy, Poland: Problems of opening and regulating the public network, in: Schenk, Karl-Ernst/Kruse, Jörn/Müller, Jürgen (Hrsg.), Telecommunications Take-Off in Transition Countries, Aldershot (u.a.) 1997, S. 94-138.

Kulisiewicz, Tomasz, Na dobry początek [Auf einen guten Anfang], tele.net.forum 1/2001, S. 65-67.

Kuss, Klaus-Jürgen, Übersetzung des polnischen Verwaltungsverfahrensgesetzes, in: Brunner, Georg (Hrsg.), Verfassungs- und Verwaltungsrecht der Staaten Osteuropas, Band I 1 Ostmitteleuropa, Loseblatt-Ausgabe, Berlin Stand 22. Lfg. Januar 1999 (zit.: *Kuss*, in: *Brunner* (Hrsg.), VSO, Nr. 3.3.).

Ladeur, Karl-Heinz, Das europäische Telekommunikationsrecht im Jahre 2002, K&R 2003, S. 153-160.

Lammich, Siegfried, Übersetzung des polnischen Gesetzes über den Hörfunk und das Fernsehen, in: Brunner, Georg (Hrsg.), Verfassungs- und Verwaltungsrecht der Staaten Osteuropas, Band I 1 Ostmitteleuropa, Loseblatt-Ausgabe, Berlin Stand 22. Lfg. Januar 1999) (zit.: VSO, Nr. 2.5.4.a.).

Lane, Alexander, Übersetzung des polnischen Zivilgesetzbuches, in: Breidenbach, Stephan (Hrsg.), Handbuch Wirtschaft und Recht in Osteuropa, Band 2 Länderteil Polen (PL), München 2003 (zit.: *Lane*, in: WiRO Handbuch, PL 200).

Lege, Joachim, Wer soll die Grundversorgung mit Post und Telefon bezahlen? DÖV 2001, S. 969-980.

Lentowicz, Zbigniew, Dzielenie grosza za częstotliwości [Aufteilung der Pfennige für Frequenzen], Rzeczpospolita Nr. 250 vom 25.10.2000, S. B2.

Lentowicz, Zbigniew, Wojskowy sprzęt za częstotliwości [Militärische Ausrüstung im Gegenzug für Frequenzen], Rzeczpospolita Nr. 239 vom 12.10.2000, S. A3.

Leo, Hubertus/Schellenberg, Martin, Die Regulierungsbehörde für Telekommunikation und Post, ZUM 1997, S. 188-197.

Lerche, Peter, Kommentierung zu Art. 87 f GG, in: Maunz, Theodor/Dürig, Günther (Hrsg.), Grundgesetz Kommentar, Band IV Art. 53a-88, München Stand Oktober 2002 (zit.: *Lerche*, in: *Maunz/Dürig* (Hrsg.), GG-Komm.).

Łopaciński, Maciej, Voice Over IP w świetle ustawy Prawo Telekomunikacyjne z 21.7.2000 [Voice over IP im Lichte des Gesetzes Telekommunikationsrecht vom 21.7.2000], abrufbar unter: http://www.vagla.pl/skrypts/voip.htm.

Löwnau-Iqbal, Gabriele, in: Scheurle, Klaus-Dieter/Mayen, Thomas (Hrsg.), Telekommunikationsgesetz (TKG) – Kommentar, München 2002 (zit.: *Löwnau-Iqbal*, in: *Scheurle/Mayen*, TKG-Komm.).

Lüngen, Bent, Mobilkommunikation in Osteuropa, Die Gestaltung der Regulierungsrahmen und deren Auswirkungen auf die Entwicklung der Mobilkommunikation in Transformationsländern – eine empirische Analyse aus Sicht der Neuen Politischen Ökonomie, Frankfurt am Main (u.a.) 1996.

Lüngen, Bent, The Role of Mobile Telecommunications in Central-Eastern Europe, in: Schenk, Karl-Ernst/Müller, Jürgen/Schnöring, Thomas (Hrsg.), Mobile Telecommunications: Emerging European Markets, Boston - London 1995, S. 193-227.

Maj, Anna, Ostatni monopol [Letztes Monopol], telekabel 1/2003, S. 60-62.

Manssen, Gerrit (Hrsg.), Telekommunikations- und Multimediarecht, Ergänzbarer Kommentar zum Telekommunikationsgesetz, Mediendienste-Staatsvertrag, Teledienstegesetz, Teledienstedatenschutzgesetz, Signaturgesetz, einschließlich Gesetzes- und Verordnungstexten und europäischen Vorschriften, Band 1, Berlin Stand 9. Lfg. März 2003, (zit.: *Manssen*, in: TKM-Komm.).

Manssen, Gerrit, Das Telekommunikationsgesetz (TKG) als Herausforderung für die Verfassungs- und Verwaltungsrechtsdogmatik, ArchivPT 1998, S. 236-242.
Maunz, Theodor/Dürig, Günther (Hrsg.), Grundgesetz Kommentar, Band IV Art. 53a-88, München Stand Oktober 2002.
Mayen, Thomas, in: Scheurle, Klaus-Dieter/Mayen, Thomas (Hrsg.), Telekommunikationsgesetz (TKG) – Kommentar, München 2002 (zit.: *Mayen*, in: *Scheurle/Mayen*, TKG-Komm.).
Mestmäcker, Ernst-Joachim, Daseinsvorsorge und Universaldienst im europäischen Kontext, in: Ruland, Franz/Maydell, Bernd Baron von/Papier, Hans-Jürgen (Hrsg.), Verfassung, Theorie und Praxis des Sozialstaats – Festschrift für Hans F. Zacher zum 70. Geburtstag, Heidelberg 1998, S. 635-651 (zit.: *Mestmäcker*, in: FS für Hans F. Zacher).
Michoński, Arkadiusz, Prawo telekomunikacyjne [Telekommunikationsrecht], Świat Telekomunikacji 3/1999, S. 34.
Michoński, Arkadiusz, W drodze do Unii [Auf dem Weg in die Union], Świat Telekomunikacji 9/1999, S. 42-45.
Mielcarek, Andrzej, Historia łączności w zarysie [Geschichtlicher Umriss des Fernmeldewesens], Szczecin 1999.
Ministerstwo Gospodarki [Wirtschaftsministerium], *e*Polska – Plan działań na rzecz rozwoju społeczeństwa informacyjnego w Polsce na lata 2001-2006 [*e*-Polen – Aktionsplan zur Entwicklung der Informationsgesellschaft in Polen für die Jahre 2001-2006], Warszawa 2001 (zit.: *e*Polska).
Ministerstwo Infrastruktury [Infrastrukturministerium], Strategie rozwoju telekomunikacji na wsi na lata 2001-2004 [Die Strategie der Telekommunikationsentwicklung in ländlichen Gebieten für die Jahre 2001-2004], Warszawa Mai 2001.
Monopolkommission, Wettbewerbsentwicklung bei Telekommunikation und Post 2001 – Unsicherheit und Stillstand, Sondergutachten der Monopolkommission gemäß § 91 Absatz 3 Telekommunikationsgesetz und § 44 Postgesetz, Baden-Baden 2002.
Morsztyn, Tomasz, Trudne chwile UMTS [Schwierige Zeiten für UMTS], tele.net.forum 4/2001, S. 34-35.
Münch, Ingo von/Kunig, Philip (Hrsg.), Grundgesetz-Kommentar, Band 3 (Art. 70 bis Art. 146), 5. Auflage, München 2003.
Nienhaus, Christian, Wegerechte für Telekommunikationslinien auf Privatgrundstücken – Ausgewählte Rechtsprobleme des § 57 TKG, München 2000.
Nießen, Frank, in: Manssen, Gerrit (Hrsg.), Telekommunikations- und Multimediarecht, Ergänzbarer Kommentar zum Telekommunikationsgesetz, Mediendienste-Staatsvertrag, Teledienstegesetz, Teledienstedatenschutzgesetz, Signaturgesetz, einschließlich Gesetzes- und Verordnungstexten und europäi-

schen Vorschriften, Band 1, Berlin Stand März 2003 (zit.: *Nießen*, in: TKM-Komm.).

Okrągły, *Jarosław*, Lokalni uratowani [Die Lokalen gerettet], Świat Telekomunikacji 12/2000, S. 18-22.

Oppermann, *Thomas*, Europarecht, 2. Auflage, München 1999.

Panasiuk, *Alexander* (Hrsg.), Sektor turystyczny w społeczeństwie informacyjnym - Turystyka - poczta - telekomunikacja [Die Tourismusbranche in der Informationsgesellschaft - Tourismus - Post - Telekommunikation], Szczecin 2001.

PAR, Projekt Ustawy Telekomunikacyjnej Republiki Federalnej Niemiec z dnia 9.2.1996 wraz z komentarzem [Entwurf des Telekommunikationsgesetzes der Bundesrepublik Deutschland vom 9.2.1996 mit Begründung], Warszawa Oktober 1997.

Paul, *Ulrich/Mellewigt*, *Thomas*, in: Büchner, Wolfgang u.a. (Hrsg.), Beck'scher TKG Kommentar, 2. Auflage, München 2000 (zit.: *Paul/Mellewigt*, in: Beck'scher TKG-Komm.).

Paulweber, *Michael*, Regulierungszuständigkeiten in der Telekommunikation, Baden-Baden 1999.

Pfaff, *Dieter*, Die EU-Osterweiterung durch Rechtsangleichung: Wege zum acquis communautaire, in: Hofmann, Mahulena/Küpper, Herbert (Hrsg.), Kontinuität und Neubeginn – Staat und Recht in Europa zu Beginn des 21. Jahrhunderts, Festschrift für Georg Brunner aus Anlass seines 65. Geburtstags, Baden-Baden 2001, S. 537-545 (zit.: *Pfaff*, in: FS für Georg Brunner).

Piątek, *Stanisław*, Dostosowanie polskiego prawa telekomunikacyjnego do prawa wspólnotowego [Angleichung des polnischen Telekommunikationsrechts an das Gemeinschaftsrecht], in: Saganek, Przemysław/Skoczny, Tadeusz (Hrsg.), Wybrane problemy i obszary dostosowania prawa polskiego do prawa Unii Europejskiej [Ausgewählte Probleme und Angleichungsbereiche des polnischen Rechts zum Recht der Europäischen Union], Warszawa 1999, S. 343-400.

Piątek, *Stanisław*, Kommentierung zu Art. 1-2, Art. 4, Art. 6-36, Art. 38-41, Art. 73-85, Art. 88-94, in: Stępniak, Lechosław/Piątek, Tadeusz (Hrsg.), Prawo telekomunikacyjne – Komentarz do ustawy o łączności [Telekommunikationsrecht – Kommentar zum Fernmeldegesetz], Warszawa 1995.

Piątek, *Stanisław*, Nowe prawo telekomunikacyjne [Neues Telekommunikationsrecht], in: Jasiński, Piotr/Skoczny, Tadeusz (Hrsg.), Telekomunikacja [Telekommunikation], Warszawa 1997, S. 353-368.

Piątek, *Stanisław*, Prawo telekomunikacyjne – Komentarz [Telekommunikationsrecht – Kommentar], Warszawa 2001 (zit.: *Piątek*, PrTelekom).

Picot, *Arnold* (Hrsg.), Das Telekommunikationsgesetz auf dem Prüfstand, Berlin - Heidelberg - New York u.a. 2003.

Piepenbrock, Hermann-Josef, in: Büchner, Wolfgang u.a. (Hrsg.), Beck'scher TKG Kommentar, 2. Auflage, München 2000 (zit.: *Piepenbrock*, in: Beck'scher TKG-Komm.).

Piepenbrock, Hermann-Josef/Müller, Ulf, Rechtsprobleme des UMTS-Versteigerungsverfahrens, in: Piepenbrock, Hermann-Josef/Schuster, Fabian (Hrsg.), UMTS-Lizenzvergabe, Rechtsfragen der staatlichen Versteigerung knapper Ressourcen, Baden-Baden 2001, S. 8-113.

Piepenbrock, Hermann-Josef/Schuster, Fabian (Hrsg.), UMTS-Lizenzvergabe, Rechtsfragen der staatlichen Versteigerung knapper Ressourcen, Baden-Baden 2001.

Piepenbrock, Hermann-Josef/Schuster, Fabian, GWB und TKG: Gegeneinander, Nebeneinander oder Miteinander? Zum Verhältnis zwischen sektorspezifischem und allgemeinen Kartellrecht, CR 2002, S. 98-107.

Piotrowski, Andrzej J., Acquis communautaire inaczej [Acquis communautaire anders], tele.net.forum 5/2001, S. 72-73.

Piotrowski, Andrzej J., Prawym sierpowym w UMTS [Rechter Faustschlag Richtung UMTS], TELECOMforum 10/2000, abrufbar unter: http://www. telecomforum.pl/n0010/22.htm.

Rakowski, Piotr, Długo oczekiwana ustawa [Lang erwartetes Gesetz], Świat Telekomunikacji 7/2000, S. 36-37.

Regulierungsbehörde für Telekommunikation und Post, Tätigkeitsbericht 1998/1999, Bonn Dezember 1999.

Regulierungsbehörde für Telekommunikation und Post, Tätigkeitsbericht 2000/2001, Bonn Dezember 2001.

Reinke, Peter F., Der Zweck des Telekommunikationsgesetzes – Eine öffentlich-rechtliche Untersuchung des § 1 TKG, Frankfurt am Main 2001.

Roggemann, Herwig (Hrsg.), Die Verfassungen Mittel- und Osteuropas – Einführung und Verfassungstexte mit Übersichten und Schaubildern, Berlin 1999.

Rosenbusch, Christopher, Marktliberalisierung durch Europarecht – Das Beispiel der Telekommunikation, Regensburg 2001.

Rożyński, Paweł, Opóźniona trzecia generacja komórek [Verspätete dritte Handy-Generation], Gazeta.pl, abrufbar unter: http://www1.gazeta.pl/gospodarka/1,33181,1340756.html.

Ruland, Franz/Maydell, Bernd Baron von/Papier, Hans-Jürgen (Hrsg.), Verfassung, Theorie und Praxis des Sozialstaats – Festschrift für Hans F. Zacher zum 70. Geburtstag, Heidelberg 1998.

Saganek, Przemysław/Skoczny, Tadeusz (Hrsg.), Wybrane problemy i obszary dostosowania prawa polskiego do prawa Unii Europejskiej [Ausgewählte Probleme und Angleichungsbereiche des polnischen Rechts zum Recht der Europäischen Union], Warszawa 1999.

Schenk, Karl-Ernst/Kruse, Jörn/Müller, Jürgen (Hrsg.), Telecommunications Take-Off in Transition Countries, Aldershot (u.a.) 1997.

Schenk, Karl-Ernst/Lüngen, Bent/Prößdorf, Henrik, Telekommunikation in der Transformation - Handlungsoptionen, kontroverse Reformen und wirtschaftliche Wirkungen, Baden-Baden 1996.

Schenk, Karl-Ernst/Müller, Jürgen/Schnöring, Thomas (Hrsg.), Mobile Telecommunications: Emerging European Markets, Boston - London 1995.

Schenk, Karl-Ernst/Schmidtchen, Dieter/Streit, Manfred E. (Hrsg.), Jahrbuch für Neue Politische Ökonomie, Tübingen 1997.

Scherer, Joachim (Hrsg.), Telecommunication Laws in Europe, Fourth edition, London 1998.

Scherer, Joachim, Die Umgestaltung des europäischen und deutschen Telekommunikationsrechts durch das EU-Richtlinienpaket – Teil I, K&R 2002, S. 273-289.

Scherer, Joachim, Die Umgestaltung des europäischen und deutschen Telekommunikationsrechts durch das EU-Richtlinienpaket – Teil II, K&R 2002, S. 329-346.

Scherer, Joachim, Entwicklungslinien des Telekommunikationsrechts, CR 2000, S. 35-44.

Scherer, Joachim, Telekommunikationsrecht im Umbruch, CR 1987, S. 743-752.

Scheurle, Klaus-Dieter/Mayen, Thomas (Hrsg.), Telekommunikationsgesetz (TKG) – Kommentar, München 2002.

Schulze, Ulrich W., Übersetzung der polnischen Verfassung, in: Roggemann, Herwig (Hrsg.), Die Verfassungen Mittel- und Osteuropas – Einführung und Verfassungstexte mit Übersichten und Schaubildern, Berlin 1999, S. 675-734.

Schuster, Fabian, in: Büchner, Wolfgang u.a. (Hrsg.), Beck`scher TKG Kommentar, 2. Auflage, München 2000 (zit.: *Schuster*, in: Beck'scher TKG-Komm.).

Schütz, Raimund, in: Büchner, Wolfgang u.a. (Hrsg.), Beck`scher TKG Kommentar, 2. Auflage, München 2000 (zit.: *Schütz*, in: Beck'scher TKG-Komm.).

Schütz, Raimund/Attendorn, Thorsten, Das neue Kommunikationsrecht der europäischen Union – Was muss Deutschland ändern? MMR Beilage 4/2002, S. 1-45.

Schwarz, Kyrill-A., UMTS-Lizenzversteigerungserlöse und Finanzverfassung des Grundgesetzes, RTkom 2001, S. 141-148.

Stamm, Barbara, Die Entgeltregulierung im Telekommunikationsgesetz, Berlin 2001.

Stępniak, Lechosław, Kommentierung zu Art. 37, Art. 57-59, Art. 68-72, in: Stępniak, Lechosław/Piątek, Tadeusz (Hrsg.), Prawo telekomunikacyjne – Komentarz do ustawy o łączności [Telekommunikationsrecht – Kommentar zum Fernmeldegesetz], Warszawa 1995.

Stępniak, Lechosław/Piątek, Tadeusz (Hrsg.), Prawo telekomunikacyjne – Komentarz do ustawy o łączności [Telekommunikationsrecht – Kommentar zum Fernmeldegesetz], Warszawa 1995.

Streżyńska, Anna, Polska na tle krajów UE [Polen im Lichte der EU-Mitgliedstaaten], tele.net.forum 4/2002, S. 61-64.

Streżyńska, Anna, Przeciwdziałanie praktykom monopolistycznym w telekomunikacji w latach 1990-1996 [Maßnahmen gegen monopolistische Praktiken in der Telekommunikation in den Jahren 1990-1996], in: Jasiński, Piotr/Skoczny, Tadeusz (Hrsg.), Telekomunikacja [Telekommunikation], Warszawa 1997, S. 307-329.

Stumpf, Ulrich/Kiesewetter, Wolfgang/Alkas, Hasan, Entwicklung der Märkte für Telekommunikationsdienstleistungen, WIK-Studie, Bad Honnef 1999.

Świderek, Tomasz, Będzie pięć licencji [Es wird fünf Lizenzen geben], Rzeczpospolita Nr. 238 vom 11.10.2000, S. B1.

Świderek, Tomasz, Harmonogram polskiego UMTS [Zeitdiagramm für das polnische UMTS], Rzeczpospolita Nr. 169 vom 21.7.2000, S. B2.

Świderek, Tomasz, Nie będzie przetargu [Es wird kein Vergabeverfahren geben], Rzeczpospolita Nr. 280 vom 2.12.2000, S. B1.

Świderek, Tomasz, Papierowa liberalizacja [Liberalisierung auf dem Papier], Rzeczpospolita Nr. 296 vom 20.12.2002, S. B4.

Świderek, Tomasz, Przetarg unieważniony [Ausschreibung für ungültig erklärt], Rzeczpospolita Nr. 285 vom 7.12.2000, S. B1.

Świderek, Tomasz, Roaming kluczem do przetargu [Roaming als Schlüssel für die Ausschreibung], Rzeczpospolita Nr. 254 vom 30.10.2000, S. B3.

Szablewski, Andrzej T. (Hrsg.), Liberalizacja sektora energetycznego i telekomunikacyjnego [Liberalisierung des Energie- und Telekommunikationssektors], Warszawa 1998.

Telekomunikacja Polska S.A., Raport roczny 1999 [Jahresbericht 1999], Warszawa 1999.

Telekomunikacja Polska S.A., Raport roczny 2000 [Jahresbericht 2000], Warszawa 2000.

Telekomunikacja Polska S.A., Raport roczny 2001 [Jahresbericht 2001], Warszawa 2001.

Theobald, Lars, Der mittel- und osteuropäische Telekommunikationsmarkt: Riskante Geschäfte, net 1992, S. 454-457.

Tinnefeld, Marie Theres/Wolski, Rafał, TK-Datenschutz in Polen, DuD 2001, S. 584-587.

Trute, Hans-Heinrich/Spoerr, Wolfgang/Bosch, Wolfgang (Hrsg.), Telekommunikationsgesetz mit FTEG – Kommentar, 1. Auflage, Berlin - New York 2001 (zit.: *Bearbeiter*, in: *Trute/Spoerr/Bosch* (Hrsg.), in: TKG-Kommentar).

Uerpmann, Robert, Kommentierung zu Art. 87c - 87f GG, in: Münch, Ingo von/Kunig, Philip (Hrsg.), Grundgesetz-Kommentar, Band 3 (Art. 70 bis Art.

146), 5. Auflage, München 2003 (zit.: *Uerpmann*, in: *Münch/Kunig* (Hrsg.), GG-Komm.).

Ulmen, Winfried, in: Scheurle, Klaus-Dieter/Mayen, Thomas (Hrsg.), Telekommunikationsgesetz (TKG) – Kommentar, München 2002 (zit.: *Ulmen*, in: *Scheurle/Mayen*, TKG-Komm.).

Ulmen, Winfried/ Gump, Thomas Klaus, Die neue Regulierungsbehörde für Telekommunikation und Post, CR 1997, S. 396-402.

Ura, Elżbieta, Prawo telekomunikacyjne – Komentarz [Telekommunikationsrecht – Kommentar], Warszawa 2001.

Urbanek, Adam, Operatorzy niezależni? [Unabhängige Betreiber?], Net World 12/2001, S. 73-79.

Urząd Komitetu Integracji Europejskiej [Behörde des Ausschusses für Europäische Integration], Narodowy Program Przygotowania do Członkostwa w UE [Nationalprogramm zur Vorbereitung auf die EU-Mitgliedschaft], o.O. 2000 (zit.: NPPC 2000).

Urząd Komitetu Integracji Europejskiej [Behörde des Ausschusses für europäische Integration], Narodowy Program Przygotowania do Członkostwa w UE [Nationalprogramm zur Vorbereitung auf die EU-Mitgliedschaft], o.O. 2001 (zit.: NPPC 2001).

Urząd Regulacji Telekomunikacji, Raport o poziomie jakości usług telefonicznych w 2000 roku [Bericht über das Niveau der Dienstleistungsqualität im Jahre 2000], Warszawa Biuletyn 4/2001, S. 32-57 (zit.: *URT*, Titel, Biuletyn 4/2001).

Urząd Regulacji Telekomunikacji, Stanowisko Presesa URT w sprawie modelu rozliczeń między operatorami sieci telefonicznych a dostawcami usług internetowych [Standpunkt des Präsidenten RegT bezüglich der Abrechnungsmodelle zwischen Telefonnetzbetreibern und Internetdienstanbietern], Warszawa Biuletyn 1/2002, S. 1-9 (zit.: *URT*, Titel, Biuletyn 1/2002).

Urząd Regulacji Telekomunikacji, Stanowisko Prezesa Urzędu Regulacji Telekomunikacji w sprawie modelu i stawek rozliczeń miedzyoperatorskich [Standpunkt des Präsidenten der Regulierungsbehörde für Telekommunikation betreffend die Abrechnungsmodelle und Entgelte der Netzzusammenschaltungen], Warszawa Biuletyn 4/2001, S. 17-31 (zit.: *URT*, Titel, Biuletyn 4/2001).

Urząd Regulacji Telekomunikacji, Zezwolenie dla Telekomunikacji Polskiej S.A. [Erlabunis für Telekomunikacja Polska S.A.], Warszawa Biuletyn 1/2001, S. 12 (zit.: *URT*, Titel, Biuletyn 1/2001).

Varadinek, Brigitta, Rechtmäßigkeit des UMTS-Lizenzvergabeverfahrens im Hinblick auf das TKG und Art. 12 GG, CR 2001, S. 17-25.

Vogelsang, Ingo, Die Zukunft der Entgeltregulierung im deutschen Telekommunikationssektor, München 2002.

Węglewski, Sławomir, Czterech do gry [Ein Spiel zu Viert], Świat Telekomunikacji 12/2001, S. 18-20.
Wegmann, Winfried, Regulierte Marktöffnung in der Telekommunikation, Baden-Baden 2000.
Welfens, Paul J.J./Yarrow, George/Grinberg, Ruslan/Graack, Cornelius (Hrsg.), Towords Competition in Network Industries – Telecommunications, Energy and Transportation in Europe and Russia, Berlin - Heidelberg 1999.
Witte, Manfred, in: Scheurle, Klaus-Dieter/Mayen, Thomas (Hrsg.), Telekommunikationsgesetz (TKG) – Kommentar, München 2002 (zit.: *Witte*, in: *Scheurle/Mayen*, TKG-Komm.).
Włodarczyk, Zofia, Polityka telekomunikacyjna a polityka konkurencji [Telekommunikationspolitik und Wettbewerbspolitik], in: Jasiński, Piotr/Skoczny, Tadeusz (Hrsg.), Telekomunikacja [Telekommunikation], Warszawa 1997, S. 331-352.
Zdanowicz, Zbigniew, Czarny rok telekomunikacji [Schwarzes Jahr der Telekommunikation], tele.net.forum 6/2002, S. 65-70.
Zieliński, Andrzej, Problemy regulacyjne a rozwój rynku usług telekomunikacji komórkowej w Polsce [Regulierungsprobleme und die Entwicklung des Mobiltelekommunikationsmarktes in Polen], TiTI 2/2001, S. 3-14.
Zwetkow, Karin, Telekommunikationsdienstleistungen, Lizenzpflicht und Lizenzvergabe, in: Heun, Sven-Erik (Hrsg.): Handbuch Telekommunikationsrecht, Köln 2002, S. 1-94 (zit.: *Zwetkow*, in: *Heun* (Hrsg.), Handbuch Telekommunikation).

Studien des Instituts für Ostrecht München

Begründet von Professor Dr. Reinhart Maurach
Herausgegeben von Professor Dr. Friedrich-Christian Schroeder,
Dr. h.c. (Breslau), Regensburg

Band 41 Manfred Gratzl: Die Reform der tschechischen Strafprozeßordnung nach 1989. Im Spannungsfeld von Rechtsstaatlichkeit, Verfahrensökonomie und Effizienz. 2002.

Band 42 Thomas Paintner: Die Insolvenz des Unternehmers in Polen. 2003.

Band 43 Niels von Redecker (Hrsg.): Deutsch-Estnische Rechtsfragen. 2003.

Band 44 Niels von Redecker: Die polnischen Vertreibungsdekrete und die offenen Vermögensfragen zwischen Deutschland und Polen. 2003.

Band 45 Niels von Redecker: Das polnische Beamtenrecht. Entwicklung und Stand beim Beitritt Polens zur Europäischen Gemeinschaft. 2003.

Band 46 Cornelia Stefanie Wölk: Das Deliktsrecht Rußlands nach dem neuen Zivilgesetzbuch. 2003.

Band 47 Petr Bohata: Untersuchungshaft im deutschen und tschechischen Recht. 2003.

Band 48 Attila Széchényi: Das neue ungarische Strafprozessrecht im Spannungsverhältnis zwischen Rechtsstaatsprinzip, Verfahrensökonomie und Effizienz. 2003.

Band 49 Agnes Balawejder: Das polnische Telekommunikationsrecht. Umsetzungsbemühungen und -stand des telekommunikationsrechtlichen acquis communautaire im polnischen TK-Recht vor dem Unionsbeitritt Polens. 2004.

Małgorzata Stankiewicz

Die polnische Telekommunikation vor dem EU-Beitritt

Frankfurt am Main, Berlin, Bern, Bruxelles, New York, Oxford, Wien, 2003.
392 S., 2 Abb., 2 Tab.
Schriften zur Wirtschaftstheorie und Wirtschaftspolitik. Bd. 27
Verantwortlicher Herausgeber: Jörn Kruse
ISBN 3-631-50708-9 · br. € 50.10*

Diese vorliegende Arbeit untersucht den Entwicklungsstand des polnischen Telekommunikationssektors, speziell des Festnetzes, im Hinblick auf den bevorstehenden Beitritt zur Europäischen Union. Der Beitritt erfordert von Polen sowohl die Übernahme des *acquis communautaire* als auch eine geeignete Vorbereitung des polnischen Telekommunikationsmarktes auf die EU-Wettbewerbsverhältnisse. Unter Berücksichtigung der verfügbaren Technologien, des Grades der bereits erfolgten rechtlichen Anpassung und auf Basis einer landesweiten Marktanalyse wird die im Sinne des Universaldienstziels definierte Unterversorgung mit Telefoninfrastruktur in ländlichen Regionen als das Kernproblem identifiziert und en detail diskutiert. Dabei werden die für Polen spezifischen Markt- und Regulierungsbedingungen untersucht sowie Politikempfehlungen formuliert, die speziell eine Verbesserung der Flächendeckung mit Telefonanschlüssen auf dem Land zum Ziel haben.

Aus dem Inhalt: Die Telekommunikation, ihre Bedeutung und Eigenschaften und der technologische Fortschritt · Ordnungspolitische Grundlagen der Telekommunikation als Infrastruktur · Die Telekommunikation in Polen · Liberalisierung der polnischen Telekommunikationsvorschriften · Probleme der Universaldienstversorgung ländlicher Regionen in Polen · Marktliberalisierung in Polen – Marktstruktur und Regulierung

Kolibri 360 GmbH
Ferdinand-Jühlke-Straße 7
99095 Erfurt, Deutschland
produktsicherheit@kolibri360.de

Druck:
CPI Druckdienstleistungen GmbH
im Auftrag der
Kolibri 360 GmbH
Ferdinand-Jühlke-Str. 7
99095 Erfurt